哲學門

第二十二卷（2021年）第一册

1912-2022
北京大学哲学系
110周年系庆

总第四十三辑 **Vol.22 No 1, 2021**
Beida Journal of Philosophy

CSSCI 来源期刊（集刊类）

北京大学出版社
PEKING UNIVERSITY PRESS

图书在版编目(CIP)数据

哲学门. 总第四十三辑／仰海峰主编. —北京：北京大学出版社，2022.10
ISBN 978-7-301-33424-9

Ⅰ.①哲⋯ Ⅱ.①仰⋯ Ⅲ.①哲学—文集 Ⅳ.①B-53

中国版本图书馆 CIP 数据核字（2022）第 185368 号

书　　　名	哲学门（总第四十三辑） ZHEXUEMEN（ZONG DI-SISHISAN JI）
著作责任者	仰海峰　主编
责 任 编 辑	吴　敏
标 准 书 号	ISBN 978-7-301-33424-9
出 版 发 行	北京大学出版社
地　　　址	北京市海淀区成府路 205 号　100871
网　　　址	http：//www. pup. cn　新浪微博：@ 北京大学出版社
电 子 信 箱	pkuwsz@ 126. com
电　　　话	邮购部 010-62752015　发行部 010-62750672　编辑部 010-62757065
印 刷 者	天津中印联印务有限公司
经 销 者	新华书店 787 毫米×1092 毫米　16 开本　23 印张　376 千字 2022 年 10 月第 1 版　2022 年 10 月第 1 次印刷
定　　　价	89.00 元

未经许可，不得以任何方式复制或抄袭本书之部分或全部内容。
版权所有，侵权必究
举报电话：010-62752024　电子信箱：fd@ pup. pku. edu. cn
图书如有印装质量问题，请与出版部联系，电话：010-62756370

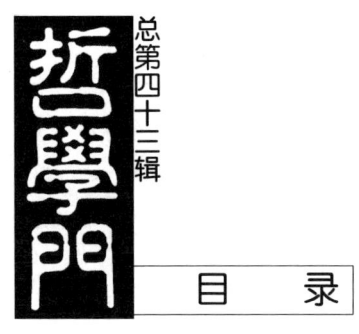

哲学门 总第四十三辑 目录

论坛：气学研究

玄哲与科学双元理路的阴阳气论 …………………………… 潘朝阳/1

太虚与道体
　　——张载"太虚即气"的再诠释 …………………… 赵金刚/34

论张载气学思想中的"性" ………………………………… 傅锡洪/48

一体与变化
　　——阮籍的气论自然观及其哲学建构 ………………… 陈建美/66

论文

亚里士多德《形而上学》的形成和早期流传过程 ………… 葛天勤/84

亚里士多德四因说的统一性 ………………………………… 李超瑞/117

亲和力与操作者
　　——论皮科对普罗提诺魔法解释的承继与改造 ……… 万　岱/133

霍布斯与现代政治思想的历史意识
　　——波考克和施特劳斯的解读 ………………………… 赵雨淘/151

触摸神圣与自证成神
　　——阿甘本与梅亚苏的弥赛亚之路 …………………… 苏　丹/169

玄奘、窥基所传"识转变"的三种智识结构 ……………… 茅宇凡/194

数学基础中的超穷构造 ……………………………………… 裘江杰/211

乾坤、阴阳与日新之盛德
　　——《系辞》"生生"观念的三重维度之解读 ……… 窦晨光/224

戒惧与模糊性
　　——汉代公羊学中的灾异与德行问题 ………………… 蒋　爽/245
袁了凡的立命之学及其现代意义 …………………………… 高海波/258
黄宗羲哲学中的"体" ………………………………………… 王　英/273
苏轼心性思想的转变及其对文人画观念的影响 …………… 刘　耕/292

书评

"天地之正"与"各正性命":试评陈赟教授新著《自由之思：
　　〈庄子·逍遥游〉的阐释》 ……………………………… 李智福/307
邓联合:《王船山庄学思想通论——基于〈船山全书〉的
　　研究》 …………………………………………………… 王玉彬/323
颜子没而圣学亡:论《中国儒学缄默维度》对于中国儒学"密境"
　　的探索 …………………………………………………… 范根生/331
张新刚:《友爱共同体:古希腊政治思想研究》……………… 岳圣豪/343

书讯

[意]诺伯特·博比奥著,何俊毅、琚轶亚译:《霍布斯与自然法传统》…… 33
[德]阿克塞尔·霍耐特著,刘心舟译:《承认:一部欧洲观念史》………… 47
[美]阿什克拉夫特著,孔昊、赵雪纲译:《革命政治与洛克的〈政府论〉》…… 65
[德]弗里兹·科恩著,戴鹏飞译:《中世纪的王权与抵抗权》 …………… 83
[德]米夏埃尔·海因里希著,张义修、房誉译:《政治经济学批判：
　　马克思〈资本论〉导论》 …………………………………………… 150
[美]陈汉生著,周景松、谢尔逊等译,张丰乾校译:《中国思想的道家
　　之论:一种哲学解释》 ……………………………………………… 168
(南宋)真德秀撰,陈静点校:《四书集编》 ……………………………… 193
(明)高攀龙撰,尹楚兵辑校:《高攀龙全集》……………………………… 210

Contents

Forum: The Theory of Qi in Ancient Chinese Philosophy

Two Approaches of Occult Philosophy and Science in
  Yin Yang Qi Theory ··· Pan Chaoyang/1
Taixu and *Tao*: Reinterpretation of Zhang Zai's
  "*Taixu* is *Qi*" ··· Zhao Jingang/34
On the Concept of *Xing* in Zhang Zai's Theory of *Qi* ············· Fu Xihong/48
Oneness and Variability: Ruan Ji's Theory of Nature Based on
  Qi and Its Philosophical Construction ························ Chen Jianmei/66

Articles

The Formation and the Early Transmission of Aristotle's
  Metaphysics ·· Ge Tianqin/84
The Unification of Aristotelian Four Causes ······················ Li Chaorui/117
"Συμπάθεια" and the Operator: On Pico's Succession
  and Transformation of Plotinian Interpretation of Magic ········ Wan Dai/133
Hobbes and the Historical Consciousness of Modern Political
  Thought: Pocock's and Strauss' Interpretations ················ Zhao Yutao/151
Touch the Divine and Manifest God by Self: The Path of the
  Messiah by Agamben and Meillassoux ···························· Su Dan/169
Three Types of Cognitive Structure in the Doctrine of
  "Transformation of Cognition (*vijñānapariṇāma*)"
  Explained by Xuanzang and Kuiji ······························· Mao Yufan/194
Transfinite Constructions in the Foundation of Mathematics ··· Qiu Jiangjie/211
Qian Kun, *Yin Yang* and The *De* of Keep being New:
  A Three-Dimension Study on the Idea *Sheng-Sheng* ··· Dou Chenguang/224
Awe and Ambiguity: The Calamities, Anomalies and Virtue in
  Gongyangzhuan ··· Jiang Shuang/245

Yuan Liaofan's Thought of "Grasping the Fate in One's Hand"
and Its Modern Meaning ·················· Gao Haibo/258
Huang Zongxi's Philosophy on Noumenon ·················· Wang Ying/273
The Change of Su Shi's Theory of Mind and Nature
and Its Influence on Literati Painting ·················· Liu Geng/292

Reviews

Every Individual Has Natural Rationality in the Universe Order:
A Comment on Chen Yun's New Book *Thoughts on Freedom*:
Interpretation of Chuang Tzu's Leisure Journey ·················· Li Zhifu/307
Deng Lianhe, *A General Introduction to Wang Fuzhi's Thought
on Zhuangzi Based on the Studies of the Complete Works of
Wang Fuzhi* ·················· Wang Yubin/323
Confucianism still Alive after Yan Hui's Passing away: Comment
on the View of the Mysterious Land in *The Tacit Dimension of
Chinese Confucianism* ·················· Fan Gensheng, Wen Bifang/331
Zhang Xingang, *Friendship and Community: A Study of Greek
Political Thought* ·················· Yue Shenghao/343

Information

Norberto Bobbio, *Thomas Hobbes and the Natural Law Tradition*, tr.
He Junyi and Ju Yiya/33
Axel Honneth, *Anerkennung: Eine Europäische Ideengeschichte*, tr.
Liu Xinzhou/47
Richard Ashcraft, *Revolutionary Politics and Locke's* Two Treatises of
Government, tr. Kong Hao and Zhao Xuegang/65
Fritz Kern, *Kingship and Law in the Middle Ages*, tr. Dai Pengfei/83
Michael Heinrich, *Kritik der Politischen Ökonomie: Eine Einführung*, tr.
Zhang Yixiu and Fang Yu/150
Chad Hansen, *A Daoist Theory of Chinese Thought: A Philosophical
Interpretation*, tr. Zhou Jingsong and Xie Erxun, pred. Zhang Fengqian/168
Zhen Dexiu, *The Anthology of* Four Books, ed. Chen Jing/193
Gao Panlong, *Collected Works of Gao Panlong*, ed. Yin Chubing/210

玄哲与科学双元理路的阴阳气论

潘朝阳[*]

提　要：中国传统中"阴阳"的观念有从"日光有无"的原始意义到作为宇宙间基本元素的"气论"的演变过程。而在中国人对"阴阳气论"的解释之中，既有从"玄哲之理路"出发的理解方式，也有将其作为一种"知识系统"的科学的理解方式，在《国语》《左传》和《易传》等典籍中均能够看到这两种不同的理解取向。阴阳气论中玄哲和科学的双元思维相辅相成，共同塑造了中国人看待自然与人文世界的方法与取径。

关键词：阴阳　玄哲理路　科学思维

一　阴阳的原始之义

当代新儒家徐复观先生指出：

> 以"阴阳"为宇宙间两种相反而复相成的基本元素（在中国则称为"气"）或动力，因而以此来说明宇宙间各种现象成坏变化的法则或根源的，是经过相当时期的发展演变而来。[①]

此话语指出中国人以"阴阳"为两种相反相成的基本元素，二者合称为"气"。这是中国人自远古以来的"本体宇宙论"或"天地宇宙的创生发展论"，它是中国人思维、论说，看待天地、生命、事物的双元对立又统一的结构

---

[*] 潘朝阳，1951年生，台湾师范大学东亚学系荣退暨兼任教授。
[①] 徐复观：《阴阳五行及其有关文献的研究》，收入《中国人性论史·先秦篇》，台北：台湾商务印书馆，1969年，第509—587页。

与变化之基本形式,在这条源流脉络中,"阴阳之气"或"气之阴阳"的思维诠释方式,演衍为中国人的"玄哲理路",亦同时是"科学理路"。

"阴阳论"之起始和发展,具有甚久的历史演化。先由文字学来看,依据《说文》,"阴阳"具有两组原始的意义。其一是说明或形容日光的照映情形,日光朗照是"阳",日光被挡是"阴"。而另一组"阴阳"之义,则是其本义,那就是以日光是否照得到的地点或状态而"分阴分阳":"阴"是指日光不容易照射到的区位,譬如水之南、山之北,这些地方较为阴暗潮湿;"阳"是指日光容易照射的区位,譬如水之北、山之南,这些地方则较为光亮干爽。① 总括地来说,"阴阳"与太阳或日光有密切的关系,日照量会影响到一个地区的天气和气候,现代气候学和气象学,已经指明"太阳辐射"(Solar Radiation)现象对于大地的天气状况乃至于大地各地区的生态情形是一个最重要的决定或影响之因素。中国古人逐渐又将日光照射之强弱有无所引起的天气现象,予以抽象化哲理化,因而产生了"天地之气"的此种"气观",以"阴阳"为天地宇宙自然的基本元素。何以使用"气"?乃是因为"阴阳"两种状态或其自身,是人之"五根"(眼耳鼻舌身),或曰"感觉器官"较难直接捉摸察觉到的,因为"阴阳"不是器物,用"气"来表达,亦是一种勉强的形容之用词,毕竟空气具有味道,可以嗅;具有冷热,可以感;具有流动,可以听。"阴阳二气"的"气",实则只是用来表明"阴阳"的超然性和抽象性以及观念性。它的思想观念系统有其发展和演进。当代新儒家重要学者戴琏璋先生说:

> 《诗》、《书》、《易》三部经典中,"阴阳"两字的用法,大体与《说文》的解释吻合,多数取"阴阳"两字的本义……到东周初期,"阴阳"的主要涵义是指日光的有无或日光能否照射的地区,由此引申,常用以指阴寒与温暖的气候。②

此处说出原始而素朴的"阴阳"之本义,在孕育《诗》《书》《易》三经的上古时代,直至东周之初,仍是主要涵义。此处所言之《易》是指《易经》而非后起的《易传》,而《诗》中的"阴阳",亦只是传统素朴之日光有无的意思,戴先生既如此指出,而徐复观先生也确论:"《诗经》上所有的'阴阳'字,都没有后

---

① 戴琏璋:《易传之形成及其思想》,台北:文津出版社,1988年,第55—56页。
② 同上书,第58—59页。

来作形成万物原素的'阴阳二气'的意义。"①

戴琏璋先生接着说明古人是立基于"阴阳"的源始义,以日光为基础而逐渐发展了"以'阴阳'为'天的六气之首'或'天地之气'。天有'六气'的说法,流行于春秋时代"。②此判准,徐复观先生亦已论及,徐先生曰:

> 春秋时代"阴阳"观念最大之发展,乃在以"阴阳"为天所生的"六气"中之"二气",它与原义不同之点,原义只是以有无日光作基准所形成的现象,其本身并非独立性之实物。它和《诗经》时代不同之点,《诗经》时代,虽已进一步以气候言"阴阳",但"阴阳"仅表示气候变化中的一种现象,或气候所给予于人的感觉,如寒暖之类,其本身依然不是一种独立的实物之存在。春秋时代,则演变而为天所发生的六种气体中的两种气体,则其本身已成为实物性的存在。③

徐先生在此处指明了"阴阳"到了春秋时代,就与《诗经》的时代不一样,已经发展为"天之六气"中的"二气",换言之,"阴阳"已不只是日光的向背状态而已,而已经是"天之生气"中的两种"气",这里就已显出古人逐渐将"阴阳论"加以提升,使其从较具体且较狭窄而转化为较抽象且较扩大;此处所说的"抽象"和"扩大",是说更具"无限性"和"不可视性"的意思。那么徐先生此处认为的"天之六气"是哪"六气"? 他引了《左传·昭公元年》一段话中的一句曰:"天有六气,曰阴阳风雨晦明。"而他认为此"六气"是"实物的气",也就是视"六气"的"阴阳风雨晦明"为"实物",唯此说恐有不妥,因为"天之六气",或只有其中的"雨"才明白具有"实物性",因为它是水,水对人而言,可以通过眼、耳、鼻、舌、身而得其五官的视、听、闻、味、触的直接感觉,可纵许是水,它乃是液态,较固态之物,如岩石、植物、动物而言,则又不那么"实体",其他的"阴阳风晦明"之五气则无法完全地透过五官而加以掌握,因此更是抽象而非具体实物。换言之,在《左传》中表达出来的"六气"之"阴阳论",毕竟是明显地往抽象化和概念化的境界而趋近,抽象和概念的趋向,是人之思维的双元取径,一是"玄哲",一是"科学"。这个时代是西周之

---

① 徐复观:《阴阳五行及其有关文献的研究》,收入《中国人性论史·先秦篇》,第513页。
② 戴琏璋:《易传之形成及其思想》,第59页。
③ 徐复观:《中国人性论史·先秦篇》,第514页。

末和东周之初的交际之时。

二 "阴阳气论"是中国从古至今重要的玄哲、科学的思维形式

如上所述,"阴阳二气"的"气",实则只是用来表明"阴阳"的超然性和抽象性以及观念性,而在其中,也渐次产生了中国古代的基本科学观,中国科学文明史专家杜石然就这样说:

> 西周末,还产生了物质为"气"的说法,用"阴气"和"阳气"的相对性来解释自然现象,"天气"属"阳气",性质是上升的,"地气"属"阴气",性质是沉滞的。"阴阳二气"上下对流而生成万物,是天地的秩序。反之,"阴阳气"不和,自然界就要发生灾异。周幽王时的大夫伯阳甫用这一原理去解释当时在泾、渭、洛"三川"(今陕西中部)地区发生的地震现象,说地震是"阳失其所而镇阴也"。因阴阳失序,而使三川皆震,导致川源必塞,以致水土失序,发生水旱灾害,又以致"民乏财用"而国亡。①

"阴阳二气观",被视为天和地的两种力量和势能,杜氏举出西周幽王时代的大夫伯阳甫(即伯阳父)用此两种力量和势能来解释何以关中地区的三川发生地震,亦即伯阳甫认为"阴阳二气"或"天地二气"的相生相克的互动,是发生地震的主因。地震是地盘的错动而使然,有断层或褶曲等现象,是大地的上下左右等错动、分裂现象,它存在着一种双元之势力的对抗和扯动,古代中国人于是归纳这两个势力,一个就称为"阳",一个就称为"阴",因它们不可以目视,所以不是"物",而只能用"气"来形容。此种思考和诠释,既是玄哲之理路,也是科学之理路。

传统中国哲学学者和哲学思想史学者,多将阴阳二气论理解为玄哲体系,或依玄哲之理路来诠释阴阳论。然而,如果更细致地去审视相关的古代经史文献,"阴阳之气论"或"气之阴阳论",往往是古人在具体思维和认知天地自然环境万物生态以及人文在其中的参与作用时,表达彼时他们对于世界之知识系统,由此建立了他们的"知性科学",但是他们亦由于还面对着诸多现象和物质,却缺乏实验计量的技术,因而不克明白其中的"存有性"或论说

---

① 杜石然:《中国科学文明史》,台北:木铎出版社,1988年,第84页。

之而为"理",如显然存在作用于现象背后或其中的运作之力和势,它是"存有的",亦是"理",但无法以数量和公式掌握,他们就用"阴阳论"来诠释之,此是"玄哲"的诠释理路,但却又与科学思维和说明相关。兹引科学史家来看看他们对于"阴阳"的观点,何炳郁、何冠彪曰:

> "气"这种宇宙动力,可以在两种不同的状态中存在着。它能够运动或静止、伸展或收缩,从而产生"阴阳"两种对立势力。"阴阳"原指日光的向背,向日为"阳",背日为"阴"。"阴"后来引申为冰冷、云、雨、雌性、黯暗的内面、山谷的隐蔽部分等;"阳"恰好相反,它代表温暖、晴天、阳光、雄性、光亮的外面、山谷向阳的部分等。①

"阴阳二气",是从人直接对日光照射在大地上的状况,以及由于日照差异而引起的气象、气候、天气的认识而产生的归纳性关键用语和思维,在此就有了对于自然和生命中的"差异对立之双元"以及"联合统一之一元"的认知,除了天候之外,也用以指雌雄性别,因此而建立了"阴阳"的诠释用语,这是透过感官经验来观察这个实际客观的世界而得出来的"知性概念系统",科学的面向及其扩展,就是从直接的感官观察而得到的。科学史家何丙郁与何冠彪引《易》而加以发挥,他们说:

> 《易经》说:"一阴一阳之谓道。"这句话是说:推动大自然运动变化的宇宙动力,是由"阴阳"两种势力组成的。它们好像波浪般互相推移,相继起伏。"太极图"分为"阴阳两边",如果按着图的中心把图转动,便可清楚看到"阴阳两边"像波浪一样此起彼落和相互消长的情形,因此,"阴阳"虽是矛盾对立,但也是互相依存的。②

此句话语是说出以实验程序,就是实际把太极图转动,即可清楚看到图的"阴阳两边"像波浪一样此起彼落和相互消长的情形,这就是物理科学实验。何氏两人是用这种验证的方式而说出"阴阳"的矛盾对立和互相依存的"双元"既对峙又统一为"一元"的辩证性质,就他们的理解言,"阴阳"两种势力,是"宇宙力",是一种物理学思维的"理"。

何氏两人又说:

---

① 何丙郁、何冠彪:《中国科技史概论》,台北:木铎出版社,1983年,第13页。
② 同上书,第13—14页。

《易·系辞上》说:"易有太极,是生两仪。""太极"是派生万物的本原,"两仪"即指"阴阳"。极和北极有密切的关系,在中国天文学和占星术中,北极有特殊的地位,中国人对群星环绕固定的北极运行的观念,比其他民族更为浓厚。……周敦颐(公元 1017 年—公元 1073 年)"无极而太极"这句话……不是说"太极"并非一个"极",而是衍生天地万物的本原,正如北极星支配所有天体运行的情况一样吗?周敦颐说:"'太极',动而生'阳',动极而静,静而生'阴',静极复动,一动一静,互为其根。分'阴'分'阳','两仪'立焉。'阳'变'阴'合而生水、火、木、金、土。五气顺布,四时行焉。"水、火、木、金、土合称"五行",它们不是现代化学家称为元素的不动的基本物质,而是五种周而复始,轮流移动,给人活动感觉的强大力量。①

上述一段关于"太极""阴阳""动静""五行"的论述,何氏二人运用的不是传统中国义理思想家的"玄哲理路"的观念和话语,而是使用了现代科学,特别是天文物理学之思想观念的表达,在此看到"太极"及其发用状态的"阴阳"及至"五行",是天地宇宙万物生命的活动和感应的强大力量,换言之,它就是天地万物及至心灵的"动力"。

何丙郁和何冠彪在其论述中,会通了西方科学来诠释阴阳二气论。他们提道:

中国人在阴阳学说中表露的对立观念并不是独树一帜的,世界各地都有相同的观念,即使在现代科学方面,我们也提到正负电荷及南北磁极。十七世纪时,傅禄德(Robert Fludd)在他的《公教医药》(*Medicina Catholica*)一书中,形容万物的主宰(God)是一个化学家,把世界当作他的实验室,用热能、动力、光与寒冷、惯量、黑暗等两类相反极性的东西作为元素,进行各种实验。②

依此,可以从"阴阳"而思考到西方科学以及现代科学的思维系统中,亦存在着"双元"两极性质的对峙而又统一为"一元"的两种辩证力量或元素,它们如同"化学家型"的上帝,通过各种实验的历程,于其中创生世界和生

---

① 何丙郁、何冠彪:《中国科技史概论》,第 14—15 页。
② 同上书,第 14 页。

命乃至心灵。

何氏二人在此使用了对照法,指出阴阳二气论的思维形式,不是中国人的独有特性,它是世界各洲各地各种族群思考、诠释、了解世界生命的"共法"。何氏他们的论述不依玄哲之理路而是依据科学之理路。他们再进一步说道:

> 古希腊哲学有"四元"之说,公元前六世纪时,米利都(Miletus)学派的创始人泰勒斯(Thales,约公元前624年—公元前565年)注意到动植物的食料是潮湿的以后,认为水或潮气是万物的要素。后来,该派的阿那克西米尼(Anaximenes,约公元前570年—公元前526年)则认为"气"是万物的本原,并称它为"元气"(preuma,原意是呼吸)。他说当空气稀薄就变成火,凝聚就变成水,而当凝固就变成土。因此,在米利都学派的学说中,已孕育了"四元"的概念。阿那克西米尼的"元气"说,其后得到第欧根尼(Diogenes of Apollonia,公元前440年著称)详加发挥……认为生命本身含有温暖的"元气"。①

古希腊的学者或思想家,也一样会透过观察自然环境生态的各种有机和无机物的结构及其变化,而抽象归纳出来一种"元素"或"本原",他们也将它视为"元气",且"元气"会由于状态的演变而有"四元",即空气、水、火、土,这就有点像中国古代思想家之将"阴阳"与"五行"相结合。在这样的思想观念系统之演进中,它既具有玄哲之理,也同时具有科学之理,换言之,玄学和科学在那种古老的时代往往是互相渗透、互相融合的,中国的阴阳二气论,实在也无例外。

此种阴阳论是中国诸家的"共法",无论儒、道、阴阳家皆是,在秦汉时代,阴阳五行的思想观念体系已经成熟,如《吕氏春秋》《春秋繁露》皆是阴阳五行论的重要大典。② 此后它一直是中国思想和学术的重大潮流,甚至是庶民百姓在其生活世界的基本指南,如"风水"就是以阴阳五行的理念和认知为其核心。宋明时代,大儒甚多,为对治佛老而有理学的创生,重要儒家的思想中,阴阳论和五行论是不可缺少的体系,阴阳气论十分重要,本文仅举朱子的

---

① 何丙郁、何冠彪:《中国科技史概论》,第15页。
② 关于秦汉之际及其以后的汉初之阴阳五行论的经典诠释,徐复观先生的《两汉思想史》论之甚是深刻周详。本文不在此展开论述,笔者愿有机会于他日加以接着说。

阴阳二气论来进一步认识。为求凝聚其"阴阳之气论"或"气之阴阳论"的主旨,本文征引韩籍学者金永植的著作予以诠释。金氏说:

> "气"的概念范围极广,因而几乎无法下定义……除了在医药、风水、卜卦等专业性很强的学科之外,"气"甚至算不上是一个专门概念。朱熹与他的对话者使用这个术语时完全是理所当然的样子,我没有发现他们在使用过程中感到有问题或者对其含义有所分歧。他们想必认为他们对之完全理解,彼此看法也完全一致。……朱熹与别的新儒家经常随意地用"气"这个概念,来讨论其他成问题的概念,如理、心、性等。①

金永植此段文学指出朱子及其同一时代的学者们对于"气",已经不必特别思考辨别,而具有一致性、共通性的认识或观点,此反映了"气"已经是中国人心灵、思维的必然形式、方法和内容。事实上,不只是知识精英如此,一般平民也是这样,民间的宗教信仰、卜卦风水以及中医问诊,若无"气"之概念为其重要观念系统,那则是不可思议的。儒家很自然会以"气"视为"作用层概念"来讨论、理解重要的观念如"理""性""心",乃至于"天",民间社会兴筑房屋、坟墓或建宗祠、庙宇,皆必重视地点位置的"气场",因为场所的"气"关系到人之吉凶。金氏说朱子及其对话者似乎对于"气"的认知体证都一致而无歧义,此种论断有点太过,我们只能说传统的中国人依据"气论"来看待与判准天地、自然、社会、人心等事物,具有普遍性,但并非对于"气"的作用之操作细目皆有相同的想法,所以才会有学界学派之别、思想门户之分。

朱子认为"气"是全面的、浸渗的、普遍的"存在性",金永植说到朱子的"气无所不在"以及"气无所不造"的本质论,曰:

> "气"组成一切事物,是一切事物的基础,不仅仅是物理的或物质的实体。比方说,与生命有关的生理现象也是由"气"造成的。首先,"气"是生命之源,朱熹……认为生命是"气"凝聚而成的,而死亡则是"气"散了的结果。所谓的"气化"产生了最初的生命形式,正是在这过程中诞生了人类和其他物种……气的一个重要性质就是不断运动和转化,从而形成人和万物。由于"万物"包括了有生命的和无生命的,因此气既是世上万物的物质基础,又是非物质或非物理的事物例如生命的根本源泉。因

---

① [韩]金永植:《朱熹的自然哲学》,潘文国译,上海:华东师范大学出版社,2003年,第38页。

此不管是人是物,要存在首先得有"气"。①

依上所述就甚为清楚,就朱子而言,他是一位天地自然万物生命的泛气论者,而事实上,"气"的通泛而无限性的发用显现一切存有者之思想,乃是在从先秦到宋明儒而直至当代新儒家大师熊十力先生那里都是一样的。② 对于这些大儒而言,他们强调"天理""天体""天道""天命",可是这些"本体论"中的"理""体""道""命",不是抽离透空的"但理""空体",亦非"玄虚之道"或"超脱之命",而必须是依据具体的事态来予以彰显和证成的,就是"依事明理,依气显理"。"气"在事中,因而其事之"理"才能呈现。而在此气运之中,就是"分阴分阳"或"一阴一阳"的既对立矛盾而又融合统一的互动和变迁。在这个层次上,阴阳二气就是朱子的思维形式,对此金永植亦有所阐明,金氏指出朱子将他能够想到的物体、事件,只要是双元对立性地存在的,都纳入阴阳二气的架构中,金氏引出朱子之言曰:"天地之间别有甚事?只是'阴'与'阳'两个字,看是甚么物事都离不得,只就身上体看,才开眼,不是'阴'便是'阳'。"金氏说明了朱子的"阴阳相对观",他说:

> "阴阳"是相对而言的。某物对一种物是"阳",而对另一种物可能是"阴"。……陆地动物对空中的鸟类而言是"阴",而对水中的动物而言又是"阳"。"义"和"礼"也是如此,"仁"和"礼"相对于"义"和"智"而言是阳,后者是阴;但"义"和"利"相对时,就成了阳,而礼和乐相对时就成了阴。

> 多数的阴阳的关联都只是事物的属性而不是事物本身。甚至说到君子和小人、动物和植物、太阳和月亮等的阴阳,也不是人、物或发光体本身是阴是阳,而是指他们的品质。特别是谈到阴气和阳气的时候,不是说有两种气,而是指同一种气的阴阳两种不同性质。朱熹说:"二气之分实一气之运。"他在另一处说得更透彻:

> "阴阳"虽是两个字,然却只是一气之消息,一进一退一消一长。进

---

① [韩]金永植:《朱熹的自然哲学》,第41页。
② 熊十力先生在其主要著作中,喜以"大海水与众沤"的"体用一如论"来说"即体即气、即气即体"或"即理即气、即气即理"的中国之本体宇宙论,是一种"整全生机观"的"泛气论"。固然用语有其特色,但其基本的对于"气"之观点信念与古哲仍然是相同形式。

处便是阳,退处便是阴;长处便是阳,消处便是阴。①

此处说明得很清楚明白,"阴阳"是"气",它们不是事物本身,而只是它们的性质,同时,事物的相对性,就会赋予它们在此相对状态之中的"阴"或"阳"的属性,再者,"阴阳"并不是两股独立而不相干的"气",它们是"一气"的"双元表现",然而由于它总是会有此"双元性"的表现,所以才会分别有"阴"有"阳",此正如"元"会表现出"乾元"和"坤元",其实只是"一元",唯其发用呈显为事物时,就会有双元对立又融合的状态和变化,此即"乾元"和"坤元"。因此,在此种地方就有一项吊诡的情况出现,就是如同"一元"而又有"乾坤双元"之互动性之发用,"一气"其实也会有"阴阳二气"的辩证展显,所以,中国儒道阴阳家从古至今,他们看待"阴阳",既是"一气",同时也是"二气";"一阴一阳"又"分阴分阳";"太阴太阳和少阴少阳"以及"阴中之阳"和"阳中之阴",总之,"气"是深刻奥妙而不可思议的。

三 周之史籍的"阴阳论"具有玄哲和科学的双元性

上一章提及的杜石然征引的原典出自《国语》,此处谨引出原文如下:

> 幽王二年,西周三川皆震。伯阳父曰:"周将亡矣!夫'天地之气',不失其序;若过其序,民乱之也。'阳'伏而不能出,'阴'迫而不能烝,于是有地震。今三川实震,是阳失其所而镇阴也。阳失而在阴,川源必塞;源塞,国必亡。夫水,土演而民用也。土无所演,民乏财用,不亡何待。昔伊、洛竭而夏亡,河竭而商亡。今周德若二代之季矣,其川源又塞,塞必竭。夫国必依山川,山崩川竭,亡之征也。川竭,山必崩。若国亡不过十年,数之纪也。夫天之所弃,不过其纪。"是岁也,三川竭,岐山崩。十一年,幽王乃灭,周乃东迁。②

伯阳父(即伯阳甫)这一大段话语是论西周幽王年间,关中地区三川流域发生的大地震灾异。其实,伯阳父的论述可区分为两大部分:

其前半部是上半段,伯阳父以"天地的阴阳二气"的"气论"来诠释何以

---

① [韩]金永植:《朱熹的自然哲学》,第58—59页。
② 易中天:《新译国语读本》,台北:三民书局,2004年,第19页。

三川会发生大地震而致灾异。为何会有地震？他的诠释理路就是阴阳二气论，因为"'阳'伏而不能出，'阴'迫而不能烝"，于是在三川流域的关中河谷地区就产生了地震，因为关中大地激烈震动了，所以发生灾异，而由于灾异大作，因而西周亡。什么是"'阳'伏而不能出，'阴'迫而不能烝"以及"阳失其所而镇阴"呢？将这两句译为白话，就是如此：阳气在下，阴气迫之，阳气不能升腾，因此就会发生地震；现在三川都真的地震了，这是阳气失其所而被镇于阴之结果。① 由此而知伯阳父对于地震原理的认知，不是实证的自然科学之地质学、地形学、地理学、地震学对于自然规律、自然法则之经验和归纳出来的因果体系的科学之理路。他所言的阴阳二气论是一种玄哲之理路，虽然不是实证科学之境界，但玄哲之理也一样尝试从现象界抽象而形成某一种诠释之理，由此看出至少在西周末年，已经将"阴阳"从具体状态，如日光和地形关系之"阴阳"而提升为抽象化的概念，用"气"来说明之，以此解释天地自然环境生态的种种结构和变化。

后半部的论述则是典型的知性科学式的环境论之解释以及判断。依据此段叙述，伯阳父显然表达了西周末年的知识精英层的科学思想或科学认知，他指出一个地理区域的水土环境如果具有丰富充足的水资源，则农耕必顺利，人民就可以丰裕，相反，如果当地水土干旱缺水，则必导致无法耕种而无农收，人民必然穷困艰辛，一旦庶民百姓连基本的饱腹都出问题，转死沟壑，变成饿殍，则国若不亡，尚待何时？伯阳父特别指明"昔伊、洛竭而夏亡，河竭而商亡"。夏、商两朝分别在伊水、洛水以及黄河枯竭之后而亡其国祚。此处伯阳父突出了他的深刻之自然环境决定论，将人文的良否和国家的兴亡，归因于天地自然环境生态之条件、状况及其变异。须知，夏桀殷纣之所以败亡，其主因是在政治上的残暴不仁和腐败堕落，由于毫无治国的作为，故大自然的灾异一发生，政府和社会根本无法防患对治，于是整个文明体系随之而崩溃、毁坏。但他随后则又提出警告，即"今周德若二代之季矣"，换言之，伯阳父直接点出当幽王为天子之时，其政治的败坏沉沦比夏桀殷纣之季更加严重。在此人文否坏的时代，再遇由于地震引起的土石流、山崩等地形剧变因而堵塞了重要河川的水源，水资源忽然被阻截了，可是政府却无力或无心去加以排除缺水之难，当时是农耕文明社会，无水，必无生产，无农产，则

---

① 此处白话译注，见易中天：《新译国语读本》，第19—20页。

国无谷粮,君臣民必无食,国必亡。在此处,伯阳父提出的是人文和自然互动的环境论,有其"知性科学"的正确的理性论断,而在这一大段的诠释系统中,并无阴阳二气的"玄哲之理路"。

再引《国语》一段史事增强诠释性。东周初年的灵王二十二年,榖水和洛水发大水而相互争流,洪峰可能冲毁王宫,灵王忧心,就想派人将榖水的河道堵塞起来。太子晋闻悉,即劝谏周王不可这样做,他说:

> 不可。晋闻古之长民者,不堕山,不崇薮,不防川,不窦泽。夫山,土之聚也;薮,物之归也;川,气之导也;泽,水之钟也。夫天地成而聚于高,归物于下;疏为川谷,以导其气;陂塘污庳,以钟其美。是故聚不阤崩,而物有所归;气不沉滞,而亦不散越。是以民生有财用,而死有所葬。然则无夭、昏、札、瘥之忧,而无饥、寒、乏、匮之患,故上下能相固,以待不虞,古之圣王唯此之慎。①

榖、洛两河在大水泛滥时,发生了洪峰互相争夺河道的情形,此时大水就可能决堤而冲击河道外的住屋、农田,因而发生洪涝灾祸。灵王只担心大水会不会冲毁宫殿,因此只思考到将榖水的河道加以堵塞,让大水都走洛水。周王的思维完全不考量尧时的鲧以堵塞来治水的那种失败的经验知识,若盲目将榖水堵塞,大洪水必溢漫而涌入洛阳平原,必造成不可想象的大水灾而为害黎民和国家,他宜实践大禹分导洪涝的水利工程的知识和技术。《国语·周语》这一章所记的史事,反映了春秋时代史家的基本"水文地理学"的知识,是古代中国人的知性理性在水文科学的成就之表显。

太子晋劝谏的这一大段论述,是清楚且正确的生态保护观之人文与自然和谐的环境学。所谓"不堕山,不崇薮,不防川,不窦泽"就是不滥垦山坡,不填塞池泽,不堵截河川,不乱决湖泊。在今日来看,乃是完全明确精准的环保观念和主张。太子晋接下去的叙述,就带有当时之人的感官经验对于山谷河泽陂池的表面描写型之形式,不是量化形态的实测说明,缺乏实证科学对于自然律之获取和掌握,而在其中,太子晋使用了气论来说明山谷之空间的功用是疏通天地之气,也就是疏通天地的阴阳之气。

由此段叙述可知东周前期亦即春秋前期,周人精英阶层对于天地自然的

---

① 易中天:《新译国语读本》,第73页。

形成、演变及其内在动力,是以气来掌握或表达的,为政之方,是须做到"聚不阤崩,而物有所归;气不沉滞,而亦不散越",莫使环境中的气有所"沉滞",亦不可令其"散越";在这里,气以现代概念语表示,就是生态律和生态力。以此气之观念导引,太子晋强调了水土环境的和谐和维护与否是仁政或暴政之分野;地理生态的永续,有赖人文之功和政治之德,太子晋透过史实来加以论证,他说:

> 昔共工弃此道也,虞于湛乐,淫失其身,欲壅防百川,堕高埋庳,以害天下。皇天弗福,庶民弗助,祸乱并兴,共工用灭。其在有虞,有崇伯鲧,播其淫心,称遂共工之过,尧用殛之于羽山。①

此一小段描述,太子晋举了两位上古传说中的人物,一是共工,一是鲧,他们都是用壅堵方式来治理水土,实际经验验证,他们是失败的范例。他们最大的失策在于违逆了水文环境的生态律则,采用了"壅防百川,堕高埋庳"的错误工程法,因而导致更加严重的洪涝之灾,这是什么错误? 就是居然堵塞天下所有的河川,并且滥垦摧毁了高山,又将其土石倒填在大小湖泊池泽之中。此种行为,以现代语言来说,就是滥肆开发自然环境,大举破坏了水文、地形和森林,而使自然生态严重失衡。

东周时期,中国人早已明悟了水文地理的均衡、永续、养护的正确态度和方法,是十分重要的,且具关键性。太子晋这一段话语是基于知性理性而得出的环境科学论述。接着他说出合乎水文生态和谐性的人地关系之实践,那就是大禹治水,他说:

> 伯禹念前之非度,厘改制量,象物天地,比类百则,仪之于民,而度之于群生,共之从孙四岳佐之。②

这段文字表达了三项重要的上古史事:一是治理水土,必须符应配合大自然环境的生态系统而不可违反,必以人地和合原理而不是据人地对峙态度来从事水土大地的工程建设,须依据生物、非生物的各类型的秩序、条件、特性和规律来和谐顺应而治理之;二是水土环境的治理之目的,并非为了少数统治阶级的权位之维持,而是为了黎民百姓和天地间的所有生物之永续生

---

① 易中天:《新译国语读本》,第73页。
② 同上。

存;三是人们治理大地水土,不能只任由一个氏族部落可以垄断而行之,中国山河地理的整治,是如此巨大且浩繁的文明大事业,必得许多氏族部落集思广益、分工合作、各尽其能,如此整合协调出一套水土工程,否则不会成功。然则,大禹的水土治理观及其行事如何?太子晋曰:

> 高高下下,疏川导滞,钟水丰物,封崇九山,决汨九川,陂鄣九泽,丰殖九薮,汨越九原,宅居九隩,合通四海。①

大禹领导团队进行水土环境的整治,使地形依等高线来安排,依顺其高低的秩序来治理,而且用疏浚的方法使河川畅通,并且将河道中淤塞的泥沙予以清除,同时,也在适合的地方集聚水资源以为农耕和民生之用,再者进行山坡的土石维护工程,因为能导水并聚水,且又养护了地形和土壤,所以农民依时而耕种因此得以丰收。此处以"九"而言及"九山""九川""九泽""九薮""九原"和"九隩",这个"九",或是源自《尚书·禹贡》中所说的"九州"之义,意思是在中国天下九州的重要的"山川泽薮原隩",而所谓"山川泽薮原隩",即大地上的水体和地形;又,此"九"或者不是"九州"之"九",或许是《大易》的"用九"之"九",用来形容现象或状态的充极,亦即中国大地之上的"山川泽薮原隩"的充尽其数。因此,太子晋阐述了大禹根据和谐顺应环境生态律则的方法来整治水土,就显现了一种人地互动之态势,那就是将中国全天下的山地加以封闭,维持其崇高性而不可随意进入滥垦;将中国全天下的河川加以疏通浚深而使其得以畅流无阻;再者亦把中国全天下的大小湖泊的四围予以整理而使之不会溃决;复次,则把没有洪涝之患的大小平原分为丰腴的田地而使农耕得以丰收;此番水土环境的合乎生态律则的整治工程,最终极的关怀和实践,是圣王之仁政要让中国全天下的黎民百姓皆有安全敦笃稳固的区位和地点得以安居生活,于是中国全天下的自然环境和文明境界都获得一统之和谐。

由太子晋说出的这一番水土建设和规划的理想,是中国上古的一套共同理念和思想之体系,它在许多古代经史典籍中都存在,它是中国古人经由实践学习之后而创作出来的"人地论"和"生态论"的原型。

然而,古人并无现代科学的实证归纳之后的论述性语言,也就是古代无

---

① 易中天:《新译国语读本》,第73页。

现代自然科学的专门术语来说自然环境和生态运作的法则、原理,譬如地形学和水文地理学都有一些重要的关键词来说明水土地形的演化,像河川侵蚀作用、地形潜移作用、地层断层褶曲作用、重力崩移作用、土壤液化作用等。中国古人是用阴阳二气论来解释的,此种解释不是实证科学之形式而是玄哲之学的形式。上述西周伯阳父是如此,而东周的太子晋亦无例外,所以,若能效法大禹治水之方,则人地得到和谐,此时的状态是如何呢?他说:

故天无伏阴,地无散阳,水无沉气,火无灾燀,神无闲行,民无淫心,时无逆数,物无害生。①

此句涵盖了天地宇宙万物生命的整体,有时间、空间、自然要素的民生不可或缺的水火和所有生物,也还有人和鬼神的幽明两界。而其实最关键的因子,就是阴阳,只要阴阳之气顺畅和恰,那就是天下太平,神人安和,自然顺遂。显然,太子晋是东周之初的诸侯阶层的精英分子,他的阴阳二气论,也与西周大夫伯阳父一样,是具有时代思想观念的代表性的。其时,阴阳之气论的气或气之阴阳论的阴阳,乃是从实体物抽象出来的玄哲式的重要观念系统。

以上举出伯阳父和太子晋的阴阳二气论的诠释,是贴切着天地自然环境生态之结构和变动之情形而有的一种概念型掌握,他们在叙说水土环境的变异现象时,已能呈现古人对于自然环境生态的知性理性之认识,其中具有客观的知识系统甚至是科学体系,但毕竟不能从感官经验之白描式认知形式而更深入依数理推论来形成实验、实证而通过归纳演绎法得出的计量性之模型科学。然而,古人又必得在这芸芸繁赜的现象中归纳出似乎有一种藏乎其中的律则或动力,遂以"气底阴阳"来加以概括说明,在这一点上而言,它不是科学之理路而是玄哲之理路。

同样在《国语》,亦有其他史事的叙述,存在着阴阳二气论,而它不是用来诠释天地自然环境生态,而是运用在军事亦即兵学上的。此可引越王勾践的重臣范蠡对越王分析用兵征伐和养民治国之道的话语来加以了解,其文稍长,待分段而释之。《国语·越语下》"范蠡进谏勾践持盈定倾节事"一文中提及范蠡进谏越王暂缓伐吴,在对话中,范蠡提出了国家大事有三,即持盈、

---

① 易中天:《新译国语读本》,第73—74页。

定倾和节事，在其中他发挥了对于自然环境生态保育之功所以保民养国之重要性的人地和谐伦理之思想，而在其中有曰：

> 四封之内，百姓之事，时节三乐，不乱民功，不逆天时，五谷睦熟，民乃蕃滋，君臣上下交得其志，蠡不如种也。四封之外，敌国之制，立断之事，因阴阳之恒，顺天地之常，柔而不屈，强而不刚，德虐之行，因以为常；死生因天地之刑，天因人，圣人因天；人自生之，天地形之，圣人因而成之，是故战胜而不报，取地而不反，兵胜于外，福生于内。①

范蠡对勾践陈述了治国的内政要务在于黎民百姓必须依照时节来敬其业、乐其事，尤其不可违逆自然环境四季循环的规律，要配合之来进行农耕，如此才能五谷繁盛丰收，如此国民生活才能丰泰而人口才能繁殖。这是以农立国的春秋时代为政者的最重要的内政，范蠡强调了人文必须符应和谐顺从大自然的生态律则，他所说的"时节三乐，不乱民功，不逆天时，五谷睦熟"，是基于中国古代以来的农耕文明实践经验而得出来的认识，这是知性理性，是科学之理路。越国其时虽非中原之大国，地处东南边陲，但也已经具备了相当明确的环境生态保育永续经营的知识系统。

接着范蠡提出外交战伐的方策，他也主张应配合尊重天地之道来行事，在此他说出"因阴阳之恒，顺天地之常"，此所谓"阴阳"，是指自然和人文的互动变化的规律法则，换言之，外交和战伐的国家大事，也是要依据阴阳之气的律动来实施的。在这里反映了春秋时代越国人也运用阴阳论的玄哲理路来诠释处理国际事务的基本规律。

在另外一文中，范蠡和勾践的对话也表现了一样的阴阳论观念。兹引范蠡的话语如下：

> 臣闻古之善用兵者，赢缩以为常，四时以为纪，无过天极，究数而止。天道皇皇，日月以为常，明者以为法，微者则是行。阳至而阴，阴至而阳；日困而还，月盈而匡。古之善用兵者，因天地之常，与之俱行；后则用阴，先则用阳；近则用柔，远则用刚。后无阴蔽，先无阳察，用人无艺，往从其所。刚强以御，阳节不尽，不死其野。彼来我从，固守勿与。若将与之，必因天地之灾，又观其民之饥饱劳逸以参之。尽其阳节，盈吾阴节而

---

① 易中天注译、侯迺慧校阅：《新译国语读本》，台北：三民书局，1995年，第519页。

夺之。宜为人客,刚强而力疾,阳节不尽,轻而不可取;宜为人主,安徐而重固,阴节不尽,柔而不可迫。……必顺天道,周旋无究。①

这一大段是范蠡对越王陈说的兵法,在话语中大量使用阴阳论来论述用兵作战的进退攻守之道。其原则不外乎是顺从天地之气也就是配合天地自然条件和状态,来灵活地行军作战,他使用了"天道""天极""天地""四时""日月"等名词,强调了征伐作战的兵法,必须以自然环境生态律则之恒常和变化为最主要的依据,不可以违反,若是违反自然规律来兴兵作战,就会失败。此处,范蠡的兵学思想明显也是一种人地和谐的知性理性之表达,是一套知识系统,是科学之理路。但是,他依然使用了阴阳二气的矛盾统一的辩证互动的关系来诠释上述的自然环环生态条件和律则之变动,从这个阴阳论来点明用兵之法,而在这个地方,范蠡表现的是春秋时期的精英善于使用的玄哲理路之中的阴阳二气论。

再取战国时期成书的重要兵书《六韬》观之,其亦有阴阳论的运用。在《六韬·守国第八》一文中姜太公告知文王如何治国,曰:

圣人之在天地间也,其宝固大矣。因其常而视之,则民安。夫民动而为机,机动而得失争矣。故发之以其阴,会之以其阳。为之先倡,而天下和之。极反其常,莫进而争,莫退而逊。②

明人夏振翼在注文中就说,这里所谓"宝",是指黎民百姓,而"常"是指五伦常道。"视"即劳之来之且匡直之。此所言的"阴",是以兵刑而言;"阳"就是以德泽来说。兵刑惨烈,是"阴之象",君王若要振奋民心,就应用兵刑;德泽舒缓,则是"阳之象",君王如欲合聚民心,就宜施德泽。③ 此处可见后儒以阴阳论来说明古圣王的发政施仁视黎民百姓为国之大宝,而以五伦常道来教化提升之,若民无德,则是"阴",教化提升之以五伦常道,使其生命和生活皆有光明,则是"阳"。此为政功夫是"发其阴",而其得到的境界就是"会其阳"。夏氏又再诠释之曰:

---

① 易中天注译、侯迺慧校阅:《新译国语读本》,第526页。
② 夏振翼、汤纲纂辑,胡秉中参订,贾秉坤整理:《增订武经注解·六韬》,台北:奉元出版公司,2020年,第66页。
③ 同上书,第67页。

> 夫圣人之在天地间也,其惟民是宝,固大矣。因天地伦常之道,而抚视之,斯民乃安而不乱。然民心甚涣,最易动也。民心一动,机括遂形,而国家之或得或失,于此系之,争端即此而起矣。圣人又岂忍漠然于其间哉！故振发以阴,为兵刑以一之,会合以阳,为德泽以绥之。仁圣为之先倡于上,而天下万民和之于下；示之以极,民乃反覆于常道之中,自然有得而无失,莫进而与之争其太过,亦莫退而与之逊其不及,务得其中和之道,而民有不安者乎？①

夏振翼阐释姜太公告诉文王所以治国之道,是阴阳二气的辩证性之认识和运用。实则其论述具有表里内外两层,或说形式和实质两层,他是用阴阳二气论为形式,但其注文的实质内容和用意,却是论述若是仁圣之君,必以黎民百姓的五伦之体证实践以及民生富足安乐的达至为"阳",如果没有做到,则其负面的状态,就是"阴",何以有"阴"？那是因为民心易于受蛊惑而浮动散乱,一旦民心不安分,那就会使国家随之昏乱,国与民皆坏,此即"阴",仁圣之君必须尽力行仁政而教民以常道伦理并使其生活富足,这个治理,即是抉开人心、社会的"阴"之遮蔽所形成的黑暗而恢复其"阳"的光明。

稍后时代的儒者张泰岳则说得更明白直截,他说：

> 世道昏浊,斯民陷溺。圣人振作激励,声大义于天下。振刷蒙晦,而反之清明,是谓"发阴"；世既清明,则又仁陶义淑,宣布德泽,使百姓和乐,是谓"会阳"。②

"阴阳"是论述政道之双元辩证状况的形式型用语,清明的政治必须起陷溺于水火的黎民而令其蒙晦消除,为政者必须以仁义之道来振作激励天下人心,令百姓回返清明世界,身心皆得安乐,此即"发阴而会阳"。所以,《六韬》以及后儒所运用的阴阳论,只是形式原则,即依"阴阳之气"或"气之阴阳"的双元矛盾统一的辩证概念语言来突显为政的仁与不仁的差别以及仁义之道统和政统的儒家主张。在此处可以看到阴阳二气论的内在性仍然具有最源头的以"阳"为光明而以"阴"为黑暗的日光照及和不能照及的视觉经验,此处含具了知性理性开导发展的客观知识。

---

① 夏振翼、汤纲纂辑,胡秉中参订,贾秉坤整理:《增订武经注解·六韬》,第67—68页。
② 同上书,第66页。

四 《左传》的阴阳论

上一节主要取《国语》之史事说出由晚期西周至东周之初春秋时代的阴阳气论。同样的史实,亦在另一部大史著《左传》中记载、发挥。《左传》《国语》是与孔子同一时代及稍后时期的中国上古史经典,它们呈现的阴阳论,可以代表或象征其时的中国人的原创性的"气"之中共具的玄哲之理和科学之理。兹先引一段言之,《左传·昭公元年》记载秦伯派医和(名为和的太医)专程为晋平公诊疾,医和看完晋侯的病之后,有话如此:

> 天有"六气",降生"五味",发为"五色",征为"五声",淫生"六疾"。"六气"曰阴、阳、风、雨、晦、明也,分为"四时",序为"五节",过则为灾:阴淫寒疾、阳淫热疾、风淫末疾、雨淫腹疾、晦淫惑疾、明淫心疾。①

此处是说,"天地之气"有六种,其作用会派生出五种"味",就是"辛、酸、甜、苦、甘",又会呈现出五种"色",就是"青、赤、黄、白、黑",亦会应验为五种"声",就是"宫、商、角、徵、羽"。这些味、色、声的综合,在生活上而言,其实就是在说穷极物质欲念的放纵,由于日常生活之中沉溺于"声色犬马",身体必易滋生出六种疾病。医和指出时序有四季,每一季有五节气,另一说法则是一年分四季、有二十四节气、共七十二候,其"六气"的状态和性质是不同的,人在生活中,须知依"气"而有安排和节制,如果过度,就会生疾罹病而造下祸殃,进而丧命,这"六疾"是寒、热、末、腹、惑、心等疾,医和说:"阴气太过得寒病,阳气太过得热病,风气太过得四肢关节病,水分太过得腹胀病,夜生活太过得迷乱病,白昼放纵太过得心脏病。"

上述医和对于人的疾病的判定,属于医疗诊断学的科学知识体系,是从医疗临床经验而得到的,天地的"六气",即自然界的"阴阳风雨晦明",综合起来也就是生活的自然环境的季节天候湿气温度日照等因素和成分,它们会对生活其中的人,产生身心健康与否的影响。在这里看得出来,春秋时代,知识精英是将阴阳之气视为自然生态和身体生理的一种共通性质,而且已经认为阴阳失调会引起疾病,这个"阴",就是人的生活环境以及体内的生理的

---

① 郁贤皓、周福昌、姚曼波注译:《新译左传读本》(下),台北:三民书局,2002年,第1251—1252页。

"阴气"太强,同理,这个"阳",就是人的生活环境以及体内的生理的"阳气"太强。在此,可以知道,"六气"是一种状态,它们乃是通透天地和人体而为一个整全性的机能,在外是环境之气,在内则是人体之气。

再举另外史事之例来了解春秋时代的阴阳气论,《左传·昭公四年》有一段叙述如下:

> 大雨雹,季武子问于申丰曰:"雹可御乎?"对曰:"圣人在上,无雹。虽有,不为灾。古者日在北陆而藏冰,西陆朝觌而出之。其藏冰也,深山穷谷,固阴冱寒,于是乎取之。其出之也,朝之禄位,宾、食、丧、祭,于是乎用之。"①

鲁昭公四年的春正月,鲁境降下大冰雹,季武子询问鲁国史官申丰,老天这样地降下大冰雹,这会成灾吧?有何办法可以使老天不会下雹?如果下了,如何可以避免灾害?申丰回答季武子说:如果是圣王在位,就不会下冰雹,就是降了冰雹,也不会成灾。古代,在太阳转到虚宿和危宿的位置时,就要开始把冰贮藏起来,到了金牛星座的昴宿和毕宿诸星在早晨出现的时候,就可以取冰使用。②深山穷谷里面,在严寒时节,阴气坚固地凝结,此处形成冰层,就可以到此地将冰凿开来使用。把冰取出来之后,朝廷里凡享有官禄之位的,请客、用膳、丧葬、祭祀,都从这冰贮藏处取来使用。在这一段话语中,申丰说明了两件事情,一是天文星象的精确观测,基于太阳和金牛星座在星图中的位置而定下严冬时大地冰冻而有冰层以及暖春将至而冰块始融化就可以取冰。这里呈现了上古中国天文之官的天文科学成就,是科学之理路的表达。在这一段话语中,申丰所提到的"阴"字,乃是指天气、环境的极为寒冷的状态而言,并无特别的玄哲韵味。再者,申丰在此番话之后提到了取冰和藏冰皆必须有宗教祭典,他说:"其藏之也,黑牡、秬黍,以享司寒;其出之也,桃弧、棘矢,以除其灾。……祭寒而藏之,献羔而启之。"③这段话是何意?转为白话,就是"当藏冰时,使用纯黑毛的公羊和纯黑色的黍子来祭祀'司寒神',到了要取出冰块时,门上就要挂起桃木弓和荆棘箭,用来消灾除煞。……藏冰时,祭祀'司寒神',到要用冰时,就要以羔羊奉祭祖先之后才可

---

① 郁贤皓、周福昌、姚曼波注译:《新译左传读本》(下),第1283页。
② 此段谈到的天文星象之现代用语和概念,是依据郁贤皓等人的注译本,第1286—1287页。
③ 同上书,第1251—1252页。

以开启冰库"。在此处,《左传》其实是忠实记录并反映了春秋时代的宗教祭仪,这是文化文明史的写实载记,表显的是中国史官的客观性的知性理性。①

《左传》此条接着写道:

> 公始用之,火出而毕赋,自命夫命妇至于老疾,无不受冰。山人取之,县人传之,舆人纳之,隶人藏之。夫冰以风壮,而以风出。其藏之也周,其用之也遍,则冬无愆阳,夏无伏阴,春无凄风,秋无苦雨,雷出不震,无灾霜雹,疠疾不降,民不夭札。今藏川池之冰,弃而不用,风不越而杀,雷不发而震,雹之为灾,谁能御之?②

用冰是先由国君开始的,也由他来分配各贵族的用冰,一直到大火星出现于天上的夏三月才告结束。此句说到的"山人""县人""舆人""隶人",皆是担负冰块的取运、配送和收藏的专业人员。此处表达的乃是春秋时代贵族阶级的冬日窖藏和夏日取用冰块,这是一件十分重大的活动,具有宗教、礼仪以及政治文明的含义。在这个叙述里,可看到史家对于国政大事的细致叙述,属于知性理性的一套知识系统。再则,申丰此段言论的后半部分所说的"夫冰以风壮,而以风出。其藏之也周,其用之也遍,则冬无愆阳,夏无伏阴,春无凄风,秋无苦雨,雷出不震,无灾霜雹,疠疾不降,民不夭札",表达了什么观念呢?他认为自然环境之所以形造出坚实的冰层,是因为冬寒之风吹拂使然;且又因为自然环境吹拂了暖和的春风而使冰层融化,所以人们可以取用。就这一点而言,显示了春秋时代的专业精英可以透过观察验证的经验而得知冰层的冻结凝固以及它的解冻融化,是与空气因温度差异而发生的冷风或暖风的气流之吹拂具有直接的因果关系。然而,申丰接着提出来的说法就不是正确的认知,而有一种玄哲形式的想象掺入其中,他认为冬天时的冰层如果凝藏得非常周密厚实,而使用冰块的情况又非常普遍,如此,就可以达到一种谐和适宜的环境生态,那就是冬天时不会发生暖热的反常之冬,而夏天时也不会遭遇阴寒的反常之夏;春天时不会吹袭凄风,秋天时也不会降下苦雨;天打雷不震害人畜,也不会落下霜雹造出灾害,风调雨顺,生态谐和,各种瘟疫疾疠也就不会发生,黎民百姓能够健康而不致短命夭折。在这一大段

---

① 郁贤皓、周福昌、姚曼波注译:《新译左传读本》(下),第 1290 页。
② 同上书,第 1283—1284 页。

的判断叙述中,"阴阳"一词的使用,只是单纯地指天气的温热(阳)或寒冷(阴),而不是玄哲的气之理,但是申丰以为贵族对于冰块的贮藏和运用,居然可以影响到四季生态规律之和顺以及气候状态之正常,而又因之可使庶民的身心得到健全、平安,因而国家就可生存发展。这样的推论是荒谬的,它缺乏科学之理路的严谨之实证过程来加以有效验证,所以其说法无法具备知性理性的客观结论。

由以上的诠释,我们看到了春秋时代阴阳论的运用,一则与自然环境的状态条件直接有关,其"阴阳"只是说明环境日照和气温。但是依附着"阴阳"状况的叙述,却带出了当时的玄哲与科学之理路的水平,同时也可表明当时还活跃的宗教观和鬼神观。

五 《易传》的完成及其阴阳论

战国时期,阴阳论进入并影响了较后形成的经典,譬如《易传》。徐复观先生认为孔子之后,后儒承继孔子的学说,但有着重之不同,因此发展为三派,徐先生说:

> 从曾子、子思到孟子是一派,这一派是顺着天命由上向下落,由外向内收,下落到自己的心上,内收到自己的心上,由心所证验的善端以言性善。更由尽心,即由扩充心的善端而向上升,向外发。在向上升的极限处而重新肯定天命;在向外发的过程中而肯定天下国家。……这一派言道德,都是内发性的,并且仁是居于统摄的地位,这一派为孔门的正统派。……到了孟子达到高峰……直到宋代程明道,才慢慢地复活。……另一派则是以《易传》为中心的一派,这一派……以"阴阳"言天命,因"阴阳观念"的扩展,对尔后的人性论,发生了很大的影响。……第三派,是以礼的传承为中心的一派,礼的作用,就个人的修养上说,总是"制之于外,以安其内"的……此派思想,以荀子为顶点,此派后起的人……所谈的道德,始终是外在性的道德。虽然也不断说到仁,但并未真正居于统摄的地位。①

---

① 徐复观:《阴阳观念的介入——易传中的性命思想》,收入《中国人性论史·先秦篇》,第199—200页。

孔子之后，就等于是春秋末期到战国时代，正是先秦儒学从创生而到风云兴起的时期，所谓"子夏传经、曾子传道"，或"儒分为八"，都是在这个时期。孟荀是为两大脉络，一主"心性主体"，一主"礼义统类"。但徐先生特别指出尚有另一个系统，那就是以《易传》为中心思想的这个特重阴阳气论的儒家学派的兴盛。徐先生又说道：

> 此三派当然会互相影响，但两汉的思想，实以《易》及《易传》为主，以形成一代思想的特性。故《易》列入《六艺》为最晚，而汉人反谓《易》为《六艺》之原。宋代理学兴起，远承子思孟子之绪，但仍援《易传》以与子思、孟子合流，亦不知二者的思想性格，原来并不相同。可以说《易传》这一派思想，是形成于战国中叶，因其影响于道家而其势始大，因汉人重"阴阳""五行"而其势更张。①

徐先生指出两汉儒家特重战国中叶形成的《易传》中的阴阳气论。此与先秦原始儒家的思孟学派和荀子学派显然不同。这个影响，传到宋儒，就已将《孟子》的性善论和《易传》的阴阳说合而申论发扬。现代儒家的基本思想，大概已是先秦三派的汇流了，论说阐释思孟"性善心善之天命说"，也弘扬了荀子的"礼义统类"的重后王现实性客观架构显著之政治理念，同时也非常显著地以阴阳二气说来看待天地自然万物生态。

徐先生又指出《周易》本是卜筮之书，其卦爻辞，并非出自一人的创作，而是整理了许多筮者累代遗留下来的占辞组成的。若仅视《周易》本身，亦即卦爻的辞来说，只是筮者之徒将他们的人生经验、教训，由卦爻的"象"，触发引申，或有意识地或临时随机地，组入卦爻的象征中，只是反映其时的流行观念和社会事物，本来没有多少玄哲、思想的价值。赋予《周易》以哲学的意味，乃是来自后面的《易传》。②

徐复观先生说：

> 对《周易》作进一步解释的是《易传》，关于《易传》(《十翼》)是否为孔子所作，打了一千多年的冤枉官司。《易传》中引有"子曰"的，分明是编定的人认为这是孔子的话（徐先生加注曰："《易传》各篇的作者，既非

---

① 徐复观：《阴阳观念的介入——易传中的性命思想》，收入《中国人性论史·先秦篇》，第201页。
② 同上书，第202页。

一人、一时,而一篇之中,虽以类相从,但也如《礼记》各篇一样,亦多由篇纂而成。"——引者按);没有"子曰"的,便是传承孔子易学者的话……我们可以推断,《易传》中所引的"子曰",可信其是出于孔子。从《易传》中引用的"子曰"的内容看,孔子对《易》的贡献,是从由实物相互关系的想象所形成吉凶观念中解放出来,落实在人间道德的主动性上,并把作为理想标准的中,应用到《易》的解释上去。①

徐先生此语指明《易传》是不止一个后学者而且也不在一时编撰而成,其中的"子曰",是编撰者们择取了孔子之言来引申或加强他们诠释《周易》思想睿智的深度,且由这些"子曰",亦可见孔子的仁学之中并无阴阳气论。

《易传》既是晚出,可能是孔子之后的门人,更可能是门人弟子的作品,其中已有阴阳观。就此点而言,徐复观先生说:

> "阴阳"观念,是在长期中,作不知不觉地发展,但进入《周易》里面以后,则似乎是作了有意识的建立,以迄于完成。据《史记·儒林列传》:"自鲁商瞿受《易》孔子,孔子卒,商瞿传《易》六世,至齐人田何,字子庄。"……《易》的传承地乃在齐鲁。但与曾子思孟这一派似乎并无关系,与荀子的关系亦甚少。至荀子时,在《易传》中的"阴阳"思想,当已发展完成;而荀子引《易》有三条,他可能已经受了《易传》"阴阳变化"思想的影响,但《易传》主张天人合一,而荀子则主张"惟圣人不求知天"(《天论》),二者思想的性格迥然不同……荀子在《儒效篇》"《礼》之敬文也,《乐》之中和也,《诗书》之博也,《春秋》之微也,在天地之间者毕矣",此乃总述各经,而未尝及《易》,则荀子之未尝重视易为甚明。《易传》系统,在儒家中恐系独成一派的。②

依此,可证《易传》是六经里面最晚出者,大概与《荀子》同一时期,但似乎这个撰述传扬《易传》的儒家团体是一支独立的学派,亦即鲁人商瞿传了六世,后传齐人田何,虽同在山东地区,但显然没有影响到"传心性之道"之颜曾思孟系统,虽然些微影响到荀子,可是在根本的思想主体中,荀子传承子夏而发展下来的"传经派别"也可以说是全然不在意《易传》的。换言之,孔子

---

① 徐复观:《阴阳五行及其有关文献的研究》,收入《中国人性论史·先秦篇》,第558—559页。
② 同上书,第563页。

虽然晚年已有传《易》，但阴阳二气论在孔子思想以迄孟荀学说中，并不存在。阴阳说是《易传》的后学逐渐将阴阳加入《易传》而形成的这个儒学派别中的一个重要的诠释系统。

或说这个论断或只是徐复观先生的孤论而已，其实不然。关于整个《易传》的演进，再看看高怀民先生的判定：

> 卦爻辞与《十翼》同为藉卦象以发明"易道"……但《卦爻辞》之言"易道"乃以"分散为用"，不求有一整个思想上的体系，实不必要如此，六十四卦卦爻辞的整体性，只可从"八卦"哲学的根本义上讲。但那只是"易哲学"的一个大间架，是概括性的，是大包大揽的，不够精细，也不完全。《十翼》则不然，《十翼》意在演说哲理，"卦象"虽有六十四，但必要说出其一贯的理路，如此便不得不建立起一个思想体系，这是思想上的自然要求。又因为这一个思想体系是实际人生社会的指导，所以精思入微，不止是理论的揭发，尤其注重其实用精神，于是这一思想体系便发展成为理事融通、天人一贯的枝繁叶茂的大整体。读卦爻辞，我们所感到的是"易道"的"分散之用"；读《十翼》则所感到的是"易道"的"整体性"。这主要是由于一言"事"，一说"理"之故；"言事"是"神道"思想下的筮术的任务，言理是"人道"思想下"理智"的发皇。①

此一大段论述在于阐明《易经》卦爻辞和《易传》的差别，以《易传》而言，它是以《易经》为基础而向前发展的，它是孔门"易学"的后继者对于《易经》的思想结构之增益以及以"玄哲之理"改换"神道之想"。《易经》本身是依六十四卦而"分散为用"的，但人之心灵思维却有一自然的要求和趋向，那就是需要就事事物物和前人之言而有所进一步和深一层的玄哲演绎，其实也需要有一种从神道想象之氛围中冲决超升出来的知性理性之主导下而得到的客观架构性的知识系统乃至于科学体系。高氏此中言及的"说理的理智"，即具有玄哲和科学两种互相配合的思想、文明、学术之双轨。

在此背景和脉络之下，阴阳气论自然会逐渐地进入《易传》的诠释系列中而形成其中重要的内容。在"十翼"中，阴阳气论主要在《系辞传》和《说卦传》。高怀民先生指出北宋欧阳修曾列举《系辞传》中一些话语，认为是"繁

---

① 高怀民：《先秦易学史》，台北：台湾商务印书馆，1975年，第233—234页。

衍丛脞而乖戾"（笔者按：《系辞传》岂是如欧阳修的讥评？），而后儒的研究之结论是《系辞传》并非出于孔子本人，应是孔子门下弟子所撰编，当然其中思想亦是从孔子之道延伸发挥而来，既是孔子门人及门人之弟子连续篇纂创述，可以说《系辞传》或应是形成于战国时期。高先生再又论及《说卦传》，他指出《说卦传》对后来的汉宋易学都有着极大的影响，且认为太史公在《史记·孔子世家》中提到"说卦"之名，且与《彖》《象》《系辞》《文言》同列，由此当能证明《说卦传》亦是成篇于先秦。① 依此所言，则阴阳气论存在作用于《易传》之内，是先秦至迟到战国末期就已正式完成。

戴琏璋先生也认为《易传》不是孔子作的，但确然无疑是出自儒者之手笔，而孔子诠释经义、引用经文的态度，对于《易传》的形成所产生的影响，则不可抹杀。据《论语》可知，孔子引《周易》或论《诗经》，都是要借以对行为有所指导且对思想有所启发，后儒承继了这一宗风，在《周易》的探索上，"居则观其象而玩其辞，动则观其变而玩其占"（《系辞上》），由于不停地"观""玩"，于是就渐次发生了多方面的领悟和兴会，积累成篇，汇编为集，这就创造了《易传》。②

《易传》当然不是一人之作，且其写成的时期亦有先后，戴先生说：

> 一般认为《彖》《象》两传最早，《文言》《系辞》其次，而《说卦》《序卦》《杂卦》则较晚。这是对的。因为《文言》解释《乾》《坤》两卦的卦辞、爻辞，有绍述《彖》《象》两传的迹象；《系辞》与《文言》可能是同一时代的作品，两传都有诠释《爻辞》的文字，风格相近，部份雷同。而《系辞》与《说卦》在所谓"兼三才而两之"的说法上又相同，这可以证明《文言》《系辞》晚于《彖》《象》两传。《说卦传》谈卦象较《彖》《象》《系辞》等繁复，而其谈卦位，又受到阴阳家四时方位说的影响，据此可以推断它的写成时代又当晚于《文言》《系辞》。《序卦》《杂卦》，未见于《史记》著录，《杂卦》又未见于《汉书》的著录，因此，《序卦》《杂卦》两传，又可能晚于《说卦》。③

以上一大段叙述是戴先生将"十翼"成文的先后次序作了一番判准，大致

---

① 高怀民：《先秦易学史》，第252—260页。
② 戴琏璋：《易传之形成及其思想》，第10页。
③ 同上书，第10—11页。

上是如此排列,即《彖》→《象》→《文言》→《系辞》→《说卦》→《序卦》→《杂卦》,共十传,称为"十翼",这就是《易传》。他提到《说卦》受到了阴阳论的影响,而其实,在《系辞》中也已有此种阴阳论的诠释迹象。凡是具有阴阳气论的说法的经典,其时代不会太过于前面。而戴琏璋先生又再提道:

> 《彖》《象》两传的押韵现象、《文言传》的对偶句子,都与《荀子》书相类似,戴君仁先生即据此推断《易传》作者与《荀子》书作者时、地均相近,前者的时代或稍早,是苏、皖、鲁、豫边区一带的南方儒者。高亨也有类似的看法。……长沙马王堆……出土的"帛书"《周易》,在经文之后,附有《系辞》……据于豪亮考证,"帛书"《周易》写于汉文帝初年,《系辞》当是战国晚期作品。……我们可以推断《彖》《象》《文言》《系辞》四传在西汉以前已经完成……至于《说卦传》,它的前三章已出现在"帛书"《系辞》中,至少这一部份与《系辞》是同时作品,其余部份,主要特征是"八卦方位说",秦汉之际所流行的"阴阳家"方位配四时的说法已可以作为它的根据。这就是说《说卦传》后八章有可能写于秦汉之际。①

依戴先生的考察,《易传》的成书是相当晚的,起码是在荀子活跃的战国时代晚期以及更晚的秦汉之际。特别是具有阴阳论的《系辞传》和《说卦传》,都是战国末年到秦汉之际或西汉初年才出现的著作。

本文谨以《系辞传》一章以明其中的阴阳气论思想。《系辞上》曰:

> 一阴一阳之谓道,继之者善也,成之者性也。仁者见之谓之仁,知者见之谓之知,百姓日用而不知,故君子之道鲜矣。

吴怡先生的诠释如下,他说:

> "阴阳"两字,不见于六十四卦本经,只见于《文言》《象传》《系辞传》及《说卦》。梁任公先生以为《仪礼》中无"阴阳"两字,《诗》《书》《易经卦爻辞》中的"阴"字,都当作"覆蔽";"阳"字都当作"向日"解。因此认为"阴阳"两字是七十子后学所作。②

吴先生举出梁启超的说法,"阴阳"在上古经典中,只是向阳或背阳的有

---

① 戴琏璋:《易传之形成及其思想》,第11—13页。
② 吴怡:《易经系辞传解义》,台北:三民书局,1993年,第57页。

无日光的本初之义。将"阴阳"合为一个概念关键词,是孔子弟子之后学发展出来的。此意思多位学者都已有同一看法,应属定论。吴先生接着说道:

> 《系辞》等传中,把六十四卦中刚柔两爻的性能,用"阴阳"两字代表,以"阴阳"去谈宇宙变化……是一大进步。本句在《易经》哲学上也是一个关键语,对于本句,有两点值得注意:
>
> (甲)所谓"一阴一阳",并不是指"一个阴""一个阳"。因为"阴阳"不是物质,不能以数字来区分。此处所谓"一",兼有两层意思,一是指"阴阳"的对立,如"分阴分阳"(《说卦·第二章》),即"一面阴","一面阳";二是指"阴阳"的交感,如"阴阳合德"(《系辞下传·第六章》),即"一次阴","一次阳"。
>
> (乙)阴阳两字,后代易学家都把它们当作气来看,但气是形而下的,又何以能作为形下上的道呢?伊川曾谓:"离了阴阳,便无道,所以阴阳者,是道也。阴阳,气也,气是形而下者,道是形而上者。"《朱子语类》也谓:"理则一而已,其形者,谓之器,其不形者,则谓之道。然而道非器不形,器非道不立,盖阴阳亦器也,而所以阴阳者,道也。是以一阴一阳,往来不息,而圣人指是以明道之全体也。"①

"阴阳"的存有,是双元对峙的关系,这就是"分阴分阳";而又是交感互动的关系,这就是"阴阳合德"。换言之,"阴阳"就其各自本身而言,是对分之双元性,可是若就它们两者之间的关系而言,又是融合而为一体的一元性。究底说,"阴阳"是一而二、二而一的,是虽独立却又同时交互影响、感通、变化的矛盾和统一的关系。

吴怡先生又说:

> "阴阳"的作用,只是"自然"的变化,而在其背后,使其"所以如此"的乃是"道",也就是说,使"阴阳"产生作用的,乃是"道"。……"阴阳"产生作用,即是交感的作用。而"阴阳交感",即是"阴阳调和";"阴阳调和",便是万物的生机。所以"继之者",乃是承"阴阳调和"而生,"善"乃是形容生之为善。"易理"是以生为德为善的,如"天地之大德曰生"(《系辞下传·第一章》)、"元者,善之长也"(《乾·文言》)。……所谓

---

① 吴怡:《易经系辞传解义》,第57页。

"继之者善"乃承继天道的流行,生机自善的意思。①

在此处,吴先生点明了"阴阳"就是自然变化。何为"自然变化"?那就是"气",其本体就是"道"。但《系辞》所论的重点不是特讲那个"本体"的"道",而是在于特别彰显"气之阴阳"是活动的、作用的;"二气"交感而合为"一气",因而形成调和之状态,于是万物生生。就这个生生不已的生态,《大易》遂颂之曰"天地大德",是继之长之而生化流行不已的"元"。

《系辞上》第五章最后有一句文句如此:

> 极数知来之谓占,通变之谓事,阴阳不测之谓神。

黄庆萱先生对此有一番诠释。他先诠释"数":

> 极,穷究。数,本指《易》筮中蓍策之数,实际上模拟着宇宙万物演进变化之数,《系辞传》"大衍之数"章略言其原理。……数,引申有"律数"义,即在组合或演变中有规律可循之数。……天地万物等空间存在,既是数的组合,四时年月日等时间运行,也是数的演变。……我把《易》视为"数本论"的哲学。②

黄先生认为《易经传》中存在着"数本论",其理是探明或演算天地宇宙的"律数",他说空间是数的组合,而时间是数的演变,论及了"律"和"数",这种思维和语言,就是科学之理路。《系辞传》通过"大衍之数"呈现了战国时代古儒以数量及其所表达的律则来看待天地自然和万物生命之意义,这当然不只是玄哲之理路,而且也是通过知性理性去掌握世界之存有的一套知识系统和科学体系。换言之,在《易传》里面存在数学科学。

黄先生提到"阴阳不测之谓神",他引张横渠和王船山之诠释,曰:"张载《正蒙·参两篇》:'一物两体,气也。一故神,(自注:两在故不测。)两故化,(自注:推行于一。)此天之所以参也。'王夫之《注》:'神者,不可测也,不滞则虚,善变则灵,太和之气,于阴而在,于阳而在。其于人也,含于虚而行于耳目口体肤发之中,皆触之而灵,不能测其所在。'……《正蒙》及《注》以'神'或在阳,或在阴,不能测其所在。"③依此,"阴阳"就是"太和之气",它之虚灵

---

① 吴怡:《易经系辞传解义》,第57—58页。
② 黄庆萱:《新译乾坤经传通释》,台北:三民书局,2007年,第55页。
③ 同上书,第56页。

善化,贯通人和物以至天地宇宙一切存有,这就是不可测度的"神"。这样的论述,是传统儒家对于《易传》之阴阳论的玄哲之理的说法。然而,它却是又含有科学之理的内涵的,黄先生于此有一番叙论,他征引李政道的说法:

> 牛顿力学已被量子力学来代替,在量子力学中有条很基本很重要的定律叫做"测不准定律"。这条定律说,我们永远不能测准一切。任何物件假如我们能完全测定它在任何一时间的位置,那在同一时间,它的动量就无法能固定。对普通一般物件而论,动量不固定,就是速度不固定,既然速度不能固定,那也就无法完全预定这物件将来的路线。……近代物理学有些看法,和中国太极和阴阳二元的学说有相似的地方。……李政道把量子力学中"测不准定律"和"太极和阴阳二元的学说"相提并论,使"阴阳不测之谓神"有了更具体的新解。①

黄先生引用物理学科学家李政道的说法,并不是附会而以为《易传》的阴阳气论里面含藏着物理学的测不准定律。其实中国《易传》的文本和思想的结构脉络跟现代物理学的重大定律法则,纯粹是不同典范的学术与知识,不能随便比附,而幻想中国先祖的大易之学理中的阴阳论可以导引现代物理学,这种想法和说法是荒谬、错置的。但黄先生在这一段中征引李政道之论述,其主旨是说明了《易传》发挥的"阴阳交感迁移"之那一种神变不测,虽然是从玄哲之理路中思维而得出,然而在现代物理学的量子力学中,也同样能够发现量子之神变不测。在《易传》中以气来说,在物理学则以量子来说。再者,量子力学的测不准现象,乃是通过物理学的实验而得到,而《易传》中所说的"阴阳不测"的此种神变不居,何尝不是古人在经验到实存具体的天地自然环境中的一切万物的变动不已、流行不住的大化现象中有其体悟而累积的智慧。在其中,有其玄哲之理,同样亦有其科学之理。此处的心灵思维的双元性,不可忽视。

结　　论

中国的阴阳气论是一个非常悠久的传统,是中国儒、道、阴阳、兵等家的

---

① 黄庆萱:《新译乾坤经传通释》,第56—57页。

基本思维，由古至今，传统知识分子恒有以气之阴阳论或阴阳之气论导引他们看待自然与人文世界之方式和取径；在庶民社会，人群多以阴阳观或阴阳五行观来思考、决策他们生活和生命中的大小事务，包括婚丧大礼、居屋、坟墓之建筑以及宗教祭仪乃至于每日出行的方位和时间，可以说，阴阳气论几乎是中国精英和普罗大众两层人民的人文海洋河湖，中国人是这片人文海洋河湖中的游鱼。

在较久之前的西周或三代，"阴阳"是先民从日常生活之因为地形、地点而产生的日照和气温之明显对立而得出来的直接的、素朴的经验词语，它只是指谓了太阳辐射引起的人地关系。包括如《诗》《易》《书》等典籍中的"阴阳"字词，皆是这一层的意义，唯纵然如此简易，却也反映出在很早的上古时代中国人已经立基于知性理性而到达玄哲和科学之思维的开端。

《左传》和《国语》所记载、陈述、诠释之内容，大体上是春秋时期，其中存在清楚且积极的阴阳气论，依此而论人地生态的和谐关系，并论说身心医疗之术乃至于国家的治理和兵法，既是玄哲之理路，也是科学之理路，表现了中国人心灵思维的双元并建及其合一性，唯孔子无这方面的思想和话语，连带着战国时期的孟子与荀子皆不受阴阳气论的影响。先秦时代真正以阴阳气论为主要思维结构和取向的，是较晚才陆续累积整合而完成的《易传》。

阴阳气论的玄哲之理和科学之理，兴起于先秦或西汉，其后，此双元同行却又互动而合一的阴阳气论就影响并支配了中国两千年的知识分子和精英阶层，在大传统中，往往决定国政、文明的总体走向和内容，就儒家而言，宋明儒者几乎都有阴阳乃至阴阳五行的思维形式，到了近现代，更多有以阴阳气论来比附或会通西方哲学和科学。

Two Approaches of Occult Philosophy and Science in *Yin Yang Qi* Theory

Abstract: The traditional Chinese *Yin* and *Yang* concepts have an evolving process from their original meanings of "whether there is daylight or not" to the *Qi* theory in which they are regarded as two basic elements of the universe. Within the Chinese interpretation of *Yin Yang Qi* theory, there is an approach from an occult philosophy, as well as an scientific approach where they are treated as an "epistemological system". These two approaches could be seen in *Guoyu*, *Zuozhuan* and *The Book of Changes*. The two approaches of occult philosophy and science in *Yin Yang Qi* theory doubled together and shaped the way of thinking for Chinese people to look at the world of humanity and nature.

Key Words: *Yin Yang*, Occult Philosophy, Scientific Thinking

书讯

《霍布斯与自然法传统》

[意] 诺伯特·博比奥　著

何俊毅　琚轶亚　译

上海：华东师范大学出版社，2021 年

诺伯特·博比奥（Norberto Bobbio）是知名的意大利政治哲学家和政治思想史学家，也是当代西方最重要的自由左派理论家之一。他是意大利都灵大学法律与政治哲学荣誉退休教授，主要著作翻译成中文的还有《共和的理念》《左与右：政治区分的意义》《民主与独裁：国家权力的性质和限度》《权利的时代》《民主的未来》。

本书汇集了博比奥研究霍布斯的诸种论说，包括"自然法理论的概念模型""霍布斯的政治理论""霍布斯政治哲学中的自然法与民约法""霍布斯与自然法理论"和"霍布斯与社会团体"，以及对《论公民》和《一位哲学家与英格兰普通法学者的对话》的导读。此外，他还对霍布斯政治哲学的研究史做了总结与回顾，尤其注重与滕尼斯、施米特、施特劳斯等重要研究者的对话。

他采用概念分析与体系重构的方法，旗帜鲜明地主张，"霍布斯政治思想的中心主题既非公民的自由，亦非极权国家，而是国家的统一"。作为公共权力的国家，是强大可靠的惩戒性权威，使人得以走出因其自然本性而导致的无政府状态，从而缔造出由第一条自然法所规定的和平。从这一模型来看，今天的国际秩序仍然处于不稳定的平衡之中，和平由国家间的相互恐惧来维持，因此只是一种休战状态。能否通过联合公约实现永久和平，是霍布斯的模型带来的持久启示。（肖京）

太虚与道体

——张载"太虚即气"的再诠释

赵金刚*

提　要：张载言"太虚即气",针对当时思想界对太虚的普遍理解,亦针对前代经学与佛老思想,特别是认为佛老的思想模式会陷入"体用殊绝"的状况,张载认为太虚就是气,但其特征是"至虚之实""至静之动",因为至虚之中含有至动,太虚必然会转为有形之物,有形之物也必然会复归太虚,而万物复归太虚之后,也就具有了全新的、无限的可能性,体和用密切联系在一起。此外,有形必有性,性由形而有,形性不相离,功夫可以使人恢复气的清通之能。

关键词：太虚　佛老　至虚之实　至静之动　两一

张载是"唯气的本根论之大成者"①,气论发展到张载那里才逐渐成为后世理解的思想形态。张载一廓之前气学复杂的概念形态,以太虚、气、太和、性等主要观念为核心统领,建立起一套"简易"的气学思想体系。关于张载的论争是宋明理学乃至中国哲学的焦点问题,这一方面牵涉牟宗三先生反对将太虚理解为气的诠释路向,另一方面也与丁耘教授认为气学无法承担起当代中国哲学第一哲学的建设有关。本文坚持张载的气学属性,并对张载的"太虚"观念进行更进一步的诠释,试图揭示张载思想的一些基本特征。

---

* 赵金刚,河南安阳人,北京大学哲学系博士,清华大学哲学系副教授。本文为国家社科基金项目"朱熹理学中'气'的思想研究"(18CZX028)阶段性成果;北京市社会科学基金青年学术带头人项目"孟子:现实的理想主义者"(21DTR001)阶段性成果。

① 张岱年:《中国哲学大纲》,南京:江苏教育出版社,2005年,第68页。

一　破异显宗

宋学兴起，横渠建立气学体系，一着眼点就在于对峙佛老思想。《正蒙·太和篇》一段最能显示张载对于佛老的态度，特别是为何在思想上他不能接受佛老的观点：

> 知虚空即气，则有无、隐显、神化、性命通一无二，顾聚散、出入、形不形，能推本所从来，则深于《易》者也。若谓虚能生气，则虚无穷，气有限，体用殊绝，入老氏"有生于无"自然之论，不识所谓有无混一之常；若谓万象为太虚中所见之物，则物与虚不相资，形自形，性自性，形性、天人不相待而有，陷于浮屠以山河大地为见病之说。此道不明，正由懵者略知体虚空为性，不知本天道为用，反以人见之小因缘天地。明有不尽，则诬世界乾坤为幻化。幽明不能举其要，遂躐等妄意而然。不悟一阴一阳范围天地、通乎昼夜、三极大中之矩，遂使儒、佛、老、庄混然一涂。语天道性命者，不罔于恍惚梦幻，则定以"有生于无"，为穷高极微之论。入德之途，不知择术而求，多见其蔽于诐而陷于淫矣。①

此言"虚空即气"与"太虚即气"其义一也。"即"，是也。有与无、隐与显、神与化、性与命、聚与散、出与入、形与不形，均是张载思想中所谓"两"，太虚与形气也构成"两"的关系，但其"两"却非截然异质的，太虚是气的本来状态。此为气之太虚或虚空，不同于老氏之无(nothing)与佛教之空。"虚"为"气"，"虚"不生气；"气"有便齐有，不存在一个绝对的空无的时刻；"气"为实有，不为幻化：此为虚与气之"一"。太虚与形气的"两一"可以称为张载思想中"根源的两一"，由此"两一"关系之成立，一切"两"均可通而为一。② 此为张载哲学之立论基础，在此基础上，张载展开对佛老思想的进一步批评。无论张载对佛老理解是否准确，从此段论述中，可以发现张载在哲学上不能接受的一些基本观点，即虚气为二、体用殊绝、形性相离、天人相分。反之，张载哲学自身之立论亦有四：太虚即气、体用一如、形

---

① 《张载集》，北京：中华书局，1978年，第8页。
② 关于张载哲学中两一结构及其意义，参见陈睿超：《张载"气论"哲学的"两一"架构》，《中国哲学史》2021年第1期。

性相资、天人合一。

所谓"虚气为二"可有多种范式：或谓存有有一时空上"无"的起点，从此起点而衍化（"生"）为天地万物（汉唐道家元气论）；或谓存有皆无时无刻不从一绝对的时空之域不知其所以然而然地产生（郭象之"独化于玄冥之境"）；或谓存有必待一绝对的无方可成立（王弼之以无为本）；或谓存有只是绝对空中之缘起幻现（佛教之空有）。这些其实都是张载批判的对象。

所谓"体用殊绝"，"殊绝"者，隔断也。虚能生气，则从虚到气不绝不断；然如此，则气为被生者，为第二性之存在，气不能生虚，从气到虚为隔断。如此，要么引入"独化"之神秘模式，要么为一不能生生之死寂世界。又可追问，虚能生气，一次齐生？无时不生？若一次齐生，生出来后，气与虚似无甚关联，气在而虚亡，虚更管摄不了气，此一殊绝也；若无时不生，既生之气已充塞宇宙，将复何往？若不独化于玄冥之境，则此世界将为一壅塞之状态，新生之气，必处处受阻。此外，凡言"虚气为二"者，体皆无限无待，用皆有限有待，从体呈用颇为坦途，由用归体而为断崖——必舍用以求体，而无即用即体。张载多批评佛教不知"用"，此处亦针对道家言"体用殊绝"。

所谓"形性相离"，形无自性，形为性累，性在形外。或堕肢体、黜聪明以求真宰；或锻炼形气，羽化登极；或谓肉身非我，烦恼业障由形而有，涅槃解脱，方得真性。如此，必小看了现实中的"我"，以及由此带来的人伦日用亦无根源性价值。

所谓"天人为二"，天自天，人自人，天人不相与，天道之自然无与人道之仁义，天与人为两个世界。或亦可说实然与当然并无必然关系，或亦可说天行有常，不为尧存桀亡，或可谓天虽虚为实，人虽实为幻。

这些都是张载哲学体系所要批评的思想，究其根源，张载认为，任何一虚气为二的模式，皆可以导致"体用殊绝""形性相离""天人为二"。只有回到太虚即气的构架，理解太虚的真实含义，才能建立起真正的体用一如、形性相资、天人合一的哲学系统。

二　太虚与天

张载言"由太虚,有天之名"①,在其哲学系统中,"天即太虚之别名"②。"太虚"之观念起自战国道家,然而随着中国哲学的发展,其应用则不限于一家一派,汉唐儒道二家使用这一观念自不待言,佛教西来,亦以"虚"言佛理。兹举数例与张载所言之"太虚"相较③,《礼记正义》孔颖达言:

> (郑)注《考灵曜》用浑天之法,今《礼记》是郑氏所注,当用郑义,以浑天为说。案郑注《考灵曜》云:"天者纯阳,清明无形。圣人则之,制璇玑玉衡,以度其象。"如郑此言,则天是大虚,本无形体,但指诸星运转以为天耳。④

孔颖达以为郑玄所言"天"即为"大(太)虚",此太虚首先有"空间性"意涵,诸星等有形有象者可布于太虚。⑤ 在张载处,"天"为太虚基本义,太虚之空间性含义亦为张载所承继。如张载言"气之聚散于太虚"⑥。然此太虚在张载处可具有"空间性",亦与太虚无形至清有关。

但在郑玄处,天有"六天",昊天上帝为"清虚之体",五天帝为"生育之功"⑦。然在张载,天实只有一,此天有"天德""天道",本此统一之天,张载言"神天德,化天道,德其体,道其用,一于气而已"⑧,不需要以"六天"分言体与功用。"太虚即气"实即"通天下一气",德、道、体、用是从不同视角言此"一气","帝"亦从气之理的角度言说。

郑玄、孔颖达处,天或太虚是否为"气",或可进一步探究。郑玄言"尊极清虚之体"之"昊天",同时还言"寂然无物"的"太易","太易无形之时,虚豁

---

① 《张载集》,第9页。
② 张岱年:《中国哲学大纲》,第68页。
③ 张岱年先生已经讨论过中国哲学史上"太虚"概念的一些用例,本文则从经学与佛教两个角度予以补充。
④ 郑玄注、孔颖达疏:《礼记正义》,上海:上海古籍出版社,2008年,第592页。
⑤ 《晋书·天文志》言:"日月众星,自然浮生虚空之中,其行其止皆须气焉。"(房玄龄等:《晋书》,北京:中华书局,1974年,第279页)
⑥ 《张载集》,第8页
⑦ 褚叶儿:《郑玄的六天说与阴阳五行》,《中国哲学史》2020年第4期,第88页。
⑧ 《张载集》,第15页。

寂寞,不可以视听寻"。以此观之,此太易似亦为太虚。"太易,天地未分,乾坤不形也",太易"未见气",这一描述似无法断定太易非气,但从太初是"元气之所本始,太易既自寂然无物矣,焉能生此太初哉,则太初者,亦忽然而自生"①这样的论说来看,郑玄处寂然无物的"太易"似仍为绝对的空无,而不是"无形而有气"般的张载的太虚。同时,郑玄对太易、太初、太始、太素的描述则仍为一宇宙论模式,这与汉唐气论在阐述虚与气的关系时往往为宇宙论模式有关。②

郑玄以下,韩康伯注《易》,其"太虚"观念类似郭象之"玄冥之境"。其阐释万物与太虚的关系,也吸收了郭象的某些讲法。如韩注《周易·系辞上》有:

"道者何？无之称也,无不通也,无不由也。况之曰道,寂然无体,不可为象,必有之用极,而无之功显。"

神也者,变化之极,妙万物而为言,不可以形诘者也。故曰:"阴阳不测。"尝试论之曰:原夫两仪之运,万物之动,岂有使之然哉？莫不独化于大虚。欻尔而自造矣。造之非我,理自玄应；化之无主,数自冥运,故不知所以然而况之神。是以明两仪以太极为始,言变化而称极乎神也。夫唯知天之所为者,穷理体化,坐忘遗照。至虚而善应,则以道为称；不思而玄览,则以神为名。盖资道而同乎道,由神而冥于神者也。

"夫有必始于无,故太极生两仪也。太极者,无称之称,不可得而名。取其有之所极,况之太极者也。"③

韩康伯之"神"为"妙"万物之原,无形无象,似独立于物。万物动力之源在此神秘之"神",而不在内在之"机"。韩康伯有一从无到有的模式,然却不类无生有,有是独化、自造的。

张载之世界图示则较之郑玄等更为"易简",不需资借如此多的环节来展开对世界的描述。同时,张载的世界图式也不是"阶段论"的宇宙图景。当

---

① 惠栋撰、郑万耕点校:《周易述》,中华书局,2007 年,第 645 页。
② 如《淮南子》讲:"有未始有夫未始有有始者,天含和而未降,地怀气而未扬,虚无寂寞,萧条霄霁,无有仿佛,气遂而大通冥冥者也。……有未始有夫未始有有无者,天地未剖,阴阳未判,四时未分,万物未生,汪然平静,寂然清澄,莫见其形。"(刘文典:《淮南鸿烈集解》,北京:中华书局,1997 年,第 44 页)
③ 王弼、韩康伯注,孔颖达疏:《周易正义》,北京:北京大学出版社,2000 年,第 315、319、340 页。

然，相较于韩康伯等，张载又无神秘之倾向，万物内在具有动机，万物亦非独化而有。

在张载这里，无形之气的太虚与有形有象的气，有便一齐有，太虚与形气构成一"两一"之关系，从世界构成讲，此"两"逻辑最为优先，"太虚不能无气"当有此一层含义，即**有太虚必有形气**。

张载所批评的"老氏"并不单指老子，而是他所理解的整个道家、道教学说。之于太虚，他所批评的"虚能生气"等观点，亦是他对道家思想的某种抽象、综括。在道家，太虚更是与虚无紧密联系在一起。《史记·太史公自序》描述道家言"道家无为，又曰无不为，其实易行，其辞难知。其术以虚无为本，以因循为用"①。《管子》已讲"虚无无形谓之道，化育万物谓之德"②。《河上公章句》言：

> 始者道本也，吐气布化，出于虚无。
> 虚无能制有形。道者空也。③

这就将虚无与道联系起来，讲有形出于虚无，并受虚无之道的宰制。《文子·道原》则讲"真人体之以虚无"④，此种以"体""保"虚无的讲法，在道家、道教系统颇为常见，**此即张载批评"略知体虚空为性"的一个针对点**。道家、道教的"体之以虚无"，却要不与物杂，离开具体的万物的功用，复归所谓虚无本原，实际上是要**绝用以求体**，此不能为张载接受。

佛教初来，较早之文献，如《牟子理惑论》以太虚言天，讲佛"飞行虚空，身有日光"，后译经亦有以太虚指天，如《法华经》卷二《譬喻品》言"诸天伎乐百千万种，于虚空中一时俱作，雨众天华"。然从义理上说，则有虚空界、太虚空、虚空无为、虚空藏等。如在宋代士大夫群体中颇为流行的《楞严经》⑤讲：

> 如太虚空，参合群器，由器形异，名之异空，除器观空，说空为一。

---

① 《史记》，北京：中华书局，1982年，第3292页。
② 黎翔凤：《管子校注》，北京：中华书局，2004年，第759页。
③ 王卡点校：《老子道德经河上公章句》，北京：中华书局，2009年，第2、42页。
④ 王利器撰：《文子疏义·道原》，北京：中华书局，2009年，第18页。
⑤ 参见曹磊：《〈楞严经〉心境论与宋代文艺思想》，《理论月刊》2018年第1期。晁迥、苏轼、苏辙、黄庭坚、王安石、蒋之奇、张商英、彭汝砺、张耒、张方平、秦观、晁说之、韩驹、郭印、冯楫、李纲、李光、楼钥、陆九渊、章甫、陆游、郑清之、刘克庄等人均有阅读《楞严经》之记载。

> 以目观见山河国土,及诸众生,皆是无始见病所成。

此太虚并非一实体,而是一个绝对抽象的空间,是"群器"缘起而显的一个整体,由于器物的存在,将此太虚空显为小的空间,如果器物消解,此太虚空整体也就呈现。当然,《楞严经》更强调人的认识对"一"和"异"的判断。张载所批评以"山河大地为见病"当与《楞严经》所言密切相关。

禅宗兴起后,更常以"太虚""虚空"讲世界本来与万物之性空。如《坛经》言:

> 世界虚空,能含万物色相,日月星宿、山河大地、泉源溪涧、草木丛林、恶人善人、恶法善法、天堂地狱、一切大海、须弥诸山,总在空中。世人性空,亦复如是。①

> 汝之本性,犹如虚空。了无一物可见。是名正见。无一物可知。是名真知。无有青黄长短。但见本源清净,觉体圆明,即名见性成佛,亦名如来知见。②

万物为空,离相方能显空,而空亦为空,本性亦是空。受《坛经》影响,后世禅宗多以太虚或虚空论说"性空"。**张载批评"略知体虚空为性"亦与禅宗讲法有关**。"吾儒本天,释氏本心",张载似可承认二程此一讲法,其太虚即为天,太虚即气,即针对由"心"幻化出一"空"的世界的讲法。

由上可见张载以"太虚即气"立教,绝非随意使用哲学名词,而是针对当时思想界对"太虚"的既有判断,将太虚气化而成为"实有",从此实有之太虚立论,展示一实际的"世界图景"。太虚只有以气言,才能与张载自身要批判的佛老观点区别开来,一旦太虚为一"太虚神体",则将有落入佛老思想模式的可能,此不能为张载所接受。中国古代哲学的"天"具有主宰之天、命运之天、自然之天、义理之天、人格之天多种含义。而张载"由太虚有天之名"建构其哲学,则排斥人格之天,而将主宰、命运、义理之天收摄于自然之天,我们头顶的苍苍之天,即是我们的本来、本源,也是我们的主宰,更是我们穷理、做功夫要指向的对象。

---

① 《六祖大师法宝坛经》卷1,《大正藏》,第48册,第a29—b6页。
② 同上书,第b23—c12页。

张载特别强调此太虚"至虚之实"的面向。"太虚者,天之实也"①,"天地之道无非以至虚为实,人须于虚中求出实……凡有形之物即易坏,惟太虚无动摇,故为至实"②,太虚为"至虚之实,实而不固"③。张岱年先生特别重视张载思想中"至虚之实"的面向,他讲:"太虚恒常,故可谓至实。此非谓物为不实,有形之物,与无形之太虚,本皆实在。""一般所认为空无所有之太虚,实并非纯然无有,只是气散而未聚。"④即虚且实,虚能容,实能生,虚则不固,即拥有无限生的可能,而此实方为究极本原之真实,亦为举目可见之真实。至虚之实,方可包含天下,化成万物,成就万有。太虚为天,就在我们头顶,天笼罩万物,无所不包,这样一太虚本体,完全不神秘,却是一切生物之来源。此所谓"乾称父"。

三 至静之动

虚实为两,由太虚即气、为天而一。太虚不仅为"至虚之实",还是"至静之动"。《正蒙·乾称篇》讲:"至虚之实,实而不固;至静之动,动而不穷。"⑤有动之动,其动必有穷尽之时,只有此"至静之动",才成为宇宙恒久的动力。丁耘教授讲"气宗大本在活动,氤氲是也、不息是也;而上通虚静,太虚是也;下摄存有,条理是也、成性是也"⑥。在张载,至静方可不息,不是活动上通虚静,而是虚静本身就是至动。《横渠易说》讲:

> 天行何尝有息?正以静,有何期程?此动是静中之动,静中之动,动而不穷,又有甚首尾起灭?自有天地以来以迄于今,盖为静而动。天则无心无为,无所主宰,恒然如此,有何休歇?⑦

至静,恰是蕴含着无限的动能,而无限的动能则意谓着存有形态无限性

---

① 《张载集》,第324页。
② 同上书,第325页。
③ 同上书,第64页。
④ 张岱年:《中国哲学大纲》,第69页。
⑤ 《张载集》,第64页。
⑥ 丁耘:《道体学引论》,上海:华东师范大学出版社,2019年,第183页。
⑦ 《张载集》,第113页。

的可能,"无不容然后尽屈伸之道,至虚则无所不伸矣"①,"无不容"即"至虚",在至虚中以至静之动展开一切可能。如何展开?"太虚不能无气,气不能不聚而为万物,万物不能不散而为太虚","不能""不能不"即为"必然",此一必然性的过程遍布时空而又构成时空,对于任一时刻来讲,即由太虚之气转为有象之气,亦由万物散为太虚无形之气,万物之气复归为太虚,因为至静之动,不会有"滞",即不会有一段时间保持为太虚之气,而是无时间性地进入下一轮生化。以冰水比喻为说,时时刻刻都有水结成冰,也有冰化为水,但是冰化为水不会在水的状态停留片刻,因为一旦为水,则成"至静之动",若如此,即马上走向下一次生成。如此方为"块然太虚",方为"野马""尘埃""氤氲"(《正蒙·太和篇》)。论者讲"太虚—气—万物",只截取一环,在张载那里,这样一过程,实为环环相扣、间不容发之过程。

从根源上讲,太虚与形气之两,又一于太虚之气"至静之动","浮沉、升降、动静、相感之性"②为世界展开的逻辑根源。万物散为太虚,然方散为太虚无形之气,便有"至静之动"③,便自然转为形气。如此,太虚恒在,形气亦恒在。此可谓"未尝无之谓之体"④的一重含义。张载之所以能脱转前代儒家之天与太虚观念,根源上在于对"动静"的强调,将质料(matter)与动静(energy)置于逻辑上同样优先的地位。⑤

张载言:"气有阴阳,屈伸相感之无穷,故神之应也无穷;其散无数,故神之应也无数。"⑥必言两端,方不至于殊绝,今之学者诠释张载,实际上只讲了一端。太虚为无形至动之气,"至动"带来气本来状态之无穷可能,而具体的气都将复归为太虚之气,参与到新的无尽的运化之中,每一具体的气,也因之有无穷的可能性。有形则有具体之功用,无形则有变化为无穷尽的有形之可能。任何气均处于这样一个从无限到有限再复归于无限的过程之中,而任意

---

① 《张载集》,第 219 页。
② 同上书,第 7 页。
③ 同上书,第 64 页。
④ 同上书,第 21 页。
⑤ 同时,张载之观念也与时人观念颇不同,二程自不必说,秦观讲"无穷如虚空,有物如天地",此虚空高于天地,与物关系亦不密切。王安石讲:"道有体有用,体者,元气之不动,用者,冲气运行于天地之间。"(《王安石老子注辑佚会钞》,上海:华东师范大学出版社,2013 年,第 116 页)这就在体的层面上将动静与气的本原状态相区分。
⑥ 《张载集》,第 66 页。

一时刻的有限,也都蕴含了朝向无限的可能,任意一时刻有限的"全体"却是"无限"。

虚能生气,按张载所讲,虚无穷,气有限,那么对于人来讲,似是以禀得的有限的气,去追寻那无限的体。复归、保有这样的无限,将成为修行、修养追求的目标,这就是"绝用求体"。然太虚即气,太虚不能无气,则将在具体而有限的用中显此无限的体,明此无限的体,必接受其自然生化的用,此所谓"本天道为用",此即不舍有限而达无限。

顺此,"谓万象为太虚中所见之物"亦是"体用殊绝"之思路。所见即有限,能见即无限,有限为不真,无限亦空。虽按佛教所讲,任何一有限中均含全体,然落在实践中却不能着意于此有限,要离相显空,有此"离"便有殊绝味。

张载之体不为空无,其体自是无形的形体、至动的质料,是气的本来状态;用必然来自此至动,而"散"在张载处绝不能理解为纯粹的消极,气的"散"意谓着由用复体,"聚"反而在某种程度上意味着至动的缺失。

张载"立清虚一大为万物源",然此源却不是死源,万物即是流,又都是新的源。万物之大源,时时刻刻运化不息,张载处不存在一固定的实体化的清虚一大作为源,此源也不是无能生有的时间意义上的源。此张载意义上的"道体物而不可遗"。

即言聚(由体而用),又言散(由用复体),此所谓虚气相资。此所谓**永恒的两一**。张岱年先生以为"太和即阴阳会冲未分之气"①,此为本文所不取,本文以为,太和在张载处是总虚气之全体,"太虚即气"为太虚之一种两一关系,而总虚气之两而为"太和",亦在全体上为"一",太和即所谓"易""道",所谓"大全""全体"。当然,在这重意思上,张载至虚至静至动的太虚,与"道"还不能完全等同。② "太和所谓道,中涵浮沉、升降、动静、相感之性,是生絪缊、相荡、胜负、屈伸之始"③,即是描绘宇宙、世界每时每刻之样态。

---

① 张岱年:《中国哲学大纲》,第69页。
② 崔海东以下图表示太和:
   ┌──────太和之道──────┐
  太虚←→气←→法象←→万物
  此图是本文所接受的太和与虚、气的关系(崔海东:《辟佛老视域下张载本体义理的展开》,《中州学刊》2013年第11期,第111页)。
③ 《张载集》,第7页。

四　形性相资

有形必有性,性由形而有,此是张载处理形性的基本思路,此为"合虚与气有性之名"的自然展开。

张载此一思路实顺前代气论而来,正如《五行大义》中所讲之"体性",体为形体,性为功用,无论是五行还是万物,有一定的形体,必然有与之相关的功用。性之落实到"本性",当与其"性质""效能"义有关。五行之性,实际上即为五行之性质、功能;人之性善,在孟子处亦可解为能善。本质上性如何或以本质言性当为后出。[1]

《正蒙·诚明篇》言:"形而后有气质之性,善反之则天地之性存焉。"[2]此"气质之性"含义为"气质的性",为气动静、相感、攻取之性,此性正与"功用""功能"有相近之处。或可说张载正是在气的不能"功用""功能"下言说"性"的。"人之刚柔、缓急、有才与不才,气之偏也。天本参和不偏。"[3]气有偏,则有其展现出之功能。在张载的系统中,将附子热、大黄寒视为"气质之性"当较为自然。张载处不存在一离开形的、可以堕入气质中的本然之性。张载之形性相资,亦不同于朱子性气"不离不杂"。牟宗三区别"太虚神体"与"清气之质性",根源上还是以朱子似的思路理解张载之"性"。在张载处,"凡气清则通,昏则壅,清极则神"[4],极清之气具有最强的感通能力,此种由清所带来的通,正是天地之性的展现。凡人皆有形,有此性不得不有形带来的气质之性;然有形即是有气,有气就有让此气清通的可能,因为任何有形的气其本来状态均是"太虚之气",所谓"变化气质"的功夫就是让此形气复归清通的努力。张载之言,与大程子所谓"及其清也,则却只是元初水也"[5]有相通之处。因此,天地之性即含有本来义,更具功夫指向,"善反之则天地之性存焉",此所谓"成性"也。张载所谓"性未成则善恶混,故亹亹而继善者斯为善矣","知礼成性","大能成性之谓圣","君子之道,成身成性以为

---

[1] 参见赵金刚:《体性与体用》,《中国儒学》2020年,第124—136页。
[2] 《张载集》,第23页。
[3] 同上。
[4] 同上书,第9页。
[5] 《二程集》,北京:中华书局,2004年,第11页。

功者也"。还是那个形,未成时便是善恶混,若成时,便与太虚本体湛一清明一般。此所谓功夫上的"两一"(由两及一)。

"天人合一"四字实出于张载。《正蒙·乾称篇》言:

> 释氏语实际,乃知道者所谓诚也,天德也。其语到实际,则以人生为幻妄,〔以〕有为为疣赘,以世界为荫浊,遂厌而不有,遗而弗存。就使得之,乃诚而恶明者也。儒者则因明致诚,因诚致明,故天人合一,致学而可以成圣,得天而未始遗人,《易》所谓不遗、不流、不过者也。彼语虽似是,观其发本要归,与吾儒二本殊归矣。道一而已,此是则彼非,此非则彼是,固不当同日而语。其言流遁失守,穷大则淫,推行则诐,致曲则邪,求之一卷之中,此弊数数有之。大率知昼夜阴阳则能〔知〕性命,能知性命则能知圣人,知鬼神。彼欲直语太虚,不以昼夜、阴阳累其心,则是未始见易,未始见易,则虽欲免阴阳、昼夜之累,未由也已。易且不见,又乌能更语真际!舍真际而谈鬼神,妄也。所谓实际,彼徒能语之而已,未始心解也。①

张载言"天人合一"实亦针对佛老而言,只有从以上"太虚即气""体用一如""形性相资"三重入手,破中显力,方能更深层地理解张载"天人合一"之意涵:太虚为天,为一切存有之本来状态;一切存有从本来中来,本来必转为存有,而存有又必定复归本来;存有有形,形从太虚中来,变化气质则可在有限的存有中获得与无限的太虚一样的感通能力。

天人合一不意味着天人无别:有别方能合。别即为两,"两不立则一不可见",太虚与气之关系即为根源上之"两一",人要能推此两以合一,这就需要后天的"学"。此合一,要立足于自身的有限性,而又超越有限以达无限:

> 天能谓性,人谋谓能。大人尽性,不以天能为能,而以人谋为能,故天地设位,圣人成能。(《横渠易说·系辞下》)②

---

① 《张载集》,第65页。
② 同上书,第232页。

Taixu and *Tao*
——Reinterpretation of Zhang Zai's "*Taixu* is *Qi*"
Zhao Jingang

Abstract: Zhang Zai's view that *Taixu* is *Qi*(太虚即气) is mainly aimed at the general understanding of *Taixu*(太虚) in the ideological circle at Song Dynasty, as well as the Confucian classics of the previous dynasties and Buddhist and Taosim thought. He thought that Buddhism and Taoism thought will be patterns into the status of the ontology and the real world decoupling, Zhang Zai considered *Taixu* is substance and absolute motion, *Taixu* is bound to be converted into tangible things, tangible thing in the world is bound to be returned to *Taixu*, and all things return to *Taixu*, will have the possibility of a new, infinite, ontology and closely linked with the real world. In addition, the body must have nature, and nature comes from the body. The body and nature are not separated. Cultivation can restore people to their original clean state.

Keywords: *Taixu*, Buddhism and Taoism, Substance, Absolute Motion, Two and One

书讯

《承认：一部欧洲观念史》

[德] 阿克塞尔·霍耐特 著 刘心舟 译

上海：上海人民出版社，2021年

  作为德国法兰克福学派第三代的旗帜性人物，霍耐特（Axel Honneth）是当代一位重要的承认理论家，其代表作《为承认而斗争》在学界颇具影响。他继承了批判社会理论的传统，致力于将社会政治分析和哲学探索结合起来。

  在《承认：一部欧洲观念史》这本新作中，他转入思想史的领域，描绘了承认理论的欧洲谱系，追溯了今天的自我理解在观念史上的诸种根源。具体而言，在法国背景中（卢梭、萨特、阿尔都塞），为了获得社会地位或社会安全感所需要付出的努力，使个体担心失去自我；在英国背景中（休谟、斯密、密尔），对社会认可的需要，使个体能够对自己进行道德上的约束；而在德国背景中（康德、费希特、黑格尔），进入一种相互承认的关系，则为个体的绝对自由和自我决定提供了可能。上述这三种承认观念作为既相互配合又相互冲突的要素，表明了现代主体的多层次性。

  此外，本书的前身是霍耐特于2017年5月在剑桥大学政治思想中心的讲座，因此也包含了对剑桥学派的观念史方法与德国传统的概念史方法的比较和反思，是一个值得借鉴的研究样本。（肖京）

论张载气学思想中的"性"*

傅锡洪**

提　要：张载从气的演化方式入手，建构起一套完整的思想体系。在这其中，"性"居于关键地位。无形之气与有形之气的分化、对立、相感与转化，构成了宇宙以及万物的根本属性。对人来说，维系本性不仅需要避免佛道之类的偏失，还需要在现实世界中做到既有所作为，又超脱和放下。横渠性论的要义是普遍与具体、形与神、生与死以及自我与他者的统一与平衡。通过与以理学为思考框架的朱子的比较，可以看出前三项是张载性论的特色所在。

关键词：性　气　形　神　生死

众所周知，张载（横渠）是宋明儒学的开创者之一。他不仅为宋明儒学贡献了"天命之性"和"气质之性"，"德性之知"和"见闻之知"，"心统性情""天人合一"以及"民胞物与"等重要概念或命题，而且提出了人生修养所应达到的境界和目标。其境界除了广为传颂的"为天地立心，为生民立命，为往圣继绝学，为万世开太平"以外，还体现在如下说法中："富贵福泽，将厚吾之生也；贫贱忧戚，庸玉女于成也。存，吾顺事，没，吾宁也。"①如此高远而又亲切、激昂而又平和的境界与他的思想是密不可分的，具体而言是与他对宇宙、万物以及人类的本性的理解密不可分的。宇宙、万物和人类的本性究竟如何，他的理解如何孕育出上述独特的境界，其理解又有何特色，正是本文所要探讨

---

* 本文属国家社科基金重大项目"中国礼教思想史（多卷本）"（20&ZD030）。
** 傅锡洪，日本关西大学博士，中山大学博雅学院副教授，主要从事宋明儒学与日本德川儒学的研究。
① 《张载集》，北京：中华书局，1978年，第63页。

的问题。

一 宇宙的本性

无形之气与有形之气的分化、对立、相感与转化,构成了宇宙的根本属性。

一般认为横渠思想属于气学,这无疑是正确的,因为气在他思想中确实居于基础地位。只是单说气,无法建构起一个完整的思想体系。只有从气的演化方式入手,才能建构起一套完整的思想体系。① 中国古代以"道"来表示一套思想体系,故横渠说"由气化,有道之名"②。而气的演化必然涉及气的不同存在形态。总体而言,气的根本存在方式是无形的太虚,但无形的太虚必然分化出有形的万物,太虚与万物都是气的必然样态。太虚与万物的分化、对立、相感与转化,构成了气的演化方式,此即所谓"气化"的过程。无形与有形的存在方式及其关系,构成了横渠气学思想的出发点。

张岱年先生对横渠思想中气与太虚的含义及其关系有精要的说明:"张载的学说最宏伟渊博,他以气及太虚说明宇宙。宇宙万有皆气所成,而气之原始是太虚。气即是最细微最流动的物质,太虚便是时空。"③气的原始状态是太虚这一点,由横渠"太虚无形,气之本体"④一语所表达。"本体"即本来状态,"太虚"原本表示的是时空,但在这一时空中并非空无一物,而是充满了最为细微而流动的物质。这一物质实际上就是通常所说的未分化的混沌之气。由此我们不仅可以从时空的角度把握太虚,而且可以从气的角度把握太虚,将其理解为气的本来状态。从气的本来状态角度理解太虚,甚至超越了从时空角度理解太虚,以至于无形之气成为太虚在横渠思想中的主要含义。

气的本来状态是相对于其后起状态而言的,其后起状态是有形的质。

---

① 正如吴震所指出的那样:"张载的气学论述只是其哲学的逻辑起点,而重建'天人合一''性即天道''易即天道'等命题为标志的道学理论才是张载哲学的终极关怀。"见吴震:《张载道学论纲》,《哲学研究》2020年第12期,第37页。
② 《张载集》,第9页。
③ 张岱年:《中国哲学大纲》,收入《张岱年全集》第二卷,石家庄:河北人民出版社,1996年,第22页。关于张先生诠释张载气学的思路、特色和价值,可参赵金刚:《张岱年先生的张载诠释》,《衡水学院学报》2020年第5期,第68—73页。
④ 《张载集》,第7页。

"太虚无形,气之本体"一语确认了是无形之气而非有形之质,才构成气的本来状态。气化的最重要结果是产生了质。因为宇宙原本只是一团混沌之气,所以没有气化也有气,但是没有气化就没有质,所以说气化的最重要结果是产生了质。正因为如此,所以横渠在"由气化,有道之名"之后,紧接着说"合虚与气,有性之名"①,此处的"气"应该作有形之质来理解,而"虚"才是与质相对的无形之气。由此,性之为性,就在于它是气与质的组合及其相互作用。横渠以下说法对性的内涵作了更加细致的说明:"太和所谓道,中涵浮沉、升降、动静、相感之性,是生絪缊、相荡、胜负、屈伸之始。"②可以说,宇宙的根本属性就在于无形与有形的分化、对立、相感与转化。至于将气理解为有形之质,在横渠的表述中也是有据可循的。一个最典型的例子就是他说的:"性通乎气之外,命行乎气之内,气无内外,假有形而言尔。"③又如,"性通极于无,气其一物尔"④,这里的"气"也是从具体物而非无形之气的角度来说的。

要理解宇宙的根本属性在于无形与有形的分化、对立、相感与转化,有四点需要注意。

第一,性之为性,在于其出于自然,并因为出于自然而具有必然性。横渠以下说法揭示了性之为性在于其是宇宙自然本有的属性:"若阴阳之气,则循环迭至,聚散相荡,升降相求,絪缊相揉,盖相兼相制,欲一之而不能。此其所以屈伸无方,运行不息,莫或使之,不曰性命之理,谓之何哉?"⑤因为阴阳之气的转化与对立没有外力推动,出自宇宙自身固有的性能,所以才将其称为性命之理。这种分化和统一是自发的,容不得停下来的,具有必然性,由此构成宇宙的根本运行方式。关于这种必然性,横渠说:"太虚不能无气,气不能不聚而为万物,万物不能不散而为太虚。循是出入,是皆不得已而然也。"⑥正因为是宇宙的根本运行方式,所以才称其为性。"性"表示根本属性的意思。

---

① 《张载集》,第9页。
② 同上书,第7页。关于这句话,笔者已撰成《"形"的哲学——张载思想的一个侧面》加以详细讨论,《哲学动态》2023年待刊。该文还讨论了横渠对"形"的重要地位和积极作用的论述。
③ 《张载集》,第21页。
④ 同上书,第64页。
⑤ 同上书,第12页。
⑥ 同上书,第7页。

第二，性是一而二、二而一的，分化、对立、相感与转化是不可分割的整体，不能单独化约为相感与转化之"一"。从横渠以下说法可以看出一与二有着同等重要的地位："天所以参，一太极两仪而象之，性也。"①他直接以乾坤、阴阳之"二"来规定天性，也证明不能单纯从相感之"一"的角度来理解性："天性，乾坤、阴阳也，二端故有感，本一故能合。"②前引"相兼相制，欲一之而不能"一句，也表达了"二"不能化约为"一"的意思。"相兼"是一方要吞并另一方；"相制"是一方抗衡、抵制另一方的吞并。前者即是一方与另一方的相感，一方对另一方的转化；后者则是一方从另一方分化出来并保持与另一方的对立。有形与无形在相互转化之外，还有相互制约的一面。正是存在相互制约的一面，使得不会出现有形或无形中的一方完全消灭另一方的局面。由此，单纯以"合两"来概括性的内涵③，突出了有形与无形相感和转化的一面，这一面固然非常重要，但未免对它们分化、对立的一面有所忽略，因而失之片面。

还须说明的是，"一"与"二"不存在何者在逻辑上更优先的问题。④ 如前所述，气之本体是无形的太虚，无形的太虚构成了宇宙的原初状态，有形的万物是后起的，无形的太虚虽然必然会分化出有形之质，但无形之太虚毕竟是宇宙的本来状态。在分化出有形的万物之前，宇宙毕竟首先是单一的太虚，有形无形之"二"是从单一的太虚中分化出来的。我们并非要由此说明"一"在逻辑上比"二"更优先，不过至少由此可以说明"二"并不比"一"在逻

---

① 《张载集》，第10页。
② 同上书，第63页。
③ 如李晓春先生便从合两的角度理解性，他说："性是从合两的角度来说的。从本体来说，性是合两；对个体之物来说，性则指两体之相感。"见李晓春：《"糟粕"概念在张载哲学中的重要意义——兼论张载的"理一分殊"是负的"理一分殊"》，《兰州大学学报》2006年第3期，第25页。
④ 如陈睿超便认为"二"在逻辑上比"一"更优先："唯有像张载那样在宇宙论建构中将'一'置于逻辑上后于'两'的非现成性的位置，将其把握为有待从对立与差别出发、经由差异性之间的感通关联活动而达成的统一和谐状态，'一'的价值论意义才得以彰明，从而合理地构成人世价值的客观天道基础。"见陈睿超：《张载"气论"哲学的"两一"架构》，《中国哲学史》2021年第1期，第44页。唐纪宇也认为："在谈两一关系时，张载特别强调两在一先，认为从逻辑的必然性出发一定是'有两则有一'，两体是一物的基础。因为如果先有一再有两，其结果就是：不管有没有相对的'两'，'一'都可以存在。但若没有了'两'，'一'也就失去其存在的意义了。"不过他又指出："张载所讲的'一'更多的还是强调其一体之义。但张载并非从'两'推导出'一'，也不是说有'两'必然有'一'，而是'两'本就是'一'的。"均见唐纪宇：《一物两体——张载气本论中的"性"之观念探析》，《中国哲学史》2020年第4期，第21页。这样说在逻辑上无疑是更准确的。

辑上更优先。一而二、二而一,才是性之为性的本质。①

第三,横渠对宇宙本性的思考不是纯粹逻辑思辨的结果,而是有感性经验作为基础。单纯谈太虚比较抽象,不过有着湛蓝、深广面貌的天,就是太虚的可视化展现。太虚无形无影,难以捉摸,但是湛蓝、深广的天,可以把太虚的面貌展现出来。所以横渠说"由太虚,有天之名"②实际上从空间方面来讲,古人面对的最大形象正是天和地。天和地在很多方面都是相反的,第一,上天是由虚空组成的,虚而不实,大地则是坚实的。第二,上天周而复始地运动,大地则是静止的。第三,上天是物质发散的结果,大地是物质凝聚的结果。第四,上天是清澈的,可以看到它湛蓝深广的样子,大地则是浑浊的,无法看到它里面的样子。从这些方面来看,上天和大地是完全对立的。但是雷从地下起来,直冲上天,雨水则从天而降,天地之间存在着广泛的交流。风云雷电是比较可感的,细微的气凝聚成颗粒降落在大地上,大地上的物体分解以后变成细微的气体漂浮空中,这些变化也无时不在进行中。风云雷电且不论,横渠也提到了天地之间细微的气的流动:"地虽凝聚不散之物,然二气升降其间,相从而不已也。"③这表明天地的性质虽然看起来是相反的,但两者却也是相反相成的,双方始终在进行交互作用。这种作用在春夏很活跃,在秋冬则相对沉寂,虽然天地的交互作用有强有弱,交替循环,但始终没有停止。如果这种交互作用彻底停止,天地就将陷入死寂,万物就失去了生机。横渠如下看似抽象的说法,便可以从天地互动一体的角度来理解。他说:"两体者,虚实也,动静也,聚散也,清浊也,其究一而已。"④无形的天和有形的地相互作用,这是天地的根本之道。由此进一步抽象化,就可以提炼出宇宙运行的根本之道。

第四,横渠从阴阳分化与相感角度理解宇宙以及万物的本性,并非孤鸣先发,而有其思想渊源。一个重要的渊源可以说是荀子。荀子在《正名》中

---

① 后世学者中,朱子对横渠《正蒙》中的思想多有批评和误读,不过他对横渠一而二、二而一的观点则不仅有很高的评价,而且也有完整而准确的把握,值得参考。他说:"凡天下之事,一不能化,惟两而后能化。且如一阴一阳,始能化生万物。虽是两个,要之亦是推行乎此一尔。此说得极精,须当与他子细看。"又说:"横渠此说极精。非一,则阴阳、消长无自而见;非阴阳、消长,则一亦不可得而见矣。"均见黎靖德编:《朱子语类》卷九十八,北京:中华书局,1986年,第2512页。
② 《张载集》,第9页。
③ 同上书,第11页。
④ 同上书,第9页。

说:"性之和所生,精合感应,不事而自然谓之性。"杨倞注释道:"和,阴阳冲和气也……言人之性,和气所生,精合感应,不使而自然。"①"冲和气"即中和之气,即阴阳和谐之气。此语源自《老子》第四十二章"万物负阴而抱阳,冲气以为和"。荀子则在老子的基础上,进一步以此阴阳和谐之气来解释性。横渠不同于荀子的地方则在于,他不仅以之来解释人性,而且以之来解释宇宙的根本属性。另外,横渠"莫或使之,不曰性命之理,谓之何哉"的观点,也与荀子"不事而自然谓之性"是一脉相承的。当然这不是说横渠与荀子性论完全一致,他们的区别在此无法展开讨论,此处只是说他们在从阴阳中和之气的角度来界定性的内涵,从自然本有的角度来界定性的定义方面,有着共性而已。

二 人的本性及其维系

不仅对宇宙整体而言,而且对其中的万物(无疑包括人类)而言,性也是无形与有形既分化又相感,既对立又统一的关系。而维系本性不仅需要避免佛道式的偏失,还需要在现实世界中做到既有所作为,又超脱和放下。

性既可以就天地万物的总体而言,也可以就已成形质者言之。横渠说"体万物而谓之性"②。其意是说性是作为万物之体的东西,也就是使万物之所以如此这般的力量。具体为哪般呢?横渠从物而非宇宙总体的角度说"性其总,合两也"③。这与他从宇宙层次所说"合虚与气,有性之名"的含义是一样的,都是指无形与有形的分化与相感,对立与统一。无形与有形的这种关系构成了万物的本性。也就是说,有形的万物形成以后,既有维持自身的倾向,从而与无形之太虚构成分化与对立,这一点不容忽视,但也不是孤离于气化的整体之外,而仍然与无形之气有着密切的联系与互动。这种联系与互动实际上是以无形之气不断渗透入万物之中的方式展开的。横渠正是从这种分化与对立,联系与互动处着眼,指出这种分化与对立,联系与互动是已成形质者的本性。他说:"有无虚实通为一物者,性也;不能为一,非尽性

---

① 王先谦:《荀子集解》卷十六,北京:中华书局,1988年,第412页。
② 《张载集》,第64页。
③ 同上书,第22页。

也。"①"有无"和"虚实"的意思是一样的,都是指有形与无形。二者"通为一物"不是以其中的一者消灭另一者,而是使二者的关系达到和谐、融洽的状态。

人也是已成形质者,因此也不能例外。具体就人而言,有形与无形是指形与神。关于作为人身上的有形者和无形者的形与神,在此有必要稍加说明。大致而言,形即血肉骨髓,神即知觉、思维、意识、精神。两者分别接近于今天说的身体和心灵,不过也不是严格对应的关系。形与神不仅具有密切关联,而且相互交织、渗透。其中最典型的就是依赖于感觉器官的知觉,虽属神但却直接发自肉体器官。原本有形者对于无形之气的运作构成阻碍,并且有形者之为有形者,正在于其对无形之气的运作的阻碍,如横渠所说:"太虚为清,清则无碍,无碍故神;反清为浊,浊则碍,碍则形。"②不过由于人的身体并非纯粹由有形者构成,而是充满了无形之气。无形之气不仅在身体内部起到了连接各个部分的作用,而且也沟通着身体内外的世界。这些是意识、思维和精神得以产生的条件。正是无形之气的存在,使得人不仅在知觉层面非常灵敏,而且还能在有形的情况下,突破形的阻碍,不断靠近无形之太虚的运作方式。关于前者,横渠说:"一故神,譬之人身,四体皆一物,故触之而无不觉,不待心使至此而后觉也,此所谓'感而遂通,不行而至,不疾而速'也。物形乃有小大精粗,神则无精粗,神即神而已,不必言作用。"③"不必言作用"不过是说作用得很自然,完全基于气本有的性能,"不待心使至此而后觉也"。关于后者,横渠说:"利者为神,滞者为物。是故风雷有象,不速于心,心御见闻,不弘于性。"④前半句是说心无形迹,因而可以运作得比自然物更神妙。后半句是说如果不被见闻限定,那么心就可以和性一样,亦即达到"有无虚实通为一物"的状态。这实际上就是形神和谐、融洽的状态。这种状态和太虚运化中气聚为万物,万物散为太虚的状态类似,既照顾到了无形与有形两者,又不被其中任何一者所拘束,所限定。

要达到形神和谐、融洽的状态,主要有消极和积极两方面需要注意。消

---

① 《张载集》,第63页。
② 同上书,第9页。
③ 同上书,第200页。
④ 同上书,第23页。

极方面是避免以佛道二教为代表的两种偏差,积极方面是做到虽然应对事务但不感到紧张和压力。

首先,避免以佛道为代表的两种偏差。不理解无形与有形的相互作用这一点,就会产生偏差。其偏差有两种极致的形式:或者着眼于可见的形质,追求其永存,以至于不仅否定了有形之质必然消灭的事实,而且忽略了无形之气的必然存在及其积极作用;或者着眼于无形之气,认为超脱形质的束缚才是人的终极追求,以至于忽略了形质的必然存在和积极作用。前者如道教执着于有形的肉身,不以有限的人生为满足;后者如佛教执着于无形的精神,不以现实的人生为可欲。至于世俗之人的醉生梦死,其偏失则接近于道教对于形质的执着。对上述两种倾向的批驳,构成了横渠思想的基本关切。他如下说法实际上道出了撰写《正蒙》这部代表作的基本意图:"彼语寂灭者往而不反,徇生执有者物而不化,二者虽有间矣,以言乎失道则均焉。"①佛教拘执于无形,道教拘执于有形,均没有做到有形与无形的平衡与统一。横渠又说:"有无皆性也,是岂无对?庄、老、浮屠为此说久矣,果畅真理乎?"②佛道倡导绝对,绝对就是"无对","无对"就是否定了有无虚实中的一方,否定了它们原本可以共存的事实。佛教将出离世间作为最高理想,从根本上否定了生的价值;道教力图通过修养达到长生久视,则否定了死也是人本性不可避免的事情。横渠说:"聚亦吾体,散亦吾体,知死之不亡者,可与言性矣。"③"体"即是性,人生有两方面的真实,生是必然,死也是必然,都是我所固有的不可避免的状态。认识到这两方面非常重要,只有认识到了生的必然,才能积极入世,有所作为;只有认识到了死的必然,才能保持平和,避免执着。这正是下一点所要强调的内容。

其次,做到虽然应对事务但不感到紧张和压力。只有避免以佛道为代表的两种偏差,才有可能保持人生的正确方向,但仅仅避免偏失是远远不够的。人生在世有众多事务需要应对、处理,这是维持人的生存所必不可少的,也是维持人的本性所不可避免的。横渠所说"物所不能无感者谓性"④也可说明这一点。原本应对事务已属不易,但是仅仅做到应对事务是不够的,还必须

---

① 《张载集》,第7页。
② 同上书,第63页。
③ 同上书,第7页。
④ 同上书,第22页。

有能力做到虽然应对事务但却不感到紧张和压力。感到紧张和压力,就是拘执于有形的世界而不能自拔,不仅精神,而且身体都将感到疲惫。在这种情况下,人生本身就成为痛苦的渊薮,而失去了其应有的价值。因此本性的维系不仅要求在消极方面避免佛道之类的偏差,还必须在积极方面做到不为现实的世界所烦恼,不为处理人间的事务感到紧张和压力。

横渠自身便曾深深地苦恼于"定性未能不动,犹累于外物"①的问题,亦即因为不得不处理人生的事务而感到紧张和压力,处理事务由此成为保持本性的负累。可以说怎样在世俗的生活中保持不偏离本性,实现心灵的安定,构成了横渠思想的深层动机。表现在《正蒙》中,首先便是开篇第二段话:"太虚无形,气之本体,其聚其散,变化之客形尔;至静无感,性之渊源,有识有知,物交之客感尔。客感客形与无感无形,惟尽性者一之。"②横渠虽然向程明道请教过这一问题,由此促成了《定性书》这一名篇的诞生,不过他自身也始终在探索这一问题。这段话可以说是他自身对"定性"问题的一个回答,尽管在此使用的是"尽性"而非"定性"这一表述。

在横渠看来,宇宙源初只是太虚,太虚中都是细微而连续的气,气会凝聚成有形的质。有形的质是原来不存在的,是新出现的,并且是显现的,这就是形被称为"客形"的原因。"客形"之所以是客,就是因为形质已经不是太虚的本来面貌了。在古代,一个原来不存在而后来才出现的东西,称为"客"③。有形的质在形成之后又会分散为无形的气,这种无形与有形之间的交互作用永无停歇地进行。人也和宇宙一样,宇宙由天地两部分组成,人由形神两部分组成。宇宙要保持生机,维系本性,天和地就必须保持交互作用。同样地,人要保持生机,维系本性,就必须让形和神保持相互作用。就像太虚变成有形之质是"客形"一样,神处理世俗事务就是"客感"。佛教忽略了形,忽略了世间的事务,没有"客感"。道教和世俗之人忽略了神,未免太拘滞于形,没有注意到"无感无形"。理想的状态是形神互补。具体说来,就是既处理世俗的事务,但是又能放下。不处理世俗的事务,形就被忽略了;不放下,不做到

---

① 程颢:《答横渠张子厚先生书》,《河南程氏文集》卷二,《二程集》,北京:中华书局,2004 年,第 460 页。
② 《张载集》,第 7 页。
③ 比如公元 1054 年出现的一颗新的明亮的星,就被人们称为"客星"。实际上这是超新星爆发,它残留的遗迹即蟹状星云。

处理了跟没有处理一样，神就感到疲劳，就会有解脱、出离的念想。所以理想的状态就是处理了世俗的事务，但是跟没有处理一样。处理了世俗的事务，就是"客感"，就像太虚转化为"客形"一样；处理了跟没有处理一样，就是"无感"，就像"客形"终究自然会化为"无形"而不至于阻断太虚的运化一样。所谓的"无感无形"不是真的无感无形，而是比喻不受"客感客形"牵累，性如其所是地展现的情形。因为"客感客形"，所以没有出离；因为"无感无形"，所以没有陷溺。这是儒家追求的最高境界。性贯穿于有与无，而又不单独拘泥于两者中的一者。在有与无之间自如切换，而不受其中任何一者的牵累。这是"尽性"的表现，并且也只有"尽性"的人才能做到这一点。①

"客感客形"与"无感无形"相统一的状态，便是"兼体而不累"②的状态。这种既要做事，又要放下的状态的具体表现即是本文开篇所引的如下境界："富贵福泽，将厚吾之生也；贫贱忧戚，庸玉女于成也。存，吾顺事，没，吾宁也。"无论贫富顺逆，都能随遇而安，顺势而为。"顺事"即顺着我的本性有所作为，"宁"即是放下。

总体而言，以上所说实际上是一种以出世的心情做入世的事情的态度。这种态度的根据在于：生有必然性，所以要做入世的事情，不能善生也是一种暴殄天物；死也有必然性，所以要有出世的心情，否则就会执着，那就不能善死。善生不易，善死更难，两者都是对人本性的违背。所以《正蒙》中特别讲到"仁通极其性，故能致养而静以安"，"无心之妙非有心所及也"，以及"君子所性，与天地同流异行而已焉"③，这些文句的意思都是强调达到没有牵挂和执着的化境。既能有所作为，又能超脱和放下，两方面相辅相成，构成了横渠追求的理想人格。

三 横渠性论的要义及其特色

概括而言，横渠性论的要义是普遍与具体、形与神、生与死以及自我与他者的统一与平衡。对人之为人的主体性，横渠采取了既张扬又消解的态度。

---

① 横渠此处所说即形与感而又不受形与感限定的情形，在宋明儒学中具有一定普遍性。例如放在阳明学来讲，就是太虚与万物、良知与见闻不离不滞的关系。
② 《张载集》，第7页。
③ 同上书，第34、14、23页。

张扬体现在"存,吾顺事也"中;消解则体现在"没,吾宁也"中。既张扬又消解之所以可能,是基于普遍与具体、形与神、生与死以及自我与他者的统一与平衡。

第一,普遍与具体的统一与平衡。首先,横渠突出了万物(包括人类)的自存性和自主性,这种自存性和自主性是以有形者对太虚作用一定程度的阻碍为前提实现的。他说:"海水凝则冰,浮则沤,然冰之才,沤之性,其存其亡,海不得而与焉。"①万物的自存性和自主性正表现了其具体性的面向。其次,具体性并不意味着彻底排斥和否定普遍性,具体物在自存、自主的同时仍然处在太虚的作用范围之中,其与太虚的互动作用本身就是宇宙有形无形相互作用之本性的体现。在这其中,最能充分体现宇宙之本性的是人。从天和从人角度所说的本性是一致的。横渠说:"天性在人,正犹水性之在冰,凝释虽异,为物一也。"②又说:"天地生万物,所受虽不同,皆无须臾之不感,所谓性即天道也。"③因为种种原因,人会遮蔽这一本性,所以有必要通过修养来恢复这一本性。这一本性和宇宙本性没有差别:"天人异用,不足以言诚;天人异知,不足以尽明。所谓诚明者,性与天道不见乎小大之别也。"④有形无形相互作用的本性贯通普遍与具体,天性之为天性并不因为在天在人而有所区别。可以说,在性的问题上,横渠做到了具体与普遍的统一与平衡。

在宋代儒学中,二程自身的观点且不论⑤,总体上继承和发展了二程尤其是伊川观点的朱子,则持有与横渠不同的主张。朱子认为在天为理,在人和物为性,在天只能说理,而不能说性。横渠则认为在天也可以说性,在天在物没有差别。对朱子而言,性恰恰是在从天到人和物的过渡中才产生的,在天则无性可言,只是纯粹的理而已。他说:"先有个天理了,却有气。气积为质,而性具焉。"⑥又说:"大抵人有此形气,则是此理始具于形气之中,而谓之

---

① 《张载集》,第19页。
② 同上书,第22页。
③ 同上书,第63页。
④ 同上书,第20页。
⑤ 李存山先生关于张程分歧的观点值得参考:"洛学与关学在建立道学思想体系的逻辑起点上有所不同。如果说张载的'先识造化'首先强调这个世界是实在的,然后讲这个世界的本质是道德的,那么二程的'先识仁'则首先强调这个世界的本质是道德的,然后讲这个世界是实在的。"见李存山:《"先识造化":张载的气本论哲学》,《中国哲学史》2009年第2期,第71页。
⑥ 《朱子语类》卷一,第2页。

性。才是说性,便已涉乎有生而兼乎气质,不得为性之本体也。然性之本体,亦未尝杂。要人就此上面见得其本体元未尝离,亦未尝杂耳。"①

在朱子这里,首先,理与气的关系表现出某种疏离与断裂,虽然理不离气,不过两者表现出一定程度的二元性。这从理为形上,气为形下,以及理纯善无恶,气有善有恶可以看出。虽然理在气中,但是两者不杂亦即不能融合为一。其次,性是落在个体上的普遍之理,由此个体之物得以承载和展现普遍之理。个体只是普遍之理的承载者,所以朱子突出的是多样中的齐一性,具体中的普遍性。而横渠追求的是具体性与普遍性的平衡兼体。

第二,形与神的统一与平衡。横渠强调神这一点自无疑义,重要的是他对形的肯定。前已述及,他论证了形的出现具有必然性,形构成了个体自主性的前提。不仅如此,他还肯定了形为维持自身而必需的生理欲望。他说:"饮食男女皆性也,是乌可灭。"②饮食男女服务于有形者的自存,符合有形无形分化、对立的宇宙之道,有其不容否认的价值,自然属于性的题中应有之义。从横渠对饮食男女的肯定,可以看出他平衡形神的取向。

横渠有一个说法容易引起误解:"形而后有气质之性,善反之则天地之性存焉。故气质之性,君子有弗性者焉。"③"气质之性"即饮食男女之类的生理欲望。此处看似不以气质之性为性,但实际上只是说不应以气质之性损害天命之性,应该使气质之性回归它应有的位置而已。正如如下说法所示:"湛一,气之本;攻取,气之欲。口腹于饮食,鼻舌于臭味,皆攻取之性也。知德者属厌而已,不以嗜欲累其心,不以小害大、末丧本焉尔。"④之所以要强调对气质之性的限定,除了这些欲望容易滑向过度以外,还有一个原因是人们往往拘执于有声有色的可感世界,而天命之性则不容易被人注意到,需要"善反之"亦即善于反省才能被注意到。横渠"气质之性,君子有弗性者焉"的说法,只是赋予天命之性以其应有的位置,而不是以天命之性来否定气质之性,应该将两者统一起来而不能偏废。他在有些地方侧重从天命之性,从有形无形相感、统一的角度对性的论述,也不意味着否定气质之性,而只是强调对立与相感中容易为人忽略的一面而已。

---

① 《朱子语类》卷九十五,第2430页。
② 《张载集》,第63页。
③ 同上书,第23页。
④ 同上书,第22页。

朱子虽然主张"存天理,去人欲",不过他也并不反对横渠意义上的气质之性,这从如下说法可以看出:"饮食者,天理也;要求美味,人欲也。"①只是他总体上对形持负面的态度,这一点也是不容忽视的。例如弟子提问:"性之所以无不善,以其出于天也;才之所以有善不善,以其出于气也。要之,性出于天,气亦出于天,何故便至于此?"他回答:"性是形而上者,气是形而下者。形而上者全是天理,形而下者只是那查滓。至于形,又是查滓至浊者也。"②显然,朱子在此是把形视为完全负面的因素。这一点无疑会负面地影响他对正常的生理欲望的看法,以至于不免打破形神的统一与平衡。

第三,生与死的统一与平衡。常人之情爱生恶死,贪生怕死。不仅如此,即便能正确处理世俗事务的人,也往往不能坦然面对死亡,用常人的话来说就是"拿得起放不下"。横渠则指出生与死均是人的本性所固有,应该平等对待生死。前引"聚亦吾体,散亦吾体"以及"存,吾顺事,没,吾宁也"表达的即是这个意思。平等对待生死,不仅要避免过度执着于物欲的满足,而且要能在有所作为的同时做到超脱与放下。过度执着于物欲满足的一个表现是"行险以徼幸"③。"行险以徼幸",既不知命,也不知性,是太过执着,不能放下的表现。从生死的角度来说,做到了积极有为而又超脱与放下,就是做到了既知生又知死,做到了生与死的统一与平衡。这是横渠性论的题中应有之义。

横渠以昼夜比喻生死,正如有昼必有夜,有生也必有死。如果只是从生的角度来看待性,就如只知昼不知夜一样有偏颇。他批评告子"生之谓性"的观点说:"以生为性,既不通昼夜之道,且人与物等,故告子之妄不可不诋。"④正确的态度和做法是:"体不偏滞,乃可谓无方无体。偏滞于昼夜阴阳者物也,若道则兼体而无累也。"⑤

朱子固然是从理而不是和告子一样从生之知觉作用的角度来谈性,但也是着眼于生的视角来谈性,认为:"生之理谓性。"⑥此外,"性则就其全体而万

---

① 《朱子语类》卷十三,第224页。
② 《朱子语类》卷五,第97页。
③ 《张载集》,第22页。
④ 同上。
⑤ 同上书,第65页。
⑥ 《朱子语类》卷五,第82页。

物所得以为生者言之"①,也是他的观点。前引"才是说性,便已涉乎有生而兼乎气质",也是着眼于生来论性。可见对他来说,性是就物之生而言,而非贯通生死。他认为性是落在个体上的普遍之理。这里隐含了性随着个体的生死而有无的观点,其着眼点无疑在生而不在死。死作为生的对立面而存在,并未直接进入性的内涵中。与此不同,横渠追求的是生与死的平衡兼体,死进入了性的本质规定中。朱子是从生推及死,他说:"须知道人生有多少道理,自禀五常之性以来,所以'父子有亲,君臣有义'者,须要一一尽得这生底道理,则死底道理皆可知矣。张子所谓'存吾顺事,没吾宁也',是也。"②对朱子来说,知生即可知死,前者是后者的充分条件,后者并非一个独立而有待探索的领域。他主张的是以真诚、严肃的态度来对待生,并由此推至以真诚、严肃的态度对待死。这与横渠存顺没宁表达既积极有为又超脱而放下的意思是不一样的。当然这不是说朱子不赞同超脱而放下的人生态度,只是说这并非他关于性的理论所内在包含的。朱子以下说法可见他赞同超脱而放下的态度:"人受天所赋许多道理,自然完具无欠阙。须尽得这道理无欠阙,到那死时,乃是生理已尽,安于死而无愧。"③横渠对生的积极态度,对死的超脱态度,都可以直接从性的含义中推导出来,而朱子立足于生的性论则未免只能做到前者。④

第四,自我与他者的统一与平衡。横渠认为:"知性知天,则阴阳、鬼神皆吾分内尔。"⑤这里突出的是对个体之我的超越。他者进入了我之为我的本质性的维度中,个体专注于满足物欲或者追求出离生死,都是对自我的执着,未免太过自私。又说:"天良能本吾良能,顾为有我所丧尔。"⑥"天良能"即是性,会因为"有我"而丧失。"有我"其实是对自我的执着,而不是说连我

---

① 《朱子语类》卷五,第82页。此为弟子提问语而被朱子认可。并且此提问语也应是转述朱子的观点,而非弟子自身的观点,提问的目的是为了确认。
② 《朱子语类》卷三十九,第1012页。
③ 同上书,第1011—1012页。
④ 后者在朱子理论中的存在,可以说源自二程的理必有对的观点。关于二程的这一观点,可参明道:"万物莫不有对,一阴一阳,一善一恶,阳长则阴消,善增则恶减。斯理也,推之其远乎?人只要知此耳。"见《河南程氏遗书》卷十一,《二程集》,第123页。以及伊川:"天地之间皆有对,有阴则有阳,有善则有恶。"见《河南程氏遗书》卷十五,《二程集》,第161页。
⑤ 《张载集》,第21页。
⑥ 同上书,第22页。

应该担负的责任也一并抛弃。之所以他者会进入我之为我的本质性维度中,是因为:"性者万物之一源,非有我之得私也。"①朱子对横渠此语的解释是:"所谓性者,人物之所同得。非惟己有是,而人亦有是;非惟人有是,而物亦有是。"②我和他者共享了与宇宙之性相同的本性,我应该像善待自我一样善待他者。正是在此基础上,横渠道出了"民吾同胞,物吾与也"③的千古名句。在自我与他者的统一与平衡这一点上,朱子与横渠保持了高度的一致。

要言之,横渠性论的要义是普遍与具体、形与神、生与死以及自我与他者的统一与平衡。而通过与以理学为思考框架的朱子的比较,我们可以进一步看出横渠性论的特色是普遍与具体、形与神以及生与死的统一与平衡。

结 语

在横渠处,性是指有形与无形既分化又相感,既对立又统一的关系。原本性是贯穿有形无形的,不过横渠的有些表述却以形性并举,如他说"若谓万象为太虚中所见之物,则物与虚不相资,形自形,性自性,形性、天人不相待而有"④。那么性究竟是与形相对的无形者,还是超越但包含所有有形无形之气者?回答是两种情况都存在。关于前者,"形性、天人不相待而有"就是一个典型的例子,在此"性"指的是无形之气。关于后者,"合虚与气,有性之名"就是一个典型的例子。横渠主要在后者的意义上论性。之所以偶尔也将无形之气视为性,则是因为无形之气其实包含了产生形的潜能,是主导有形之气和无形之气转化的力量,所以是足以称为性而与形对举的。

有形能够从无形中分化出来,这就必须确定宇宙本性是二而不是一;有形无形又能相互作用,这就必须确定宇宙本性是一而不是二。单纯的"一"不足以概括它,因为它包含了分化与对立;单纯的"二"也不足以概括它,因为它包含了互动和转化。因此可以确定宇宙本性是一而二、二而一的。这并非难以理解。用现代科学来打个比方,关于光到底是波还是粒子的问题,近代以来物理学界争论不休。爱因斯坦指出光既是波,也是粒子,具有波粒二象性。

---

① 《张载集》,第21页。
② 《朱子语类》卷九十八,第2511页。
③ 《张载集》,第62页。
④ 同上书,第8页。

光既是波，又是粒子，就前者而言是一，是连续，就后者而言是多，是断裂。而光是这两者的统一体。气也是类似的，无形与有形之气构成一而二，二而一的关系，两方面结合才足以描述其本性。

只说有形与无形的对立统一，是否遗漏了有形者或无形者自身之间的相感？或者说是否存在独立的、不可化约为有形与无形相感的有形者之间或无形者之间的相感呢？例如一般认为，人与人之间的相感，就是作为无形者的心之间的相感。对上述问题的回答是否定的。因为《正蒙》开篇即已表明相感从本质上来说就是"动静"之"相感"①，而动静即虚实，即无形与有形。人与人之间的相感虽然看似可以说是无形者之间的相感，但它是通过无形与有形的相感的方式得以实现的。"心有灵犀"如果不是出于偶然的话，也是有着形的参与的，包含了身体感知的成分，而不仅仅是无形者之间的感通。

朱子不同于横渠，他从仁义礼智的角度理解性，其言曰："性是实理，仁义礼智皆具。"②那么，有形无形的对立与统一之性与仁义礼智之性是什么关系呢？从根本上说，仁义礼智之性旨在沟通人与人、人与万物。它不仅使万物相感而为一体得以可能，而且是使相感达到最大限度的方法。当然这需要一个由近及远、由亲到疏的推扩过程。仁义礼智之性是有形无形对立与统一这一宇宙根本属性和万物普遍属性在人与人、人与万物对立统一方面的最好的落实方式。在这其中，仁代表相感与统一，义代表分化与对立。

横渠认识的世界是由天和地两部分构成的，大地是中心，而天则在外旋转。"两体者，虚实也，动静也，聚散也，清浊也，其究一而已"的观点，是对可感的天地所做的分析，尽管有对感性对象的抽象，不过仍然不脱古代宇宙论的色彩。如果仅仅从宇宙论的角度来考虑，那么随着时代的变化与科学的进步，横渠的很多观点都已经显得陈旧，可以关进历史的博物馆。在今人看来，地球怎么可能是宇宙的中心呢？他的学说未免早已过时。然而从根本上来说，这里最终讨论的是关于本体论的问题，天地、虚实、形神是亘古至今的问题，是即便今天也在困扰我们的问题。宇宙无限广大，可是我们每天目力所及，可感可触的仍然是天覆地载的世界，每天相伴相依的仍然是形神互动的人生。就此而言，横渠的思想对我们今天仍然有着不容忽视的启示意义。

---

① 《张载集》，第7页。
② 《朱子语类》卷五，第83页。

On the Concept of *Xing* in Zhang Zai's Theory of *Qi*

Fu Xihong

Abstract: Zhang Zai constructs a complete system from the perspective of the evolution of *Qi* and the concept of *Xing* plays a key role in his system. The differentiation, opposition, mutual feeling and transformation of invisible *Qi* and tangible *Qi* constitute the fundamental attributes of the universe and all things. For a person, to maintain the nature of *Qi* as mentioned above, he not only needs to avoid the biases such as the biases in Buddhism and Taoism, but also needs to maintain an accomplished and detached attitude to the world. The essence of Zhang Zai's theory of *Xing* is the unity and balance of universality and concreteness, form and soul, life and death as well as self and others. Through the comparison with Zhu Zi, we can see that the first three items are the characteristics of Zhang Zai's theory of *Xing*.

Keywords: *Xing*, *Qi*, Form, Soul, Life and Death

书讯

《革命政治与洛克的〈政府论〉》

[美] 阿什克拉夫特 著

孔昊 赵雪纲 译

上海:华东师范大学出版社,2020年

阿什克拉夫特(1938—1995,Richard Ashcraft)是美国著名的政治理论家,毕业于哈佛大学(1960)和加州大学伯克利分校(1966),1965年起任教于加州大学洛杉矶分校直至逝世。他出版于1986年的《革命政治与洛克的〈政府论〉》,已成为研究洛克激进主义政治理论的经典作品,并具有方法论上的示范意义。本书运用丰富的历史材料,重构了洛克政治哲学的语境,从而证明,洛克远不是一个不问世事的书斋哲学家,而是深深地卷入了17世纪七八十年代英格兰的反抗和革命运动。辉格党在议会中通过合法手段争取宗教自由的努力,于1681年遭到决定性的挫败,这使他们转而诉诸非法的反抗手段,组织了诸多密谋活动。在其中,洛克扮演了重要的角色。这相当程度上解释了洛克在《政府论》中辩护革命权利所采取的独特思路:诉诸人民,而非下级官员和传统社会等级。

这本将近八百页的大书,目的不在于细致地分析《政府论》的文本和论证,而在于描绘洛克的智识和政治语境。这同时也是对英国革命运动的组织、意识形态、社会构成以及斗争策略的个案研究。"革命政治"与"洛克的《政府论》"的结合,则试图为如何研究政治哲学文本提供方法论上的示范。需要指出的是,尽管本书在探讨政治意义上的革命和反抗权时,提供了丰富的历史材料,但当作者进一步认为洛克同时也在辩护社会意义上的革命(如赋予成年男子以普选权),却在历史的论证和逻辑的论证上都出现了缺环。(肖京)

一体与变化

——阮籍的气论自然观及其哲学建构*

陈建美**

提　要：阮籍的自然观念有其不同于汉代元气论的独创性特点，他以天地整体为自然，并扭结了元气和神的思想，以自然的一体与变化两个要点串联起泯除价值的社会思想和应变顺化的人生观念。借此可以发现阮籍看似松散的思想材料所具有的哲学建构的可能性。

关键词：阮籍　气论自然观　一体　变化

阮籍主张元气论，气的思想在阮籍哲学中具有重要位置。这是早已由学者指出、为学界普遍接受的观点[①]，也是阮籍思想与以王弼、郭象为代表的典型玄学家的思想在根本上不同的地方。有学者借此认为阮籍的学术思想属于汉代元气论，不能代表魏晋思想发展的新方向。[②] 然而，阮籍"越名教而任自然"的社会人生思想代表着魏晋玄学的新精神，与汉代价值观念极为不同，这也是不可否认的事实。那么，一种汉代的气论观念能否引出魏晋的精神内核？阮籍的气论与汉代元气论相比是否毫无创造？他的气论与社会人生思想是否有内在的关联？这些是本文关心的问题。本文认为，阮籍的气论自然观是具有独创性的，其气论又内在地为他的社会人生思想奠定了基础。

---

* 本文得到四川大学专职博士后研究基金（编号 skbsh2019-03）及四川大学中央高校基本科研业务费项目学院自主立项项目（编号 2019 自研-公管 01）资助。

** 陈建美，1990 年生，北京大学哲学博士，四川大学哲学系助理研究员。

[①] 参见汤用彤《魏晋玄学论稿》、冯友兰《中国哲学史新编》、汤一介《郭象与魏晋玄学》、许抗生《三国两晋玄佛道简论》《魏晋玄学史》等。

[②] 戴建平：《略论阮籍、嵇康的自然观》，《南京理工大学学报》2004 年第 2 期。

阮籍理解的自然是一气运化的整体,作为宇宙实体的气具有一体和变化两个根本规定性,二者又逻辑性地构造出他的社会思想和人生观念。需要说明的是,本文所论阮籍的自然观、社会思想、人生论皆指阮籍后期(也就是成熟时期)的思想。学界对阮籍思想发展的分期问题已经有了较好的研究,本文采取高晨阳《阮籍评传》的研究结论,以《达庄论》和《大人先生传》二文为阮籍成熟时期的论文①,并以此为基础展开讨论。

一 一体与变化:阮籍自然观的要点

阮籍成熟时期的自然思想主要体现在《达庄论》和《大人先生传》中。两篇文章有各自的核心话题,《达庄论》对应庄子的齐物观念,《大人先生传》对应庄子的逍遥观念,二文都批评了礼教社会。换言之,《达庄论》展现了阮籍对世界的看法,《大人先生传》表达了阮籍的人生境界论,二文都包含了他的社会政治思想。值得注意的是,阮籍不仅呈现了这些观念,而且有严密的论证。他的社会和人生思想建基于他对世界本质的理解,而他关于世界本质的讨论正是以阐说"自然"为核心的。因而,梳理阮籍的自然观念,阐明其关于世界的看法,是研究阮籍哲学建构的先决条件。

阮籍关于自然的看法首先体现在《达庄论》。《达庄论》言:

> 天地生于自然,万物生于天地。自然者无外,故天地名焉;天地者有内,故万物生焉。②

"天地生于自然"和"自然者无外,故天地名焉"两种表述看起来有矛盾。按照前一种说法,自然产生天地,自然和天地并非同一个东西,按照后一种说法,自然就是天地,是天地整体的别称。就此,论者对阮籍的自然思想有不同解释。汤用彤先生就前一种表达认为"天地为两个,自然为一个;元气为自然,分而为天地,即阴阳"③。这是以自然为混沌无分的元气,以天地万物为

---

① 高晨阳:《阮籍评传》,南京:南京大学出版社,1994年,第70—71、74—76页。
② 陈伯君校注:《阮籍集校注》,北京:中华书局,2012年,第139页。
③ 汤用彤:《魏晋玄学论稿》,上海:上海古籍出版社,2001年,第147页。

元气分化的产物。按照这种理解，阮籍的思想与汉人元气论并无二致。① 与之不同，冯友兰先生则主要根据"自然者无外，故天地名焉"得出"可见天地就是自然的别名"这一结论。② 这就与汉代元气论不同。冯先生将阮籍的自然思想置于王何与向郭之间，而认为与向郭"天地者万物之总名"的思想更接近。③ 这样，阮籍的自然思想便被置于玄学演进的过程之中。

就《达庄论》本段材料而言，冯先生的以天地为自然之别名的说法更符合原文意思，因为"自然者无外，故天地名焉"的表述明确以天地命名自然。那么，前文"天地生于自然"怎么解释呢？这里的"自然"不直接以"天地"代入，而应理解为形容之语，即"自然的过程"④，天地产生于自然的过程，不存在一个有别于天地的主宰者。天地产生于自然的过程，天地产生之后，又以自然的过程生成万物，自然即是对于生生运化的宇宙整体的指称。⑤ 需要注意的是，阮籍的"自然"不能等同于以机械论为基础的"大自然"（即现代理解的物的世界）⑥，而具有生生变化的动态意味。

《达庄论》指出，自然运化的实质是一气的运行变化。《达庄论》言：

> 地流其燥，天抗其湿。月东出，日西入，随以相从，解而后合，升谓之

---

① 《易纬·乾凿度》言："太初而后有太始，太始而后有太素，有形始于弗形，有法始于弗法。"（赵在翰辑：《七纬》，北京：中华书局，2012 年，第 2 页）《白虎通》言："始起先有太初，然后有太始，形兆既成，名曰太素。混沌相连，视之不见，听之不闻，然后判清浊。"（陈立撰：《白虎通疏证》，北京：中华书局，1994 年，第 421 页）汤用彤先生概括言："嵇康、阮籍把汉人之思想与其浪漫趣味混成一片，并无形上学精密之思考，而只是把元气说给以浪漫之外装。他们所讲的宇宙偏重于物理的地方多，而尚未达到本体论之地步。"（汤用彤：《魏晋玄学论稿》，第 147 页）
② 冯友兰：《中国哲学史新编》第四册，《三松堂全集》第九卷，郑州：河南人民出版社，2001 年，第 409 页。
③ "阮籍不讲'无'，而讲'无外'，讲'天地'，这就从根本上同王弼、何晏的贵无论分开了。他在《达庄论》中所说的'天地生于自然，万物生于天地'那几句话，词意不合，这几句话的真正意思就是向秀和郭象所说的：'天地者万物之总名也。天地以万物为体，而万物必以自然为正。'"（冯友兰：《中国哲学史新编》第四册，《三松堂全集》第九卷，第 411 页）与之相反，汤用彤先生认为"《达庄论》讲宇宙之实体与郭象等之说完全不同"（汤用彤：《魏晋玄学论稿》，第 147 页）。关于阮籍天地观念的意义，冯先生认为"这不是一个事实问题，而是一个逻辑问题"（冯友兰：《中国哲学史新编》第四册，《三松堂全集》第九卷，第 411 页），从逻辑上的内涵与外延的角度阐释这一命题。
④ "自然并不是天地之外另有一个自然，自然就是指天地的自然而然的存在，所以说：'自然无外，故天地名焉。'"（许抗生：《三国两晋玄佛道简论》，齐鲁书社，1991 年，第 76 页）
⑤ 其他用例如"人生天地之中，体自然之形"（《达庄论》）。"养性延寿，与自然齐光。"（《大人先生传》）参见陈伯君校注：《阮籍集校注》，第 141、162 页。
⑥ 王中江教授以"实体"指称以万物和自然界为自然的观点，并指明阮籍思想属于这一系列。参见王中江：《中国"自然"概念的源流和特性考论》，《学术月刊》2018 年第 9 期。

阳,降谓之阴。在地谓之理,在天谓之文。蒸谓之雨,散谓之风;炎谓之火,凝谓之冰;形谓之石,象谓之星;朔谓之朝,晦谓之冥;通谓之川,回谓之渊;平谓之土,积谓之山。男女同位,山泽通气,雷风不相射,水火不相薄。天地合其德,日月顺其光,自然一体,则万物经其常,入谓之幽,出谓之章,一气盛衰,变化而不伤。是以重阴雷电,非异出也;天地日月,非殊物也。故曰:自其异者视之,则肝胆楚越也;自其同者视之,则万物一体也。①

"地流其燥,天抗其湿",典故出自《易传·乾·文言》"水流湿,火就燥",陈伯君先生言:"此言地流其燥,天抗其湿,似谓燥气下降则流于地而归于湿,湿气上蒸则抗于天而归于燥,彼此互为感应,而非互不相干也。"②事实上,阮籍的表达并未止于万物的"互为感应",他更进一步指出万物不过是一气的不同状态。文段最后,阮籍以"自然一体,则万物经其常"和"一气盛衰,变化而不伤"揭明自然之理。自然的运行方式是一气的变化,一气盛衰变化而无增减,而万物是一气之变化的暂时形态,在与他物关联感通的整体中保全其常性。简言之,自然的根本存在方式是一气之运化,一体与变化是其中的两个要点。万物看起来是独立自存的,实则皆为一气运行之整体的某一部分;万物看起来有恒定的质性,实则处于瞬息不停的气的变化之中。对自然运化的这种阐释指向的结论是万物一体,这也是阮籍自然观与社会思想的扭结点,此点将在下一部分详论。

自然的运行具有一定的原则,其基本原则是"自然一体,则万物经其常"和"一气盛衰,变化而不伤",可概括为一体与变化。由此也可引出一些派生原则,阮籍以"道"指称自然运行的原则。③ 不同于老庄以道为终极根源,阮籍认为道还不是最高的。他说:

> 时不若岁,岁不若天,天不若道,道不若神。神者,自然之根也。④
> 太初何如?无后无先,莫究其极,谁识其根。邈渺绵绵,乃反复乎大

---

① 《阮籍集校注》,第139页。
② 同上书,第140页。
③ "夫山静而谷深者,自然之道也。"(《达庄论》,《阮籍集校注》,第146页)"故至道之极,混一不分,同为一体,得失无闻。"(《达庄论》,《阮籍集校注》,第150页)"夫大人者……逍遥浮世,与道俱成。"(《大人先生传》,《阮籍集校注》,第165页)
④ 《阮籍集校注》,第185页。

> 道之所存,莫畅其究,谁晓其根。①

两段文字都出自《大人先生传》,阮籍一方面说神比道更根本,另一方面又说太初是大道之所存。那么,太初与神各自是什么,二者有什么关系,它们和自然的关系又是什么?这几个问题是阮籍自然思想研究的难点问题。

先来看太初的问题,笔者认为,阮籍所言太初即混沌的元气。② 阮籍十分重视"太始之论",甚至认为这是他的理论超越庄子的地方:

> 夫善接人者,导焉而已,无所逆之。……且庄周之书何足道哉!犹未闻夫太始之论,玄古之微言乎!直能不害于物而形以生,物无所毁而神以清,形神在我而道德成,忠信不离而上下平。③

这段话出现在《达庄论》的末尾,阮籍提到,阐发庄子之意并非他的本愿,仅仅是因为问者以此发问,他才因势利导;虽然庄子能做到"形神在我而道德成,忠信不离而上下平",即成己成物,但是庄子的理论也没什么了不起的,因为他尚未触及"太始之论,玄古之微言"。言下之意,庄子能够过真理性的生活,却尚未把握真理,只知其然而不知其所以然。《达庄论》没有说明什么是"太始之论",《大人先生传》关于"太初"的说法似可作参考:

> 于兹先生乃去之……直驰骛乎太初之中,而休息乎无为之宫。太初何如?无后无先,莫究其极,谁识其根。邈渺绵绵,乃反复乎大道之所存,莫畅其究,谁晓其根。④

太初"邈渺绵绵",是"大道之所存",当我们追究自然运行、万物生成的根据的时候,只能追究到太初。"莫究其极,谁识其根""莫畅其究,谁晓其根"表明不能再往上追究太初的根源,太初就是唯一的根源。那么,太初到底是什么?关键在于如何理解"无后无先"。汤一介先生认为"从时间上说,没有比它存在更早,或者更长久的,故'太初如何,无先无后'"⑤,这是说"无后无先"表明太初是永恒持存的。如此,太初便无所谓"初"了。而在《达庄论》

---

① 《阮籍集校注》,第188—189页。
② 虽然对于《达庄论》之自然概念的解释我们没有取汤用彤先生的元气说,但是就阮籍的整体思想而言,汤先生的论说也是可以成立的。
③ 《阮籍集校注》,第157页。
④ 同上书,第188—189页。
⑤ 汤一介:《郭象与魏晋玄学》,北京:北京大学出版社,2000年,第49页。

中,"太始"与"玄古"相对应,初始的意味是较为明确的。另一种可能的理解是,"无后无先"表明太初本身没有时空的先后之分,是内在不含差异的整体,亦即混沌的元气。当下一气变化的整体内部是有时空的先后之别的,与元气并不相同,而元气又是唯一的根源,因而当下的世界来自元气,是元气分化的结果。元气一旦分化就不再是元气了,元气只存在于最初,因而称"太初"。自然的运行之道是一体与变化,其之所以如此的根源也在于元气。元气是混沌的一,自然中的万物皆根源于此,因而万物本质上是一气,是一体的,但元气如何为一气的变化奠基呢?解决这一问题需要进入对神的讨论。

阮籍明确讲到神是"自然之根",因而神不是区别于太初元气的另一个实体,本文认为,神是太初元气内含的生生变化的倾向性。高晨阳先生引入《易传·系辞》"阴阳不测之谓神"理解阮籍思想中"神"的意味,这是颇具洞见的。[1]《易传》这段话中,神是对阴阳二气相互感应产生变化的神妙作用的描述,高晨阳先生引用《大人先生传》"气并代动变如神"和《答伏义书》"灵变神化"之语,认为阮籍思想中神的第一种意义即"自然界本身运动变化所具有的一种微妙莫测的态势与功能"[2]。然而,这两段引文中神并不是作为核心概念被使用的。高先生还指出神的第二种意义是"天地万物产生的本源或根据"[3],不过,高先生并未把它与前一种意义结合起来看。本文认为,应当把这两种意义结合起来。元气为什么不永远混沌下去,而要分化,自然为什么能变化而不是处于僵死的不变状态,这正是因为天地万物产生的本源是内含神妙的生生变化的倾向性的。简言之,太初元气内含神。正是在这个意义上,神被称为"自然之根"。

阮籍思想中"神"还有第三种用法,即人的精神,它也是根源于太初元气内含之神的。《达庄论》中有一段颇具意味的话:

> 人生天地之中,体自然之形。身者,阴阳之积气也。性者,五行之正性也;情者,游魂之变欲也;神者,天地之所以驭者也。[4]

---

[1] 《周易》对阮籍思想的形成具有重要影响,《通易论》是他早期的代表作,而《周易》重变化的思想对他具有根本性的影响。
[2] 高晨阳:《阮籍评传》,第164页。
[3] 同上书,第165页。
[4] 《阮籍集校注》,第141页。

此处的"神"与身、性、情并列,显然指人的精神。为什么说人的精神是"天地之所以驭"呢?神是太初元气内含的生生变化之倾向性,一气变化的根源也在于此,"体自然之形"的人类也获得了这种倾向性。这种倾向性落在人身上便表现为最具能动力的人的精神。人的精神对于自然变化的驾驭程度是阮籍判断人的境界的核心标准,此点将在第三部分详论。

至此,阮籍对于自然的理解已经得到较为清晰的呈现。阮籍的自然指代的是天地万物,其实质是一气变化的整体。自然之道具有一体和变化两个要点。自然的根源在于作为其最初状态的元气。太初元气是内在不含差异的混沌整体,因而其分化后自然依然维持为一个整体;太初元气又是内含生生变化之倾向性(神)的,因而其分化后的自然能够不断生生变化而免于僵死状态。

二 万物一体:阮籍社会思想的哲学基础

气的思想普遍见于中国古代哲学中,持有相似的气论的思想家,对于社会和人生的看法可能有极大的不同。因而,研究思想家对于气论的诠释方向,探索他们如何以气论为基础讨论社会和人生问题,是极有必要的。即便阮籍的气论具有独创性,他的元气思想还是与汉代思想脱不了干系,但是他却就此引出泯除价值区分的社会思想(齐物),和超越对待、应变顺化的人生理想(逍遥),这中间的具体环节是值得研究的。本部分聚焦阮籍社会思想的哲学基础,下部分展开阮籍人生境界论的分析。本文认为,阮籍社会思想的哲学基础是万物一体的观念,而他对万物一体的论证是建立在气论自然观之上的。

阮籍成熟时期的社会思想在《达庄论》和《大人先生传》中都有体现,其中尤以《大人先生传》批评礼乐君子时表达得最为显豁:

> 昔者天地开辟,万物并生;大者恬其性,细者静其形;阴藏其气,阳发其精;害无所避,利无所争;放之不失,收之不盈;亡不为夭,存不为寿;福无所得,祸无所咎;各从其命,以度相守。明者不以智胜,暗者不以愚败;弱者不以迫畏,强者不以力尽。盖无君而庶物定,无臣而万事理,保身修性,不违其纪;惟兹若然,故能长久。

> 今汝造音以乱声,作色以诡形;外易其貌,内隐其情;怀欲以求多,诈伪以要名;君立而虐兴,臣设而贼生,坐制礼法,束缚下民,欺愚诳拙,藏智自神,强者睽眠而凌暴,弱者憔悴而事人,假廉以成贪,内险而外仁,罪至不悔过,幸遇则自矜,驰此以奏除,故循滞而不振。①

阮籍对比了上古质朴之世和当时的礼法社会,用理想社会批判现实社会。在上古理想社会,万物皆得到安顿,"大者恬其性,细者静其形","保身修性,不违其纪"。人们对于利害、存亡、福祸无所分别,安于自己当下的境遇。虽然也有智愚、强弱的差异,却不存在智者、强者欺侮愚者、弱者的现象。这样的和谐社会不需要君臣加以治理。而阮籍所处的社会,人们虚伪、狡诈、多欲、无耻,智者、强者欺凌愚者、弱者,即便有君臣治理社会,也只是徒增暴虐残贼而已。

《大人先生传》不但批判了现实社会,还分析了社会堕落的原因。阮籍认为,社会堕落的原因在于礼法所代表的差异化原则对人心与社会整体性的割裂。他依然用对比的方法分析上古社会何以至太平,以突出当世乱亡的原因:

> 夫无贵则贱者不怨,无富则贫者不争,各足于身而无所求也。恩泽无所归,则死败无所仇;奇声不作则耳不易听,淫色不显则目不改视,耳目不相易改则无以乱其神矣;此先世之所至止也。
> 今汝尊贤以相高,竞能以相尚,争势以相君,宠贵以相加,驱天下以趣之,此所以上下相残也。竭天地万物之至以奉声色无穷之欲,此非所以养百姓也。于是惧民之知其然,故重赏以喜之,严刑以威之;财匮而赏不供,刑尽而罚不行,乃始有亡国戮君溃败之祸。此非汝君子之为乎?汝君子之礼法,诚天下残贼、乱危、死亡之术耳。②

阮籍明确提出,"汝君子之礼法,诚天下残贼、乱危、死亡之术耳"。这种宣言不能仅看作文人的一时激愤,而应在深入分析阮籍论说逻辑的基础上加以理解。与上古社会人们"各足于身而无所求"相对,现实社会的人"竭天地万物之至以奉声色无穷之欲",为什么人心会产生这种从无欲到有欲的变化

---

① 《阮籍集校注》,第170—171页。
② 同上。

呢？阮籍认为，根本原因在于价值区分的出现。上古社会"无贵则贱者不怨，无富则贫者不争"，因而能"各足于身而无所求"，而一旦贵贱、贫富被区别开来，人们便争相追求富贵，整个社会陷入对利益的争夺之中。而礼法恰是对价值区分的贞定。礼法的核心精神是给予不同的人以不同的社会地位与待遇。礼制要区分尊卑贵贱，并为之安排相应的生活形式，法令则区分功过是非，并给予相应的赏赐责罚。礼法承认了价值区分，同时也具有缓解争夺的功能。阮籍没有着眼于礼法限制争夺的功能，而是强调其与导致社会混乱的价值区分在根本逻辑上的一致性，由此得出"汝君子之礼法，诚天下残贼、乱危、死亡之术耳"的结论。从这个意义上说，阮籍关于礼法的宣言不能仅仅看成对现实政治的扭曲反应，而是堪称具有深刻的思想批评含义。

《大人先生传》主要运用上古理想之世与现实政治的对比来批判礼法社会，上古社会的核心精神是由贵贱贫富等区别的混同带来的人之无欲安己，而现实社会之堕落的关键在于价值区分的出现。那么，阮籍对于价值区分的批评仅仅是基于对于上古社会的玄想吗，还是有更深的依据？汤用彤先生认为元气的混沌、玄冥是阮籍设想太朴理想世界的基础。[①] 本文的看法与之不同。本文认为，阮籍并未直接以元气的混沌导出泯除价值区分的社会观点，分化后的自然之气的一体性才是泯除价值区分的自然基础。上面已经说明，阮籍认为自然是一气变化的整体，一体性虽源于混沌的元气，却已经不是内在无差别的混沌之体，而是有万物之差别的，万物相互感应、转化的一体。这种论证思路在《达庄论》中较为明显：

> 地流其燥，天抗其湿。……天地合其德，日月顺其光，自然一体，则万物经其常，入谓之幽，出谓之章，一气盛衰，变化而不伤。是以重阴雷电，非异出也；天地日月，非殊物也。故曰：自其异者视之，则肝胆楚越也；自其同者视之，则万物一体也。[②]

冯友兰先生认为，阮籍在这段话里运用了两种方法证明万物一体，一种为《庄子》"自其异者观之，则肝胆楚越也；自其同者视之，则万物一体也"的

[①] 汤用彤：《魏晋玄学论稿》，第148页。高晨阳与之相同而所论更为详细，见《阮籍评传》第135、142页。
[②] 《阮籍集校注》，第139页。

名理论证,另一种则是从气论角度证明万物在实质上是"一体"的①,但是,这样的理解导致这段话"故曰"前后的逻辑是割裂的。一种更为可能的理解是,"故曰"前后的话具有逻辑顺承关系。当"自其异者观之,则肝胆楚越也;自其同者视之,则万物一体也"被理解为名理论证时,意为"万物都有相异的地方","但是它们也都有相同的地方"②,相异和相同是并列的。而当我们将"故曰"前后的话理解为逻辑顺承关系的时候,发现前面的话仅仅指向"自其同者视之,则万物一体也",而没有涉及"自其异者观之,则肝胆楚越也"的内容。具体而言,自然是一气变化的整体,万物不过是一气变化的不同状态,因而万物从本质上相同,共同构成相互关联转化的整体。换言之,万物一体的整体性视域符合自然运化的真实,而肝胆楚越的差异性视域则是有局限的,甚而是有问题的,二者不是并列关系,而是一对一错。

阮籍对整体性和差异性两种视域的取舍态度在以下的文段中表达得更为显豁:

> 夫别言者,坏道之谈也;折辩者,毁德之端也;气分者,一身之疾也;二心者,一身之患也。③

> 别而言之,则须眉异名;合而说之,则体之一毛也。彼六经之言,分处之教也;庄周之云,致意之辞也。大而临之,则至极无外;小而理之,则物有其制。夫守什伍之数,审左右之名,一曲之说也;循自然,小天地者,寥廓之谈也。凡耳目之任,名分之施,处官不易司,举奉其身,非以绝手足,裂肢体也。然后世之好异者不顾其本,各言我而已矣,何待于彼。残生害性,还为仇敌,断割肢体,不以为痛;目视色而不顾耳之所闻,耳所听而不待心之所思,心奔欲而不适性之所安,故疾疠萌则生意尽,祸乱作则万物残矣。④

"别言者,坏道之谈也",别言即"别而言之",即"自其异者观之"。别言是坏道之谈,与之相对的"合而说之"或"自其同者视之"才是合道之言。异

---

① 参见冯友兰:《中国哲学史新编》第四册,《三松堂全集》第九卷,第409页。高晨阳也认为两种思路并存,并批评名理思路为相对主义的诡辩论,见《阮籍评传》,第147—148页。
② 冯友兰:《中国哲学史新编》第四册,《三松堂全集》第九卷,第409页。
③ 《达庄论》,《阮籍集校注》,第155页。
④ 同上书,第142—143页。

名是对物之差异性的确认。须眉异名而实同为体之一毛,万物异名而实同为一气所化。万物是有差异的,但是不能把这种差异性绝对化。别言或曰差异性视域更明确的表述是"各言我而已矣,何待于彼",这是仅从一己之私出发的视域,必然带来对他者的漠视,对自然之整体视域的遮蔽。而从我出发的视域最后未必带来自我的成就,反而会害人害己,即所谓"疾疢萌则生意尽,祸乱作则万物残矣"。"凡耳目之任,名分之施,处官不易司,举奉其身",个体须要在与他者的恰当关联中才能舒畅地生活,而当个体把自我从世界整体中剥离出来时,也如从身体上割断的一根手指失去了"生意"。需要注意的是,我们所说的整体性视域不能机械地理解成名理讨论中的整体与部分之关系中的整体,而是具有生机活力的自然整体。① 正如阮籍此处以人的身体为例展现出的生命感,自然整体是具有生生变化的动态意味的。

总而言之,阮籍社会思想的要点是泯除作为争斗根源的价值区分,其哲学依据是以自然观为基础的整体性视域。阮籍所谓整体性不是机械论下部分和整体关系中的整体,而是具有生生变化之动态意味的自然整体,因而他的整体性视域是具有生命关怀的。

三 应变顺和:阮籍人生境界论的哲学基础

《大人先生传》集中而详细地呈现了阮籍的人生论。《大人先生传》是从对大人先生的人格描述开始的,接着士君子、隐者、薪者三个人物分别与大人先生进行了对话,最后大人先生遨游一番后不知所踪。文章从大人先生的立场批评了士君子、隐士、薪者(砍柴的人,超越社会、齐同生死的代表)几种人格,阐明了大人先生的人生境界。论者一般认为三组对话代表了时人或阮籍本人人生观的三次超越。从现有的研究来看,阮籍人生观超越的、放任的一面是较多为学者注意的。例如,汤用彤先生将阮籍的人生观概括为超越世界之分别、放任、逍遥三个要点②,冯友兰先生将《大人先生传》的逻辑层次概括为超越是非之分、超乎社会之上和超乎自然界之上。③ 高晨阳先生较为详

---

① 当一个零件被从机器上取下时,零件本身并未受到致命损害,而当一根手指被从身体上取下,或一个人被从世界中抽离时,手指或个体受到的损害与零件受到的损害是不一样的。
② 汤用彤:《魏晋玄学论稿》,第151页。
③ 冯友兰:《中国哲学史新编》第四册,《三松堂全集》第九卷,第407—408页。

细地分析了这三个层次:第一层是对士君子的人格及其遵守的礼法名教的超越,第二层是对隐士的人格及其持守的是非观念的超越,第三层是对薪者超越社会层面差别的肯定("虽不及大,庶免小矣"),及进一步对自然界的超越。① 但是,对于为什么要超越,学者多从外在的社会政治因素入手理解,较少提出其理论诉求,牟宗三先生甚至将之视为一种文人气质。② 本文认为,有必要探究阮籍境界论的自然观依据③,只有在探明此点的基础上,阮籍提倡的超越、放任才能得到更深入的理解。

《大人先生传》描述大人先生时有一段话,本文认为对理解阮籍人生境界论极为重要:

> 先生以应变顺和,天地为家,运去势隤,魁然独存,自以为能足与造化推移,故默探道德,不与世同。自好者非之,无识者怪之,不知其变化神微也;而先生不以世之非怪而易其务也。④

"应变顺和"不是泛泛之语,而已切中阮籍人生论的要害。在这里我们再次看到阮籍自然观念的两个要点:变化与一体。"应变顺和""与造化推移""变化神微"无不凸显大人先生在应对变化方面的长处,而大人先生所应之变为一气之生生变化,所顺之和为自然运化之和,阮籍的整体性视域再次显现。

笔者先简论阮籍人生论中的一体性视域。《大人先生传》中大人先生批评士君子、隐者、薪者,看似是由小至大一层层的超越。不过,当我们回到阮籍的文本,会发现最先出现的不是士君子,而是大人先生本人,阮籍在一开始便说明了大人先生的境界,他的论说逻辑是从大人的角度重新审视和评估士君子、隐士、薪者三种人格,即从大的角度看小。这种视角即由自然概念导出的整体性视角。《大人先生传》言:

> 先生以为中区之在天下,曾不若蝇蚊之着帷,故终不以为事,而极意乎异方奇域,游览观乐,非世所见,徘徊无所终极。⑤

---

① 高晨阳:《阮籍评传》,第158—164页。
② 牟宗三:《才性与玄理》,《牟宗三先生全集》第2册,台北:联经出版事业有限公司,2003年,第353页。
③ 汤用彤先生言:"放任境界是在无规定之中自有规定,如阮籍之'应变顺和'。"(汤用彤:《魏晋玄学论稿》,第152页)
④ 《阮籍集校注》,第162页。
⑤ 同上。

  汝君子之处区内,亦何异夫虱之处裈中乎?悲夫!而乃自以为远祸近福,坚无穷已;亦观夫阳乌游于尘外而鹪鹩于蓬艾,小大固不相及,汝又何以为若君子闻于予乎?①

  故至人无宅,天地为客;至人无主,天地为所;至人无事,天地为故;无是非之别,无善恶之异,故天下被其泽而万物所以炽也。若夫恶彼而好我,自是而非人,忿激以争求,贵志而贱身,伊禽生而兽死,尚何显而获荣?②

  时不若岁,岁不若天,天不若道,道不若神。神者,自然之根也。彼匀匀者自以为贵夫世矣,而恶知夫世之贱乎兹哉!③

  上引四段话,第一段介绍大人先生,第二、三、四段分别是大人先生对士君子、隐者、薪者的批评。四段话如同复调重奏,逻辑何其一致。与宇宙整体相比,人类世界就如同一顶蚊帐或一条裤子。士君子执着于社会生活,如同蚊蝇立于帷帐、虱子藏于裤中;隐者批评社会生活,实质在于对理想社会的追求,如同为了一条好裤子而不满破裤子;薪者虽然超越了世俗生活,却并未获得天地的整体视角,虽然认识到这不过是一条裤子,却也并不了解裤子之外有如何的广大天地。大人先生用自然的整体视角审视三者的人生态度,当然会觉得小。虽然阮籍批评隐者自是而非彼,但他也绝不是没有是非,他以自然的整体性视域为是,以偏狭的差异性视域为非。大人先生的这种视域导出的人生观点是"不以为事,而极意乎异方奇域","至人无宅,天地为客;至人无主,天地为所;至人无事,天地为故",即不以世俗为事,而以天地为事。

  接下来讨论阮籍人格学说中关于变化的问题。当我们梳理大人先生批评其他人格的理由时,会发现阮籍对"变化"的敏感。士君子提出,君子人格是天下最高贵的,他们的言行有恒常的规范,能在社会上建功立业而名垂青史。文本一连出现四个"常"字④,表面上强调君子言行的恒常性,事实上也暗示了士君子人格在文明积淀过程中取得的时空普遍性地位。而大人先生极具针对性地挑战了这种恒常普遍性,《大人先生传》言:

---

① 《阮籍集校注》,第 166 页。
② 同上书,第 173—174 页。
③ 同上书,第 185—186 页。
④ "服有常色,貌有常则,言有常度,行有常式。"见《大人先生传》,《阮籍集校注》,第 163 页。

往者,天尝在下,地尝在上,反覆颠倒,未之安固,焉得不失度式而常之? 天因地动,山陷川起,云散震坏,六合失理,汝又焉得择地而行,趋步商羽? 往者群气争存,万物死虑,支体不从,身为泥土,根拔枝殊,咸失其所,汝又焉得束身修行,磐折抱鼓? 李牧功而身死,伯宗忠而世绝,进求利以丧身,营爵赏而家灭,汝又焉得挟金玉万亿,祗奉君上而全妻子乎?①

阮籍对于以往之天地的描述骇人听闻,高晨阳先生认为这表明阮籍把宇宙整体理解为"一个无差别的原始混沌"②,然而这种表述是不准确的,即便地上天下,也还是有天地的差别,而混沌意味着没有差异。本文认为,这体现了阮籍对于自然之变化的把握。自然是一气变化的整体,当前天上地下的状态只是一气的暂时形态,以往的天地可能是颠倒的,以后的天地也可能颠倒。在中国古代思想中,天地的秩序和人伦的秩序是一致的,阮籍此论是对《易传》"天尊地卑,乾坤定矣。卑高以陈,贵贱位矣"思想的挑战,也是对他自己以《通易论》为代表的前期思想的清算。③ 他借此指出,文明不是超时空的,而有一定的时空条件,依赖于一定文明形态的士君子人格当然也不可能具有超时空的普遍性。如果说阮籍对于环境巨变之可能性的揭露不具有紧迫性,那么他对于社会历史中变化的描述会更令人有切肤之感。他说,"李牧功而身死,伯宗忠而世绝,进求利以丧身,营爵赏而家灭,汝又焉得挟金玉万亿,祗奉君上而全妻子乎?"功业和美德未必带来幸福和不朽,历史本就充满了不确定性。薪者更为详尽地指出这种不确定性,并得到了大人先生的肯定:

"……夫盛衰变化,常不于兹,藏器于身,伏以俟时。孙胐足以擒庞,睢折胁而得位,百里困而相嬴,牙既老而弼周,既颠倒而更来兮,固先穷而后收。秦破六国,并兼其地,夷灭诸侯,南面称帝,姱盛色,崇靡丽,凿南山以为阙,表东海以为门,辟万室而不绝,图无穷而永存,美宫室而盛帷幬,击钟鼓而扬其章,广苑囿而深池沼,兴渭北而逮咸阳,曬木曾未及成林,而荆棘已蒙乎阿房。时代存而迭处,故先得而后亡,山东之徒虏,遂起而王天下。由此视之,穷达讵可知耶? 且圣人以道德为心,不以

---

① 《阮籍集校注》,第165—166页。
② 高晨阳:《阮籍评传》,第133页。
③ 同上书,第104—118页。

富贵为志,以无为为用,不以人物为事,尊显不加重,贫贱不自轻,失不自以为辱,得不自以为荣。……"先生闻之,笑曰:"虽不及大,庶免小矣。"①

历史充满盛衰变化,在这里找不到"恒常",薪者运用孙膑、范雎、百里奚、姜太公的先穷后达及秦朝的盛衰兴亡的例子说明这一点。薪者由此得出的人生态度是"不以富贵为志","尊显不加重,贫贱不自轻,失不自以为辱,得不自以为荣",这是将富贵得失置于不测的变化之域而不加作为、不措于心。

这里有必要进一步分析阮籍所理解的"变化"。阮籍后期哲学中的"变化"与前期不同,前期作品《通易论》也讨论了社会历史的变化,简言之即一治一乱,《大人先生传》中描述的历史变化却没有这种明显的规律,而是充满了不测。这固然有现实政治因素,此处暂且不论。从理论角度看,《通易论》中的变化以《序卦传》为基础,各卦的变化为阴阳的变化,整体呈现一阴一阳的趋势,而《大人先生传》中的变化背后是"神","阴阳不测之谓神"。在一阴一阳的对待中,世界呈现出某种秩序,而由不测之神推动的变化则看不出任何秩序。由此可以看到,阮籍理解的变化是取消了对待的、不可被人认识的变化。

从大的时空尺度而言,宇宙是变化的,从小的时空尺度而言,社会历史充满不确定性,事实上,按照阮籍对自然的理解,世界的每一个尺度都存在变化,唯一的恒常即变化的永恒不变。人无往而不处在变化之中,这是人的根本生存处境。好在人身上还有作为"天地之所以驭"的部分,即根源于神(太初元气生生变化的倾向性)的精神。精神是人身上最具能动性的部分,可以驾驭变化。阮籍所理解的变化是不测的、无可把握的变化,所谓的"驾驭"不能理解成人为地扭转变化趋势,而只能理解为对变化的顺应,即在不测变化中的自我成就。不了解这种变化是不明智且危险的,如士君子;逃避变化的不测是枉然的,如隐者;而了解这种变化并能安处其中的人则值得肯定,如薪者;大人先生则能完全顺应变化,即所谓"应变顺和"。

那么,大人先生如何"应变顺和"呢?阮籍的回答是在天地间邀游。他用大量的笔墨描述大人先生遨游的事迹,正如汤用彤先生所言,这并非实事,而是一种"神游"②。大人先生的神游是精神舒畅地游走在自然运化的整体之

---

① 《大人先生传》,《阮籍集校注》,第176—177页。
② 汤用彤:《魏晋玄学论稿》,第152页。

中,《大人先生传》言:

> 于兹先生乃去之,纷浃莽,轨汹洋,流衍溢历,度重渊,跨青天,顾而逌览焉。则有逍遥以永年,无存忽合,散而上臻。霍分离荡,潢潢洋洋,飙涌云浮,达于摇光,直驰骛乎太初之中,而休息乎无为之宫。太初何如?无后无先,莫究其极,谁识其根。邈渺绵绵,乃反复大道之所存,莫畅其究,谁晓其根。①

> 崔巍高山勃玄云,朔风横厉白雪纷,积水若凌寒伤人。阴阳失位日月隤,地圻石裂林木摧,火冷阳凝寒伤怀。阳和微弱隆阴竭,海冻不流绵絮折,呼吸不通寒伤裂。气并代动变如神,寒倡热随害伤人,熙与真人怀太清。精神专一用意平,寒暑勿伤莫不惊,忧患靡由素气宁。浮雾凌天恣所经,往来微妙路无倾,好乐非世又何争,人且皆死我独生。②

大人先生"度重渊,跨青天","直驰骛乎太初之中",精神在空间和时间的整体中畅游。第二段引文描述了末日般的景象,即便如此也不过是一气运化的可能形态("气并代动变如神"),而作为应变顺化的极致,大人先生仍安舒而独生。牟宗三先生认为阮籍的思想未落实到个人修养,不能"成教"③,这种批评是公允的。

总的来说,阮籍认为最高的人生形态是游于天地之一气、应变顺化的大人先生,与之相比,入世(士君子)、出世(隐士)、超世(薪者)都不足言大。这种论说依然隐含了他的自然观念中的一体和变化两个要点。其中,阮籍所理解的变化是由不测之神推动的,无法为人所用的不测的变化,而人的至高境界即如大人先生般随顺变化,使精神能在自然整体中畅游。

余 论

以上,我们分析了阮籍自然观念的内涵和要点,并以此为基础重新审视了他的社会思想和人生思想。可以明确地说,阮籍的自然观念有其不同于汉代元气论的独创性特点,他以天地整体为自然,并扭结了元气和神的思想,以

---

① 《大人先生传》,《阮籍集校注》,第188—189页。
② 同上书,第190页。
③ 牟宗三:《才性与玄理》,《牟宗三先生全集》第2册,第353页。

自然的一体与变化两个要点串联起泯除价值的社会思想和应变顺化的人生观念。就此，我们发现了阮籍看似松散的思想材料所具有的哲学建构可能性。当然，阮籍以气论自然观为基础的思想结构也存在一些可供讨论的问题。例如，太初元气的自然观始终存在一个元气如何产生的问题；又如，直达自然整体的一体性思维过于抽象，忽视了社会和人的具体性、丰富性，事实上，自然的根本性原则不应该只体现在自然整体中，也应该体现在具体的万事万物之中；又如，阮籍用变化取消对待，使得变化失去了被认知、被运用的可能，这是有待商榷的。

Oneness and Variability: Ruan Ji's Theory of Nature Based on *Qi* and Its Philosophical Construction

Chen Jianmei

Abstract: Ruan Ji's theory of Nature is his original creation different from the theory of *yuan-qi* of Han dynasty. In this theory integrating the thought *yuan-qi* and *shen*, Nature is the whole world with two important aspects of oneness and variability. These two aspects of nature associate with his view of society of eliminating value and his view of life of embracing change. In light of this view, there is possibility of philosophical construction behind Ruan ji's seemingly loosely related thoughts.

Keywords: Ruan Ji, View of Nature Based on Theory of *Qi*, Oneness, Variability

《中世纪的王权与抵抗权》

［德］弗里兹·科恩　著　戴鹏飞　译

北京：商务印书馆，2021年

科恩（1884—1950，Fritz Kern）是德国重要的中世纪史学家。本书则是关于中世纪早期西欧宪制史的经典研究，在讨论的时段和题材上，可以与晚出的《国王的两个身体》形成富有启发的对照。第一部分"中世纪早期的神圣王权与抵抗权"，系统论述了欧洲中世纪时期君主的神圣王权与臣民的抵抗权这样一组对应权利的形成与发展历史，并考察了二者与近现代君主制的关系渊源，指出它们起源于一些相当不同的政治传统（如日耳曼选举君主制、世袭原则、神圣授职、罗马法中的王权绝对性）；第二部分"中世纪的法律与宪法"，聚焦于中世纪欧洲法律的一大特点，即法律必须是"古老而良善的"，否则就根本不是法律，即使它由政府正式制定，也进一步探讨了中世纪抵抗权向近现代立宪君主制转变的过程。这本书的出版，将使我们在充分理解早期现代国家的中世纪渊源的基础上，更准确地定位和表述其革命性。关键不在于是否实行法治、尊重个人权利，而是这两者与国家权力的结构性关联方式。

本书的英文版编者克莱姆斯（Stanley Chrimes，1907—1984）也是一位卓有成就的英格兰宪政史研究者，他编辑和翻译了福特斯库的《英格兰法律颂》这部经典文本，另著有一部简明而精深的《英格兰宪政史》（Oxford University Press，1947）。（肖京）

亚里士多德《形而上学》的形成和早期流传过程

葛天勤*

提　要：本文讨论了亚里士多德的《形而上学》自从亚里士多德去世后一直到公元3世纪初的流传情况。本文认为，通过古代的亚里士多德著作目录，《形而上学》一书在这段时间内存在一个从10卷本发展为14卷本的过程。亚里士多德的学生欧德谟斯最初将《形而上学》编辑成10卷本，并将其存放在罗得岛的图书馆中。到了公元前1世纪下半叶，安德罗尼柯在《书目》中将《形而上学》编辑成13卷本。最后，大马士革的尼克劳斯很可能发现了α卷，并且再由他或另外某人将其插入13卷本的《形而上学》的A卷和B卷之间，从而形成了今日通行的14卷本。

关键词：亚里士多德　《形而上学》　罗得岛　欧德谟斯　安德罗尼柯

亚里士多德的著作①在古代的流传情况向来不是那么明确，这一直也是学界争论的一个热点问题②，而其中《形而上学》的形成和流传情况则显得更加扑朔迷离。本文旨在探寻《形而上学》早期的形成和流传过程，文中提到的"早期"指从亚里士多德去世到阿弗洛狄西亚的亚历山大（Alexander of Aph-

---

* 葛天勤，东南大学哲学与科学系副教授。

① 本文所讨论的亚里士多德著作是指他生前公开出版的作品（exoteric works）之外的论著（treatise，或称 esoteric works），也就是包括我们今天能读到的亚里士多德作品在内的许多著作。对于这类作品的特性的一个考察，参见 W. J. Verdenius, The Nature of Aristotle's Scholarly Writings, in *Aristoteles: Werk und Wirkung, Band I*, ed. by J. Wiesner, De Gruyter, 1985, pp. 12–21。

② 关于亚里士多德著作流传的相关文献，可参见两份较为全面的在线书目：http://www.ontology.co/biblio/corpus-aristotelicum-biblio.htm；http://www.ontology.co/biblio/corpus-aristotelicum-biblio-two.htm。（上网检索日期：2022年5月9日）

rodisias)撰写《〈形而上学〉评注》(公元 200 年左右)的时期。

在下文中,我们首先指出,讨论《形而上学》的形成和早期流传过程是可能的,而反对有些学者对这些话题采取的极度怀疑的态度。并且,亚历山大撰写的《〈形而上学〉评注》向我们指示了现今通行的 14 卷版本的《形而上学》形成的最晚时期,让我们有充分理由将本文的讨论范围限制在公元 200 年以前。其次,我们将通过古代亚里士多德的三份著作目录,判断《形而上学》在形成过程中出现的三种不同卷次的情况,并指出这是一个从 10 卷扩展到 13 卷,最终确定为 14 卷的过程。这三份目录是:第欧根尼·拉尔修在《名哲言行录》5.22-27 中所提到的目录(简称 D)、赫西基奥斯(Hesychius)的目录(简称 H)以及"异乡人"托勒密(Ptolemy al-Garib)的目录(简称 P)。[1] 再次,我们将讨论三种版本的《形而上学》与罗得岛的安德罗尼柯(Andronicus of Rhodes)的关系,并提出《形而上学》在安德罗尼柯之后的流传过程。最后,本文将考虑《形而上学》在安德罗尼柯之前的流传问题,并论证《形而上学》在希腊化时期以 10 卷本的形式保存在罗得岛。值得强调的是,尽管本文的主体观点和耶格尔(W. Jaeger)的传统观点较为相似[2],但是,本文特别强调了亚里士多德的学生罗得岛的欧德谟斯(Eudemus of Rhodes)和罗得岛的漫步学派在希腊化时代保存《形而上学》的重要性,而这一点是之前的学者都没有提出的。

---

[1] 本文所引用的三份目录的文本来自于 Olof Gigon, *Aristotelis Opera Vol. 3*: *Librorum Deperditorum Fragmenta*, De Gruyter, 1987。目录 H 的新校订文本也参见 Tiziano Dorandi, La *Vita Hesychii d'Aristote*, *Studi Classici e Orientali*, 52(2006): 87-106,目录 P 的阿拉伯文—希腊文对照本,参见 C. Hein, *Definition und Einleitung der Philosophie*: *Von der spätantiken Einleitungsliteratur zur arabischen Enzyklopädie*, Peter Lang, 1985, pp. 420-439,但不同版本的选择不影响本文的论证。也可参见一份由约翰逊(M. R. Johnson)翻译的英文目录,并且他根据著作的类型对目录进行了划分,http://www.ontology.co/essays/aristotle-catalogue.pdf。

[2] 耶格尔指出,安德罗尼柯在原有 10 卷本的基础上插入了 α、Δ、K、Λ 四卷,参见 Werner Jaeger, *Studien zur Entstehungsgeschichte der Metaphysik des Aristoteles*, Weidmann, 1912, pp. 174, 180; Jonathan Barnes, Roman Aristotle, in *Philosophia Togata II*: *Plato and Aristotle at Rome*, eds. by Jonathan Barnes and Miriam Griffin, Oxford University Press, 1997, p. 63 n. 264。但是我们主张 α 卷不是安德罗尼柯插入的。此外,Oliver Primavesi, Ein Blick in Den Stollen Von Skepsis: Vier Kapitel Zur Frühen Überlieferung Des *Corpus Aristotelicum*, *Philologus*, 151(2007): 51-77 在《形而上学》流传问题上也追随耶格尔的观点,但是本文不同意普里马韦西所认为的《形而上学》在希腊化时期被藏在斯克普西斯(Skepsis)的观点(详见下文)。

一　两个预备性问题

这一部分将考察两个问题:第一,是否有可能探索《形而上学》在亚历山大的评注之前的形成和流传过程? 第二,亚历山大撰写于公元200年左右的《〈形而上学〉评注》如何有助于我们对《形而上学》流传的研究?

如前所述,正是由于亚里士多德作品流传的复杂性,使得有些学者得出了带有很大怀疑性色彩的结论。法佐(S. Fazzo)认为,由于古代证言的不可靠和矛盾性,我们几乎不可能判断在阿弗洛狄西亚的亚历山大之前《形而上学》的形成和流传情况,而在亚历山大撰写评注之时,现今的14卷本《形而上学》已然形成。我们只能认为,现今《形而上学》版本形成的最晚时期是亚历山大的时代,而我们对于流传过程的探究,最终也只能追溯到亚历山大。① 但是,这样的怀疑性结论是可质疑的。首先,尽管法佐也提到了古代关于亚里士多德著作的三份目录,但是她没有进一步探寻从这三份目录(尤其是目录H和目录P)中判断《形而上学》早期流传情况的可能性,正如我们之后所做的那样。其次,法佐对于亚历山大之前的有关《形而上学》的证言的怀疑也不合理,比如对于我们之后提到的对于尼克劳斯的怀疑。再次,尽管亚历山大的评注中有时候会显示出他对某一卷的所处位置和该卷与其他卷次的关系(比如说α卷、Δ卷、Λ卷的位置以及M卷、N卷与其他卷次的关系)的疑问,但是从现存的评注来看,他却从来没有提到过《形而上学》的编辑过程(或者说有谁插入了几卷到《形而上学》中)。这样的沉默意味着在亚历山大的年代,14卷本的《形而上学》已经流传了一段时间,而且似乎人们已经普遍认为它本身就有14卷。最后这一点也使得探究《形而上学》早期形成和流传情况成为可能。这是因为,这说明我们之前提到的记录了《形而上学》不同卷数的目录不太可能是后人的杜撰,而是真实反映了在某个时间段内《形而上学》的具体卷数。因此,我们不同意法佐极度怀疑研究《形而上学》流传过程的可行性的态度,而本文的探究本身也是对这样的态度的反驳。

亚历山大的评注是现存最早的《形而上学》评注,它对于我们讨论《形而

---

① Silvia Fazzo, The *Metaphysics* from Aristotle to Alexander of Aphrodisias, *Bulletin of the Institute of Classical Studies*, 55.1(2012): 51-68.

上学》流传过程的重要意义在于,亚历山大所见的《形而上学》版本已经是现今的 14 卷本,并很可能已经持续了一段时间。这一现象使得亚历山大在评注中从来没有提到过有关《形而上学》的某些卷很可能是后来插入的情况。尽管亚历山大偶尔的确会怀疑有些卷次的现在所处位置以及该卷与其他卷次的关系①,但根据阿维洛伊(Averroës)的《〈形而上学〉Λ 卷长篇评注》(Long Commentary on the Metaphysics, Book Λ, 1397–1405)的记载②,亚历山大坚持

---

① 亚历山大对 α 卷的疑惑尤其大,他有时候认为 α 卷是单独的一卷,并且被合适地被放置在 A 和 B 卷之间;有时候认为 α 卷是 A 卷的续篇(这不能推出 α 卷不被看作单独的一卷);有时候他又认为 α 卷是独立的一部作品,并不属于《形而上学》,而是一篇关于理论哲学或《物理学》的序言,具体的文本出处,参见 William E. Dooley and Arthur Madigan, *Alexander of Aphrodisias: On Aristotle Metaphysics 2 & 3*, Cornell University Press, 1992, pp. 4, 9–10 nn. 5–7;Matteo Di Giovanni and Oliver Primavesi, Who Wrote Alexander's Commentary on *Metaphysics* Λ? New Light on the Syro-Arabic Tradition, in *Aristotle's Metaphysics Lambda – New Essays*, ed. by Christoph Horn, De Gruyter, 2016, p. 31。但是,亚历山大从没有提过 α 卷是某人插入《形而上学》的可能性。对于 Δ 卷,亚历山大捍卫了它现在所处位置的合理性(344.20)。至于 Λ 卷和 MN 卷的关系,保留在阿维洛伊的《〈形而上学〉Λ 卷长篇评注》(1394–1395)中的亚历山大的 Λ 卷评注认为,Λ 卷似乎应当是《形而上学》的最后一卷,因为在 Λ 卷中亚里士多德完成了整本书所要讨论的主题(也就是第一哲学),而在其之后的 MN 则与整本书的讨论主题似乎不怎么相关,译文参见 Fazzo, *The Metaphysics from Aristotle to Alexander of Aphrodisias*, pp. 66–67 n. 46;Charles Genequand, *Ibn Rushd's Metaphysics: A Translation with Introduction of Ibn Rushd's Commentary on Aristotle's Metaphysics, Book Lām*, Brill, 1986, pp. 59–60。同样,亚历山大也没有说类似于 "MN 可能是后来插入的" 或者 "MN 的位置应该在 Λ 卷之前" 这样的话,而是仍然论证了 MN 在 Λ 卷之后的合理性。这也可以说明在亚历山大那个时候,人们一般都不会认为 14 卷的《形而上学》版本是经过后人编辑的。否则,亚历山大应当会引述一些有关于《形而上学》编辑工作的材料来佐证他的观点。此外,值得一提的是,Di Giovanni and Primavesi, Who Wrote Alexander's Commentary on *Metaphysics* Λ, esp. p. 62 似乎并不认为阿维洛伊提到的 "亚历山大" 就是阿弗洛狄西亚的亚历山大本人的观点,而是主张受到了古代晚期的其他人的影响(也见下文);但是本文认为,我们不必将这一结论推得过远(正如 Di Giovanni and Primavesi, Who Wrote Alexander's Commentary on *Metaphysics* Λ, p. 61 所承认的那样),还是认为至少对于本文提及的关于全书结构的概括而言,阿维洛伊的证言在很大程度上反应了亚历山大本人的观点,除了关于两份 alpha 卷的先后顺序(详见下文)。

② 阿维洛伊在正式进入对于 Λ 卷的评注之前,引述了亚历山大对《形而上学》总体结构的长篇讨论,英译文参见 Genequand, *Ibn Rushd's Metaphysics*, pp. 60–65 以及 Di Giovanni and Primavesi, Who Wrote Alexander's Commentary on *Metaphysics* Λ, pp. 27–58。对亚历山大这段评注的介绍,参见 Silvia Fazzo and Mauro Zonta, The First Account on Aristotle's *Metaphysics* in Fourteen Books: Alexander of Aphrodisias' 'Fragment Zero', *Rivista di Filosofia Neo-Scolastica*, 108. 4 (2016): 985–995。另外,阿维洛伊在评注中指出,α 卷是《形而上学》的第一卷,A 卷则是第二卷,这和当今的卷次顺序以及亚历山大本人流传下来的评注并不一致。根据 Fazzo, *The Metaphysics from Aristotle to Alexander of Aphrodisias*, p. 67 以及弗罗伊登塔尔(Freudenthal)等学者的解读,我们没有必要将这一现象归之于亚历山大本人,而是由于阿维洛伊修改了亚历山大的观点,进一步参见 Di Giovanni and Primavesi, Who Wrote Alexander's Commentary on *Metaphysics*(转下页)

认为,《形而上学》14 卷中每一卷的内容都和全书所要讨论的主题有密切关系(包括普遍被现代学者认为是插入的 α 卷和 K 卷),而且这样的现存 14 卷的次序是最好的、没有一卷的位置是错乱的。① 这样一来,亚历山大对于 14 卷版本《形而上学》的坚持和肯定,让我们有理由将亚历山大的时代定为本文考察的最晚时期。② 而亚历山大对于《形而上学》卷次插入情况的沉默,让我们有理由认为,到公元 200 年左右,《形而上学》的 14 卷版本已经稳定下来,故而其卷次改变的时间要追溯到更早。

二 三种卷数版本的《形而上学》

根据古代的三份目录(目录 D、目录 H 和目录 P)可知,在古代的不同时间段,曾经先后流传过三种不同卷数版本的《形而上学》,亦即 10 卷、13 卷和 14 卷的《形而上学》。首先最明确的一点是存在着 14 卷的《形而上学》,这也是至少最晚从亚历山大时代开始,一直流传到我们现在的版本。其次,我们可以肯定,在目录 P 中存在着 13 卷本的《形而上学》这一条目(P55 Τῶν μετὰ τὰ φυσικὰ ιγ')。而一般认为,这 13 卷本的《形而上学》指的就是缺少 α 卷的《形而上学》。目录 D 中不存在类似于前面这样的《形而上学》条目,而只是有一条指的很可能是《形而上学》Δ 卷的条目(D36 = H37 Περὶ τῶν

(接上页) Λ, p. 20。不过, Di Giovanni and Primavesi, Who Wrote Alexander's Commentary on *Metaphysics* Λ, pp. 30-33, 61 则指出这一种不一致来源于古代晚期(诸如 Asclepius 的评注中提到的某些人)的影响,并且反驳了前面一种观点。本文比较赞同后一种观点,尽管这并不会影响我们的论证。

① 我们不同意 Fazzo and Zonta, The First Account on Aristotle's *Metaphysics* in Fourteen Books, p. 992 的观点。他们认为,亚历山大的评价意味着亚历山大自己也清楚这样一种"最好的"次序是后人编排的,而不是来自于亚里士多德本人。然而,考虑到亚历山大对于亚里士多德哲学的维护和推崇,没有理由认为他会将这样一种"最好的"次序归之于亚里士多德之外的其他人。此外,阿维洛伊(《〈形而上学〉Λ 卷长篇评注》,1405)在这里还提到(也许是通过亚历山大的评注,也许是阿维洛伊自己的发现),亚历山大的这样一种观点不同于大马士革的尼克劳斯(Nicolaus of Damascus,生活时代可能稍晚于安德罗尼柯,参见 Di Giovanni and Primavesi, Who Wrote Alexander's Commentary on *Metaphysics* Λ, pp. 57, 62)。尼克劳斯认为,亚里士多德的《形而上学》应该将对于某个 *aporia* 的陈述和相关讨论放在一起,而不是像现在一样将所有 *aporiai* 放在 B 卷,对它们的讨论则分散在其他各卷,参见尼克劳斯,证言 7;H. J. Drossaart Lulofs, *Nicolaus Damascenus on the Philosophy of Aristotle*, Brill, 1965, pp. 11-12, 31-34。尼克劳斯是在概括重述《形而上学》内容的时候改变了《形而上学》的卷次安排,这一做法并不意味着他对《形而上学》这本书本身的卷次进行了"编辑"工作。

② Fazzo and Zonta, The First Account on Aristotle's *Metaphysics* in Fourteen Books, p. 986.

ποσαχῶς λεγομένων ἢ τῶν κατὰ πρόσθεσιν α')。① 由于目录 D 以及目录 H 的前 139 条一般被认为来自希腊化时期的某个共同的目录②，因此，我们可以认为《形而上学》Δ 卷在希腊化时期很可能以单独一卷的形式和《形而上学》其他篇章分开流传。并且，历史上存在着 13 卷和 14 卷的《形而上学》。

然而，目录 H 中存在着与《形而上学》有关的两个条目：H111 Μεταφυσικὰ κ' 和 H154 Τῆς μετὰ ⟨τὰ⟩ φυσικὰ ι'。无论哪一条在初看之下都显得比较怪异，因此，我们需要单独处理它们。

---

① 例如参见罗斯:《〈形而上学〉的结构》，《20 世纪亚里士多德研究文选》，聂敏里选译，上海：华东师范大学出版社，2010 年，第 11 页；Paul Moraux, *Les listes anciennes des ouvrages d'Aristote*, Éditions Universitaires de Louvain, 1951, p. 73。

② 这里有两个问题需要澄清。首先，目录 H 的成分较为复杂，H1—H139 中的绝大多数都和目录 D 相同（也有例外，比如我们下面要说到的 H111），所以学界一般认为它和目录 D 具有共同的来源。但是从 H140 开始的条目是后来加上的附录，为了补充前面 139 条目录的不足。而附录的情况也很复杂，一般被认为可以分成四个部分，而每个部分很可能来自不同地方的书目，参见 Ingemar Düring, *Aristotle in the Ancient Biographical Tradition*, Almqvist & Wiksell, 1957, p. 91；洛德：《论亚里士多德全集的早期历史》，《20 世纪亚里士多德研究文选》，第 177—178 页。其次，关于目录 D（和目录 H 的前 139 条，即排除了附录部分）的来源问题，学界也有争论，不少学者认为来自亚历山大里亚图书馆的赫尔米普斯（Hermippus），但是莫罗（P. Moraux）等人认为来自雅典的漫步学派成员阿里斯通（Ariston），参见 Moraux, *Les listes anciennes des ouvrages d'Aristote*, pp. 237-247；洛德：《论亚里士多德全集的早期历史》，第 177 页注释 1；Irene Pajón Leyra, The Aristotelian Corpus and the Rhodian Tradition: New Light from Posidonius on the Transmission of Aristotle's Works, *Classical Quarterly*, 63.2(2013)：731 n. 47 对于相关文献的提及。另外，Myrto Hatzimichali, Andronicus of Rhodes and the Construction of the Aristotelian Corpus, in *Brill's Companion to the Reception of Aristotle in Antiquity*, ed. by Andrea Falcon, Brill, 2016, p. 84 则认为这份目录并不一定是只来源于一个地方，可能是编纂者把他所知道的所有放在各地的作品都列到了目录中。本文比较认同迪林（Düring）、巴恩斯（Barnes）、普里马韦西、莱拉（Leyra）等人的观点，认为目录 D 来源于（或至少主要来源于）亚历山大里亚。毕竟根据 Barnes, Roman Aristotle, p. 41 n. 169 的说法，莫罗自己后来也对目录 D 来源于雅典这一说法产生了怀疑，而且这个说法的追随者寥寥。至于洛德的比较独特的观点——也就是说 D 来源于被 Neleus 藏在斯克普西斯的地窖中的书目——也是很难成立的，它无法解释目录 D 中的一些著作在希腊化时期被人所知这一点，参见 Barnes, Roman Aristotle, pp. 12-16, 42-59；Leonardo Tarán, Aristotelianism in the First Century BC, in *Collected papers* (1962-1999), Leonardo Tarán, Brill, 2001, pp. 482-483 等。Leyra, The Aristotelian Corpus and the Rhodian Tradition, p. 731 n. 47 的论证也有道理：她认为，由于《名哲言行录》中亚里士多德和塞奥弗拉斯托斯的著作目录有了区分，而且基本是可以肯定二者是来自同一个地方，那么我们有理由认为它们都是来自亚历山大里亚，并且被亚历山大里亚的文法学家们进行了区分。这样一来，洛德：《论亚里士多德全集的早期历史》，第 182 页以下所认为的在亚历山大里亚图书馆的塞奥弗拉斯托斯著作当中包括了亚里士多德的著作这一论断就不能成立了。我们认为的确可能是这样，塞奥弗拉斯托斯的目录中的 18 卷《物理学》和我们下面要提到的目录 H 中的 18 卷《物理学》更可能是一个巧合；也有可能的情况是，目录 H 的"18 卷"的数字讹误来自塞奥弗拉斯托斯的目录中的 18 卷《物理学》（参见《名哲言行录》5.46）。

（一）H111 Μεταφυσικὰ Κ'

我们先来讨论第一条：H111 Μεταφυσικὰ Κ'①。这一条目几乎不可能不让我们对它做出文本的修订。（1）如果 μεταφυσικά 这一表述是正确的话（尽管这一可能性很低，因为《形而上学》诸抄本中的标题都不是如此），那么后面的 Κ' 肯定要被修改（比如修改成 ΙΔ'），因为后者无论是表示数字 20（这意味着是一部 20 卷的《形而上学》），还是表示第十个希腊字母 kappa（这意味着可能是一部 10 卷的《形而上学》），都不可能和 μεταφυσικά 这个表述的出现时间相契合。其原因在于，不同于 τὰ μετὰ τὰ φυσικά，μεταφυσικά 这个表达的出现时间非常晚（至少要晚于亚历山大）②，而在那个时候通行的《形而上学》已经是 14 卷本，而不是 10 卷本或更加奇怪的 20 卷本。（2）另一方面，如果后面的 Κ' 不做修改，那么前面的标题肯定要被改成类似于 τὰ μετὰ τὰ φυσικά 那样的表述。③ （3）此外，还有一种修改的方式则是既把前面的 μεταφυσικά 修改成 τὰ μετὰ τὰ φυσικά，又把后面的 Κ' 修改成 Ι'。这是因为在安色尔体当中，Ι 和 Κ 两个字母很容易被混淆。④ 这样的修改方式最符合本文所要证明的观点，也就是 H111 意味着一部 10 卷本的《形而上学》。不过现阶段来看，这个方式可能还有较大的猜测性。因此，本文倾向于采用第二种修订方式，也就是不对后面的 Κ' 进行修改。我们很难想象抄写者如何把原本正确的 ΙΔ 抄写成现在抄本上错误的 Κ，而这是因为，在抄写者的生活年代通行的肯定已经是 14 卷本的《形而上学》，而抄写者总是更可能把原本

---

① 在下面讨论抄本中可能存在的数字上的讹误时，我们将相关字母转为了大写的形式，以接近于早期抄本的安色尔体（uncial）的形式。正如 Düring, *Aristotle in the Ancient Biographical Tradition*, p. 80 所言，这部分目录的现存最早抄本（Ambrosianus 490 = L 93 sup.）的字体已经是晚于安色尔体的小写体（minuscule），但这份抄本肯定也来自更早的安色尔体的抄本。而且我们在查阅这份抄本的时候也能发现，抄写者在抄写数字的时候倾向于采用接近安色尔体的形式，参见图 3 和图 4。

② 这样的话，H111 肯定是很晚的增补，可能是赫西基奥斯自己的增补，参见 Düring, *Aristotle in the Ancient Biographical Tradition*, pp. 90-91。而且 μεταφυσικά 这个词非常少见，经过 TLG 搜索，我们只能发现公元 4 世纪的巴西尔（Basil of Caesarea）在一部可能是伪作的作品中使用过这一个词，也参见 Michael Frede, The Unity of General and Special Metaphysics: Aristotle's Conception of Metaphysics, in *Essays in Ancient Philosophy*, Michael Frede, University of Minnesota Press, 1987, p. 81 对此条文本的提及。

③ 也参见 Dimitri Gutas, *Theophrastus: On First Principles (known as his Metaphysics)*, Brill, 2010, p. 10 n. 11。

④ 参见 L. D. 雷诺兹、N. G. 威尔逊：《抄工与学者：希腊、拉丁文献传播史》，苏杰译，北京：北京大学出版社，2015 年，第 230 页对于易混淆字母的列举。

错误的 K 抄写成 IΔ,使其与当时通行的版本相符合,尽管目录中数字的讹误是很容易发生的。①

那么,这里的 K 应该被当成数字 K',来表示 20 卷本的《形而上学》,还是被当成第十个希腊字母 K,来表示 10 卷本的《形而上学》呢? 我们认为,一种 20 卷本《形而上学》的存在是没有说服力的。洛德就坚持一种 20 卷本的《形而上学》的观点,他提出两种方案②:第一是把《论灵魂》《自然诸短篇》和短篇的生物学著作等也包括在《形而上学》之内;第二是认为 20 卷本的《形而上学》还包括其他漫步学派成员的作品。然而,第一种观点是站不住脚的。首先,亚里士多德不可能把第一哲学(也就是《形而上学》的内容)和生物学灵魂论等自然哲学研究放在同一本著作中讨论。亚里士多德在《天象学》和《论感觉》开篇讨论了他的自然研究计划:亚里士多德的生物学研究接续《天象学》的讨论(《天象学》339a5-9,也参见 390b20-22),而灵魂论则处于生物学研究之前,或属于生物学研究的一部分(《论感觉》436a1-5、《论动物的运动》704a2-b3)。这样,我们有理由认为,生物学研究和对于灵魂的研究③都包含在对于自然的研究之内(也参见《论灵魂》402a1-7,《论动物的部分》641a17-26,《论动物的运动》700b8-9)。而根据辛普利丘(Simplicius)在《〈物理学〉评注》中的记载,有些人认为《物理学》不止 8 卷,它还包括《论天》《论灵魂》和其他很多作品(924.15-16)。这也可以说明,在古代,人们一般会承认《论灵魂》和《形而上学》针对的是不同的研究领域。其次,这样的做法也无法很好地说明标题 τὰ μετὰ τὰ φυσικά 的含义:因为这一标题很可能

---

① 参见 Anthony Kenny, *The Aristotelian Ethics*, 2nd edition, Oxford University Press, 2016, p. 18; Barnes, *Roman Aristotle*, p. 42 n. 175。
② 洛德:《论亚里士多德全集的早期历史》,第 187 页。
③ 然而,灵魂论和第一哲学的区分似乎要更复杂一些,尤其考虑到《论灵魂》III. 4-6 对于理智(mind)的论述。Stephen Menn, *The Aim and the Argument of Aristotle's Metaphysics*, forthcoming, Appendix to Ia1 列出了《论灵魂》403b11-16 和《论动物的部分》641a35-b4 两段文本来证明灵魂论和第一哲学之间的区别。不过,《论动物的部分》641a35-b4 这一段是否意味着对于灵魂的研究并不是完全落在对于自然的研究当中,学者们对此还有争议,参见 James Lennox, *Aristotle: On the Parts of Animals*, Oxford University Press, 2001, pp. 142-144。在本文看来,这一段文本或许可以被理解为:对于理智(nous)的研究不属于对于自然的研究,而属于第一哲学的研究(从而对于理智的研究就其本身而言也不属于对于灵魂的研究)。

体现了漫步学派的研究方法论①，也就是从"对我们更加可知的研究"到"依照自然更加可知的研究"②。而我们很难看出，灵魂论、生物学的讨论和《物理学》中对自然的讨论这二者之间存在这样的递进关系，并且前者更接近于《形而上学》的讨论。如果像通常所认为的一样，主张 μετά 表示一种超越性的话③，洛德提出的20卷《形而上学》的观点就更没有道理了：和《物理学》的讨论相比，亚里士多德的生物学"超越"在哪里呢？

对于洛德的第二个提议，亦即20卷本的《形而上学》包括了其他漫步学派成员的作品，尽管这一可能性要稍微大一些，但是仍然会遇到不少困难。因为众所周知，在亚里士多德之后，漫步学派的研究兴趣有了转变，他们对于亚里士多德"第一哲学"的研究有所减弱。故而，我们很难想象他们能继续写作这么多类似于亚里士多德《形而上学》的作品。④ 此外，通过查看漫步学派的著作目录，我们也找不到多少文献证据可以表明，漫步学派的成员曾经写过这些数量的相关著作。⑤ 最后，即使我们承认有这样一部早期的20卷本《形而上学》，我们也很难将它与存在着13卷（正如我们之后将会提到的那样，目录P的数字13不会是一个讹误）和14卷《形而上学》的证据较合理地调和起来。

值得一提的是，塞奥弗拉斯托斯（Theophrastus）所谓"形而上学"的短文可能是个例外。因为已经有一些学者指出，塞奥弗拉斯托斯的这部作品在传

---

① 或许也是"学习的顺序"（order of learning）。对亚里士多德作品的"学习的顺序"的详细讨论，参见 Myles Burnyeat, *A Map of Metaphysics Zeta*, Mathesis Publications, 2001, pp. 111-124。
② 关于这一含义及其来源参见 Anton-Hermann Chroust, The Origin of 'Metaphysics', *The Review of Metaphysics*, 14.4(1961): 601-616; Moraux, *Les listes anciennes des ouvrages d'Aristote*, p. 315。
③ 参见 Menn, *The Aim and the Argument of Aristotle's Metaphysics*, Ia5, pp. 27-28, 也参见安若澜:《亚里士多德的〈形而上学〉》，曾怡译，上海：华东师范大学出版社，2015年，第13—16页对此的提及。门恩（S. Menn）在这里还特别提到了 Frede, *The Unity of General and Special Metaphysics*, pp. 81-82 对"超越性"的解读可能产生于希腊化时期这一观点的反驳。
④ 除了塞奥弗拉斯托斯的相关短篇作品之外，希腊化时期的漫步学派几乎没有写过形而上学相关的作品。对此参见 David Lefebvre, Aristotle and the Hellenistic Peripatos: From Theophrastus to Critolaus, in *Brill's Companion to the Reception of Aristotle in Antiquity*, pp. 20-21, 23-24, 29。
⑤ 根据普罗克洛（Proclus）《〈蒂迈欧〉评注》，III.16.3 的记载，斯特拉托（Strato）可能写过一部名为《论存在》的作品，但是只有一卷（ἐν τῷ περὶ τοῦ ὄντος βιβλίῳ），参见 Cristina D'Ancona, The Libraries of the Neoplatonists: An Introduction, in *The Libraries of the Neoplatonists*, ed. by Cristina D'Ancona, Brill, 2007, p. xvii n. 13; Lefebvre, *Aristotle and the Hellenistic Peripatos*, p. 24。然而，即使我们算上斯特拉托的这部作品，也凑不成一部20卷的《形而上学》。

统上一直和亚里士多德的作品放在一起流传。而且在相当长的时间内，它都被当作是亚里士多德的作品（包括安德罗尼柯），人们大多将其作为一篇亚里士多德《形而上学》的导言性质的附录。① 但是，我们没必要认为塞奥弗拉斯托斯名为"形而上学"的短文在亚里士多德《形而上学》的总卷数（目录 P 的 13 卷，或我们要证明的目录 H 的 10 卷）中也占据了一个卷数，② 因为毕竟我们很难构建出一本亚里士多德写作的部分是 12 卷或 9 卷的《形而上学》（尤其是后者）。③

总而言之，我们以上的论述就是要说明 20 卷本《形而上学》的不合理性。而既然 20 卷是错误的，那么 H111 Μεταφυσικὰ κ' 指的很可能就是一部 10

---

① 关于塞奥弗拉斯托斯的"形而上学"短文，参见 Myriam Hecquet-Devienne, A Legacy from the Library of the Lyceum? Inquiry into the Joint Transmission of Theophrastus' and Aristotle's *Metaphysics* Based on Evidence Provided by Manuscripts E and J, *Harvard Studies in Classical Philology*, 102 (2004): 171-189; Gutas, *Theophrastus: On First Principles*, pp. 9-32，他们还认为，这部作品的标题应当是 Περὶ ἀρχῶν（对照 D41 和 H21）——这个题目原本普遍被认为是亚里士多德《物理学》第一卷的标题。

② 参见 Hecquet-Devienne, A Legacy from the Library of the Lyceum, p. 178 n. 21。她指出，不然的话，就有可能在某个时间段出现一部 15 卷本的《形而上学》，而这是我们从未听说的。尤其是考虑到下面这点：塞奥弗拉斯托斯这部短文可能很晚才被普遍认为不是亚里士多德的作品，并且从亚里士多德著作的抄本中分离出去。尽管第一个提到这一点的人是和安德罗尼柯差不多同时期（可能晚于安德罗尼柯）的大马士革的尼克劳斯，但尼克劳斯的观点并没有马上被众人所知，也没有很快体现在抄本的传抄过程中。参见 Gutas, *Theophrastus: On First Principles*, pp. 14-19。

③ 根据 Menn, *The Aim and the Argument of Aristotle's Metaphysics*, Ia5, p. 11 n. 13, 欧文斯（J. Owens）的确构建出了 9 卷本的《形而上学》（ΑΒΓΕΖΗΘΙΜ），参见 Joseph Owens, *Doctrine of Being in the Aristotelian Metaphysics*, 3rd edition, Pontifical Institute of Mediaeval Studies, 1978, p. 89；而门恩也主张 12 卷本的《形而上学》（ΑΒΓΔΕΖΗΘΙΜΝΛ）。但是欧文斯的问题在于，从 MN 的紧密联系来看，我们很难想象它们是先后分别插入《形而上学》的，参见 Julia Annas, *Aristotle's Metaphysics: Book M and N*, Oxford University Press, 1976, p. 79 对于 N 卷开头小品词的关注。至于门恩，困难在于 K 卷和 α 卷的插入过程：如果二者是一起插入的，为什么一个要用 α、一个要用 K，而不是把所有卷次改成 A-Ξ？而如果 K 卷和 α 卷是分两次插入的，那么我们很难再将这两次插入（尤其是还需要考虑塞奥弗拉斯托斯的短文是什么时候从亚里士多德的《形而上学》抄本中分离出去的问题）和目录等其他证据对应起来。再者，即使我们承认门恩主张的 12 卷的划分，那么结合目录 P 和目录 H 的卷次版本，目录 P 的 13 卷和目录 H 的 10 卷的其中一卷是塞奥弗拉斯托斯的短文。这样一来，困难依然在于如何构建 9 卷本的《形而上学》。因为既然有 12 卷本，就必然要有 9 卷本。这里的原因在于，我们很难想象塞奥弗拉斯托斯的短文一开始独立流传，然后在某个时间段和亚里士多德的《形而上学》一起流传，最后又分开流传。比如说，我们很难认为，10 卷本的《形而上学》中都是亚里士多德的部分，但是在之后某个时间，塞奥弗拉斯托斯的短文又加入其中，并且和其他几卷一同形成了 13 卷的《形而上学》，然后到了 14 卷的《形而上学》的时代，塞奥弗拉斯托斯的短文又分离了出去。

卷本的《形而上学》。① 而这一点不仅可以与 H154 的条目相对应②,而且也比较符合当代大多数学者所赞同的对于《形而上学》结构的研究结论,也就是说,ABΓEZHΘMNI 构成了相对完整和统一的《形而上学》。③

(二) H154 Τῆς μετὰ ⟨τὰ⟩ φυσικὰ I'

对于 H154 Τῆς μετὰ ⟨τὰ⟩ φυσικὰ ι' 的处理会简单不少。绝大多数学者都认为,这里表示一部 10 卷本的《形而上学》。唯一的疑惑在于标题中 τῆς 这个词的出现,洛德认为,这表示 10 卷本是出自一个更大的整体④,以此证明存在着 20 卷本《形而上学》的结论。但是如前所述,我们已经否定了存在着 20 卷本《形而上学》的可能性;而且属格的 τῆς 并不必然意味着这是一个更大作品的一部分。在古代目录里,标题中原本是主格形式的冠词也可以表示为属格;或者标题中的属格也可以表示作品的卷数。⑤ 另外,有人可能会怀疑,为什么这一条目开头的冠词是单数形式,而不是通常的复数形式。这或许是因为出现

---

① 这也是很多学者的观点,比如见 Jaeger, *Studien zur Entstehungsgeschichte der Metaphysik des Aristoteles*, p. 177; Moraux, *Les listes anciennes des ouvrages d'Aristote*, pp. 196-197; 罗斯:《〈形而上学〉的结构》,第 16 页; Barnes, *Roman Aristotle*, p. 42; Primavesi, *Ein Blick in Den Stollen Von Skepsis*, p. 70. 此外, Robert Sharples, *Alexander of Aphrodisias: Supplement to On the Soul*, Duckworth, 2004, p. 159 n. 541 (对照 p. 153 n. 521) 也指出,在亚历山大的作品抄本中也存在类似的情况:原本一开始是用"字母" (letter) 指代 10 卷,后来在流传过程中的某个阶段被抄写者理解为是用"数字" (numerical) 来指代 20 卷。所以我们认为,这里的目录很可能也产生了这样的讹误。此外,正如 Marcus N. Tod, Letter-Labels in Greek Inscriptions, *The Annual of the British School at Athens*, 49 (1954): 2 n. 10 所举的例子一样,我们无法确定《伊利亚特》的第十卷是用 K 还是用 I 来表示。另外也可参见 Di Giovanni and Primavesi, Who Wrote Alexander's Commentary on *Metaphysics* Λ, p. 49 所举的《形而上学》Λ 卷的例子。
② Primavesi, Ein Blick in Den Stollen Von Skepsis, p. 70.
③ 对 10 卷本组成的一个富有影响力的论证 (主要通过考察各卷之间的指涉以及它们与 B 卷中的问题的关系),见罗斯:《〈形而上学〉的结构》,第 1—17 页。这样的 10 卷构成也是大多数学者的共识,尽管他们对于 I 和 MN 的位置还有一些不同看法。比如 Michael Frede and Günther Patzig, *Aristoteles Metaphysik Z: Text, Ubersetzung und Kommentar*, Band 1, C. H. Beck, 1988, p. 27 并不确定 I 卷是否应当被放在 MN 卷之后。而之前 Frede, The Unity of General and Special Metaphysics, p. 82 曾经把 Λ 卷也包括了进去。这说明弗雷德在后来改变了想法,把 Λ 卷看作是一篇独立的论文,参见弗雷德:《〈亚里士多德《形而上学》Lambda 卷〉导论》,《20 世纪亚里士多德研究文选》,第 316 页。另外,也有少数学者主张所有的现有卷次之间都具有较强的统一性,比如雷亚莱 (G. Reale),但是他也没有否认从编辑的角度可能存在插入的卷次,参见 Giovanni Reale, *The Concept of First Philosophy and the Unity of the Metaphysics of Aristotle*, tr. John R. Catan, State University of New York Press, 1980, pp. 13-15。
④ 洛德:《论亚里士多德全集的早期历史》,第 186 页。
⑤ 参见 Gutas, *Theophrastus: On First Principles*, pp. 20-21 对标题当中属格形式的冠词的意义的说明。

了文本传抄的讹误①,或许是为了强调《形而上学》作为一部作品的整体性。② 而即使我们承认洛德对于 τῆς 的解读,也能从侧面说明曾经存在着较为独立的 10 卷本《形而上学》,否则在目录中为何要单独列出这一条目?③ 总之,无论我们采取哪种解释,H154 代表的都是一部 10 卷本的《形而上学》。

由此,我们能得出亚里士多德的《形而上学》在形成和流传的过程中曾经先后出现过三个不同卷次的版本:10 卷、13 卷和 14 卷。那么,接下来我们就要考察安德罗尼柯和《形而上学》版本的关系。

三 安德罗尼柯和《形而上学》

安德罗尼柯曾经被认为是在公元前 1 世纪"重新发现"亚里士多德作品的大功臣:他整理、校勘并出版亚里士多德全集(就好像 19 世纪的贝克尔出版亚里士多德全集一样),让之前不被人所知的文献重见天日,并引起人们对亚里士多德学说的关注。这个说法被斯特拉波(Strabo)和普鲁塔克(Plutarch)记载下来:

> 亚里士多德将他自己的图书馆遗赠给塞奥弗拉斯托斯,而且还将他的学园托付给了他……塞奥弗拉斯托斯将图书馆遗赠给奈留斯(Neleus),而奈留斯将藏书带回到了斯克普西斯(Skepsis),并将之遗赠给他的继承者。由于那些继承人是外行,他们只是将其储藏起来而没有加以妥善地保管。当他们听见该城邦臣服其下的阿塔利德国王在热切地搜寻那些图书以便在帕伽玛(Pergamum)建一个图书馆时,他们就将那些图书埋藏在一个地窖里。在那里,这些图书被潮湿和蛀虫所损毁。多年之后,那些继承图书

---

① 我们可以猜测,这一条目遗漏了标题中原本的最后一个词。例如,这一条目原本是 ἡ μετὰ τὰ φυσικὰ ⟨πραγματεία⟩ ιʹ。而 Moraux, *Les listes anciennes des ouvrages d'Aristote*, p. 253 将 H154 τῆς μετὰ ⟨τὰ⟩ φυσικὰ ιʹ 这一条目录和上一条 H153 Περὶ ῥητορικῆς 合并起来,并修订了 ῥητορικῆς 这个词,使整个条目变为"Περὶ θεωρητικῆς (亦即 ἐπιστήμης) τῆς μετὰ τὰ φυσικὰ ιʹ"。
② Menn, *The Aim and the Argument of Aristotle's Metaphysics*, Ia5, pp. 21-22, 27 特别指出,有些人由于《形而上学》传统上的希腊文标题是复数形式,进而认为《形而上学》是由相对独立的论文组合而成的合集。这样,我们反过来推论,这一条目的单数形式可能正好是为了说明 10 卷本《形而上学》的统一性。
③ 洛德:《论亚里士多德全集的早期历史》,第 187 页也承认 10 卷本《形而上学》的存在。Moraux, *Les listes anciennes des ouvrages d'Aristote*, pp. 278-279(也参见洛德:《论亚里士多德全集的早期历史》,第 183 页)为了说明 H154 所属部分的目录(H148-158)是后安德罗尼柯的,进一步把 Iʹ 改成了 IIʹ。然而,在后面我们也能看到,这个做法是没有必要的。

的人就将亚里士多德和塞奥弗拉斯托斯的书籍高价卖给了提奥斯的阿珀里康（Apellicon of Teos）。但是，阿珀里康是一个图书爱好者（bibliophile）而不是哲学家（philosopher）。因此，他试图将那些毁掉的部分复原，制造了新的抄本，但他做得不好，出版了充满错误的文本。……当阿珀里康一死，攻陷雅典的苏拉（Sulla）就立马将他的藏书运往罗马。在那儿，一位热爱亚里士多德的文法学家提兰尼俄（Tyrannio）通过向图书馆长献殷勤而接触到这批图书。（斯特拉波：《地理学》13.1.54）①

[苏拉]掠取了提奥斯的阿珀里康的图书馆；该图书馆藏有大部分亚里士多德和塞奥弗拉斯托斯的书籍，但在那时它们显然还不为公众所知。据说当这些图书被运回罗马后，文法学家提兰尼俄整理了它们当中的许多；而罗得岛的安德罗尼柯则从他那里得到抄本，并将它们公之于众，并编写了现在通行的书目。（普鲁塔克：《苏拉传》26）

然而，斯特拉波和普鲁塔克的记载受到了学者们的各种质疑②，现在可以说已经没有人完全相信这样的故事了。③ 学者们更愿意认为，与其说安德罗尼柯导致了亚里士多德哲学重新受到重视，倒不如说安德罗尼柯自己也是这场亚里士多德哲学的复兴活动中的一员，而且有可能是影响较大的一员。④

本文自然没有篇幅来处理安德罗尼柯的工作和亚里士多德著作的关系这一宏大的问题。在这里，我们只能给出一个大多数学者认同的观点。这就是

---

① 除另有说明外，本文的译文皆由笔者在参考现有中英译文的基础上，根据原文译出。
② 对于这一传统看法的最有影响力的批评是 Barnes, Roman Aristotle, pp. 1–69。当然，在巴恩斯之前，已经有很多学者从不同角度对这个故事提出质疑，参见 Leyra, The *Aristotelian Corpus* and the Rhodian Tradition, p. 724 n. 4 对一系列文献的简要提及。
③ 不过，正如 Barnes, Roman Aristotle, p. 21；Michael Griffin, *Aristotle's Categories in the Early Roman Empire*, Oxford University Press, 2015, p. 221 所言，我们没有必要完全否认这个故事的所有情节，斯特拉波和普鲁塔克的记载可能还是反映了一些事实：比如阿珀里康的确购买了一些漫步学派的抄本，这些抄本被苏拉当作战利品运到了罗马，之后提兰尼俄也的确对抄本做了些什么。不过，我们也不能就此认为阿珀里康或提兰尼俄代替安德罗尼柯完成了编辑亚里士多德全集的工作。因为他们对于抄本所做的工作是相对次要的。对于阿珀里康对抄本所做的工作是微不足道的这一点，参见 Leyra, The *Aristotelian Corpus* and the Rhodian Tradition, pp. 732–733 n. 57。关于提兰尼俄没有编辑出所谓的亚里士多德全集，参见 Barnes, Roman Aristotle, p. 20。Hatzimichali, Andronicus of Rhodes and the Construction of the Aristotelian Corpus, p. 86 进一步指出，提兰尼俄的工作是非公开性质的，因此也不能说他完成了全集的编辑工作，他最多是为安德罗尼柯提供了一些材料。
④ Michael Frede, Epilogue, in *The Cambridge History of Hellenistic Philosophy*, eds. by K. A. Algra, J. Barnes, J. Mansfeld and M. Schofield, Cambridge University Press, 1999, pp. 772–776, esp. p. 774.

说,安德罗尼柯的工作是编辑了亚里士多德的《书目》(Pinakes, Πίνακες),而他的影响也主要体现于《书目》在古代晚期的广泛传播上。在这部至少有五卷的《书目》中,他对亚里士多德的著作进行了编目:安德罗尼柯插入和调整某些著作的卷次章节,把亚里士多德不同的论著归并为不同的大类,并且对亚里士多德的著作进行排序,他还讨论了著作的标题和真伪等问题。[1] 我们没有理由认为,安德罗尼柯编辑出版了亚里士多德全集"文本"。[2] 而这部《书目》中的一些内容对后来产生了很大影响[3],尤其是安德罗尼柯对于《范畴篇》的处理。安德罗尼柯在这部《书目》中把《范畴篇》放在亚里士多德所有著作的最前面,同时把《范畴篇》所属的《工具论》这一"作品组"放在其他作品组的前面。这样,他很可能对包括《范畴篇》在内的《工具论》在漫步学派内部所处

---

[1] 以上论述和进一步的文献出处都可参看 Myrto Hatzimichali, The Texts of Plato and Aristotle in the First Century BC, in *Aristotle, Plato and Pythagoreanism in the First Century BC*, ed. by Malcolm Schofield, Cambridge University Press, 2013, pp. 1-27. 此外,这个观点的得出并不以本文的结论作为前提,这样,我们可以避免解释上的循环。Hatzimichali, Andronicus of Rhodes and the Construction of the Aristotelian Corpus, pp. 81-100 又进一步发展了她的观点。另外还可参见 Barnes, Roman Aristotle, pp. 57, 59, 65。

[2] 参见 Hatzimichali, The Texts of Plato and Aristotle in the First Century BC, pp. 1-27; Hatzimichali, Andronicus of Rhodes and the Construction of the Aristotelian Corpus, pp. 81-100 对于古代的"编辑"活动的说明。在她看来,古代的"编辑"工作包括相对独立的两方面:文本的校勘和著作的整理排序。安德罗尼柯的贡献在于后一方面。Menn, *The Aim and the Argument of Aristotle's Metaphysics*, Ia5, p. 23 n. 43 指出,如果一定要说有所谓的安德罗尼柯版本的亚里士多德全集文本,那也只可能是安德罗尼柯让抄写者根据他的《书目》誊抄了一份亚里士多德全集。他还提出,安德罗尼柯《书目》的影响也可能是通过别人按照他的《书目》来抄写亚里士多德的著作而带来的。毕竟安德罗尼柯的《书目》很可能是第一部关于亚里士多德的书目类作品。尽管 Matthias Perkams, The Date and Place of Andronicus' Edition of Aristotle's Works According to a Neglected Arabic Source, *Archiv für Geschichte Der Philosophie*, 101(2019):464 根据阿拉伯传统的证言,主张安德罗尼柯制作了新的抄本;但是我们可以从门恩所说的意义上来理解"制作抄本"这个说法,而不意味着安德罗尼柯校勘了亚里士多德的文本。

[3] 尽管 Barnes, Roman Aristotle, pp. 33, 65 否认安德罗尼柯的《书目》有很大影响,但是我们还是赞成格里芬(M. Griffin)等人的观点。不同于巴恩斯,我们认为古代晚期没什么评注者提到过安德罗尼柯和《书目》这一理由也不能说明其没有什么影响,很可能安德罗尼柯的《书目》的著作安排已被大多人所公认,所以就没有必要再特别提及他的名字。不过,尽管安德罗尼柯的影响巨大,但这样的影响也不是一蹴而就的,参见 Hatzimichali, Andronicus of Rhodes and the Construction of the Aristotelian Corpus, pp. 94-96. 但是哈兹米凯利(M. Hatzimichali)同时认为,由于后来评注者们对《物理学》文本的标题的意见不统一,在公元2世纪,亚里士多德的文本卷次标题等还没有定型。这一点没有太大说服力,因为《物理学》可以说是一个特例,我们在中世纪的抄本上也能看到《物理学》的最后几卷有时候会出现两个标题的情况,参见 Thomas M. Olshewsky, The Bastard Book of Aristotle's *Physics*, *Classical Quarterly*, 64.1(2014):61-65。

位置的变化产生了一定影响,并引起古代晚期对亚里士多德《范畴篇》的评注热潮。① 对此,我们也有理由认为,《形而上学》在安德罗尼柯的《书目》中的相关讨论也产生了不小的影响②,而这一讨论中肯定存在着关于《形而上学》卷次数目和卷次顺序的内容。那么我们就要考虑,经过安德罗尼柯之手的《形而上学》一书究竟是多少卷的?

(一)14 卷

首先我们来考虑 14 卷这一可能性。然而,这一可能性很小。因为这样一来,我们很难解释目录 P 中 P55 Τῶν μετὰ τὰ φυσικὰ ιγ' 的条目为什么是 13 卷,而不是 14 卷。毕竟作者托勒密在这份目录所属的《亚里士多德生平》的序言中提到过安德罗尼柯编辑的《书目》。尽管据托勒密所言,他不想完全依赖安德罗尼柯的《书目》,但是学者们还是坚持,目录 P 大体上还是可以反映安德罗尼柯的《书目》内容。二者的主要差别在于,目录 P 比安德罗尼柯的《书目》更加简略。③ 比如说,目录 P 的作者没有讨论作品的真伪问题,也没有讨论为何要如此编排亚里士多德的书目的问题。如果说目录 P 的 13 卷是文字讹误,那也

---

① 这是 Griffin, *Aristotle's Categories in the Early Roman Empire* 全书所要论证的一个重要观点,主要可参考 pp. 21-77, esp. pp. 31-32, 225-226;另外 Robert Sharples, Aristotle's Exoteric and Esoteric Works: Summaries and Commentaries, *Bulletin of the Institute of Classical Studies* 50, Special Issue 94 Part 2(2007): 506; Hatzimichali, The Texts of Plato and Aristotle in the First Century BC, pp. 20-21 也提及了这一点。

② 虽然不是《书目》中的所有观点都被后来的人赞同,比如说安德罗尼柯认为《范畴篇》的 10—15 章——也就是"后范畴"(*Postpraedicamenta*)部分——属于另外的著作,《解释篇》是伪作等观点。而且也有证据表明,安德罗尼柯对亚里士多德的文本提出过不同的读法,尽管它们几乎没有被后来的评注者们所认同。以上两点均参见 Hans B. Gottschalk, The Earliest Aristotelian Commentators, in *Aristotle Transformed: The Ancient Commentators and their Influence*, ed. by Richard Sorabji, Cornell University Press, 1990, pp. 66-67 和他提到的文献来源。关于读法问题,还可参见 Griffin, *Aristotle's Categories in the Early Roman Empire*, p. 222; Barnes, Roman Aristotle, pp. 30-31,但是安德罗尼柯提出不同的读法,不能就此推出安德罗尼柯进行了亚里士多德文本的系统校勘工作。此外,如 Griffin, *Aristotle's Categories in the Early Roman Empire*, p. 227 所言,后来的人们完全可以在接受安德罗尼柯的"目录"的前提下,对他关于作品真伪和文本读法的判断提出异议,因此安德罗尼柯真正有影响的是他编撰的亚里士多德作品目录。

③ 参见 Gottschalk, The Earliest Aristotelian Commentators, p. 56 n. 5; Gertrud Dietze-Mager, Die *Pinakes der Andronikos im Licht der Vorrede in der Aristoteles-Schrift des Ptolemaios*, *Aevum*, 89 (2015): 93-123。但是 Ingemar Düring, Ptolemy's *Vita Aristotelis* Rediscovered, in *Philomathes: Studies and Essays in the Humanities in Memory of Philip Merlan*, eds. by Robert B. Palmer and R. Hamerton-Kelly, Martinus Nijhoff, 1971, pp. 267-268 则认为,目录 P 的作者所说的他不想完全依赖安德罗尼柯的书这一段是阿拉伯译者后来添加的。

没有什么说服力。首先，如果这是由于目录作者托勒密的记忆出现了偏差，很难想象他会错写成 13 卷而不是 14 卷，因为一般认为这位托勒密的生活年代比较晚①，而此时通行的早已是 14 卷本。其次，如果是目录抄写者的笔误，根据我们之前提到的观点，也就是抄写者更容易抄错成与当时通行的版本相符合的数字而不是相反，我们也可以同样推论出，抄写者更容易把 13 卷抄错成 14 卷而不是把 14 卷错写成 13 卷。

然而，考特维克（M. Kotwick）认为，安德罗尼柯的 14 卷本的《形而上学》在目录里写成 13 卷，是因为安德罗尼柯把 α 卷作为 A 卷的附录，而没有把它当作独立的一卷。② 这是因为，亚历山大在《〈形而上学〉评注》中把 B 卷说成是 δευτέρῳ（256.13，264.31）。③ 但是，这一证据未必支持她的观点，这里的 δευτέρῳ 可能指的不是"第二卷"，而是第二个字母（也就是 B）。而且，正如我们之前提到过的那样，亚历山大在一些地方也同样认为，α 卷是单独的一卷，甚至认为是独立于《形而上学》的。鉴于亚历山大对这个问题存在着不同说法，那么我们似乎就不能直接把他的其中一条说法当作论据来支持某一观点。④ 此外，从下面这条证言中，我们也可以推论出，在古代，α 卷不太可能被当作 A 卷的一部分，从而不被算作是单独的一卷。阿斯克勒庇俄斯（Asclepius）在《〈形而上学〉评注》中（4.17-24）提到，有人的确认为《形而上学》只有 13 卷，而不是 14 卷。但是，他们这样认为的原因并不在于 α 卷是否是 A 卷

---

① 之前学界普遍认为，"异乡人"托勒密（Ptolemy al-Garib）是公元 4 世纪的新柏拉图主义者，但也有人认为是更早一些的漫步学派成员，见 Gottschalk, The Earliest Aristotelian Commentators, p. 56 n. 5。而 Hatzimichali, Andronicus of Rhodes and the Construction of the Aristotelian Corpus, p. 88 则跟从更早一些学者的观点（也参见 Carlo Natali, Aristotle: His Life and School, ed. by D.S. Hutchinson, Princeton University Press, 2013, p. 128 对于这些学者的提及），认为 Ptolemy al-Garib 是 Ptolemy Chennos 的讹误，因此指出目录 P 形成于更早的年代（公元 1 世纪），但这样的推断似乎还缺少决定性的证据。
② 参见 Mirjam E. Kotwick, Alexander of Aphrodisias and the Text of Aristotle's Metaphysics, California Classical Studies, 2016, pp. 17-18。
③ Kotwick, Alexander of Aphrodisias and the Text of Aristotle's Metaphysics, p. 18 n. 95.
④ 参见 Dooley and Madigan, Alexander of Aphrodisias: On Aristotle Metaphysics 2 & 3, pp. 4, 9-10 nn. 5-7. 此外，在亚历山大评注的"另一个版本"（recensio altera）中，相应的评注作者对这个问题也有几种不同的回答：有时候将 α 卷单独算作一卷，有时候又不是。而根据 Kotwick, Alexander of Aphrodisias and the Text of Aristotle's Metaphysics, pp. 28-29 以及她提及的学者的考察，这位作者至少要生活在公元 6 世纪以后，可能是 6—7 世纪的斯特凡努斯（Stephanus of Alexandria）。尽管斯特凡努斯基本上跟随亚历山大的评注，有时候也会有分歧。由于评注作者的生活年代很晚，那么我们可以推测无论是亚历山大还是这位评注者，他们更可能是从"内容"的角度而不是"编辑"的角度来考虑 α 卷的位置问题。因为到公元 6 世纪以后，《形而上学》必然已经是今日通行的 14 卷版本。

的附录,而是认为 A 卷可能不是亚里士多德本人的作品。① 从而,没有理由认为,安德罗尼柯《书目》中记载的《形而上学》就是我们今天看到的 14 卷版本。

(二) 10 卷

接下来我们来探讨 10 卷的可能性。然而,这种可能性也很小。如果成立,这就意味着在安德罗尼柯之后、亚历山大之前这段时间内先出现了 13 卷本,后出现了 14 卷本的《形而上学》。但是,这里的困难在于以下三点:第一,这同样很难解释为什么 P55 会写成 13 卷,除非我们认为作者记错成了既不是作者的生活时代通行的 14 卷,又不是安德罗尼柯《书目》中的 10 卷的一份 13 卷本,而这个可能性是微乎其微的。第二,更大的困难在于,稍晚于安德罗尼柯的大马士革的尼克劳斯(Nicolaus of Damascus)②被认为已经知道了 α 卷的内容;很可能正是尼克劳斯发现了之前不被人所知的、当时存放在地中海东岸某处的 α 卷。③ 尼克劳斯还被认为已经知道了 Λ 卷的内容。④ 这样一来,我们就更难认为安德罗尼柯的《书目》还是 10 卷本。当然,我们不能排除下面这一点:在尼克劳斯的时代,α 卷虽然已经被发现,但还是作为单独

---

① 对于 A 卷在古代的真实性的讨论,参见 Oliver Primavesi, Introduction: The Transmission of the Text and the Riddle of the Two Versions, in *Aristotle's Metaphysics Alpha*, ed. by Carlos Steel, Oxford University Press, 2012, pp. 418-420。此外,阿斯克勒庇俄斯也在 Γ 卷评注开头称 B 卷为"第二"(τῷ δευτέρῳ,《〈形而上学〉评注》222.7)。但是我们已经看到,他认为全书是 14 卷,而不是把 α 卷和 A 卷合在一起看成一卷。因而,这里的 τῷ δευτέρῳ 只能被理解成第二个字母,这也应证了我们对于亚历山大采用类似表达的缘由的推测。

② Fazzo, The *Metaphysics* from Aristotle to Alexander of Aphrodisias, p. 61 认为知道 α 卷的内容的尼克劳斯不是大马士革的尼克劳斯,并且把这位尼克劳斯断代到一个较晚的年代,但是遭到了 Menn, *The Aim and the Argument of Aristotle's Metaphysics*, Ia5, p. 27 n. 54 合理的反驳。Andrea Falcon, Aristotelianism in the First Century BC, in *Brill's Companion to the Reception of Aristotle in Antiquity*, pp. 112-115 通过大马士革的尼克劳斯的生平传记以及亚历山大对他的提及,维护了这名尼克劳斯就是大马士革的尼克劳斯的观点。

③ 参见 Gottschalk, The Earliest Aristotelian Commentators, p. 67; Drossaart Lulofs, *Nicolaus Damascenus on the Philosophy of Aristotle*, pp. 28, 30。当然,这也不能证明安德罗尼柯也知道 α 卷(如同戈特沙尔克所说)。尼克劳斯对于 α 卷的发现要晚于安德罗尼柯的《书目》。

④ 尼克劳斯关于亚里士多德哲学的摘要包括了 Λ 卷的内容,参见尼克劳斯,残篇 24-26, Drossaart Lulofs, *Nicolaus Damascenus on the Philosophy of Aristotle*, pp. 148-151; Robert Sharples, Aristotelian Theology after Aristotle, in *Traditions of Theology: Studies in Hellenistic Theology, Its Background and Aftermath*, eds. by D. Frede and A. Laks, Brill, 2002, p. 16。另外,尼克劳斯在摘要中还提到过 Δ 卷,说明此时 Δ 卷很可能已经是《形而上学》的一部分,参见 Drossaart Lulofs, *Nicolaus Damascenus on the Philosophy of Aristotle*, pp. 32-34。

的论文而流传,之后才被某人插入10卷本的《形而上学》。但是如果这样的话,就不应当存在着一部13卷本的《形而上学》。这是因为,如果某人同时面对αΔΚΛ这些材料,他为什么要先插入后面三篇,最后再由另一个人插入第一篇呢? 而如果从来都不存在一部13卷本,而是直接从10卷本变成14卷本的话,那么,P55的数字就显得更加突兀了。其实从α这一表述当中,我们也可以认为,α卷是最后单独插入13卷本的①,而且之前的13卷本已经流传了一些时间,并有一定影响力。这使得编辑者不便打乱各卷的标号,使之变成A-Ξ。第三,如果在安德罗尼柯之后存在一部13卷本,那插进3卷,并且可能要调换原有卷次的次序这样比较大的编辑工作不太可能没有任何文献的记载或暗示;或者说,编辑者要进行这样的工作,不太可能不说明任何原因(尤其是K卷的插入)。但是,文献记载没有告诉我们在安德罗尼柯之后、亚历山大之前存在着这样一位编辑者②,并且这个人不被亚历山大所知。③因

---

① 例如参见 Jaeger, *Studien zur Entstehungsgeschichte der Metaphysik des Aristoteles*, p. 178;Kotwick, *Alexander of Aphrodisias and the Text of Aristotle's Metaphysics*, p. 18 n. 98。

② Chroust, The Origin of "Metaphysics", pp. 607-608 提到一个可能的人选:公元2世纪的阿德拉斯图斯(Adrastus of Aphrodisias),他写过讨论亚里士多德著作次序的著作,并且亚历山大熟悉他的观点。但是赫劳斯特(Chroust)进一步主张阿德拉斯图斯的这部作品很可能追随并且使用了安德罗尼柯的《书目》就显得不那么有说服力了。若是这样的话,很难想象安德罗尼柯关于《形而上学》的编辑问题的论述不会通过阿德拉斯图斯而被亚历山大所知道(注意两人都出身于阿弗洛狄西亚)。所以,我们认为阿德拉斯图斯的作品只是讨论了亚里士多德著作与著作之间的顺序问题,而没有具体讨论一部著作中不同卷次的排序问题。再者,以下这一点也可以说明阿德拉斯图斯在这本讨论亚里士多德著作顺序的书中论述的更多是亚里士多德著作之间的顺序,并且不可能完全追随了安德罗尼柯的《书目》:阿德拉斯图斯被认为重新考虑了《论题篇》和《范畴篇》之间的关系,同时他还把《范畴篇》的标题改成前安德罗尼柯时期的《前论题篇》(Πρὸ τῶν τοπικῶν 或 Πρὸ τῶν τόπων),而这个标题正是安德罗尼柯所反对的。参见 Griffin, *Aristotle's Categories in the Early Roman Empire*, pp. 201-202, 214。Barnes, Roman Aristotle, p. 33 认为,目录 P 很可能来自于阿德拉斯图斯,但是这样的话,亚历山大应当会在评注中提到13卷的《形而上学》这一版本。关于阿德拉斯图斯的生平,还可参见 Hatzimichali, *Andronicus of Rhodes and the Construction of the Aristotelian Corpus*, pp. 94-96。

③ 如同 Düring, *Aristotle in the Ancient Biographical Tradition*, p. 416 所言,亚历山大现存的著作中确实有一处提到安德罗尼柯的地方(《〈前分析篇〉评注》161.1),但是并没有把安德罗尼柯和编辑工作联系起来;另外迪林还认为,亚历山大很可能在讨论卷次顺序的地方暗中指涉了安德罗尼柯的观点,尤其是亚历山大说的 τινές 或许包括安德罗尼柯在内,但是在我们看来这并没有什么证据。否则的话,如前所述,亚历山大在一些卷次顺序的问题上(比如α卷)就不会如此语焉不详,尤其考虑到安德罗尼柯《书目》的影响力。更可能的情况是,亚历山大的 τινές 指的还是其他一些人的观点。正如 Kotwick, *Alexander of Aphrodisias and the Text of Aristotle's Metaphysics*, pp. 66-67, 70 所言,那些人很可能并不被亚历山大所熟知,以致亚历山大没有提及他们的名字。

此，我们认为经过安德罗尼柯编辑的《形而上学》也不是 10 卷本。

(三) 13 卷

我们认为，在安德罗尼柯的《书目》里面存在的是 13 卷的《形而上学》，这也是大多数学者所认同的观点。① 如前所述，目录 P55 的 13 卷《形而上学》正好准确地反映了安德罗尼柯的《书目》。② 安德罗尼柯很可能插入了 ΔKΛ 三卷，也许还调换了原有卷次的顺序，这也有必要让他在《书目》里解释这么做的缘由。③

由此，我们可以得出《形而上学》在安德罗尼柯之后的流传情况。安德罗尼柯根据之前就存在着的 10 卷本《形而上学》和其他一些材料(有些可能的确来自于斯克普西斯的地窖)④，在《书目》中组成了一部 13 卷本的《形而上学》。在安德罗尼柯的《书目》出版后不久，尼克劳斯发现了 α 卷。在此之后，另一人(也可能是尼克劳斯本人⑤)再将 α 卷放于《形而上学》A 卷和 B 卷之间，从而形成了现今通行的 14 卷版本。可能由于安德罗尼柯《书目》的影响力，插入 α 卷的人没有调换原有卷次的编号，而是采用了 α 这一在古代几

---

① 比如洛德:《论亚里士多德全集的早期历史》，第 183 页；Gottschalk, The Earliest Aristotelian Commentators, p. 67; Menn, The Aim and the Argument of Aristotle's Metaphysics, Ia5, p. 38 等，此外我们之前提到的莫罗修订 H154 的数字的做法，更鲜明地体现了这个观点在学界的盛行。因为莫罗将它改为 13 卷，目的在于体现这部分目录是来自安德罗尼柯的。

② 此外，迪林从目录 P 当中《工具论》各篇作品的排列顺序和安德罗尼柯的《书目》基本一致这一点得出了目录作者实际上相当准确地再现了安德罗尼柯《书目》的结论，见 Düring, Aristotle in the Ancient Biographical Tradition, p. 244。

③ 现在一些学者(比如 Griffin, Aristotle's Categories in the Early Roman Empire, p. 225) 倾向于认为，安德罗尼柯的《书目》讨论的更多是著作与著作之间的顺序，而不是一部作品中各卷次之间的顺序，但是根据辛普利丘的《〈物理学〉评注》923.7ff.，安德罗尼柯《书目》第三卷讨论了《物理学》的前五卷和后三卷之间的关系，我们也可以得知，《书目》还是讨论了一部著作中各卷次之间的关系问题。也参见 Düring, Aristotle in the Ancient Biographical Tradition, p. 417 对这条文本证据的重视。

④ 正如 Hatzimichali, The Texts of Plato and Aristotle in the First Century BC, pp. 1–27 和 Leyra, The Aristotelian Corpus and the Rhodian Tradition, esp. pp. 732–733 所言，安德罗尼柯的《书目》中的确有可能公布了一批之前不为人所知的材料，但它们在整个工作中所占的地位很小。关于地窖中的材料在安德罗尼柯工作中的边缘性地位，还可以参考 Tarán, Aristotelianism in the First Century BC, pp. 479–524。

⑤ 由于尼克劳斯的残篇 21 涉及了《形而上学》α 卷的内容，Drossaart Lulofs, Nicolaus Damascenus on the Philosophy of Aristotle, p. 30 认为是尼克劳斯插入了 α 卷；Falcon, Aristotelianism in the First Century BC, p. 115 也主张尼克劳斯的《形而上学》版本具有 α 卷。然而，德罗萨特·卢洛弗斯(Drossaart Lulofs)还提出一种可能性：正是由于尼克劳斯在其作品中提到了 α 卷，使得后来某人受到他的影响，从而正式将 α 卷放入《形而上学》中。这两种可能性都很难排除。

乎是独一无二的编号方式。①

自此,我们已经基本勾勒出《形而上学》自安德罗尼柯之后的流传情况。接下来要解决的问题是,安德罗尼柯编辑之前的 10 卷本《形而上学》究竟来自哪里。

四 10 卷本《形而上学》的来源

要考察 10 卷本的《形而上学》在安德罗尼柯之前在何处流传,我们需要从收录了 10 卷本《形而上学》的目录 H 入手。如前所述,目录 H 的成分较为复杂。按照迪林(I. Düring)的观点②,从目录 P 的第 140 条开始,被认为是目录 H 的附录部分。而这一附录可以被分成四个部分,每个部分可能都有各自不同的来源。10 卷本《形而上学》的条目(H154)所处的部分由 H148-158 构成,它们可能来自一个共同的地方,即某处图书馆的目录。然而,由于我们已经证明了 10 卷本的《形而上学》是前安德罗尼柯的,因此,迪林所认为的这部分内容一定属于后安德罗尼柯的观点没有什么说服力。③ 而既然《形而上学》是前安德罗尼柯的,那么,包含在这部分目录中的其他著作肯定也形成于安德罗尼柯之前。在这部分目录中,还存在着 18 卷(本文认为更可能是 8

---

① 按照 Menn, *The Aim and the Argument of Aristotle's Metaphysics*, Ia5, p. 38 的说法,像《形而上学》这样出现两个 alpha(A 和 α)卷的作品在希腊文献中是独一无二的。也参见 Olshewsky, The Bastard Book of Aristotle's *Physics*, p. 65。
② 以下迪林的观点皆来自 Düring, *Aristotle in the Ancient Biographical Tradition*, pp. 91-92。Moraux, *Les listes anciennes des ouvrages d'Aristote*, pp. 268, 278 也认为,H148-158 同属一个部分,并坚持这部分目录直接来自安德罗尼柯。
③ 尽管迪林坚持这部分目录是后安德罗尼柯的,但是他又认为目录作者几乎不可能参照了安德罗尼柯的《书目》,因为这部分目录中,著作之间的顺序较为杂乱,因此迪林只能认为,这部分目录来自后安德罗尼柯的图书馆的目录,参见 Düring, *Aristotle in the Ancient Biographical Tradition*, pp. 91-92。然而,我们很难认为,一座后安德罗尼柯的图书馆在编排亚里士多德作品的时候,在不参照安德罗尼柯的《书目》的情况下,遵照了安德罗尼柯《书目》中亚里士多德的著作标题和卷次结构。因此,从这部分目录编排次序的混乱,我们也可以看出它更可能是前安德罗尼柯的。

卷)的《物理学》①(H148)、2 卷的《论生灭》(H149)、4 卷的《天象学》(H150)、10 卷的《动物志》(H155)、3 卷的《论动物的部分》(H157)、3 卷《论动物的生殖》(H158)等。我们下面通过考察三个希腊化时期和亚里士多德著作比较有关的地点,来讨论这些著作在希腊化时期的可能存放地点。

(一)来自于斯克普西斯的地窖

第一种可能性是,这部分目录来自于斯克普西斯的地窖。然而这种可能性很小。这不仅在于,地窖中的材料现在一般被认为在安德罗尼柯的《书目》中只占据了很不重要的位置。更大的问题在于,这部分著作几乎不可能在被藏在地窖之前就形成:如果我们说 10 卷的《形而上学》还是有可能的话,那么对于《物理学》(无论是 8 卷还是 18 卷)来说几乎不可能。这是因为,欧德谟斯在写作可能是一份与亚里士多德《物理学》很类似的作品的时候遗漏了现今《物理学》的第 7 卷②,很多学者据此以为,欧德谟斯拥有的亚里士多德的《物理学》文本只有 7 卷,现在的《物理学》第 7 卷是一个稍晚的插入。③ 那么,在被存放在地窖之前,就很难存在着 8 卷(或可能性更小的 18 卷)的《物理学》。④ 再者,如果

---

① 很可能是 8 卷(H'),18 卷(IH')是抄写错误(抄写者可能多抄了一个ι)。洛德:《论亚里士多德全集的早期历史》,第 184 页以下和罗斯:《〈物理学〉的结构》,《20 世纪亚里士多德研究文选》,第 23、33 页则认为 18 卷的《物理学》包括现今的《物理学》《论天》《论生灭》《天象学》,这当然是可能的;而且辛普里丘在《〈物理学〉评注》中也提到可能在有些人看来《物理学》不止 8 卷,还包括《论天》《论灵魂》和其他不少作品(924.15—16)。但这个说法最大的困难就是,这部分书目里也出现了本来应该包括在 18 卷《物理学》中的《论生灭》和《天象学》,正如洛德:《论亚里士多德全集的早期历史》,第 187 页,他自己所提到的那样。所以,我们在这里还是倾向于认为是 8 卷的《物理学》,尽管即使承认 18 卷的《物理学》也不会影响我们的论证。
② 参见辛普里丘:《〈物理学〉评注》1036.13—15,参见洛德:《论亚里士多德全集的早期历史》,第 185 页;罗斯:《〈物理学〉的结构》,第 31—33 页。
③ 尤其参见 Olshewsky, The Bastard Book of Aristotle's *Physics*, pp. 58-74,作者通过考察《物理学》的诸抄本在最后三卷的标题文字和卷次编号上的差异,指出很可能存在着 7 卷本的《物理学》的抄本传统,也就是缺少了现今第 7 卷的《物理学》。同时欧希斯基(T. Olshewsky)还认为,安德罗尼柯插入了《物理学》第 7 卷,而不像罗斯那样,认为在公元前 3 世纪就有包括了第 7 卷的 8 卷本《物理学》。在我们看来,第 7 卷很可能是由在罗得岛上的欧德谟斯的学生插入的。
④ Barnes, Roman Aristotle, p. 61 提出了反对意见,指出辛普里丘的记载说的实际上是,欧德谟斯认为《物理学》第 7 卷是多余的,因此把第 7 卷排除掉,而不是说欧德谟斯的文本不存在第 7 卷。但是,我们认为 Barnes, Roman Aristotle, p. 60 提出的承认欧德谟斯拥有的 7 卷本《物理学》的观点更有可能。另外根据 Olshewsky, The Bastard Book of Aristotle's *Physics*, p. 68 n. 12 所言,朗纳(Runner)也主张类似的观点,认为欧德谟斯拥有的还是八卷本的《物理学》文本,但是欧希斯基对这一观点做出了反驳,指出我们完全可以从另一个角度来理解辛普里丘的措辞,从而坚持欧德谟斯拥有的是 7 卷本的观点。

比较一下希腊化时期的目录(也就是目录 D 和目录 H 的前 139 条),我们就能发现《物理学》的某些卷次也出现在这两份目录中。① 这就意味着,如果已经形成了完整的 8 卷《物理学》,那么亚历山大里亚图书馆拆分了原有的卷次。但这一点是很难想象的(同样,对于 10 卷的《动物志》来说也是一样②)。另外,亚历山大里亚的欧多鲁斯(Eudorus of Alexandria,很可能生活在公元前 1 世纪的上半叶或中叶)③曾经提到过《形而上学》A.6,988a10-11 的文字(参见亚历山大:《〈形而上学〉评注》59.1-8),说明在安德罗尼柯的《书目》出现之前④,人们已经可以看到《形而上学》在流传。⑤ 而如果《形而上学》在安德罗尼柯之前一直被存放在斯克普西斯的地窖,那么欧多鲁斯就无法读到它。

---

① 参见罗斯:《〈物理学〉的结构》,第 23 页根据希腊化时期的目录对《物理学》各卷次来源的一个重构。
② 一般认为 D103(=H91)的 9 卷《论动物》和 D108(=H90)的 1 卷《论不育》分别对应《动物志》的前 9 卷和第 10 卷,参见 Oliver Hellmann, On the Interface of Philology and Science: The Case of Zoology, in Brill's Companion to Ancient Greek Scholarship, eds. by Franco Montanari, Stephanos Matthaios and Antonios Rengakos, Brill, 2015, pp. 1255-1256 以及他提及的更多文献。这样的话,我们也很难认为亚里士多德去世后不久就形成了 10 卷《动物志》,然后亚历山大里亚图书馆把它拆开了。另外关于《动物志》第 10 卷和它对应于《论不育》这个标题的合理性的论证,参见 Philip van der Eijk, On Sterility ('Hist. an. 10'), A Medical Work by Aristotle? in Medicine and Philosophy in Classical Antiquity, Philip van der Eijk, Cambridge University Press, 2005, pp. 259-275。
③ 尽管欧多鲁斯的具体活跃年代也较难确定,但是一些学者都倾向于将其断代在安德罗尼柯之前,参见 Hatzimichali, The Texts of Plato and Aristotle in the First Century BC, p. 16, esp. n. 49; Griffin, Aristotle's Categories in the Early Roman Empire, pp. 78-79, 95-97, 211。
④ 由于西塞罗没有在作品中提到过安德罗尼柯《书目》的相关事迹,所以学者们现在一般认为安德罗尼柯的《书目》出现在西塞罗去世后,也就是晚于公元前 43 年。Perkams, The Date and Place of Andronicus' Edition of Aristotle's Works According to a Neglected Arabic Source, pp. 445-468 通过考察阿拉伯传统的记载而进一步确证了这一点。因而《书目》的出现晚于欧多鲁斯。Primavesi, Ein Blick in Den Stollen Von Skepsis, p. 69 n. 99 将欧多鲁斯知道《形而上学》文本这一点归功于在安德罗尼柯之前的阿珀里康的整理工作,然而这缺少足够的证据。再者正如 Leyra, The Aristotelian Corpus and the Rhodian Tradition, pp. 723-733 所言,有些亚里士多德著作在阿珀里康之前可能就已经被知晓。
⑤ Fazzo, The Metaphysics from Aristotle to Alexander of Aphrodisias, pp. 61-64 对欧多鲁斯看到过《形而上学》的文本这一论断表示怀疑,认为欧多鲁斯可能只是根据柏拉图的相关文本而说了这些话。但是从亚历山大的《〈形而上学〉评注》(59.1-8)看,这种说法还是缺少足够的说服力。因此,我们还是比较认同 Jonathan Barnes, An Introduction to Aspasius, in Aspasius: The Earliest Extant Commentary on Aristotle's Ethics, eds. by Antonina Alberti and Robert W. Sharples, De Gruyter, 1999, pp. 11-12 的结论,认为欧多鲁斯至少知道《形而上学》的文本,但不一定直接撰写了评注或"编辑"了一版《形而上学》A 卷的文本。不过,即使法佐的怀疑成立,我们举出的其他证据也不影响本文最终得出书目不可能来自地窖的结论。

在这里,我们有必要提到普里马韦西(O. Primavesi)的观点。① 他认为我们今天看到的几乎所有的亚里士多德真作在希腊化时期基本都找不到(除了出现在希腊化时期的那份目录中的著作之外),也就是说它们很可能的确被埋藏在斯克普西斯的地窖里。原因就在于亚里士多德著作的卷次编码问题。亚里士多德著作的卷次编码根据的是 24 个"希腊字母的系统"(Ordnungsbuchstaben,以下简称 A 系统)。然而,除了荷马史诗以及与亚里士多德密切相关的塞奥弗拉斯托斯的著作也是 A 系统之外,其他大多古希腊作者(包括柏拉图、色诺芬、希罗多德、修昔底德、伊壁鸠鲁等人)的著作的卷次编码依照的都是 27 个"希腊字母数字的系统"(Buchstabenziffern,以下简称 B 系统)。② 具体来说,按照 A 系统,例如亚里士多德《物理学》的第 6 卷在诸抄本上就被写成是 ζ 卷;③但是按照 B 系统,如柏拉图《理想国》的第六卷在抄本上就会被写成ς卷。而 A 系统是前希腊化时期的,B 系统则在希腊化时期被普遍推行。在普里马韦西看来,如果亚里士多德的著作在希腊化时期广泛流传的话,那么我们今天看到的亚里士多德的卷次编码也应该是 B 系统,而不是 A 系统。而当安德罗尼柯对地窖中的文献进行整理时,他还是沿用了地窖中文献原本就有的 A 系统。普里马韦西的观点值得重视。但是,我们可以对他的观点提出以下三点怀疑。④ 首先,尽管普里马韦西和本文一样,认为安德罗尼柯编辑之前的《形而上学》是 10 卷本,但是由于《形而上学》没有出现在目录 D,普里马韦西就据此认为 10 卷本《形而上学》在希腊化时期被放在斯克普西斯。否则的话,《形而上学》的编号应该为 B 系统。然而,普里马韦西

---

① 以下普里马韦西的观点参见 Primavesi, Ein Blick in Den Stollen Von Skepsis, pp. 51-77, esp. pp. 58-70. 对于两种系统的概述也见 Di Giovanni and Primavesi, Who Wrote Alexander's Commentary on *Metaphysics* Λ, pp. 37-38。
② Myles Burnyeat, Aristotelian Revisions: The Case of de Sensu, *Apeiron*, 37.2(2004): 178 n. 3 也指出过这一点。
③ 值得注意的是,亚里士多德《物理学》的一些抄本的第 6 卷会采用 B 系统来编号,参见 Olshewsky, The Bastard Book of Aristotle's *Physics*, pp. 64-66 对这些抄本的描述,而这一卷次编号的特殊性则被欧希斯基当作《物理学》第 7 卷是后来插入这个观点的证据之一。
④ 除了我们以下提到的学者之外,Hatzimichali, The Texts of Plato and Aristotle in the First Century BC, pp. 1-27 也间接表示了对普里马韦西最终结论(亦即亚里士多德的大部分著作在希腊化时期没有流传,而是被藏在斯克普西斯的地窖里)的反对。巴恩斯在重印《罗马的亚里士多德》(Roman Aristotle)一文的时候也补充了对普里马韦西观点的怀疑,参见 Jonathan Barnes, *Mantissa: Essays in Ancient Philosophy IV*, Oxford University Press, 2015, pp. 474-475 n. 278。

没有说明,为何在希腊化时期,所有 A 系统的多卷本书籍都必然会被"规范化"为 B 系统。正如法佐所说,卷次编码可能只是出于拟古的考虑,借此证明卷次的划分最终来自于亚里士多德的权威性,而不能作为这些著作在希腊化时期没有流传的决定性证据。① 其次,按照莱拉(I. Leyra)的观点,我们也不能确定 B 系统在希腊化时期的具体流行程度如何,B 系统很可能只是在亚历山大里亚和雅典等几个大的文化中心使用,但在其他一些较小的地方,人们使用的依然是 A 系统。亚里士多德的著作正好保存在那些地方,而不一定在斯克普西斯。② 再次,初看之下,A 系统和 B 系统的差异要到第 6 卷及以后才能体现出来,如果是小于 6 卷的著作,我们并不容易判断它用的究竟是 A 系统还是 B 系统。③ 不过对于我们讨论的这部分目录,我们至少可以肯定《形而上学》《动物志》《物理学》这些著作用的是 A 系统。④ 总而言之,我们认为单凭卷次编码,无法证明这部分目录中的著作在希腊化时期被藏在斯克普西斯的地窖中。故而,普里马韦西的结论也不是那么有说服力。

A	B	Γ	Δ	E	Z	H	Θ
1	2	3	4	5	6	7	8
I	K	Λ	M	N	Ξ	O	Π
9	10	11	12	13	14	15	16
P	Σ	T	Y	Φ	X	Ψ	Ω
17	18	19	20	21	22	23	24

图 1　A 系统

---

① Fazzo, The *Metaphysics* from Aristotle to Alexander of Aphrodisias, p. 59; Fazzo and Zonta, The First Account on Aristotle's *Metaphysics* in Fourteen Books, p. 990 n. 14。Perkams, The Date and Place of Andronicus' Edition of Aristotle's Works According to a Neglected Arabic Source, p. 463 n. 79 也暗示了这一点。
② Leyra, The *Aristotelian Corpus* and the Rhodian Tradition, p. 732 n. 55.
③ Di Giovanni and Primavesi, Who Wrote Alexander's Commentary on *Metaphysics* Λ, p. 38 也暗示了这一点:他们也承认,如果要用 B 系统来取代 A 系统的话,那么卷次标识的变化会从第 6 卷以后开始。
④ Primavesi, Ein Blick in Den Stollen Von Skepsis, p. 67.

A	B	Γ	Δ	E	F(Ϛ)	Z	H	Θ
1	2	3	4	5	6	7	8	9
I	K	Λ	M	N	Ξ	O	Π	Q(ϟ)
10	20	30	40	50	60	70	80	90
P	Σ	T	Y	Φ	X	Ψ	Ω	ϡ
100	200	300	400	500	600	700	800	900

图 2　B 系统

总之,经由以上的论述,我们没有理由认为,在安德罗尼柯之前,10 卷本的《形而上学》和其他著作一起被藏在斯克普西斯的地窖中。

(二)来自于希腊化时期的两大文化中心:亚历山大里亚和雅典

由于上述的讨论,我们对于亚历山大里亚和雅典的考察就显得相对容易。本文认为,几乎没有理由认为 10 卷本的《形而上学》在希腊化时期存放在亚历山大里亚和雅典。这是由于,无论是亚历山大里亚还是雅典,都无法解释普里马韦西提到的卷次编码的问题。我们可以发现,目录 D 中的著作采用的都是 B 系统,而目录 D 普遍被认为来自希腊化时期的亚历山大里亚。另一方面,《形而上学》采用的是 A 系统。这样一来,如果我们承认包括《形而上学》在内的这部分目录来自亚历山大里亚,那么就相当于承认了,目录 D 和 10 卷本《形而上学》来自同一个地方。这个推论会产生明显的问题:为什么收藏在同一个地方的亚里士多德著作,会采用两种不同的卷次编码系统? 然而,最近佩尔卡姆斯(M. Perkams)通过考察保留在阿拉伯传统中的记载,指出安德罗尼柯于公元前 30 年之后,在亚历山大里亚开始编辑亚里士多德的作品,随后在罗马完成了这一工作。① 尽管佩尔卡姆斯主张安德罗尼柯的绝大多数工作都在亚历山大里亚完成,但是我们不能随之推论出,10 卷本的《形而上学》也一定来源于亚历山大里亚。这是因为,首先,没有理由认为,安德罗尼柯在亚历山大里亚的时候,只会采用亚历山大里亚当地的文献材料进行工作。其次,即使承认前面这一点,《形而上学》的编辑工作也完全可以等到安德罗尼柯来到罗马之后才开始进行。而在罗马,安德罗尼柯可能接触到

---

① Perkams, The Date and Place of Andronicus' Edition of Aristotle's Works According to a Neglected Arabic Source, pp. 445-468.

了来自其他地方的更多文本材料,其中包括了 10 卷本的《形而上学》。

基于同样的理由,我们也可以排除 10 卷本的《形而上学》来源于雅典的可能性。雅典的图书编码方式在希腊化时期采用的也是 B 系统(比如伊壁鸠鲁的著作)。如果《形而上学》存放在雅典,那么它也应当采用 B 系统。而且,即使我们假设 10 卷本的《形而上学》一直留在雅典,并出于拟古的理由而保留了更早的 A 系统编码方式,那么,我们会很难设想,希腊化时期的雅典哲学家们会对亚里士多德的《形而上学》视而不见,以至于从来没有提到过它。①

以上,我们考察了希腊化时期两大文化中心(雅典和亚历山大里亚),以及和亚里士多德的著作流传关系密切的斯克普西斯。但是《形而上学》不太可能被存放在这些地方。此外,还有一个值得考虑的希腊化时期文化中心是帕伽玛。由于漫步学派的吕孔(Lyco)被认为和帕伽玛国王来往甚密(参见《名哲言行录》5.67),有人可能会认为,《形而上学》在希腊化时期被保留在帕伽玛的图书馆。② 然而,我们有以下三方面理由来怀疑这一点。第一,根据斯特拉波讲述的亚里士多德的著作流传的故事,帕伽玛国王为了建设帕伽玛的图书馆而到处搜集图书,而恰恰是由于这个原因,使得亚里士多德的作品被藏到了斯克普西斯的地窖。如果《形而上学》和亚里士多德的其他一些作品真的被国王搜寻到,进而被保留在帕伽玛的图书馆,而不是藏在地窖中,那么,斯特拉波就没有理由写下这样与事实完全相反的报告。③ 第二,帕伽玛图书馆的学者往往属于斯多亚学派,如果《形而上学》和《物理学》这样的哲学著作被存放在图书馆中,他们很难不会提到这一点;倘若他们能接触到亚里士多德的这类作品,他们肯定或是利用亚里士多德的观点,或是批判它们。第三,帕伽玛图书馆在进行图书整理编目的时候,也有理由使用 B 系统的卷次编码,这样就无法和《形而上学》A 系统的编码相融贯(而既然这些编辑者不是漫步学派成员,他们也没有理由出于拟古的考虑使用较古老的 A 系统编码)。

总而言之,我们认为前安德罗尼柯的 10 卷本《形而上学》可能来自更小

---

① 尽管伊壁鸠鲁可能熟悉《物理学》《前分析篇》《后分析篇》《论天》,参见 Tarán, Aristotelianism in the First Century BC, p. 485,但没有证据认为他知道《形而上学》的内容。
② 比如 Elizabeth Kosmetatou, The Attalids in the Troad. An Addendum: An Episode of the Perils of the Aristotelian Corpus, *Ancient Society*, 33(2003): 53-60。
③ 参见 Barnes, Roman Aristotle, p. 8 的同样看法:无论作品有没有被藏在斯克普西斯的地窖中,它们都不会出现在帕伽玛的图书馆。

一些的地方。在下一部分,结合其他一些证据,本文认为,漫步学派较为盛行的罗得岛就是 10 卷本《形而上学》的来源地。

五 罗得岛的亚里士多德传统

在这一部分,我们旨在论证,10 卷本的《形而上学》由欧德谟斯编辑而成,并被保存在罗得岛。有不少证据能说明,罗得岛存放有亚里士多德的不少著作,而且罗得岛的藏书和安德罗尼柯《书目》的完成有很大关系。① 首先,亚里士多德的弟子欧德谟斯在亚里士多德去世后(也有可能在亚里士多德生前最后一次离开雅典之后),回到了出生地罗得岛,并且在那里建立了自己的亚里士多德学派。② 而且,很多学者——比如迪林、莫罗(P. Moraux)、塔兰(L. Tarán)、莱拉——都认为,欧德谟斯在返回罗得岛的时候,必定也携带了亚里士多德的不少著作。③ 如前所述,欧德谟斯在罗得岛拥有亚里士多德的《物理学》,这样才能让他撰写类似于亚里士多德《物理学》的作品。此外,欧德谟斯和塞奥弗拉斯托斯之间还通信交换过关于《物理学》的文本细节问题。④ 这样,在希腊化时代初期,罗得岛上就存在着亚里士多德的著作,而

---

① 关于对于生活在罗得岛的各类人物的更详尽考察,参见 B. Mygind, Intellectuals in Rhodes, in *Hellenistic Rhodes*, eds. by V. Gabrielsen et al., Aarhus University Press, 1999, pp. 247-293。对于欧德谟斯,Mygind, Intellectuals in Rhodes, p. 254 也和我一样,认为他可能是《形而上学》的编辑者。
② 关于欧德谟斯的生平,可参见 Hans B. Gottschalk, Eudemus and the Peripatos, in *Eudemus of Rhodes*, eds. by István Bodnár and William W. Fortenbaugh, Transaction Publishers, 2002, pp. 26-27。戈特沙尔克指出,在希腊化时代,欧德谟斯几乎不被人所知,这也许可以解释欧德谟斯拥有的亚里士多德著作(尤其是可能只存放在罗得岛的那些著作)在希腊化时期不被人所知这一点。另外,Fausto Montana, Hellenistic Scholarship, in *Brill's Companion to Ancient Greek Scholarship*, p. 169, esp. n. 505 也指出,很多在希腊化时代不被大多数人所知的亚里士多德作品只在小范围内流传,而罗得岛就是一个很可能的备选项。
③ 主要参见 Leyra, The *Aristotelian Corpus* and the Rhodian Tradition, pp. 723-733;Tarán, Aristotelianism in the First Century BC, pp. 484-486, 491;Anton-Hermann Chroust, The Miraculous Disappearance and Recovery of the *Corpus Aristotelicum*, *Classica et Mediaevalia*, 23(1962): 63,以及他们对其他学者的提及。
④ 来自辛普里丘的《〈物理学〉评注》923. 10ff., 参见 Leyra, The *Aristotelian Corpus* and the Rhodian Tradition, p. 724 n. 6。另外,Gottschalk, Eudemus and the Peripatos, pp. 33-34 还指出欧德谟斯很可能编辑了缺少第 7 卷的《物理学》,并据此认为欧德谟斯对亚里士多德的著作进行了编辑工作。尽管他并不承认欧德谟斯编辑《形而上学》那个故事,但是,戈特沙尔克主要否认的是欧德谟斯建议亚里士多德不要出版《形而上学》这个情节,而本文对此也是否认的(参见下文)。

它们基本上都是欧德谟斯从雅典带来的。

到希腊化时代末期,我们又有另一些证据表明罗得岛上流传着亚里士多德著作。莱拉经过多方面的考察,得出结论认为①,波希多尼乌斯(Posidonius)很有可能在罗得岛读过亚里士多德的《天象学》,而阅读的时间则是在斯克普西斯地窖中的亚里士多德文献被发现之前。而另一方面,我们可以看到,《天象学》正好包括在含有《形而上学》的这部分书目中(即 H148-158)。这说明到希腊化时代晚期,罗得岛也同样有不少亚里士多德的藏书。莱拉也注意到,安德罗尼柯正好是出身于罗得岛,并且据说曾受教于波希多尼乌斯。这样的话,如果我们考虑到安德罗尼柯的出身,那么他很可能在写作《书目》的时候,利用了罗得岛的许多资源,甚至利用的比重是在所有资源中最大的。②

以上是希腊化时期亚里士多德的其他著作在罗得岛流传的证据,而这些著作最初很可能是欧德谟斯直接从雅典带来的。另一方面,根据古代晚期的说法,《形而上学》的形成过程和欧德谟斯十分相关。据说,欧德谟斯从亚里士多德那里得到《形而上学》的手稿,认为这样一部伟大的著作不应该被公开出版。

> 在[亚里士多德]写了当前这部作品(即《形而上学》——引者按)之后,他将其送给他的朋友罗得岛的欧德谟斯。欧德谟斯认为这样一部作品不应该随意地向公众公开。(阿斯克勒庇俄斯:《〈形而上学〉评注》4.8-15)③

在另一处文本中,欧德谟斯被认为参与了《形而上学》的编辑工作:

> 但我认为这个论证是正确的。可能这些文段(引者按:指《形而上学》Z.10,1034b24-1035a17 和 Z.11,1036b32-1037a5)被亚里士多德放在一起……但被欧德谟斯分开了。(伪亚历山大:《〈形而上学〉评注》515.9-11)④

---

① 以下论述皆参见 Leyra, The *Aristotelian Corpus* and the Rhodian Tradition, pp. 723-733。
② 也参见 Chroust, The Miraculous Disappearance and Recovery of the *Corpus Aristotelicum*, pp. 62-63。
③ 阿斯克勒庇俄斯的《〈形而上学〉评注》是根据阿摩尼乌斯(Ammonius)的讲课内容而记录的。阿摩尼乌斯的讲课往往采用很多更早的材料,其中最重要的就是亚历山大的《〈形而上学〉评注》。
④ 当然,我们不必同意伪亚历山大提出的《形而上学》Z.10 和 Z.11 两段文本原本连在一起的看法。参见 William David Ross, *Aristotle's Metaphysics*, vol. 2, Oxford University Press, 1924, p. 203;Frede and Patzig, *Aristoteles Metaphysik Z*, Band 2, p. 214 对这一观点的怀疑。

虽然不要出版《形而上学》这一带有秘传色彩的情节很可能是晚期新柏拉图主义者的杜撰,但重要的是,评注者似乎都倾向于把某种编辑工作归功于欧德谟斯。① 因此我们有理由认为,欧德谟斯获得了亚里士多德的《形而上学》手稿,并参与了编辑工作这一点很可能是事实。② 一种非常可能的情况就是:欧德谟斯把亚里士多德的手稿编辑成10卷本,并将其收藏在罗得岛的图书馆里面。而且,τὰ μετὰ τὰ φυσικά 这个标题可能就是欧德谟斯根据漫步学派内部的研究方法论③而起的;这个标题之后一直流传到安德罗尼柯、亚历山大、阿摩尼乌斯(Ammonius)、阿斯克勒庇俄斯。故而,我们没有理由像传统的看法一样,认为是安德罗尼柯发明了这个标题。④

　　我们已经基本厘清了《形而上学》的流传过程。接下来,可以回应洛德提到的一个困难,从而加强我们观点的可靠性。洛德指出,如果10卷本《形而上学》是前安德罗尼柯的,那么它在目录H中,为什么会和10卷《动物志》(这一后安德罗尼柯的作品)放在一起?⑤ 洛德的疑问似乎假定了10卷本的《动物志》只可能是安德罗尼柯编辑的结果。但是,既然欧德谟斯编辑了《形而上学》,并且《欧德谟伦理学》这部作品的形成很可能与他也有密切关系(起"欧德谟伦理学"这个标题的最初原因可能是,这是欧德谟斯编辑的伦理

---

① Stephen Menn, The Editors of the *Metaphysics*, *Phronesis*, 40.2(1995):202-208 对以上这些证言的真实性都表示了怀疑。他认为,这些记载仅仅反映了学派争论(school polemics),是一种对于《形而上学》这部作品貌似缺少整体统一性这一特点的解释,并且是对于几处文本解读上的困难的辩护。但是我们认为,即使这些关于《形而上学》编辑的传言只是为了解释某些文本的不一致,它们还是反映了一些最低限度的事实。比如说,我们可以考虑,为什么他们要将编辑工作归于欧德谟斯,而不是归功于塞奥弗拉斯托斯、斯特拉托或其他的早期漫步学派成员。这说明欧德谟斯编辑工作的记载不是毫无根据。

② 参见 Moraux, *Les listes anciennes des ouvrages d'Aristote*, p. 319; Paul Moraux, *Der Aristotelismus bei den Griechen*, Band I, De Gruyter, 1973, pp. 9-10;洛德:《论亚里士多德全集的早期历史》,第187—188页,以及洛德对更多学者的提及。也参见 Natali, *Aristotle: His Life and School*, p. 102,他还提到了欧德谟斯还可能拥有《欧德谟伦理学》的抄本。Barnes, Roman Aristotle, p. 62 所说的欧德谟斯编辑《形而上学》被大多数学者否认似乎有些言过其实;而也正是 Barnes, Roman Aristotle, p. 63 紧接着指出,安德罗尼柯相信欧德谟斯编辑了《形而上学》;我们认为安德罗尼柯的判断有一定合理性。

③ 参见 Chroust, The Origin of "Metaphysics", pp. 601-616。

④ 参见 Moraux, *Les listes anciennes des ouvrages d'Aristote*, p. 314; Barnes, Roman Aristotle, pp. 62-63。

⑤ 洛德:《论亚里士多德全集的早期历史》,第190页。

学著作①);那么,在罗得岛上可能还存在一些对于亚里士多德著作的编辑工作。这样也可以解释为什么《论动物的生殖》和《论动物的部分》在目录 H 中的卷数不同于它们在目录 P 中的卷数(这是洛德的另一个疑惑)。其中的理由就在于,罗得岛的漫步学派成员做了初步的编辑工作(体现在目录 H 中),安德罗尼柯则在此基础上进一步修改和补充原有的卷次数目,以形成他的《书目》(体现在目录 P 中)。②

我们可以进一步分析 H148-158 这部分目录中在罗得岛可能的编辑情况,以此增强"10 卷本《形而上学》在希腊化时期存放于罗得岛"这一观点的说服力。之前已经提过《物理学》《天象学》《动物志》③和《形而上学》的可能构成,我们不再重复。而《论生灭》《论灵魂》等著作由于和当今通行的版本一样(也和目录 P 相同),我们可以认为它们的卷次结构和现今一样。值得注意的是目录 H 中的 3 卷本的《论动物的部分》和 3 卷本的《论动物的生殖》,因为它们在目录 P 中已经变成了现今通行的 4 卷和 5 卷。我们认为,3 卷本的《论动物的部分》很可能是缺失了第一卷的《论动物的部分》,因为第一卷一般被认为相对独立于 2—4 卷,它讨论的主要是哲学性的解释(philosophical explanation)或生物学探究的方法论问题,而且《论动物的部分》第一卷的目的以及它与其他三卷的关系也被学者们所争论。④ 而 3 卷本的《论动物的生殖》很可能缺少了现有的最后两卷,因为第 5 卷向来被学者们认为和其他四卷的关系没有那么紧密,或者被认为是独立的篇章。⑤ 至于第 4 卷,尽管它主要讨论的是关于性别区分和遗传的问题,似乎可以很自然地被

---

① 参见洛德:《论亚里士多德全集的早期历史》,第 188 页注释 36;Barnes, Roman Aristotle, p. 64; Kenny, *The Aristotelian Ethics*, pp. 265, 274。
② 至于卷次编目的问题,没有理由认为罗得岛也普遍使用了 B 系统,罗得岛上的漫步学派成员可能出于拟古的原因而更愿意使用亚里士多德时代的 A 系统。
③ 如果我们承认目录 D 中的 9 卷《论动物》和 1 卷《论不育》是 10 卷《动物志》的组成部分,那么我们就可以推测,有两个副本分别存放于亚历山大里亚图书馆和罗得岛。在罗得岛,《论不育》被整合到《动物志》当中。
④ 参见 Lennox, *Aristotle: On the Parts of Animals*, pp. xiii-xiv, 119。Hellmann, On the Interface of Philology and Science, pp. 1256-1257 不仅提及《论动物的部分》第 1 卷的独立性,也指出《论动物的生殖》第 5 卷的独立性。
⑤ 以至于 Allan Gotthelf and Mariska Leunissen, 'What's Teleology Got to Do with It?': A Reinterpretation of Aristotle's *Generation of Animals* V, in *First Principles, and Scientific Method in Aristotle's Biology*, Allan Gotthelf, Oxford University Press, 2012, pp. 117-141 对第 5 卷与《论动物的生殖》其他几卷的密切联系和全部 5 卷《论动物的生殖》的统一性做出了辩护。

包括在《论动物的生殖》里。但值得注意的是,这一卷一开始也讨论了前人的观点,而这往往是亚里士多德一个较为独立的篇章的开头的标志。此外,《论动物的生殖》第四卷开头第一句就提到,我们已经一般性地和分开地(κοινῇ καὶ χωρὶς,前者大致对应于《论动物的生殖》1.1—2.3,后者则对应于《论动物的生殖》2.4—3.11)讨论了一切关于动物生殖的问题(《论动物的生殖》763b20—21),说明前三卷可以成为一个整体。① 这不像《论动物的生殖》第1卷和第2卷,以及第2卷和第3卷之间的划分,这两处的卷次划分在内容上的联系是相对明显的。因此,我们认为《论动物的生殖》的第4卷最初可能也是独立的作品。②

我们已经分析了罗得岛上的亚里士多德著作的编辑工作。这样,结合上面提到的其他证据,我们可以简要说明亚里士多德去世后他的著作的流传情况。亚里士多德的著作流传大致分为三个方向:③(1)亚历山大里亚图书馆;(2)罗得岛;(3)斯克普西斯的地窖(此外雅典也保留着一些著作)。④ 当然,其他一些地点(比如帕伽玛)也可能存在亚里士多德的部分著

---

① 参见 David Lefebvre, Parts and Generation: The Prologue to the *Generation of Animals* and the Structure of the Treatise, in *Aristotle's Generation of Animals: A Critical Guide*, eds. by Andrea Falcon and David Lefebvre, Cambridge University Press, 2018, p. 54。当然,由于第4卷的前三章讨论的性别区分问题回应了第2卷开头的指示(见731b18—24),也有学者坚持第4卷从属于《论动物的生殖》的合理性,参见 Allan Gotthelf and Andrea Falcon, 'One Long Argument'? The Unity of Aristotle's *Generation of Animals*, in *Aristotle's Generation of Animals: A Critical Guide*, pp. 30—34。但是,他们似乎仅仅关注第4卷的前三章,而没有具体论述第4卷的后面几章和前面三章的联系。而且,这也取决于我们如何看待一部作品的"统一性"。我们完全可以设想,安德罗尼柯正是看到了现今《论动物的生殖》最后两卷与之前三卷的关联,才将第四第五两卷整合到之前三卷本的《论动物的生殖》中。

② 至于为什么 H156 的3卷本《论动物的运动》到了今天成了1卷本,我们不好判断具体的情况。可能是出现了传抄的讹误,也可能是安德罗尼柯进行了重新划分。

③ 这正好说明关于亚里士多德著作下落的两个不同的故事都有一定合理性。第一个是我们前面提到过的斯特拉波和普鲁塔克的记载,认为亚里士多德的著作最后都被埋在斯克普西斯的地窖里。但是根据阿特纳奥斯(Athenaeus, 1.3Aff.)的说法,亚里士多德的所有著作几乎都被卖到了亚历山大里亚图书馆。很显然,两个故事是相互矛盾的,其中的内容不可能完全正确。也参见 Leyra, The *Aristotelian Corpus* and the Rhodian Tradition, pp. 723—733 的说法。

④ 同样的观点参见 Tarán, Aristotelianism in the First Century BC, pp. 484ff; Moraux, *Der Aristotelismus bei den Griechen*, Band I, pp. 3—31。我们必须承认,雅典也保存了亚里士多德的部分著作。这是因为伊壁鸠鲁和克律西波(Chrysippus)都知道亚里士多德的部分著作,参见 Tarán, Aristotelianism in the First Century BC, pp. 482—483。

作的副本①,但亚里士多德著作在当时最主要的保存地点就是这三个,而且这很可能也是安德罗尼柯写作《书目》的时候使用的基本资源。这三处地方的文献也有重合之处,正如《动物志》和《物理学》的例子所表现的那样:某部著作在一个地方以零散的单篇章节的形式出现,在另一个地方就可能被整合成现今的样子。

结 论

最后,让我们对《形而上学》的形成和流传过程做一个小结。首先,亚里士多德的学生欧德谟斯把《形而上学》编辑成 10 卷本,并且将其命名为 τὰ μετὰ τὰ φυσικά。之后,10 卷本的《形而上学》一直保留在罗得岛的图书馆里。到了公元前 1 世纪下半叶,安德罗尼柯整理了罗得岛的资源,再加上斯克普西斯的地窖里面新发现的材料和其他地方的材料(《形而上学》Δ 卷可能来自亚历山大里亚图书馆,即 D36),于是他在《书目》中将《形而上学》组合成 13 卷本,并阐述了这样编辑的原因。而在安德罗尼柯的《书目》完成之后,稍晚于安德罗尼柯的尼克劳斯发现了 α 卷,而后可能是他,也可能是某个人再将 α 卷插入《形而上学》的 A 卷和 B 卷之间,这样就最终形成了现今通行的 14 卷本《形而上学》。这份 14 卷本的《形而上学》的出现时间不会很晚,至少在亚历山大的时代(亦即公元 2—3 世纪之交),这一版本已经流行了一段时间。

总而言之,本文从亚里士多德的三份古代著作目录入手,论证了《形而上学》先后存在着 10 卷本—13 卷本—14 卷本的形成过程。然后,我们以安德罗尼柯为线索,先讨论安德罗尼柯之后《形而上学》的流传情况,后考察《形而上学》在安德罗尼柯之前的流传过程。尽管本文的观点和学界通行的看法有一些相似之处,但是,本文强调了罗得岛的漫步学派传统在亚里士多德《形而上学》的编辑和流传过程中的关键位置,而这一点是以往学界都没有关注到的。通过对这一传统的重视,可以让我们在更大程度上对于希腊化时期漫

---

① 关于副本的问题,大多人都认为,亚里士多德的多数著作不可能只留下一个孤本,从而进一步否认了斯特拉波和普鲁塔克所提到的故事的真实性。但是对于《形而上学》而言,由于它在希腊化时期没有被提及,因此很可能真的只存在一个版本,而这一个版本被欧德谟斯带到了罗得岛。

步学派的活动进行一些重估,也可以让我们进一步思考罗得岛的哲学传统对于公元前 1 世纪漫步学派的"复兴"的贡献。

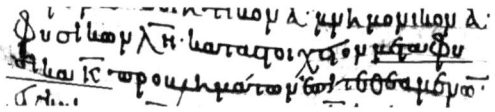

图 3   Ambrosianus 490（L 93 sup.）抄本中的 H111 条目 μεταφυσικὰ Κ'（f. 22r）

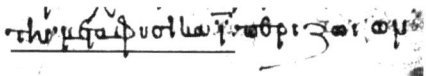

图 4   Ambrosianus 490（L 93 sup.）抄本中的 H154 条目 τῆς μετὰ ⟨τὰ⟩ φυσικὰ Ι'（f. 22v）

The Formation and the Early Transmission of Aristotle's *Metaphysics*

Ge Tianqin

Abstract: This paper discusses the transmission of Aristotle's *Metaphysics* from the death of Aristotle to the early 3rd century CE. Based on an examination of ancient catalogues of Aristotle's works, this article argues that the *Metaphysics* is developed from a 10-book treatise to a 14-book treatise during this period. The author points out that at first, Aristotle's pupil Eudemus of Rhodes edited Aristotle's manuscripts into a 10-book *Metaphysics*, and then kept it in the library of Rhodes. In the second half of the 1st century BCE, Andronicus of Rhodes enlarged the 10-book *Metaphysics* into a 13-book treatise in his *Pinakes*. At last, Nicolaus of Damascus possibly discovered the Book α. It is Nicolaus, or someone else, who added the Book α into the 13-book *Metaphysics*, and inserted it between the Book A and the Book B. In this way, there comes to be the 14-book *Metaphysics* which has come down to us today.

Keywords: Aristotle, Metaphysics, Rhodes, Eudemus, Andronicus

亚里士多德四因说的统一性

李超瑞[*]

提　要：亚里士多德提出原因是"以多种方式被言说"，包括质料因、形式因、动力因和目的因。尽管四因说在亚里士多德哲学中非常重要，但他对四因说的内在统一性所言甚少。我们不清楚这些原因是如何相互关联，也不清楚这些原因是否只是碰巧名字相同而已，或者它们作为一个单一的属下的种而相互关联，或者这四个原因是同名异义词，或者类比地统一。本文认为，有很强的理由支持四因是同名异义地统一起来的：形式因是核心意义，其他三因都是参照它而得以定义，这就是所谓的核心依赖的同名异义的方式。

关键词：亚里士多德　四因说　统一性

通常认为，亚里士多德区分了四类"原因"（αἱ αἰτίαι τέτταρες, Phys. 198a22）：质料因（ὕλη/matter）、形式因（εἶδος/form）、动力因（ἡ ἀρχὴ κινήσεως/efficient cause）和目的因（τέλος/final cause）。[①] 更准确地来说，人们所熟知的四因是"原因的四种模式"[②]。在《形而上学》Δ.2（《物理学》II.3），他引入了四因说：

---

[*] 李超瑞，河南师范大学政治与公共管理学院讲师。

[①] *Phys*. II 3; *Metaph*. Δ. 2.《物理学》所用文本：H. G. Zekl, *Aristoteles' Physik. Vorlesung über Natur. Griechisch-Deutsch* (v1, v2). Hamburg: Felix Meiner Verlag, 1987.《形而上学》所用文本：H. Bonitz & Horst Seidl, *Aristoteles' Metaphysik. Griechisch-Deutsch* (v.1, v.2). Hamburg: Felix Meiner Verlag, 1989.《形而上学》译文采用李真译本：亚里士多德：《形而上学》，李真译，上海：上海人民出版社，2005年。

[②] ἅπαντα δὲ τὰ νῦν εἰρημένα αἴτια εἰς τέτταρας πίπτει τρόπους, *Phys* II. 3, 195a15; *cf. Metaph*. XII. 5, 1071a7-8.

质料因:那个作为内在的东西,一个事物由它变为存在;①

形式因:形式或模型,亦即本质的定义和包含这个的类,以及包括在定义中的部分;②

动力因:变化或者静止从它首先开端的东西;③

目的因:目的,亦即一个事物为了它的缘故的那个东西。④

但是他并没有告诉大家,这四类原因到底有什么共同点才都被叫作"原因",也没有进一步解释为什么只有这四类原因。这种划分给后人带来许多困惑,就像海德格尔所说:"诚然,人们几百年来的做法给人的感觉,就仿佛关于四原因的学说是一个从天上掉下来的日悬中天的真理。但也许是时候了,我们要来问一问:为何恰恰是四个原因呢?联系上述四种,根本上何谓'原因'呢?何以四原因的原因特性如此统一地得到规定,使得它们紧密联系在一起?"⑤当然,除了海德格尔已经提出的这些问题,我们还可以追问,在什么意义上形式和目的可以作为原因?如果形式和目的可以作为原因的话,那么它们的结果是什么呢?为什么只有四种原因,而不是两种、三种或者五种或者更多呢?比如,为什么事物的重量不是第五原因?为什么不能像近代科学那样,只保留了动力因而舍弃另外三者?亚里士多德提出四种原因的区分时,并没有解释为什么这么做,这就给后世留下了千古之谜。四类原因之间是什么关系?它们如何统一起来?本文就处理这两个问题。

谈及四类原因时,亚里士多德有时候说四种(eidê/genê)原因(*Metaph.* 994b28, 996a18);有时候说是原因的四个方式(τρόπος)⑥,就像在讨论其他概念的同名异义时所用的说法,比如自然(*Metaph.* 1015b16)、一(1015b33, 1016a17)等概念。因此,目前讨论的四类原因,或许是四种(species)原因(位于同一个属之下),或许只是"原因"一词的四个意思(或者用法)。

四因怎么统一起来?回答这个问题之前,首先要搞清楚这里的"统一"是

---

① *Metaph.* Δ. 2, 1013a24 (cf. *Phys.* II. 3, 194b23).
② *Metaph.* Δ. 2, 1013a26 (*Phys.* II. 3, 194b26).
③ *Metaph.* Δ. 2, 1013a29 (*Phys.* II. 3, 194b29).
④ *Metaph.* Δ. 2, 1013a32 (*Phys.* II. 3, 194b32).
⑤ 海德格尔:《演讲与论文集》,孙周兴译,北京:生活·读书·新知三联书店,2005年,第6页。
⑥ *Phys.* 194b23, 195a27; *Metaph.* 996b5.

什么意思？一般而言，"统一"意味着它们有着共同的东西：或者是有着共同的定义，或者即便定义不完全相同但有部分意义重叠。因此，我们可以从同名同义（synonymy）和同名异义（homonymy）入手来处理四因的统一性问题。亚里士多德曾经提到事物以不同的方式"有共同的东西"：通过类比、属（genus）或者种（species）。① 属的相同或者种的相同可以看作是同名同义。

另外，在解释善的多种意义的统一时，亚里士多德列举了统一善的多重意义的三种可能方式：碰巧的同名异义（ἀπὸ τύχης ὁμωνύμοις），核心依赖的同名异义（πρὸς ἕν），以及类比（κατ' ἀναλογίαν）。② 当然，亚里士多德在谈同名异义时，不仅仅着眼于语词的意义和用法，更重要的是这些语词所对应的世界实际情况。在《形而上学》词典卷 Δ.6，亚里士多德区分了"一"的多种意义，与当前问题相关的是：数目的一、种的一、属的一和类比的一。③ 这里可以排除数目的一和种的一，因为亚里士多德明确说过四种原因（*Metaph.* 994b28, 996a18）。还剩下属的一、同名异义的一和类比的一。④

因此，四因的统一方式就有如下几种可能：

  1）在同一个属之下
  2）同名异义：2a）偶然碰巧；
      2b）部分重叠特征——核心-依赖：
        2b1）核心意义是四因之外的
        2b2）核心意义是四因之一（比如动力因或形式因）
  3）类比

对于情况1）：四因之上是否存在一个共同的属？在有些文本中，亚里士多德认为四因作为不同种的（eidê/genê）原因（*Metaph.* 994b28, 996a18）。那

---

① τὰ μὲν γὰρ ἔχουσι τὸ κοινὸν κατ' ἀναλογίαν, τὰ δὲ κατὰ γένος, τὰ δὲ κατ' εἶδος. *PA.* I.5, 645b28-9.

② οὐκ ἔστιν ἄρα τὸ ἀγαθόν τι κοινὸν κατὰ μίαν ἰδέαν. ἀλλὰ πῶς δὴ λέγεται; οὐ γὰρ ἔοικε τοῖς γε ἀπὸ τύχης ὁμωνύμοις. ἀλλ' ἆρά γε τῷ ἀφ' ἑνὸς εἶναι ἢ πρὸς ἓν ἅπαντα συντελεῖν, ἢ μᾶλλον κατ' ἀναλογίαν· ὡς γὰρ ἐν σώματι ὄψις, ἐν ψυχῇ νοῦς, καὶ ἄλλο δὴ ἐν ἄλλῳ.. (*EN.* I.6, 1096b25-9)

③ ἔτι δὲ τὰ μὲν κατ' ἀριθμόν ἐστιν ἕν, τὰ δὲ κατ' εἶδος, τὰ δὲ κατὰ γένος, τὰ δὲ κατ' ἀναλογίαν, ἀριθμῷ μὲν ὧν ἡ ὕλη μία, εἴδει δ' ὧν ὁ λόγος εἷς, γένει δ' ὧν τὸ αὐτὸ σχῆμα τῆς κατηγορίας, κατ' ἀναλογίαν δὲ ὅσα ἔχει ὡς ἄλλο πρὸς ἄλλο. (*Metaph.* Δ.6, 1016b31-35)

④ 这里追随 Christopher Shields 的观点，把类比和同名异义区别对待，参见 Christopher Shields, *Order in Multiplicity: Homonymy in the Philosophy of Aristotle*, Oxford: Clarendon Press, 1999, p.10, note 3.

么很自然地可以问:存在一个共同的属(genus)吗? 从名字来看,它们都叫作"原因",那么应该都位于同一个叫作"原因"的属之下。但是这个属的共同特征是什么呢? 目前已有的文本中并没有发现任何答案。当然我们只掌握了亚里士多德的部分文本,有可能包含答案的那部分文本恰好失传了。[①]

另外几种情况,都有文本依据和支持者。下面就分别重点考察这几种可能情况:类比地统一、偶然碰巧的同名异义和核心依赖的同名异义。

1. 类比统一

有时候亚里士多德说原因是在类比(ἀνάλογον)意义上使用的。[②] 按照通常的理解,两对东西之间构成类比,主要在于它们具有相似的结构,比如数字比例 1:2 = 3:6。[③] 那么四因如何构成类比关系呢?

Boris Hennig 认为,质料因—形式因和动力因—目的因这两对原因构成类比关系,都具有相似的起点—终点关系(ἐκ-εἴς)[④]。他首先区分了自然物和自然变化,认为质料因和形式因是对自然物的描述,动力因和目的因是对自然变化过程的描述。具体来说,质料因是关于一个东西来自什么,那么相应地,形式因是关于一个东西成为什么。当一个东西生成时,它出自某物,将要成为某种东西。动力因是运动/变化的限定因素,回答的是运动/变化的本原来自哪里。相应地,目的因就是表示这个运动/变化过程最终转变为什么,最后的完满实现状态是什么。亚里士多德有时候把目的因当作动力因的对立面,既然动力因是运动/变化的开端,目的因就是运动/变化的终点,二者都是运动/变化的限定条件。[⑤]

因此,质料因和形式因是自然物的限定因素,分别从来自什么和是什么两

---

① 匿名评议人指出一种可能情况:或许四因都属于"中项"这个属,它们都是证明的三段论的中项(*An. Post.* 94a23),都是回答"为什么"问题。我的回应:中项更多地是出现在三段论推理中,更侧重于人的知识层面。当然四因也可以作为三段论的中项,但不仅仅如此,根据《物理学》II.2 和《形而上学》Α 和 Δ.3 对四因的介绍和相关例子,四因是世界上实际的东西。因此"中项"这个属(假如存在这个属的话)不足以覆盖四因的全部内涵和外延。

② *Metaph.* 1071a24–27.

③ 国内学者吕纯山和刘鑫讨论过亚里士多德的类比学说。参见吕纯山:《亚里士多德的类比概念》,《世界哲学》2013 年第 5 期;刘鑫:《亚里士多德的类比学说》,《清华西方哲学研究》2015 年夏季卷。

④ B. Hennig, The Four Causes. *The journal of philosophy*, 106 (2009).

⑤ τρίτην δὲ ὅθεν ἡ ἀρχὴ τῆς κινήσεως, τετάρτην δὲ τὴν ἀντικειμένην αἰτίαν ταύτῃ, τὸ οὗ ἕνεκα καὶ τἀγαθόν· τέλος γὰρ γενέσεως καὶ κινήσεως πάσης τοῦτ' ἐστίν (*Metaph.* 983a33).

个方面来限定一个自然物;动力因和目的因则是对自然变化过程的限定,也是分别从来自什么和成为什么进行限定。

质料因—形式因和动力因—目的因这两对因素构成类比关系,类比的方式在于:

质料因:形式因=动力因:目的因

质料因:动力因=形式因:目的因

因此,Boris Hennig 认为这样就回答了为什么恰好有四种原因,以及四种原因之间的关系。

但是 Hennig 所提出的类比统一未必能够更好地解释为什么恰好四类原因。退一步讲,即便我们承认四类原因可以很完美地类比,即质料因:形式因=动力因:目的因;质料因:动力因=形式因:目的因,但这并没有解释为什么恰好是四类原因。完全有可能存在另外两类原因——姑且称之工具因(instrumental cause)和范例因(paradigmatic cause)①,跟上面的类比完美地搭配,比方说,工具因:范例因=质料因:形式因;质料因:形式因=动力因:目的因。

另外,类比仅仅是外在的关系,没有告诉我们诸原因的共同之处,对于类比对象的本质所言甚少,因此类比是一种非常弱的统一。况且,类比是非常宽泛的关系,泛泛而言,任何存在以及任何范畴都能够通过类比的方式统一起来。②

类比统一预设了:类比的东西具有相同结构,因此可以类比。具有相同的结构(形式)意味着具有相似的性质甚至本质。因此也预设了形式因的主导作用。我们希望好的类比能够解释两个事物在本质上的关系,比如我们经常把人脑和计算机类比,因为二者有着类似的算法结构。当然类比论证在多大程度上合理、有说服力,则是另一回事。假设四因是完美类比,那么要求类比的双方有着共同的结构,这里就会用到形式因,暗中诉求于核心依赖的同名异义(这里的核心意义是形式因,下面会详细介绍)。而不完美的类比,则没有太大的合理性,或者只是告诉我们一种碰巧的外在关系。所以,类比统

---

① 感谢匿名评议人建议我采用工具因(instrumental cause)和范例因(paradigmatic cause)。
② Eric Schumacher, *Aristotle on the Nature of Analogy*. Lexington Books, 2018, pp. 21-22.

一的支持者遇到了两难困境。

2. 碰巧的同名异义

"同名异义"是在《范畴篇》被引入的,指几个事物或词语名字相同,但是对应的定义不同。按照通常理解,同名异义有两种可能:一种是碰巧名字相同,但没有共同特征,也就是碰巧的同名异义;另一种情况是,同名的东西或语词有着部分重叠的特征和定义,即便没有完全等同的本质,它们也都朝向一个(πρὸς ἕν)共同的核心意义,也就是通常认为的"核心依赖"(core-dependence)的同名异义。① 下面先考察偶然碰巧的同名异义。

有些学者认为,四因只是碰巧有着相同的名字,虽然都叫作"原因",但是背后并没有更多的根据,或许只是任意的划分,我们根本无法知晓亚里士多德如何达到四因说。② 也有人认为亚里士多德是做了类似于今天所谓的"语言分析"的工作,考察了古希腊语 αἰτία 在当时日常语言中的用法,从这个模糊语词的日常用法中区分了四种比较显著的言说方式,因此严格来说,人们处理的不是四种原因,而是人们言说原因的四种方式③;而四种 αἰτία 都叫作"原因",只是碰巧了而已。

比如,托马斯·里德(Thomas Reid)写道:

> 这和亚里士多德的许多区分一样,只是对一个模糊词的各种含义的区分;因为动力因、质料因、形式因和目的因在它们的性质中没有任何共同之处,而通过共同的性质它们才可以被视为同一属的种。我们把希腊语的这个词翻译成"原因"(cause),这个词在亚里士多德的时代有这四种不同的含义。而我们又增加了其他的含义。(1788/2010:36)

---

① *Categories*, 1a1-8. C. Shields, op. cit.; Julie K Ward, *Aristotle on Homonymy: Dialectic and Science*, Oxford: Oxford University Press, 2008.
② 代表者为罗斯(Ross)。罗斯在《物理学》的"导论"中写道:"我们不知道亚里士多德何以得到了四因说。我们在他的文本中发现,他只是把这个学说当作自明的提出来而不做辩护。他可能是通过直接反思自然过程和人工制作的例子来得到的。但是即便如此,这种反思也是受到他前辈学者的作品的帮助。"参见 W. D. Ross, *Aristotle's Physics*. Oxford: Clarendon Press, 1936, p. 37。
③ 代表者包括 Wieland、Achinstein 和 Reid。W. Wieland, The Problem of Teleology, reprinted in *Articles on Aristotle 1: Science*, ed. Jonathan Barnes, Malcolm Schofield, and Richard Sorabji, London: Duckworth, 1975, pp. 141-160. Quote from p. 147; P. Achinstein, *The Nature of Explanation*, New York: Oxford University Press, 1983, pp. 5-6; T. Reid, *Essays on the Active Powers of Man*. Edited by Knud Haakonssen and James A. Harris. University Park, 1788/2010, p. 36。

通常认为，αἰτία 在日常古希腊语中的意思是"责任""负责"，这一点在柏拉图的著作里依然是主要用法。① 相比之下，亚里士多德的 αἰτία 概念与这个概念在古希腊语中的日常用法差别很大。很有可能是他引入了技术性术语，或者是在这个概念已有的意义上进行了改进。另外，假如四种原因的区分来自日常语言，那么它们就应该是一下子被给与的，而不是逐渐发现，亚里士多德也不用批评他的前辈忽视动力因。

而且，它们都是证明的三段论的中项（*Post. An.* 94*a*23），都是回答"为什么"问题。他经常说，我们除非把握了一个事物的原因，才可以说是理解那个事物。如此看来，原因概念对于科学体系是那么重要，因此我们对这个概念有着更高的要求，那么就要求四因不仅仅是碰巧了名字相同，也不会像雕像的眼睛与人的眼睛都叫作"眼睛"那样的同名异义，否则无法保证科学证明的严格、有效和可靠。

3. 核心依赖的同名异义

亚里士多德在有些地方暗示，诸原因有一个核心的意义，其他几种意义都依赖这个核心。比如，在讨论元素时，他提到原因和一都有最核心的意义：

> 但是，作为一个具体的东西和自然物，火是元素，而且这个词表示它具有这个属性，即有某种东西是由作为基本的构成因素的[火]组成的。关于"原因"和"一"以及其他所有这样的词也都是如此。因此，"是一"的意思是"是不可分的"，真正地是一个"这个"，而且在地点、形式和思维中都是分离的；或者还意味着"是一个整体的和不可分的东西"。但它特别地意味着"是某一种事物的基本的度量"，最严格地是指数量上的度量，因为它由此出发而延伸到其他[范畴]。（*Metaph.* 1052b13-19）

这一段告诉我们"一"的核心意义是"某一种事物的基本的度量"，"元素"的核心意义是"基本的构成因素"。但是却没有提及原因的核心意义。他既然暗示原因有一个核心意义，那么可以设想，大概有两种可能：或者我们选择四因之一作为核心意义，或者寻找额外的不同意义——最为接近原因概念本身的意义，并且适用于所有原因概念。对于第一种情况，就像"健康"和

---

① 这方面的考证，可以参考 C. Natali, Aitia in Plato and Aristotle. From Everyday Language to Technical Vocabulary, *Aitia I*: *Les quatres causes*: *origines et interpretation*, 2013, pp. 39-73。

"存在",在诸多已有的意义中存在一种核心意义;第二种情况就要在原因的四种意义之外寻找另外一种意义。

在《形而上学》别的地方,也能找到原因与一的关系:

> 这样,如果存在和一是同一的,而且是一个事物,这指的是:它们互相蕴含就像本原和原因一样。(Metaph. 1003b22-25)

这里又引出了原因与本原密切相关。那么,是否暗示原因的核心意义也就是本原的核心意义?

> 原因也能有相同数目的不同的意义,因为所有的原因也都是开端[原理]。所有"开端"的共同性质就是"第一的东西",从它出发一个事物或者是存在的,或者变为存在,或者得以认识,但是它们有的是内在于事物的,而其他的则是外在的。因此"自然"是一个"开端",而且"元素"、思想和选择,以及实体和"终极因"也是"开端",——因为善和美在许多情况下都是认识和运动的开端。(Metaph. 1013a16-23)

这段话告诉我们:所有的原因都是本原;本原的一般意义是"第一的东西";本原概念适用于四因——质料、形式、推动者和目的,即四因都是本原。

如果原因与本原相等同,这里的问题就解决了——四因的共同意义是"第一的东西"。但是亚里士多德并没有说原因等于本原。① 原因与"为什么"(διὰ τί)有关,是回答"为什么"问题,而本原则不是;亚里士多德经常说,直到把握了一个事物的原因,我们才算理解这个事物,但并没有说把握本原与理解事物的关系;从词源来看,原因的最早意思是"负责""归责",而本原的最早意思是"开端""统治"。而且在定义动力因时,他使用了本原概念——动力因是"变化或静止的第一本原来自哪里"(Metaph. 1013a29, cf. Phys. 194b29),这也说明原因与本原不同。

有人尝试给四类原因提供一个一般性的意义,比如 Moravcsik 称之为"生成因素"(generative factors)。② 对于质料因和动力因,按照亚里士多德举的例子,前提产生结论,部分产生(组成)实体,动物产生动物后代,这么说很容

---

① 以上分析思路受惠于 C. Natali, op. cit.。
② J. M. Moravcsik, Aitia as Generative Factor in Aristotle's Philosophy, *Dialogue: Canadian Philosophical Review/Revue canadienne de philosophie*, 14(1975).

易理解。但是对于形式因和目的因,假如说 2∶1 比率是八音度音节的生成因素,健康是饭后散步的生成因素,则显得让人费解。这种对"生成"概念的理解已经远远偏离了亚里士多德的用法。

因此,目前为止,尝试寻求四种原因之外的某个意义作为核心意义,这条路失败了。

另一种可能情况是,或许四因中的某一个是核心意义,其他几个都朝向或者依赖它。这种想法也得到一些学者支持。① 目前学界有两种方案,一种是把动力因作为核心意义,另一种把形式因作为核心意义。下面分别介绍。

3.1 动力因作为核心意义

一种观点认为,四因中的核心意义是动力因,另外三因可以看作是不同类型的动力因——动力因的形式、质料、目的方面,代表者是 Terence Irwin 和 David Furley。②

Irwin 认为,质料、形式和目的因都是动力因的不同方面③。四个原因看上去不是一个原因,这种表面现象是由于对原因和结果的不完全刻画造成的。对结果的不同刻画,会影响提问方式。比如,我们可以问,"雕塑的原因是什么",这时候的答案就是形式因和质料因。所以,表面看来质料和形式是雕像的原因。但"雕像"似乎是对要解释的东西的不确切的描述。一个更确切的描述要求解释雕像的被制造,或它的存在,或它的继续存在。如果问"为什么雕像生成",答案就会是动力因和目的因。简单地引用形式或质料似乎并不能提供适当的解释;"形式是雕像的原因"似乎只是一个简略的说法。而对原因的详细刻画可以是:"雕塑家在行使他的技艺。"提到雕像的形式因、质料因、目的因和动力因并不是真的要维护同一事物的四类不同的原因。当结果被更详细地刻画时,对前三个原因的提及就会变成是将形式、目的或质料归于动力因(1988:95-96)。

---

① 比如 Shields 曾经提到,原因、本原、自然等重要概念都是核心依赖的同名异义,但是他并没有详细地分析原因概念是如何核心依赖地同名异义。可以参考 C. Shields, op. cit., p.268。
② T. H. Irwin, *Aristotle's First Principles*. Oxford: Clarendon Press, 1988; David Furley, What Kind of Cause is Aristotle's Final Cause? In Michael Frede & Gisela Striker (eds.), *Rationality in Greek Thought*. Oxford University Press, 1996, pp.59-80.
③ 类似的观点在中世纪也出现过,比如通常认为苏阿雷兹是最早提出这种观点的,当然也有争论,可以参考 N. Hamid, Efficient Cause as Paradigm? From Suárez to Clauberg, *Journal of Modern Philosophy*, 3 (2021)。

目前不清楚的是,他把一个问题归结为另一个问题,这么做有多大合法性。四种原因本来对应着四种不同问题。实际生活中,当用户问"雕塑的原因是什么"时,他/她只是想知道雕像是什么材质构成的,并没有问"雕像是怎么被生产出来的",许多用户可能根本不关心后一个问题。因此,四因所对应的四个不同的问题并不能都归结为一个问题。

亚里士多德曾提到,"同一事物可以具有所有种类的原因,如一座房子的动力因是技艺或者建筑工匠,目的因是它实现的功能,质料是土和石头,而形式是定义"(Metaph. 996b5-8)。但这并不意味着质料、形式和目的因都可以还原为动力因。类似地,健康是饭后散步的目的因,那么解释饭后散步活动,我们要提到动力因、质料因和形式因,这并不意味着动力因、质料因和形式因就可以还原为目的因。

Irwin 说"质料因作为动力因的方面",具体是什么方面呢?他没解释清楚。质料在动力因过程中扮演什么角色,这一点也让人困惑。一般而言,质料是作为被动者,是动力因的作用对象,比如盖房子过程中,工匠是动力因,而建造材料是被作用对象。如果说质料是指动力因的被动方面,那么是否意味着动力因要分解为主动和被动两个方面?这显得有些怪异。

此外,目的因如何与动力因相关? Irwin 没有明说。而 David Furley 提供了一个简要的解释。正如 Furley 所说,"我们可以将质料、形式和目的因理解为动力因的不同方面,或者可能是不同种类的动力因"(1996:62)。按照这种观点,动力因更根本。以目的因为例,Furley 认为,动物具有某个部分(器官),是因为拥有这部分使其拥有者得以生存和繁殖。也就是说,"动力因的相关方面是器官对生物体及其祖先的好处;正是所提供的好处解释了器官在当前生物中存在的动力因路径"[①]。

问题在于,Furley 对目的因的理解太狭隘,仅仅局限于生物学领域,而且仅仅局限在生物的器官功能,没有谈及生物繁殖、生物个体的良好生活、自我保持、发育到成熟状态,后面这些都不能按照他的模式来分析。其次,神的沉思如何按照这种模式来分析?最后,善好是如何进入动力因果作用的?这里依然不清楚。他并没有解释善好的因果角色。如果是非还原的作用,那么善好就是独立而不可还原的目的因;假如可以还原为动力因,那么真正起作用

---

① Rich Cameron, The Ontology of Aristotle's Final Cause, *Apeiron*, 35 (2002).

的仅仅是动力因而已。①

3.2 形式因作为核心意义

还有一种方案是把形式因当作核心,目前的代表者是 Nathaniel Stein。② 我先分析 Stein 的主要观点以及不足,然后提出我的新方案。

Stein 认为,四因都是回答"为什么"(διὰ τί)问题。根据《形而上学》Z.17,追问"为什么",就是问通过什么一个东西属于另一个。也就是说,"为什么"问题的共同结构是:为什么一个东西属于(belonging)另一个东西,为什么一些 A 属于一些 B,也就是谓语对主语的归属。换言之,四因所要解释的对象(Explananda)都有一个共同的主谓语结构。一些看上去不是"A 属于 B"结构的句子,也可以改写为符合的。比如在目的因的例子里,健康是饭后散步的原因,我们通常会问的问题"他为什么散步",就可以转写成"为什么散步属于他"。"A 属于 B"结构的句子都是形式因的例示。形式因解释了为什么谓词属于主语。所有形式因都是可谓述的(predicables),包括:实体的形式和非实体的范畴比如性质和数量,偶然的和因其自身的谓述(predication)。

那么,四因可以改写为:

(1)某物是[A 属于 B]的质料因 $=_{def}$ 它是结构化的东西[A 属于 B]产生并持续存在的东西。

(2)某物是[A 属于 B]的形式因 $=_{def}$ 它是形式或范式,是关于[A 属于 B]是什么的说明[logos]。

(3)某物是[A 属于 B]的动力因 $=_{def}$ 它是运动或变化的来源,在这种运动或变化中,A 变成或继续属于 B。

(4)某物是[A 属于 B]的目的因 $=_{def}$ 它是[A 属于 B]所为的东西。

形式因被定义为[A 属于 B],而其他三个定义都是关于[A 属于 B]这种复合结构的存在或生成。所以,定义质料因、动力因和目的因时,都要涉及形式因。质料因、动力因和目的因都是依赖形式因,上述修订后的定义表现出一种核心依赖结构。

但是,以质料因为例,亚里士多德原文中质料因的解释对象是实体(还有

---

① 以上批评来自 Rich Cameron, op. cit.。
② Nathaniel Stein, Aristotle's Causal Pluralism, *Archive für Geschite der Philosophie*, 93(2011).

人造物),而不是[A 属于 B]这种结构。[A 属于 B]或许是事态,但不是实体。对于房子,可以问:"为什么这些材料是一座房子?"① 这里到底是材料属于房子,还是房子属于材料? 按照 Stein 的分析框架,质料因的解释对象是[A 属于 B],A 是谓语(代表形式因),B 是主语,那么解释对象就应该是[房子属于材料],但是这样显得很怪异,不符合我们通常对"属于"(belonging)的用法。虽然可以把"房子属于材料"理解为"房子在材料中实现"或者"房子被材料构成",但是分析这两个句子的主谓结构,我们发现这里的主语"房子"并不指称质料因,谓语"在材料中实现"或者"被材料构成"也不是形式因。②

另外,Stein 错误地扩大了形式因的范围。在《物理学》II.3,形式因是指本质、种类、典型和比例等。③ 但是许多谓词并不指称本质、种类、典型和比例。Stein 把某些偶然属性也当作形式因,这与形式因的原义不符。在 Z.17 亚里士多德提到了形式因的例子:"而且为什么这些事物(即砖与石头)是一座房子呢? 显然,我们是在寻求原因。(抽象地说)这就是本质,它在某些场合就是目的因。"④ "为什么这些材料是一所房子? 是因为那是一座房子的本质呈现出来了。为什么这个个别事物或者这个躯体具有这个形式就是一个人呢? 因此,我们所寻求的是原因,即形式,由于它的缘故,这个质料成为某个确定的事物;而这是事物的实体。"⑤ 这些例子里,形式因都是指本质。而 Stein 则把形式因扩充到非实体的范畴比如性质和数量,包括偶然的谓述(predication)。这一点与形式因的定义不符。

我赞同 Stein 把形式因当作核心的提议,但是不赞同他从谓述角度去谈论同名异义。下面我分析形式因如何作为四因的核心意义:从定义的角度来看,质料、动力和目的因都在定义上依赖形式因。

在《物理学》II.1,亚里士多德分析"自然"概念的同名异义时,认为自然的四种意义都是朝向一个核心意义——形式。自然的意义包括:(1)一个东西内的运动和保持静止的本原和原因(192b20—23),(2)自身具有运动和变

---

① *Metaph.* Z.17,1041b5.
② 谢谢匿名评议人向我指出,可以把"房子属于材料"理解为"房子在材料中实现"或者"房子被材料构成"。
③ *Phys.* II3,194b26—27.
④ *Metaph.* Z.17,1041a28—29.
⑤ *Metaph.* Z.17,1041b5—9.

化的本原的东西中作为载体的原初质料(193a28-30),(3)事物的外形和形式(193a30-31),(4)自然物变化和运动所朝向的终点(193b12-13)。可以看出,自然是按照四因说来解释的。当然他没有分析四因说的核心依赖结构。但是他对"自然"概念的分析,多少暗示了四因也是具有核心依赖关系。

质料因是"那个作为内在的东西,一个事物由它变为存在"。质料总是某个事物的质料。当我们说起质料的时候,总要涉及质料是什么东西的质料,比如铜是铜像的质料,总是不可避免地涉及形式因——雕像。也就是说,质料因的定义需要涉及形式因。在生成过程中,形式在因果地位和解释地位上优先于质料。质料是一个东西潜在地是什么,而形式是一个东西现实地是什么,潜能是依赖现实的。自然生成过程朝向的是形式,而不是质料,因此形式更显得像自然;制作过程也是类似。因此,质料因依赖形式因。

动力因的最详细定义为"变化或静止的第一本原从哪里来"①,这里的"变化或静止的本原"通常被理解为潜能,因为潜能被定义为"在某些其他事物中的变化的本原,或者是那同一个事物本身的变化的本原,而它作为这个事物的他者"②。在讨论潜能时,常用的例子是建造技艺和医术(技艺)。在有些文本中,亚里士多德认为,建筑技艺是形式或者本原,"医术和建筑术是健康的形式和建筑的形式"③。建筑技艺决定了建造的流程、所用的建筑材料以及被塑造成什么样子(结果)。技艺也是建筑工匠之为建筑工匠的根据:他由于具有了建造技能而是合格的工匠。形式因决定了运动/变化过程的种类和结果的种类。

亚里士多德经常说,动力因传递形式给结果④,比如人的生殖活动,从人的形式即父亲(动力因)传递到了孩子(目的)。动物的生殖活动也是如此。因此,目的因和动力因具有相同的形式。

目的因的意思是"为了什么""成为什么""最终是什么"。动力因刻画的是一个运动/变化的本原来自哪里,目的因就是表示这个运动/变化过程最终

---

① *Metaph*. Δ. 2, 1013a29 (*Phys*. II. 3, 194b29)
② *Metaph*. Θ.1, 1046a11-12. 根据李真译文略改动。
③ *Metaph*. Z. 7, 1032b13-14,类似的观点还出现在 *Phys*. II 3。
④ εἶδος δὲ ἀεὶ οἴσεταί τι τὸ κινοῦν, ἤτοι τόδε ἢ τοιόνδε ἢ τοσόνδε, ὃ ἔσται ἀρχὴ καὶ αἴτιον τῆς κινήσεως, ὅταν κινῇ, οἷον ὁ ἐντελεχείᾳ ἄνθρωπος ποιεῖ ἐκ τοῦ δυνάμει ὄντος ἀνθρώπου ἄνθρωπον. (*Phys*. III. 2, 202a9-12)

转变为什么,最后的完满实现状态是什么。亚里士多德有时候把目的因当作动力因的对立面,既然动力因是运动/变化的开端,目的因就是运动/变化的终点,二者都是运动/变化的限定条件。①

谈论目的因的时候,也要涉及形式因。对于制作活动比如盖房子而言,一个建造过程的目的是房子②,而房子则要涉及形式因——房子是什么,才能被谈论。亚里士多德本人也提到,生成物的三要素包括:通过什么的作用、来自什么、成为什么。③ 比如,对于自然物(比如人)而言,它来自质料,通过另一个自然物(另一个人即父亲)的作用,成为同类的自然物(一个人即孩子)(实体)④。他在《形而上学》Λ.3 提到,所有的变化都是从推动者(动力因)开始,作用于质料,朝向形式。⑤ 这里把运动的朝向(目的)等同于形式。在 Z.8 他以铜球的生成为例,说明一个东西的生成过程,是把形式带入质料:"但是,在那里有一个铜球,这是我们制造的。因为我们从铜和球形把它制造出来;我们把形式带进这个特殊的(质料),结果就是一个铜球。"⑥从引文来看,他把制作过程理解为给质料赋予形式的过程。那么最终产品就是个质料—形式复合物,也是由形式来确定其本质。因此,谈起目的因也要涉及形式因。

关于生物的繁殖活动,每种动物和植物都有朝向目的的繁殖能力,它们都有产生"另一个同类"的需要,都是为了实现这一目的而组织的。子代是繁殖的目的,子代与亲代有着相同的形式,都是同类的生物。雄亲把形式传递给子代,因此它们是同类生物。这个意义上,谈论目的因也要涉及形式因。

---

① τρίτην δὲ ὅθεν ἡ ἀρχὴ τῆς κινήσεως, τετάρτην δὲ τὴν ἀντικειμένην αἰτίαν ταύτῃ, τὸ οὗ ἕνεκα καὶ τἀγαθόν· τέλος γὰρ γενέσεως καὶ κινήσεως πάσης τοῦτ' ἐστίν (Metaph. 983a33).

② ἐνδέχεται γὰρ τῷ αὐτῷ πάντας τοὺς τρόπους τοὺς τῶν αἰτίων ὑπάρχειν, οἷον οἰκίας ὅθεν μὲν ἡ κίνησις ἡ τέχνη καὶ ὁ οἰκοδόμος, οὗ δ' ἕνεκα τὸ ἔργον, ὕλη δὲ γῆ καὶ λίθοι, τὸ δ' εἶδος ὁ λόγος. (Metaph. III. 2, 996b5-8)

③ πάντα δὲ τὰ γιγνόμενα ὑπό τέ τινος γίγνεται καὶ ἔκ τινος καὶ τί· τὸ δὲ τὶ λέγω καθ' ἑκάστην κατηγορίαν· ἢ γὰρ τόδε ἢ ποσὸν ἢ ποιὸν ἢ πού. (Metaph. 1032a13-15)

④ Αἱ δὲ γενέσεις αἱ μὲν φυσικαὶ αὗταί εἰσιν ὧν ἡ γένεσις ἐκ φύσεώς ἐστιν, τὸ δ' ἐξ οὗ γίγνεται, ἣν λέγομεν ὕλην, τὸ δὲ ὑφ' οὗ τῶν φύσει τι ὄντων, τὸ δὲ τὶ ἄνθρωπος ἢ φυτὸν ἢ ἄλλο τι τῶν τοιούτων, ἃ δὴ μάλιστα λέγομεν οὐσίας εἶναι (Metaph. 1032a15-20).

⑤ 1069b35-1070a2,类似的观点还出现在 Z.8 1033a24-34。

⑥ Τὸ δὲ χαλκῆν σφαῖραν εἶναι ποιεῖ· ποιεῖ γὰρ ἐκ χαλκοῦ καὶ σφαίρας· εἰς τοδὶ γὰρ τὸ εἶδος ποιεῖ, καὶ ἔστι τοῦτο σφαῖρα χαλκῆ. (Metaph. Z.8, 1033b9-10)

在《形而上学》Z.17,他把实体的本质(是什么)与它们的目的因联系起来,即本质解释了一个种类的其他特征(1041a29)。在这一背景下,一个种类的属性、组织和特征运动将是实现其独特的善好(也就是目的)所需要的。①

这样就容易理解,亚里士多德所说的形式因、动力因和目的因经常重合。②

Boris Hennig 批评说,把形式因当作核心意义有个不好的后果。如果形式因是最主要的,其他原因都是次级的,那么目的因也是如此,但是这一点与亚里士多德的本意不符,因为目的因在他的自然哲学里有着相当重要的地位,至少要比质料因和动力因重要。③ 我认为这个担忧是多余的。目的因的重要性只是在于确定变化的类型,因为变化的类型是由终点而不是起点决定的,比如毁灭是从存在到不存在,生成是从不存在到存在。④ 即便如此,这并不意味着目的因比动力因和形式因更重要。

结 论

本文从亚里士多德同名异义理论和"一"的多种用法出发,系统地探讨了四因如何统一的所有可能情况:碰巧的同名异义、核心依赖的同名异义,数量上为一、在种上为一、在属上为一、在类比上为一。通过排除法,本文最终认为四因是通过核心依赖的同名异义而统一起来:形式因是原因的核心意义,质料因、动力因和目的因都是在定义上依赖形式因。⑤

---

① D. Charles 谈到了这一点,参见 D. Charles, Teleological Causation, in C. Shields (ed.), *The Oxford Handbook of Aristotle*, Oxford: Oxford University Press, 2012, pp.227-266。
② ἐπεὶ δ' αἱ αἰτίαι τέτταρες, περὶ πασῶν τοῦ φυσικοῦ εἰδέναι, καὶ εἰς πάσας ἀνάγων τὸ διὰ τί ἀποδώσει φυσικῶς, τὴν ὕλην, τὸ εἶδος, τὸ κινῆσαν, τὸ οὗ ἕνεκα. ἔρχεται δὲ τὰ τρία εἰς [τὸ] ἓν πολλάκις· τὸ μὲν γὰρ τί ἐστι καὶ τὸ οὗ ἕνεκα ἕν ἐστι, τὸ δ' ὅθεν ἡ κίνησις πρῶτον τῷ εἴδει ταὐτὸ τούτοις· ἄνθρωπος γὰρ ἄνθρωπον γεννᾷ. (*Phys.* II.7, 198a22-27)
③ Hennig, Boris, *Aristotle's Four Causes*. New York: Peter Lang, 2019, pp.67-68.
④ μᾶλλον γὰρ εἰς ὃ ἢ ἐξ οὗ κινεῖται ὀνομάζεται ἡ μεταβολή. διὸ καὶ ἡ φθορὰ εἰς τὸ μὴ ὂν μεταβολή ἐστιν· καίτοι καὶ ἐξ ὄντος μεταβάλλει τὸ φθειρόμενον· καὶ ἡ γένεσις εἰς ὄν, καίτοι καὶ ἐκ μὴ ὄντος. (*Phys.* V.1, 224b5-9)
⑤ 匿名评议人给出了详细的修改意见,这里表示感谢。

The Unification of Aristotelian Four Causes

Li Chaorui

Abstract: For Aristotle, cause is "said in many ways": matter, form, efficient and final causes. Though the importance of the four causes in Aristotle's system cannot be overstated, the unification of the four causes has not been addressed. It is not at all obvious how these modes of causation are related to one another, or whether they all deserve a common term just by chance, or whether the causes are related to one another as species under a single genus, or whether the four causes are homonyms, or whether the four causes are unified by analogy. It is argued here that there are strong reasons to believe that the four causes are grouped together by homonymy. The formal cause is the core meaning, and the other modes of causes are defined with reference to formal cause, in the manner of so-called pros hen (core-dependence) homonyms.

Keywords: Aristotle, Four Causes, Unification

亲和力与操作者
——论皮科对普罗提诺魔法解释的承继与改造

万　岱[*]

提　要：自然魔法在皮科本人的哲学规划中占据着极其重要的位置，在《论人的尊严》与《九百题》等作品中也得到了相当充分的讨论。毫无疑问，皮科对魔法理论的建构直接受到费奇诺的影响，而费奇诺自然魔法的设想在谱系上又可回溯到新柏拉图主义者普罗提诺对魔法的典范解释。将皮科视作普罗提诺的继承者之一的确是一个有吸引力的观点，但是皮科对魔法概念的发挥是否仅为古典学术的回潮则有待进一步更细致的考察。本文根据魔法操作所赖以成立的世界图景，挖掘皮科与新柏拉图主义者共享的宇宙论前提，首先澄清并落实皮科与新柏拉图主义传统之间的联系。随后，通过分析魔法实践与操作主体之间的关系，展现魔法实践在两者哲学之中的不同地位，从而揭示皮科对于新柏拉图主义传统的背离与改造。这些改造服务于某种哲学上更基础性的规划，并塑造了一种全新的人性结构，使得"人"作为一个"自由的操作者"从决定论的世界图景中抽身而出，进而促进了晚近的主体概念的发明。

关键词：自然魔法　亲和力　奇迹　爱欲　人的尊严　自由

由于与近代自然科学的兴起存在着紧密的关联，文艺复兴时期的"自然魔法"（Magia naturalis）理论受到了现代学者尤其是科学史学者的密切关注。皮科（Pico della Mirandola）作为这一传统中的关键一环，关于他对于自然哲

---

[*] 万岱，1997年生，中国人民大学2019级硕士研究生。

学与自然魔法的发扬和理解更是不乏学界的研究和重视。在耶茨看来,皮科哲学工作的创造性在于将"实践性卡巴拉"(practical Cabala)作为补充性要素引入了费奇诺式的自然魔法。这一引介不仅抬升了人的"尊严"(Dignitate),赋予了人作为操作者的"神圣创造性力量"[1],也实现了毕达哥拉斯主义(Pythagoreanism)与魔法理论的调和,为数学在制造性操作之中的应用开辟了前景[2],从而为近代自然科学的兴起奠定了基础。

然而,皮科却并不像布鲁诺(Giordano Bruno)等哲学家一般激进,他仍然与古典哲人乃至中世纪学者共享了许多哲学与神学前提。耶茨也坦承,即使是皮科之后的神秘主义者阿格里帕(Heinrich Cornelius Agrippa von Nettesheim),其哲学框架所承诺的世界图景与中世纪的世界图景在大略上并无差异。[3] 皮埃尔·阿多更是挖掘了自然魔法理论的古代渊源,将费奇诺(Marsilio Ficino)视作普罗提诺的继承者,认定他延续并发扬了后者的主题。[4] 多条线索的交汇使得皮科身上呈现出了多重面向,皮科的思想与古代传统之间的联系与亲缘也显得相当复杂,我们对他在思想史之中的定位难免在激进与保守之间产生摇摆和反复。

有鉴于此,笔者将比较《九章集》(*Enneads*)与《论人的尊严》(*De hominis dignitate*)的对应文本,尝试着澄清皮科的魔法学说与普罗提诺思想之间的联系,以此展现皮科对新柏拉图主义传统的发扬与损益。一方面,皮科与普罗提诺共享了相同的宇宙论前提,魔法作为操作性的技艺依赖于柏拉图主义式的宇宙和谐与自然亲缘,新柏拉图主义的本原理论与爱欲学说的确构成了魔法实践得以成立的必要前提。但在另一方面,皮科也给出了不同于新柏拉图传统的灵魂结构和人性图示,自然魔法的操作主体与功能效力都发生了巨大的转变。相较于普罗提诺的传统解释,魔法操作在皮科哲学中不仅被打开了更为广泛的作用领域,魔法实践也成了灵魂完善的必要准备。这些改造使得

---

[1] Frances A. Yates, *Giordano Bruno And The Hermetic Tradition*, London: Routledge and Kegan Paul, 1964, p. 111.
[2] Frances A. Yates, op. cit., p. 146.
[3] Frances A. Yates, op. cit., p. 144.
[4] 皮埃尔·阿多:《伊西斯的面纱:自然的观念史随笔》,张卜天译,上海:华东师范大学出版社,2005年,第122—126页。

皮科对于自然魔法的引介相较于普罗提诺和费奇诺"更为有力和开放"①,操作主体与魔法技艺之间的关系也变得更加主动和积极,由此促成了"人"在世界图景之中所占位置的根本性变化。

一 魔法的自然化解释

尽管皮科对自然魔法的研究与理解直接来源于费奇诺,但毫无疑问,皮科在发展其魔法理论时从古代传统中受益良多。在《九百题》的前402个命题中,皮科所提示出的关于毕达哥拉斯主义、迦勒底学派、赫尔墨斯传统与卡巴拉主义的教义都处理了象征与魔法的问题。② 在《论人的尊严》③中,皮科更是认为基于自然哲学的魔法技艺"为一切智慧之人,一切投身于天上之事、神圣之事的民族所认同和拥抱"④。而在这些研习魔法技艺的古代哲学家中,皮科也着重提及了普罗提诺,将普罗提诺称作"最智慧的人"(sapientissimus),认定他对自然魔法予以了称许和正名,并且沿袭了普罗提诺的讲法,认为"魔法师不是自然的制造者而是自然的管家"⑤。尽管皮科未必完全忠实地还原了普罗提诺对魔法的态度和理解,但他在《论人的尊严》这部作品中的确援引了普罗提诺的权威来发展自己的魔法学说。我们也能看到,皮科在阐发魔法实践的操作条件与作用方式时,也与普罗提诺在许多问题上立场一致。

虽然普罗提诺对魔法的态度相当复杂和微妙,能否将普罗提诺视作魔法

---

① Frances A. Yates, *Giordano Bruno And The Hermetic Tradition*, London: Routledge and Kegan Paul, 1964, p. 84.
② 《九百题》的拉丁原文和英译参见 *Syncretism in the West: Pico's 900 Theses* (1486), translated with commentary by S. A. Farmer, Tempe, Arizona: Mrts, 1998。
③ 《论人的尊严》的拉丁原文和英译参见 Pico della Mirandola, *Oration on The Dignity of Man*, a new translation and commentary by Francesco Borghesi, Michael Papio and Massimo Riva, Cambridge: Cambridge University Press, 2012。中译本参见皮科:《论人的尊严》,顾超一、樊虹谷译,吴功青校,北京:北京大学出版社,2010年。本文所引《申辩》的全部文本都是在中译本基础上根据新的英译调整而成。
④ Pico della Mirandola, *De hominis dignitate*. 218.
⑤ Pico della Mirandola, op. cit., 226.

的拥护者和实践者在学界内部也存在着诸多争论①,但我们不可否认,普罗提诺在《九章集》的写作中的确对魔法做出了交待和说明,他承认了魔法的效用,并且尝试着为魔法操作的原理给出一种自然化的解释。

在《九章集》IV. 4.41 中,普罗提诺对魔法操作所赖以施展的根据做出了解释:魔法的施行"是通过亲和力,通过相同事物间存在的自然和谐与相异事物间的对立,通过完善一个活物之生命的诸潜能的多样性"②。这一前提限定了魔法的效力与施行范围,魔法实践尽管看似促成了事物的变化运作,但它只能够借助并成全事物之间因亲和力(συμπάθεια)而产生的和谐与关联,并无能力创造事物之间的联系。魔法的成果与效力虽然被流俗的观点视作奇迹,但这一过程却是完全自然的,即使没有魔法,事物之间因普遍同感也存在着自然反应,魔法操作的加成仅仅助益并催化了这些自然反应。这一特征也使得我们能够明确魔法在普罗提诺的知识分类之中的位置:魔法是一种技艺(τέχνη),并且它更接近医学或农学等第二类技艺。③ 这种技艺不能像第一类技艺一样完成某些人造的制作品,而是对自然生成物提供辅佐(ὑπηρετικός)与帮助(βοήθεια)。

普罗提诺又给出了许多自然魔法的例示,进一步剥除了魔法技艺的神秘

---

① E. R. Dodds 在 1962 年给出的著名判断构成了这场争论的源头,在 Dodds 看来,普罗提诺作为希腊理性主义传统的坚定捍卫者既非魔术师(magician),也非施奇迹者(theurgist),参见 E. R. Dodds, *The Greeks and the Irrational*, Berkeley, Los Angeles and Oxford: University of California Press, 1951, p. 285。Philip Merlan 依据波菲利(Porphyry)对普罗提诺生平的记述对《九章集》的相应文本给出不同的解释,认定普罗提诺不仅对魔法有兴趣,也在事实上是魔法技艺的实践者,参见 Philip Merlan, "Plotinus and Magic" in *Isis* 44(4), 1953, pp. 341-348。A. H. Armstrong 对 Merlan 的论文加以了回应,分析了前文的论证并对《九章集》第四章的文本做出了解释。他批评 Merlan 的立论过强,并对 Dodds 的传统立场加以维护,参见 A. H. Armstrong, "Was Plotinus a Magician?", in *Phronesis* 1(1), 1955, pp. 73-79。

② *Ennead*. IV. 4. 40. 1-4, "ἢ τῇ συμπαθείᾳ, καὶ τῷ πεφυκέναι συμφωνίαν εἶναι ὁμοίων καὶ ἐναντίωσιν ἀνομοίων καὶ τῇ τῶν δυνάμεων τῶν πολλῶν ποικιλίᾳ εἰς ἓν ζῷον συντελούντων." 《九章集》希腊原文及英译参见 Plotinus, *Ennead IV*, translated by A. H. Armstrong, Cambridge: Harvard University Press, 1984, 新英译本参见 Plotinus, *The Enneads*, edited by Lloyd P. Gerson, translated by George Boys-Stones, John M. Dillon, Lloyd P. Gerson, R. A. H. King, Andrew Smith and James Wilberding, Cambridge: Cambridge University Press, 2018。

③ 普罗提诺将活动与受动区分为根据自然(φύσει)而发生与根据技艺(τέχνη)而发生,他又在后者中细分出了三类技艺。第一类是创制性的技艺,终止于某种人造的制作品,以建筑术为代表。第二类是辅助性的技艺,以医术和农学为代表,能够根据自然而生的事物有所助益。第三类技艺包括修辞学和音乐,能够作用于人的灵魂,有待进一步考察。参见 *Ennead*. IV. 4.31. 17-24。

主义色彩。在他看来,魔法能够在许多作用于灵魂的技艺里发挥效力,在音乐与文艺活动中就广泛存在着这类现象。在一张里拉琴上只要存在着一种单一的和谐(ἁρμονία),仅仅一根琴弦的颤动也会因为亲和力与共感而被传递到另一根琴弦上。① 在舞蹈表演中,身体的不同部分摆置在不同的位置而相互远隔,但当身体随着旋律而摆动弯曲时,手臂中的一只绷紧下压,另一只则放松上扬。② 进一步地,魔法的效力与作用甚至不局限于人的身体和人的操作。只要某一物体中存在着灵魂与生命的潜能,魔法现象就能在这些事物中产生。比如说,天体这类具有更高自然位置的实体,也会因亲和力而受到遥远的相互影响③,这种自然的反应也被普罗提诺视作魔法过程。天体虽然不像人身一般具有特定的官能去聆听祈祷者的诉求,但天体会被吸引进祈祷者纯粹理智的沉思中,遭受触动而做出应允。④

至此,我们已大略勾勒出了普罗提诺对魔法的解释和基本态度,在他看来,魔法首要地意指着基于亲和力和普遍共感的自然吸引以及与之相应的辅助性技艺。很显然,普罗提诺对魔法的理解和描述有着更为基础性的宇宙论预设,魔法的操作方式也奠基于新柏拉图主义对灵魂的独特理解,而这些关联都有赖于我们在之后的文本中加以透视和推进。更为重要的是,皮科本人在写作中是否也渗透或采信了这些原理,这些理据是否也构成了皮科本人的魔法学说得以成立的前提呢?

二 魔法、奇迹与爱欲

如上所述,普罗提诺所理解的魔法概念作为一门辅助性的技艺必须借重自然的和谐与亲和力。那么,世界的各个部分之间为何存在着亲和力与普遍同感,何以能够产生相互影响与相互吸引呢?我们不能忘记,普罗提诺是在《九章集》第四卷4.4的文本中对魔法技艺和魔法现象给出解释,而他在这一章节中的基本任务是探讨与灵魂相关的诸多问题,尤其是澄清灵魂与身体

---

① Plotinus, *Ennead*. IV. 4.41. 3-8.
② Plotinus, op. cit., 4.33. 15-16.
③ Plotinus, op. cit., 4.41. 1-2.
④ 皮埃尔·阿多:《伊西斯的面纱:自然的观念史随笔》,第123—124页。

之间的交互关系。因此，普罗提诺所构建的普遍共感的宇宙图景显然要关涉一些更基本的哲学规划。

在4.4.18—4.4.25中，普罗提诺讨论了人类灵魂与身体的结合，以及随之而来的感知觉活动、情感和记忆。因为普罗提诺承认星相学与魔法对灵魂的作用和效力，所以他随即在4.4.26中提出了相应的问题：天体对灵魂的作用是否能归于一种特定的感觉，如果不能，又应当如何解释。在4.4.32中，普罗提诺正式勾画了一个完整的宇宙图景，他指出，"这个宇宙是一个在自身之内包含了所有生物的单一的有生命存在，它具有一个灵魂在它所有的部分，并且每一个个体事物都是它的一部分"①。无生命物与植物、动物的区别就在于，前者仅仅分有了世界灵魂，因此它们纯然是宇宙的一部分，但后者在分有世界灵魂之外，也具有了自身的个体灵魂，因此在某种意义上也是主体，能够为宇宙的其他部分所触动并因此产生感知与情状的变化。正是因为世界灵魂渗透到了可感世界中的每一个部分，宇宙中的不同事物才处于一种普遍共感的和谐状态中。而具有个体灵魂的有生命物不仅能够对可感物体形成感觉和情状，个体灵魂之间也能产生交互性的共同知觉（συναισθήσις），甚至遥远的天体也能在某些技艺的助推下对人的灵魂做出影响与回应，这种灵魂之间的相互吸引就是自然爱欲。

正是从爱欲学说的角度出发，普罗提诺对魔法操作给出了更具诗学色彩的表述。"许多事物在没有其他东西介入时就被吸引和'迷住'，真正的魔法就是存在于世界之中的爱与不和，并且爱神就是第一位魔法师和巫师。"②普罗提诺承认，通过符咒和咒语可以驱散其他事物或者将其引向自身；而在他看来，魔法技艺的这种助益性力量归根到底是爱的力量，爱的力量植根在施法者与施法对象之中，从而促成了不同灵魂的彼此接触与联结。普罗提诺之所以认为符咒和咒语的力量与爱欲的力量是同质的，是因为两者所达到的效果和功能相同，由爱欲而引发的自然现象甚至更为广泛和普遍：人会受到自己所爱慕对象的打动，对其产生自然的爱欲，从而吸引灵魂朝向对方运动。魅力（fascinatio）同符咒和咒语一样，都能引发灵魂的运动和位移，只不过在流俗的意义上只有后两者才被视作魔法，而这三者归根到底都不过是爱的作

---

① Plotinus, *Ennead*. IV. 4.32. 4—5.
② Plotinus, op. cit., 4.40. 5—6.

用的表现形式。

这一思路下描述的魔法过程大致呈现出以下三个特征。其一,魔法的操作对象是因亲和力而相互吸引的自然物,魔法作为辅助性的技艺能够催化不同事物之间的相互反应,并对潜在者加以完善和成全。其二,魔法的操作主体是灵魂和有生命物,因为真正的魔法是自然爱欲的力量,僵死的、惰性的身体并不会产生自发的触动和吸引,只有灵魂才是运动的施动者和最终原因。其三,魔法实践的操作表现为超距作用,因为普遍同感的状态就表现为非连续的超距作用。魔法活动之所以被流俗的意见指认为超自然现象,就是因为这些活动是超距进行的,"居间的部分隔断了两者并且不被推动,而不临近的部分被推动"①。尽管两个事物在空间上被阻断而远隔,但却因为分有了"相同"的理念而能够产生遥远的相互影响。

结合《九百题》与《论人的尊严》这两部作品中对魔法的界定和描述,我们可以清楚地发现,上述三个特征在皮科的写作中都得到了不同程度的呈现。我们有理由相信,就操作方式与操作对象而言,皮科阐发的自然魔法与普罗提诺解释的魔法概念大体上并无差异,皮科在这两个论域上的立场与新柏拉图主义传统基本一致。

我们应当明确,皮科对魔法的阐发关联于自然哲学,魔法是"自然科学的实践部分"②,是"自然哲学的绝对完善"(naturalis philosophiae absoluta consumatio)。而根据皮科在《论人的尊严》4—7节中给出的诗学-神学规划,自然哲学是人的灵魂在"雅各之梯"的进阶中所经历的一个阶段。自然哲学后于道德哲学与辩证法的教育,以哲学的鉴观照亮灵魂,从而使人模仿普智天使的理智活动,通过哲学沉思揭示自然,以此为神学训练和灵魂的完善做好准备。这些阐述表明,自然哲学与自然魔法不仅是揭示自然、理解上帝的一种方式,也是对灵魂的训练和教养。魔法实践以人的灵魂的完善为最终目的,魔法的操作与施展也必须要求灵魂的参与,正如《九百题》9.12所说,"所有魔法德能的形式都来自站立之人的灵魂,而非来自堕落之人"③。进一步地,在《九百题》9.2中,自然魔法被界定为"被允许而不被禁止的",那么皮

---

① Plotinus, Ennead. IV. 4.32. 16–17.
② Pico della Mirandola, *Conclusiones*. 9.2.
③ Pico della Mirandola, op. cit., 9.12.

科所引介的自然魔法何以区别于第一类魔法,亦即鬼怪的巫术呢? 在皮科看来,自然魔法之所以能与正信相兼容,是因为它并不创造奇迹,而是充当自然的仆从,作为自然的管家和助手,揭示出隐蔽不可见的自然奇迹。而自然奇迹也并非依据本性自行生成,而是上帝的创造与安置,魔法的操作就是在"呼唤因上帝的仁慈而撒播于世界各处的德能,以将它们从藏身之处带至光明中"①。因此,自然魔法是理解与认知上帝的重要途径,而对自然的揭示与解蔽则能够增益信仰,荣耀上帝。

但是,如果说自然的奇迹无非是上帝德能(virtus)与意志(voluntas)的体现,同其他造物并无根本差异,它又何以被称作奇迹呢? 魔法技艺的效力又何以体现呢? 在笔者看来,《九百题》中两项内容相近的命题可以大致折射出皮科对此问题的态度。在9.5中,皮科给出了对魔法效力的说明,"没有哪种生成性地且分离性地存在于天与地的德能魔法不能实现和统合"②。而在9.11中,皮科给出了魔法奇迹的存在条件,"魔法技艺的奇迹仅仅通过此而存在,即将生成性地且分离性地存在于自然中的事物统合并实现"③。这两个命题共同提到了魔法的操作对象所具有的两种性质,亦即"生成的"(seminalis)与"分离的"(separatus)。"seminalis"这一概念来源于"种子"(semen),它提示着魔法的操作并非是无条件的,即使没有外在技艺的参与,施法对象也内蕴着形式的潜在状态与生长变化的能力。而自然事物的分离性则表明魔法活动不同于一般的连续性变化:施法对象因分离而远隔,分隔两者的居间部分在魔法过程中并不受到推动,两者借助技艺的效力不通过中介和介质就相互连接和影响。这一事实表明,自然魔法的操作过程是某种超距作用(action at a distance)。④ 正是由于以超距作用的形式而存在,魔法

---

① Pico della Mirandola, *De hominis dignitate*. 229.
② Pico della Mirandola, *Conclusiones*. 9.5, "Nulla est uirtus in caelo aut in terra seminaliter et separata quam at actuare et unire magus non possit."
③ Pico della Mirandola, op. cit., 9.11, "Mirabilia artis magicae non sunt nisi per unionem et actuationem eorum quae seminaliter et separate sunt in natura."
④ 尽管亚里士多德主义的运动学说中基本不能容纳超距作用的存在,但是关于超距作用的讨论在经院哲学中已经相当丰富。这一阶段一个典型的事例就是魅力/吸引力的存在,魅力对人心的打动似乎提示着某些自然活动能够超距地在灵魂之中留下印象。对于这一问题的讨论参见Béatrice Delaurenti, "La fascination et l'action à distance: questions médiévales (1230–1370)", in *Médiévales: Langues, Textes, Histoire*, 50, 2006, pp. 137–154。

过程便不同于亚里士多德式世界图景之下的位移、数量增减与质变,魔法现象也因此不被视作自然运动,而被称作自然奇迹。

综上可知,皮科对魔法操作给出的描述与普罗提诺的解释相近,魔法实践也必须通过一个内在和谐、相互关联的宇宙论图示才得以施展,而这样的世界图景恰恰由普罗提诺给出。那么,皮科在写作时是否也带入了普罗提诺魔法解释中的本原理论和灵魂学说呢?我们必须明确的一点是,尽管皮科对古代传统和异教学术持有相当开放的态度,但他在《九百题》和《论人的尊严》中对异教思想的引介和推重仍然是以基督教为主体,由此将其他传统涵摄进基督教的基本教义之中。因此,我们可以看到,皮科的确承认自然共享了"亲缘关系"(mutuam naturarum),宇宙的各个部分因共鸣与"亲和力"(συμπάθεια)而构成了一个和谐的整体。但是,皮科对此所做的解释却不同于新柏拉图主义的分有论,而是将其归因于上帝的意志与创造。世界的不同层级里那些同质的特性和理式都来自上帝的创造,而它们各自居于现有的位置也来自上帝的安排和归置,正如《论人的尊严》16节所说,是上帝通过恩典将不同的德能撒播在世界各处。魔法操作的确具有一定程度的自主性,因为魔法实践来自操作主体的自主选择,这种技艺也能够将显现为破碎分裂的自然加以弥合和统一,实现并完善尚处隐匿和潜在状态的德能,但魔法活动所发挥的精神力量却不可能来自其自身。如《九百题》9.6所说,魔法和卡巴拉的效力"首要地归于荣耀和蒙福的上帝,其恩典将具有奇迹般德能的天外之水自由地注入沉思之人的善好意志"[①]。施法者在沉思与实践的过程中的确要通过自身的意志去调动并朝向操作对象,但技艺中所蕴含的精神力量却必然来自上帝的创造和给予。

总而言之,皮科在接受普罗提诺的世界图景的同时又将它们重新奠基在基督教的一元论和意志论之上。世界各个部分之间的亲和关联以及它们在空间上的远隔与分裂是魔法技艺得以施展的宇宙论前提,但事物的聚合离散却并非是因为分有了不同的理念,它们都仅有一个来源,亦即上帝的意志与归置。至于魔法与爱欲之间的联系,普罗提诺与皮科则是从不同的侧面表述了同一个主题。在普罗提诺看来,爱神是第一位魔法师,事物之间因自然吸

[①] Pico della Mirandola, *Conclusiones*. 9.6, "cuius gratia supercaelestes mirabilium uirtutum aquas super contemplatiuos homines bonae uoluntatis quotidie pluit liberaliter."

引而产生的相互反应恰是对魔法的自然解释与典型例示。而皮科则认为,魔法所发掘出的自然奥秘与自然奇迹最终揭示出的是上帝的形象。魔法作为自然哲学的实践部分同时也是神学的准备阶段,而灵魂在神学教育中必须发挥善的意志去爱上帝才能得到完善。因此我们可以说,魔法实践的终点与目的恰是对上帝的爱欲,揭示自然的目的在于"激起对造物主更热切的敬拜和爱"①。那么,我们能否认为,皮科对普罗提诺解释的取舍仅仅只是出于维护基督教教义的目的,皮科阐发自然魔法的工作也仅仅只是在基督教和新柏拉图主义传统的内部进行调整和修补呢?本文对此的答案显然是:不能。

三 自然魔法、自然位置与人

经过前一节的比较,我们可以看出,就魔法的施行条件、操作对象与存在形式而言,皮科的阐发与普罗提诺的解释大体上并无差异。但是皮科在《论人的尊严》的描述中,却塑造出了一个完全不同于古代传统的施法者形象。在皮科的写作中,魔法实践必须要求人的参与,人作为施法的主体与魔法技艺之间的联系较普罗提诺远为紧密。更加紧密的联系抬升了人的地位,也改变了人与施法对象和其他实体之间的关系,并最终促成了人在存在巨链中位置的变化。这种处理及其结果使得皮科身上"现代人"的面向得以表现,我们也有理由认为,操作主体的观念促成了皮科相对于中世纪和古代传统的决定性转向。

皮科与普罗提诺在魔法问题上最直接也最显明的区别在于二人对魔法概念的界定不同。在普罗提诺看来,魔法概念的首要含义就是相互吸引,宇宙之中的爱与不和就是自然魔法,普遍的相互作用就是自然魔法。魔法首先是一种普遍存在的自然联系和自然反应,然后才能够引申为催化这些自然反应的人工技艺。尽管普罗提诺会将魔法类比为医学或农学,并在音乐中给出许多例示,但正是出于前述原因,我们不能认为普罗提诺有一套关于魔法操作和实践的理论,本文也仅仅将《九章集》中相关文本的表述称作"对魔法的解释"。但是皮科却将自然魔法明确地界定为"自然科学的实践部分""对自

---

① Pico della Mirandola, *De hominis dignitate*. 232.

然哲学的绝对完善"。根据《论人的尊严》第 7 节对雅各之梯的构想和描述,自然哲学或自然科学是教养灵魂的方式,"自然哲学是人理解事物本质的工具"①,而自然魔法作为自然哲学的实践部分与最高部分,也应当具有相同的功能。因此我们可以做出如下的断言:在皮科对魔法的构想中,魔法和自然哲学以人为中心;自然魔法的首要含义是实践性的技艺,它服务于人的灵魂的上升与完善,要求着人的参与。

二人对概念内涵理解的不同直接影响了他们对操作者作用的判断。普罗提诺在讨论魔法与爱欲的关系时给出过明确的表态,即使没有第三者的介入,许多事物也能被吸引和迷住。② 因此,人的参与和操作并不构成魔法活动发生的必要条件,这一立场在普罗提诺解释星相学时也能得到很明显的体现。天体与人之间会因为祈祷而发生互动,但这种互动并不需要第三方的操纵。天体自发地被祈祷所触动,不自觉地被吸引进人的沉思之中,从而对祈祷做出应允。③ 而在皮科看来,操作者作为主体的参与对于魔法活动的完成是必要的。这不仅是因为皮科设置出的自然魔法服务于人并以人的灵魂的完善为目的,更是因为如果没有人的操作,自然事物之间的相互亲和与彼此吸引凭其自身(per se)无法完成。自然魔法的操作过程实际上就是揭示自然奥秘的过程,魔法的技艺将上帝撒播在世界各处的德能加以照亮。尽管魔法并不能发挥创制的功能,但如果没有人的参与和技艺的效力,自然的奥秘也并不会自动现身。正如皮科将魔法实践描述为"将生成性地且分离性地存在于自然中的事物统合并实现",尽管自然本身的确具有亲和力和普遍共感,但自然呈现给我们的却只能是分离远隔并且尚处潜在的种子状态。④ 只有人的实践与魔法的奇迹才能看出并揭示潜藏的亲和力,从而将世界联结统合为一个和谐的整体。

这种差异也表现在二人对魔法效力和作用范围的理解上。普罗提诺对待魔法有着相当的贬损、轻蔑与冷漠,他并不认为魔法的技艺可以达到哲学

---

① Eugenio Garin, *Italian Humanism*, translated by Peter Munz, New York: Harper and Row Publishers, 1965, p. 107.
② Plotinus, *Ennead*. IV. 4.40. 5.
③ 皮埃尔·阿多:《伊西斯的面纱:自然的观念史随笔》,第 123—124 页。
④ 吴功青:《皮科论自然哲学与自然魔法》,《哲学门(总第三十三辑)》,北京:北京大学出版社,2016 年,第 113—114 页。

的高度,魔法也对灵魂向着太一的复归并无助益,因为魔法并不能作用于筹算理性(τὸ λογικὸν)等灵魂中较高的部分。① 在音乐的案例中,这类魔法只触动了非理性的灵魂,灵魂中发挥辖制功能的理性部分则免受影响。② 但是在皮科的规划之下,自然魔法不仅是至高至圣的哲学(altior sanctiorque philosophia),能够对灵魂的上升与完善发挥积极作用,也要求着灵魂之中的理性部分参与魔法,并对其产生切实的影响。正如皮科在《九百题》9.14 中所说,"如果存在着临近于我们的本性,那它要么单纯是理性,要么绝大部分理性地存在着,它在其顶端具有魔法,并且通过在人之中的分有,它能够更加完善"。

最重要的一点是,两者所描述的魔法过程里,操作者在同一个世界图景中所处的位置却并不相同。普罗提诺认为,施法者不能外在于可感世界去施行咒语和符咒,魔法的效力并不能被传输进另外的世界。③ 因此,施法者必须在这个世界之内占据特定的位置,才能以魔法的魅力触发对象的运动和位移。这一点恰好可以解释魔法的力量为何不能作用于灵魂中的较高部分:因为筹算理性和理智等部分作为个体灵魂可以与身体相分离,通过回忆复归可知世界,这些部分不属于可感世界,自然也不受魔法的影响。

对皮科而言,自然魔法的整个设置与他在作品中对人独特尊严的规划紧密关联④,《论人的尊严》这部作品的主旨就在于发现并昭示人的尊严。而毫无疑问的是,"自由是人的尊严的本质所在"⑤。在皮科给出的创世图景中,上帝并没有赋予人特定的本性,人作为上帝的造物是未定的形象,正如上帝在创造亚当时所给出的陈说,"我们没有给你固定的位置或专属的形式,也没有给你独有的禀赋"⑥。人就是其自身的形塑者,人的形象和形式完全由意志的自由抉择而定,人既能模仿天使上升乃至与上帝合一,也有犯罪堕落

---

① Plotinus, *Ennead*. IV. 4.43.3.
② Plotinus, op. cit., 4.40.25.
③ Plotinus, op. cit., 4.40.15—20.
④ 吴功青:《皮科论自然哲学与自然魔法》,《哲学门(总第三十三辑)》,北京:北京大学出版社,2016年,第114—116页。
⑤ 吴功青:《革命与危机:皮科论人的尊严与个体自由——兼对特林考斯的一个批评》,《北京大学学报》2013年第5期,第44页。
⑥ Pico della Mirandola, *De hominis dignitate*. 18.

为野兽的风险,正如加林所说,人不再是某物而是一个原因,一个自由的行动者。① 人的自由本性使得人在宇宙层级中不再具有固定的位置,虽然人在空间上的确占据着居间的位置,但这种位置却并非是不可改变的。

在《创世六日》中,皮科承袭古代与中世纪的观点,将宇宙图景划分为从高到低的三个世界,亦即最高的天使界(Angelic World)或称可知世界(Intelligible World),居间的天界(Celestial World),以及月下的元素界(Elemental World)。不同于古代传统的是,人在宇宙图景之中没有固定的位置,在这三个世界之外,还存在着第四个世界,那就是人自身。尽管人作为有死的造物在诞生之初居于元素界,但人的自由本性却能使人向上攀升到天界,甚至凭借善好的意志上升到天使界。皮科将人称为三个世界的纽带和中心,就像尘世中的君主将自己的雕像置于城市的中心,人作为上帝的形象也被造物主置于世界的中心,甚而,人自身就是一个小宇宙。这不仅意味着人具有理知能力对三个世界的形式与本性加以把握,如《创世六日》序言二所说,"在其之内能看到诸元素的复合,天体的灵,植物的生长性灵魂,野兽的感知觉,理性,以及天使的心智和上帝的形象"②。更为重要的是,人能够模仿上帝的权能将不同层级的事物在自身之内实现聚集和组合,正如第五重阐释的第六章与第七章所说,"人在其自身本质的完满性中聚集并加入了世界的所有本性"③,"属地的事物臣服于人,而属天的物体与他为友,因为他是天与地之间的纽带与联结"④。

对人位置的改变也进而扩张了魔法的作用范围,因为魔法的作用不再局限于可感世界,施法者也不再像普罗提诺所描述的一般,困居在可感世界之中违背自己的意愿受必然性的支配。⑤ 与此相反,伴随着人在不同世界之中的移动,魔法能在每一个世界中都发挥作用。人作为世界的中心和

---

① Eugenio Garin, *Italian Humanism*, translated by Peter Munz, New York: Harper and Row Publishers, 1965, p. 105.
② *Heptaplus*. Poem 2,《创世六日》(*Heptaplus de septiformi sex dierum Geneseos enarratione*)的英译本参见 *Pico della Mirandola On the Dignity of Man, On Being and the One and Heptaplus*, translated by Charles Glenn Wallis, Paul J. W. Miller and Douglas Carmichael, Indianapolis: Bobbs-Merrill Press, 1965, pp. 63-174。
③ Pico della Mirandola, *Heptaplus*. Fifth Exposition. C. 6.
④ Pico della Mirandola, op. cit., Fifth Exposition. C. 7.
⑤ 皮埃尔·阿多:《伊西斯的面纱:自然的观念史随笔》,第 125 页。

纽带，不仅意味着人能够沉思并揭示上帝创世的奥秘，用理性把握到三个世界之间的亲和力与和谐，比如说在自身的灵魂中同时收纳元素界中热的性质与天使界中热的理念。更为重要的是，人作为中心和中点涵纳了所有事物，不同级次的事物在人之内的处所不同于它们的自然位置：更高的事物被拉坠下降，而更低级的生物和元素则会得到抬升。人所独有的这种权能意味着人可以通过操作改变事物的自然位置，甚至根据自然的亲和关系从更高的世界中调配精神力量，从而改造自然。这一活动也被皮科称作"嫁娶世界"（maritare mundum），皮科在两部作品中都描述并肯定了自然魔法的这种功能。在《九百题》9.13 中，皮科指出"操作魔法无外乎去嫁娶世界"。而在《论人的尊严》16 节中，皮科也提到了魔法师能够把地配给天，并举出农夫将榆树嫁接到葡萄藤上的例子，用农业生产中扦插的技艺类比自然魔法，以此表明魔法的效力能够把更高的权能和禀赋嫁接到低级事物之上。

在笔者看来，魔法的这种功能是皮科相对于普罗提诺最具革命性的突破。自然魔法在普罗提诺的哲学中之所以会受到冷落和贬损，一个很重要的原因就是，魔法所意指的自然联系某种程度上就意味着受制，它使得人作为有朽的生命被困死在可感世界中，在更高存在的辖制中匍匐于决定论的律则之下。在普罗提诺看来，魔法技艺和星相学的效力完全是同质的，天体对人类灵魂的影响与魔法技艺的感召都是出于自然必然性（φυσικὸς ἀναγκαῖος）而发生的。如果我们回顾普罗提诺在解释亲和力时所列举的舞蹈示例，就能明显地看出其中蕴含的决定论预设。自然事物之间因亲和力而产生的普遍共感就如同舞蹈中肢体的和谐，而这种和谐实际上来自第三者，也就是舞蹈者有意识地规划。舞蹈者外在地指派了一种秩序，从而为各个肢体指派了各自的必然位置。① 而皮科对魔法的重新阐释则彻底扫除了魔法的消极含义。魔法操作以"嫁娶世界"的方式将不同层级的部分加以勾连，而魔法实践之所以能够具有如此之大的效力，是因为技艺之中蕴含的精神力量来自上帝的给予②，上帝的恩典"将具有奇迹般德能的天外之水自由地注入沉思之人的善好意志"。由

---

① Plotinus, *Ennead*. IV. 4. 33. 20—25.
② 皮科强调魔法与人的意志之中的精神力量来自上帝恩典的注入，而人能够自由地操作魔法是因为分有了"上帝的形象"（Imago Dei）。这一结论可能会使皮科的形象略显保守，因为据此推理，人的尊严和权能仿佛不在于自由，而在于对上帝形象的分有。

于意志之中蕴含了来自天界的精神力量,所以人的活动和操作具有了极大的主动性,不仅能通过意志的决断实现灵魂的上升,改变自身的位置,也能将更加和谐的"形象"引入可感对象,对自然的样态加以改造和规范。在形塑自身的同时,也完成了对自然的形塑。

结　语
——"自由操作者"(Free Operator)的出场

皮科在《九百题》与《论人的尊严》这两部作品里对魔法操作给出了相对充分的描述和阐释,我们可以据此大致把握他对自然魔法概念的定位和理解。通过将它们与普罗提诺《九章集》中对应文本的比较,笔者相信前述的讨论已经对两者思想上的传承与关联给出了相对充分的澄清。在文本的最后,我们可以做出如是的结论性判断。皮科接受了普罗提诺哲学中的世界图景,并将其重新奠基于基督教的创造论和意志论之上。这一图景也被皮科引为其魔法理论得以成立的宇宙论前提。皮科所阐发的自然魔法,就操作对象和操作方式而言,与普罗提诺的解释并无根本差异,但皮科却塑造了一个完全不同于新柏拉图主义传统的操作主体,也就是作为施法者的"人"。

不能忘记的是,皮科作为文艺复兴时期的哲学家,中世纪经院哲学是他所面对的最直接也必须回应的理论对象。相对于经院亚里士多德主义,我们可以认定皮科对魔法理论的阐发实现了两重突破。

第一重突破是对亚里士多德运动学说的突破。通过诉诸新柏拉图主义传统,皮科在哲学中重新引回了魔法现象,并对魔法活动给出了自然化的解释。毫无疑问,魔法现象并非连续的推动与受动,魔法活动就是超距作用的一种典型例示,因而被称作奇迹。对魔法操作的阐发与正名打破了亚里士多德主义的世界图式,赋予超距作用以合法性。

第二重突破则更为激进,皮科在这一意义上也背弃了他引之为权威的新柏拉图主义传统。皮科对魔法的理解关涉他对人性形象的界定,而根据皮科所赋予的人的新自然,人作为一个无本性的主动者,以"嫁娶世界"的方式操作魔法,从而在魔法实践的过程中成为了一个"自由的"操作者。这种"自由"既意指着主体的自由,也提示着施法者对操作对象的自由改造。魔法技艺之中的精神力量能够将更高的权能引入较低的事物,从而赋予对象以新的形象和理式,达到改造自然的目的。对于自然魔法的这种理解和推进使得皮科实现了相对于古代和基督教传统的决定性转向,不仅催生了"现代人"的主体性面向,也为近代自然科学的兴起准备了条件。

"Συμπάθεια" and the Operator: On Pico's Succession and Transformation of Plotinian Interpretation of Magic

Wan Dai

Abstract: Natural magic plays a significant role in the writing plan of Pico della Mirandola, which has been discussed sufficiently in his works *De hominis dignitate* and *Conclutiones*. Undoubtedly, Pico constructed his theory of magic practicing under the influence of Ficino. In a genealogical perspective, the conception of Ficino's 'magia naturalis' shall pertain to the exemplary interpretation of magic which was given by the Neo-Platonist Plotinus. The belief that identifies Pico as one of the successors of Plotinus indeed appeals to us in some way, at least prima facie. However, the question that whether should we regard Pico's magic notion just as the reprint of the Neoplatonism doctrines need more precisely investigation.

In this paper, firstly, I shall clarify and demonstrate the connection between Pico and the orthodox Neoplatonism, according to the world-picture within which the magic operates shared by both of them as the cosmological premise. Then, I will analysis the relation between magic practicing and operating agents, by which to display the different status of magic practicing in each philosophy. I believe that such differentiations indicate that Pico depart and transit from the Neoplatonism tradition. These transformations served to a more fundamental programme in philosophy and formed a new structure of human nature, which made human as a 'free operator' escaped from the deterministic cosmos, contributing to the later invention of the concept of subject.

Key Words: Natural Magic, συμπάθεια/Sympathy, Miracle, Eros, The Dignity of Human, Liberal

书讯

《政治经济学批判:马克思〈资本论〉导论》

[德]米夏埃尔·海因里希 著,

张义修、房誉 译

南京:南京大学出版社,2021年

米夏埃尔·海因里希(Michael Heinrich)是目前德国MEGA编辑研究特别是《资本论》文献研究中最著名的学者之一,也是联邦德国战后发展起来的"新马克思阅读"思潮第二代的代表人物。他1957年出生于海德堡,先后在海德堡大学、柏林自由大学学习,曾在柏林自由大学、柏林应用科技大学、维也纳大学和南京大学担任教授或客座教授,曾任《PROKLA:批判社会学》杂志主编,目前辞去一切教职,专心撰写马克思传记《卡尔·马克思与现代社会的诞生》。海因里希的研究重点是马克思理论和经济学历史,主要著作有《价值的科学》(1991)、《政治经济学批判导论》(2004)等。

《政治经济学批判:马克思〈资本论〉导论》是海因里希以一种"新马克思阅读"的理解方式,对马克思《资本论》三卷内容的"政治经济学批判"体系所进行的重新阐释。本书不仅是一部关于马克思《资本论》和政治经济学批判的普及性、导论性的著作,更包含了海因里希对马克思政治经济学批判的一系列重要观点的凝练和总结。全书分为十二章,由《资本论》中的十二个重要议题构成,分别是资本主义与"马克思主义";政治经济学批判的对象;价值、劳动与货币;资本、剩余价值与剥削;资本主义生产过程;资本的流通;利润、平均利润与"利润率下降的规律";利息、信贷与"虚拟资本";危机;资产阶级关系的拜物教;国家与资本;共产主义——超越商品、货币与国家的社会。基于多年参与MEGA2编辑工作所掌握的材料,海因里希以扎实的学风和批判的视角不断地推进对马克思一系列问题的考证和研究,对于马克思的思想,提出了一种有别于苏联传统马克思主义体系的解释方案,为我们敞开了马克思思想的当代性与开放性,具有重要的理论意义和学术价值。(张航)

霍布斯与现代政治思想的历史意识
——波考克和施特劳斯的解读

赵雨淘*

提　要：作为重要的政治思想史家和政治哲学家，波考克与施特劳斯都对霍布斯的思想高度关注，但二者在解释上存在重大分歧。这是由于两人对现代政治思想的历史意识有实质性的不同理解。波考克与施特劳斯都认为历史意识是现代性的核心特征，但波考克将其追溯到基督教的世俗化，施特劳斯则将其归咎于无神论和背叛古典自然正当所导致的政治享乐主义。二人各自的宏大叙事决定了他们对霍布斯的理论意图与论证策略采取了不同解释，波考克将霍布斯视为基督教世俗主义者，施特劳斯则将其视为彻底打破了古典和基督教传统的现代政治哲人。

关键词：波考克　施特劳斯　霍布斯　宗教批判　历史意识

在西方政治思想史中，霍布斯的地位毋庸置疑。不过在很长一段时间内，现代学者对霍布斯文本的阅读相当不平衡。相比于《利维坦》或《论公民》前两部分提出的自然状态学说和契约建国理论，霍布斯关于基督教王国的讨论一直较少受到重视，其理论意义隐而不彰，甚至显得冗赘和脱节。这一局面的改变，在很大程度上要归功于两位重要人物——思想史家波考克和政治哲学家施特劳斯——对霍布斯宗教批判的经典研究。初看起来，波考克对霍布斯的关注有些奇怪。波考克本人并不能算是霍布斯专家，他大力发掘"大西洋共和主义传统"的努力，正是要挑战政治思想史写作的"法学范式"和自由主义叙事，降低霍布斯在近代政治思想史中的重要性。然而，在"马基

---

* 赵雨淘，英国埃克塞特大学政治学博士，中山大学政治与公共事务管理学院助理教授。

雅维里时刻"的宏大故事中,霍布斯依然诡异地现身了,这是因为他与波考克笔下的真正主角哈林顿一样,在英格兰内战的关头,利用基督教末世论(eschatology)的资源,来推动对于政治的历史化理解。在波考克看来,《利维坦》第三部分虽然较少受学者关注,但具有重要意义:

> 他以自己高度个性化的方式,用激进的新教教义证明:尘世间没有任何机构能够在基督升天和返回之间行使源于他的权威,或是在因扫罗而结束的摩西神权统治与基督返回时所实行的统治之间,行使直接源于上帝的权威。在这个期间占据着舞台的自然的和人为的世俗权威,行使着宣讲和解释有关上帝返回的预言的不可分割的权力。①

波考克认为,霍布斯与当时盛行的千禧年主义思潮采取了一致策略,诉诸末日启示来说明"每一时刻甚至连自然的时刻都处在历史之中"②,借此否定教会所宣称的"永恒"权威,为世俗主权辩护。

有趣的是,针对这一讲法,施特劳斯似乎早在1930年就已经准备好了反对意见:

> 关于他对神学主题广泛而持久的关注,我们不能认为它来源于思想与感情的千禧年主义的某些残余影响,相反,我们应该认为,它完全产生于面对盛行的信仰时如何引出有关不信的主题的需要:它是一个完全意义上的折衷……③

在施特劳斯看来,霍布斯对新教资源的利用只是虚晃一枪的表面动作,是为了避免宗教迫害而采取的写作策略,其背后是更为彻底的无神论倾向和更为自觉的政治哲学意图。④ 正是这些,而非霍布斯信誓旦旦的末世论

---

① J. G. A. Pocock, *The Machiavellian Moment: Florentine Political Thought and the Atlantic Republican Tradition*, Princeton, NJ: Princeton University Press, 1975, pp. 396-397.
② Ibid., p.370; 对这一观点的详细发挥,见 J. G. A. Pocock, Time, History and Eschatology in the Thought of Thomas Hobbes, in *Politics, Language and Time*, New York: Atheneum, 1971, pp. 148-201。
③ 列奥·施特劳斯:《斯宾诺莎的宗教批判》,李永晶译,北京:华夏出版社,2013年,第152页,译文略有改动。
④ 施特劳斯的具体讲法有所变化,早期认为霍布斯接近于无神论但尚未达到,后来明确认为霍布斯就是无神论者。无论如何,施特劳斯笔下的霍布斯都更不像基督徒。Edwin Curley, I Durst Not Write So Boldly, or How to Read Hobbes's Theological-Political Treatise, in *Hobbes e Spinoza*, ed. by Emilia Giancotti, Naples: Bibliopolis, 1992, pp. 497-593.

信仰,才是理解这位里程碑式思想家的关键。

那么,波考克与施特劳斯何以产生如此尖锐的分歧?二人对霍布斯思想的理解又有何得失?仔细考察这一争论,不仅有利于推进我们对霍布斯的研究,也有助于借助这一案例,把握两位重要学者对现代政治思想核心特征的实质性洞察。

一 历史化:基于《圣经》原则的"正统批判"

施特劳斯和波考克的霍布斯解释尽管存在尖锐的分歧,但并非水火不容。施特劳斯在坚持认为霍布斯"不信"基督教的同时,依然承认霍布斯的宗教批判首先是"一种以启示信仰为根据来实施的、就启示主题对神学家的观点所做的批判"[①],即基于圣经的"正统批判"。这一层面的基本努力,就是将救赎过程历史化,从而批判经院神学、打消宗教力量在现世的权威。这实际上与波考克的解读存在相当大的共识。

波考克和施特劳斯都认为,霍布斯努力将信仰与理性、启示与哲学分离开来,反对正统神学,确立起《圣经》信仰至上的原则。波考克从人类知识体系划分入手给出了详细说明。人类认识能力分为经验(experience)、理性(reason)和信仰(faith)三部分:经验依靠发生在时间中的感觉和记忆,对应历史知识;理性进行名词之间的推理,对应非历史的科学知识;信仰对应关于上帝启示的知识,启示尽管不违背理性,但超出了自然理性和经验的理解能力,只能通过信仰来达到,也是一种历史知识。由于奇迹已经停止,《圣经》就是启示的唯一记录和认识上帝的唯一方式,不能受到理性的评判或干预。[②] 波考克尤其强调,圣经信仰实际上构成了双重历史,一方面是信仰内容本身,即上帝创世到审判的神圣历史,一方面是信仰内容被记载、传播和法典化的社会政治历史。两个历史相互渗透,前者为后者赋予权威,后者又在时间推移中转化为前者的一部分,使信仰本身能够建立起一个独立的历史性权威结构。[③] 经由非历史的政治科学建立的世俗主权,必须进入这个给定的历

---

① Leo Strauss, *Hobbes's Critique of Religion and Related Writings*, Chicago: University of Chicago Press, 2011, p. 33.
② Cf. Leo Strauss, *Hobbes's Critique of Religion*, pp. 279–283.
③ J. G. A. Pocock, *Time, History, and Eschatology in the Thought of Thomas Hobbes*, pp. 155ff.

史架构,承认自己在时间中的开端(扫罗为王)和终结(基督重临)。这看起来似乎是对主权的限制,不过,恰恰是借助历史,世俗主权才逼退了它的对手——宗教权威。

波考克和施特劳斯共同认识到,教会是世俗主权面临的最大威胁。教会权威建立在形而上学二元论上,主张物质实体与精神实体、地上之城与上帝之城之间超历史的二元对立。正统神学认为,拯救不是发生在时间中的过程,而是个体灵魂从时间到永恒的上升;拯救的制度化渠道是教会,教会通过圣灵接受了来自"永恒的当下"(eternal now)的权威。对此,霍布斯将千禧年主义、唯物主义和唯名论组合成一种"政治末世论",向教会发起攻击。

首先,霍布斯利用末世论历史,指出上帝创世到审判是一个历史过程,上帝之城不在永恒中,而是一个建立在地上的政治王国,这就割裂了教会与永恒之间的联系。《旧约》王国是一个大祭司掌握主权的政治国家,这个王国随着扫罗建立起纯粹世俗的主权而终止;《新约》所预言的也是一个政治国家,届时耶稣代表上帝,在地上统治复活的选民。这二者之间,是一个不存在上帝的特殊王国的历史阶段,在这里,耶稣第一次降临及其建立的教会传统只有教导(teach)的权威,而世俗主权才是唯一的合法统治(rule)权威。

与此配合,霍布斯还通过唯物主义和唯名论否定精神实体(灵)的存在,取消了宗教权力的形而上学基础。霍布斯不承认作为无形实体的圣灵。人要与上帝建立起联系,只能通过上帝在时间中的言行,而人除了认识到上帝的无限权力和意志之外,并没有其他关于上帝的知识。霍布斯也不承认魔鬼存在和灵魂不朽。灵魂不能脱离肉体而存在,所谓永生并非灵魂进入永恒,而是人复活后作为灵肉统一体在时间中无限延续生命;所谓永死则并不存在,只有灵肉统一体的第二次死亡。这样一来,教会就不能作为上帝之城的载体来统治灵魂,也不能用永罚/永死的威胁来干扰信徒对主权的服从。现存的教会之所以僭取了巨大的权力,只不过是误解和歪曲《圣经》的结果。

波考克还进一步认为,对唯灵论的批判不仅可以反对教会权威,也可以反对激进的圣徒和教派运动。教派运动的依据是圣灵的内在见证,这只不过是"把个体的圣徒放在教会原来的位置上,与永恒建立起直接联系,为他在时间中的行动赋予来自时间之外的权威"[①]。既然否定了圣灵,这些主张也就

---

① J. G. A. Pocock, Time, History, and Eschatology in the Thought of Thomas Hobbes, p. 181.

不攻自破了。可以说,《圣经》的历史化解释对霍布斯的主权学说提供了充分的支持。

然而施特劳斯对最后这条结论并不赞同,因为"统治权力的统一既受到唯灵论的威胁,也受到奇迹的可能性的威胁,后者的威胁更甚"①。文本表明,霍布斯确实没有波考克所想得那么乐观。主权者面临的最大危险是"上帝和人的命令相互冲突",但宣称自己得到了上帝启示的人并不总是诉诸圣灵,而是大多诉诸异象、梦境甚至上帝直接说话,以奇迹作为验证。② 施特劳斯敏锐指出,霍布斯否定了被造实体的二元论,固然颠覆了教会的形而上学地位,却不能否定上帝与造物的二元论(dualism of God and creation)。换句话说,把上帝拉进历史,并不排除上帝在历史中直接干预世俗主权;上帝的特殊王国不在当下,这一事实并不排除对上帝王国的记忆和期待影响到当下。历史本身仍然蕴涵危险,霍布斯的主权学说要想成立,需要比"历史化"更多的东西。

二 历史解释:对圣经内容的实质辨析

在施特劳斯看来,霍布斯首先是通过对《圣经》历史进行消毒处理来应对这一困难的。霍布斯对《圣经》记载的历史进行实质性解释,证明上帝在历史中的言行无害于主权。这一工作主要包括两个步骤。

首先,霍布斯对上帝王国的统治关系进行了详细分析。霍布斯认为,亚伯拉罕与上帝立约之前就已经是掌握主权的家长,臣民已经有服从他的义务,因而他可以成为臣民与上帝立约的中介。摩西的权威形态稍有不同,他不是靠继承获得权力的。摩西的主权建立在民众的同意和自愿服从之上,相当于一个"按约建立的国家"(commonwealth by institution);在此之后,摩西才以主权者的身份,获得了在臣民面前代表上帝的资格。实际上,一旦臣民已经服从于摩西,那么无论摩西后来传示了什么诫命,也无论摩西之后继任的主权者是否还能用奇迹支持自己,他们都有义务服从。摩西之后的大祭司也是作为主权者来行使宗教权力。施特劳斯总结说,霍布斯"不会将其主权归

---

① Leo Strauss, *Hobbes's Critique of Religion*, p. 45.
② Thomas Hobbes, *Leviathan*, ed. Edwin Curley, Hackett, 1994, xxxii. 6; xxxvi; xliii. 1.

于上帝的神奇干预,而是归于纯粹的人世关系"①。《圣经》历史并不能为教权张本,反而支持主权的独立性和优先性。

其次,通过分析《圣经》,霍布斯给出了获得拯救的条件,指出服从世俗主权不可能与拯救的要求相冲突。拯救的条件包括两项,一是服从法律,二是信仰"耶稣是基督"。施特劳斯强调,霍布斯用上帝的恩典"赦罪"(remission)代替了人的"赎罪",从而最大限度地减小了人的信仰负担。原则上,人不需要信仰"耶稣是基督"之外的任何其他教义,而且不需要公开认信,只要内心信仰就可以了,因为上帝接受的只是意愿(endeavor),有此意愿,即可赦罪。这样一来,公开服从主权者就不可能有悖于拯救。"耶稣是基督"的信条不仅像波考克所说的那样,意味着接受"他是上帝,他将在未来恢复上帝的王国,我们与上帝的关系是政治服从关系"这一时间框架②,更发挥着将信仰要求最小化的实质作用,从源头上回避了政教冲突。

施特劳斯认为,霍布斯采用"非现实化"(making outdated)和"掏空"(erosion)的策略来解释基督教历史,在实践上消除了奇迹信仰的政治影响。③ 这一步骤虽已超出了波考克的阐释,却并不与波考克的解释原则相冲突。"历史化"确实需要推进到实质性的历史解释,但历史解释并没有超出历史。正如波考克所说:

> 他已经使用了末日启示来对付经院派,就不能再通过进一步世俗化来剔除它;因为如果末日启示是把上帝拉回到时间中的工具……我们就需要比世俗化更多的东西才能摧毁末日启示。我们需要其他东西来替代信仰。霍布斯没有试图实现这一替换。④

霍布斯的全部工作仍是基于圣经启示和末世论的信仰与历史结构而进行的。问题在于,为了辩护主权学说,这样的处理是否充分?

其实在波考克一带而过的叙述中,我们已经可以发现一丝危险。摩西虽然是世俗主权者,但一旦人们认定他是上帝的代治者,他就获得了一般世俗主权者无法拥有的身份。上帝专门派遣的士师和先知更是成了与主权者对

---

① Leo Strauss, *Hobbes's Critique of Religion*, p. 48.
② J. G. A. Pocock, Time, History, and Eschatology in the Thought of Thomas Hobbes, p. 148.
③ Leo Strauss, *Hobbes's Critique of Religion*, pp. 47-48, 64.
④ J. G. A. Pocock, Time, History, and Eschatology in the Thought of Thomas Hobbes, p. 194.

峙的权威。① 波考克列举这些段落，本意是要说明霍布斯承认《旧约》王国的宗教性质。但波考克没有注意到，末世论历史与世俗主权在这里出现了龃龉之处，即便霍布斯的历史解释也难以消化这些困难。

霍布斯显然注意到了这一问题。② 事实上，波考克自己就为我们提供了进一步思考的线索。前文已经说过，波考克所谓的历史并不只是上帝言行构成的神圣历史（内部历史），也是启示传播、继受并实现法典化的社会政治历史（外部历史）。波考克将这两个历史交缠在一起的做法，妨碍他认识到，霍布斯对《圣经》"外部历史"的考察，不仅可以用来对付教会，也可能会侵蚀"内部历史"本身的权威。霍布斯明言，真正重要的不是"知道"或"相信"末世论历史，而是"《圣经》各篇究竟是根据什么权威成为律法的"。③ 实际上，我们并不是必然要接受某个版本的末世论历史：

> 在这种或任何其他有关宗教的立异之论中我不坚持任何意见……将来所有的说法的取舍都要根据这一权威（引者按：指主权）决定，其书面或口头的命令，不论私人的看法如何，凡属想要得到他的法律保护的人都必须服从。这样做的原因是：各种有关上帝国的说法的论点对人间王国的影响非常之大，以致除了在上帝之下拥有主权的人以外，不能加以确定。④

《圣经》所记载的末世论历史是否被接受，归根结底取决于主权者的选择。于是，我们来到了宗教批判的下一个层面，即指向《圣经》本身的批判。

三 政治化：主权原则优先于圣经原则

波考克和施特劳斯都承认，霍布斯的主权原则必须建立在宗教批判的基础上⑤，但在施特劳斯看来，主权原则不能依赖于《圣经》"内部历史"的支

---

① J. G. A. Pocock, Time, History, and Eschatology in the Thought of Thomas Hobbes, pp. 170-171.
② Thomas Hobbes, *Leviathan*, xl. 10-11.
③ Ibid., xxxiii. 21.
④ Ibid., xxxviii. 5.
⑤ Leo Strauss, *Hobbes's Critique of Religion*, p. 47; J. G. A. Pocock, Time, History, and Eschatology in the Thought of Thomas Hobbes, p. 149.

持,而是开始于对"外部历史"的检讨,这使讨论重点从神的启示转向了人的政治。

施特劳斯指出,霍布斯在进入《圣经》解释之前,首先对《圣经》进行了文献学批评。《圣经》文本的作者并不都是摩西、大祭司、先知和耶稣本人,有些经文的成篇相当晚。霍布斯甚至指出,经文可能遭到教士的篡改。霍布斯接受现存的经文,只是因为"使《圣经》成为正典的不是作者,而是教会的权威"①,他所服从的正是英国国教会规定的篇章。霍布斯解释说,既然基督徒已经结合为基督教国家,教会的权威实际上就是主权者的权威。那些没有得到上帝超自然启示的人,既不知道启示的内容,也没有义务服从自称受到了启示的人。不过,这一说法显然容易引起质疑:即便启示不能通过理性而知道(know),人们为什么不能直接相信(believe)先知呢?上帝不是依然可能通过完全无法设想的奇迹方式降谕吗?

问题的根源,在于先知和奇迹也是无法确定的。霍布斯始终强调,"问题不在于服从上帝,而在于上帝在什么时候说了什么话"②。普通人无法知道启示,只能相信,这种相信也主要不是相信启示内容的真确性(authenticity),而是相信先知。然而《圣经》本身就充斥着对于假先知的记载,传达启示的梦或异象也很难与自然的梦区分开来。奇迹的确定也面临类似问题。霍布斯为奇迹提出了三条标准,一是奇异性,二是无法追溯到自然原因,三是以加强人们对上帝的使者、代理人和先知的服从为目的。③ 这就是说,奇迹是相对于人而言的,通过与人的关系而起作用。但是,由于人的自然知识有限,许多自然现象和人为事件会被无知的人当作奇迹;人的经验也各不相同,对事件的奇异性有不同感知。究竟什么是奇迹,以往对奇迹的记载是否真实,都并非显而易见。

如果把霍布斯对《圣经》文本、先知和奇迹问题的讨论汇集在一起,我们会发现一个混乱的循环。《圣经》原则的有效性在于《圣经》是启示的结果,是先知和奇迹的真实记载;判定真先知的标准却来自于《圣经》,要求先知行奇迹和传布已经确立的教义;奇迹则要求有助于人们对先知的服从。④

---

① Thomas Hobbes, *Leviathan*, xxxiii. 20.
② Ibid., xxxiii. 1.
③ Ibid., xxxvii. 2, 6.
④ Leo Strauss, *Hobbes's Critique of Religion*, p. 76.

《圣经》、先知和奇迹的真实性彼此循环定义，人们最终只能诉诸主权者的公共理性，"问问仅次于上帝作为神的子民的最高统治者的人，看看他已经确立的教义是什么"①，才能确保"和平与正义"②。这实际上"是对真假先知的内在区别的否定"③。至此，施特劳斯认为主权原则已经优先于《圣经》原则，主权者在理论上有权拒绝对自己不利的任何教义，甚至，基督教已经接近于"神道设教"的异教了。

施特劳斯还提醒道，霍布斯将《圣经》的约束力大大浅薄化了。波考克主张霍布斯将"知道"启示转化为"相信"启示，这固然没错，但实际上，一旦《圣经》的约束力从良心问题转变为权威和义务问题，"相信"就会进一步降低为外在的"服从"或"承认"，即不公开反对主权者规定的教义，而不需要内心的认信。④ 施特劳斯相信，这反映出霍布斯本人并不真信基督教。

不过施特劳斯没有注意到，霍布斯此举恰恰还有另一个效应，即为私人的"真正相信"保留了空间，它是不可剥夺的"上帝的赐予"。⑤ 臣民只有涉及公共事务时才需要服从主权者，这种"浅薄化"不仅可以使霍布斯在内心保留无神论，也可以反过来使真正的基督徒在主权者的要求面前保留内心信仰。私人信仰与官方教义的这种复杂关系意味着，波考克的命题依然在一个最低限度的意义上有效：针对信仰所提供的历史知识，主权者只能进行后续解释（interpret），不能完全自创一套（utter），他只能将其作为既成的材料（datum）接受下来，出于公共理性的考虑来进行选择和引导。⑥ 何况基督教作为真宗教和"神的政治"，毕竟不同于全凭政治建立起来的异教。波考克敏锐地指出：

> 心灵在信仰中关注的对象——被归于上帝的言词和行动，人的著述和教诲——并没有也不可能变成理性知识的对象。我们可以说霍布斯很少关心主权者出于政治审慎而在信仰领域内做出决断的可能性，但不能说霍布斯用审慎或哲学替代了信仰。他之前在这三种知识模式之间

---

① Thomas Hobbes, *Leviathan*, xxxvii. 13.
② Ibid., xxxiii. 1.
③ Leo Strauss, *Hobbes's Critique of Religion*, p. 84.
④ Thomas Hobbes, *Leviathan*, xliii. 10.
⑤ Ibid., xliii. 7.
⑥ J. G. A. Pocock, Time, History, and Eschatology in the Thought of Thomas Hobbes, p. 168.

做出的区分,依然一如既往地尖锐。①

政治消解不了宗教,主权者也生产不出信仰。

可是施特劳斯再次否定了这一看法。施特劳斯认定,霍布斯是一个比斯宾诺莎更彻底和激进的哲学家,因为他不想为信仰保留最后的位置。启示宗教不是维护国家的手段,政治忠诚必须完全植根于理性。② 连不可知论的立场也是不够的,因为只要奇迹依然可能,世俗主权就可能受到干扰。必须彻底否定奇迹,彻底消灭启示宗教。在施特劳斯看来,霍布斯出于伊壁鸠鲁式的根本动机,将宗教批判推进到了这个最极端的层面。

四 "无神论":政治哲学至上

施特劳斯指出,假如上帝是全能的,奇迹就必然是可能的,霍布斯从一开始就面对着一个不可能驳倒的敌人。为此,霍布斯放弃了正面攻击,采取了相当迂回的策略,从结论上进行反驳。这一反驳分为表层与深层两条线索。

霍布斯表面上使用了一个归谬推理。在信仰的前提下,全能的上帝可以为所欲为,"然而,因为所有自然事件都是全能的上帝所为,上帝的作为又绝对不可理解,所以,所有自然事件与奇迹一样也完全不可理解"③。这引发出两个重要后果:第一,奇迹与自然现象不再存在实质性的区别,只能通过奇异程度的不同来加以分辨。而奇异程度是一种主观感受,取决于人对不同现象的熟悉程度。"世界上所见到的第一道彩虹是一个奇迹……现如今,彩虹是人们司空见惯的事物,所以便不是奇迹。"④这种主观感受是因人因时而异、极其不可靠的,所以无论通过理性还是信仰,人们都不可能准确地认识奇迹。第二,一旦自然现象与奇迹失去本质区别,自然现象就变得同样不可理解,这显然是荒谬的,甚至接近于迷信。霍布斯坚决反对这种混淆:"所有的好事都是从上帝那里来的,然而得到好事的人却不能全都说这是由于神感,因为这

---

① J. G. A. Pocock, *Time, History, and Eschatology in the Thought of Thomas Hobbes*, p. 192.
② 施特劳斯:《斯宾诺莎的宗教批判》,第 152—153 页。
③ Leo Strauss, *Hobbes's Critique of Religion*, p. 89.
④ Thomas Hobbes, *Leviathan*, xxxvii. 4.

就意味着一种超自然的赐予,并要上帝亲自插手。"①施特劳斯总结说,"由于自然认识的可能性显而易见,奇迹主张于是不攻自破"②。

但施特劳斯注意到,自然知识的存在并不像初看起来那么理所当然。事实上,霍布斯对奇迹的批判几乎反将他自己置于绝境:有没有可能,上帝恰恰是全能的,自然现象恰恰是无法理解的,自然知识恰恰是不可能的?与笛卡尔的"欺骗性上帝"类似,霍布斯笔下的全能上帝也带来了怀疑论的严重挑战。笛卡尔最终诉诸上帝的完满性来保证"我思"对外在世界的正确认识,霍布斯则更加彻底地将心灵的表象与外在世界打作两截,认为外在世界是"不可理解的上帝的不可理解的作品"③。我们只能通过来自外物的阻抗来确认物质世界的存在,却不可能对"物自体"有任何真正的了解。所谓的自然知识,只是建立在"奠基性科学"之上的"自然科学",是在表象之间建立起的假设性的因果"解释"④,从而使人们能够有效地根据结果推断原因,或根据原因生产结果,获得支配自然的力量。但与信仰相比,自然知识在存在论上并没有任何内在的确定性和优越性。

不过施特劳斯发现,用奇迹的可能性否定自然知识,并不只是霍布斯归谬推理中的一步险棋,还是"霍布斯思想的一个内在因素"⑤,霍布斯正是在这一绝境上才悖谬地确立了政治哲学的优先地位。既然外在世界是不可认识的,那么只有撤退到上帝无法触及的意识世界——由人本身掌控和自由创造的世界,人才能获得确定的知识。"自然的作品从原则上讲不可理解,技艺的作品从原则上讲则可以理解。"⑥因而,真正的最高知识只能是技艺。既然不可理解的自然无法再为人类提供任何指导原则,那么技艺的唯一原则就只能是人的利益,"一切意义的全部可理解性,其最终根源都在于人类的需

---

① Thomas Hobbes, *Leviathan*, xliii. 9.
② Leo Strauss, *Hobbes's Critique of Religion*, p. 90.
③ 施特劳斯围绕奇迹问题的解释并没有严格遵循霍布斯文本的脉络,而是抓住一些词句(*Leviathan*, xxxvii. 3)反复进行引申。这或许并非最有力的解释策略,但施特劳斯敏锐地注意到,霍布斯的形而上学观点(表象世界与"物自体"的分离,后者的不可知性)与其神学观点有内在的关联。
④ Thomas Hobbes, Concerning Body, in *The Metaphysical System of Hobbes*, ed. by Mary Whiton Calkins, Chicago: The Open Court Publishing Co., 1963, xxv. 1.
⑤ Leo Strauss, *Hobbes's Critique of Religion*, p. 90.
⑥ Ibid., p. 111.

要"①。最高的技艺就是"人造人"(artificial man)的技艺——政治哲学。霍布斯的哲学体系由此分成研究自然物的"自然哲学"与研究人造国家的"公民哲学"两个部分,二者并非基础与应用、原理与推论的关系,而是"护教学"与"教义学"的关系。② 正是在政治所确立的尺度下,科学才显示出相对于宗教的优越性,因为宗教作为恐惧和虚荣的产物,往往引发冲突,必须通过理性启蒙来予以批判。③ 于是,在"政治无神论"的推动下,霍布斯的哲学呈现为"政治快乐主义"(political hedonism),即"政治理想主义"(将政治哲学视为第一哲学)与"快乐主义"(将人类利益视为最高原则)的结合,其结果是自然正当的瓦解,人为制造的国家成为一切秩序的基础,这是一种彻底的习俗主义(conventionalism)。在施特劳斯看来,这一步骤决定性地导向了历史主义(historicism)。随着霍布斯所强调的"有意识的建构"在18—19世纪思想中逐渐"被'历史'的盲目力量取代"④,现代政治思想的历史意识也就最终成形了。

然而,施特劳斯接着指出,霍布斯的方案面临着严重的内在困难。首先,霍布斯力图将政治奠基于人性,但关于自然人性的学说——伦理学、正义理论等——并不属于公民哲学,而是属于自然哲学范畴⑤,涉及对人的感觉、激情的分析,具有与物理学相同的性质。⑥ 作为公民哲学的起点的人,本身也处于自然世界,是自然哲学研究对象的一部分。对政治社会而言,"那一根基并非某种自由创造,而是人身上最强大的自然力量"⑦。可是,倘若一切自然知识根本上都是假设性的,建基于其上的公民哲学又怎么能达到绝对确定性?施特劳斯提出,霍布斯试图从经验来达到政治科学,以解决这一问题。

---

① Leo Strauss, *Natural Right and History*, Chicago: University of Chicago Press, 1965, p. 177.
② Leo Strauss, On the Basis of Hobbes's Political Philosophy, in *What is Political Philosophy and Other Studies*, Chicago: The University of Chicago Press, 1988, pp. 170-196. 学界一般认为,施特劳斯早年并不重视霍布斯的自然哲学,甚至认为霍布斯的自然哲学与其政治哲学没有实质关联。这一印象主要源于他在《霍布斯的政治哲学》中的研究。但在关于霍布斯宗教批判的研究中,施特劳斯意识到,正是霍布斯对自然世界可知性的否定为其政治哲学的优先地位奠定了基础,这一思路呼应了他成熟时期的结论。
③ 施特劳斯:《斯宾诺莎的宗教批判》,第133—147页。
④ Leo Strauss, *Natural Right and History*, p. 177.
⑤ Thomas Hobbes, *Leviathan*, ix.
⑥ Thomas Hobbes, Concerning Body, vi. 7.
⑦ Leo Strauss, *Natural Right and History*, p. 201, p. 174 footnote.

然而，政治科学可以通过经验来验证，并不等于经验足以成为牢固的基础。经验对应的是历史知识，"说霍布斯断言历史是他的政治哲学的基础，是不正确的"①。一言以蔽之，如果人造世界并不能彻底超脱自然世界，那么后者的不可理解性依然会对前者造成威胁。②

更重要的是，所谓的"政治无神论"其实并没有彻底排除神，而恰恰是建立在上帝绝对权力之上的一种极端的不可知论。因此，霍布斯的宗教批判只能否定传统神学，却无法否定加尔文教，后者并不依赖奇迹与自然的区分，而是完全建立在奇迹之上的。在加尔文主义立场面前，霍布斯只不过形成了一种"批判的错觉"③。事实上，绝对主权原则从一开始就不能适用于那些"现在仍以超自然方式听到上帝说话的人"④。

在施特劳斯看来，霍布斯的方案和困难具有重要的指征意义。它意味着：第一，现代政治哲学实质上需要无神论才能真正让人成为主宰；第二，但它实际上并没做到；第三，它却仍然取得了巨大"成功"。施特劳斯似乎有意将霍布斯与斯宾诺莎视作同党，他们努力以理性启蒙对抗启示宗教，从心理学、人类学、政治社会学等实证的视角将信仰解构为迷信和欺骗，但其实仅仅在"把对手嘲笑出局"的意义上获得了"虚假的成功"⑤。现代政治哲学无法从根基上排除信仰，相反，他们自身对理性立场的坚持就是一种未经检讨的"意志行动"甚至"信仰行动"。在施特劳斯看来，现代政治哲学及其历史意识不仅后果可怕，而且根基可疑。在这一问题上，波考克坚持霍布斯对经验、理性与信仰的三分，强调经验和理性不能完全消解信仰，依然包含着深刻的洞见。只不过对于波考克而言，霍布斯并不想消灭信仰；而对于施特劳斯，霍

---

① 施特劳斯：《霍布斯的政治哲学》，第 121 页。
② 关于这一问题的重要进展，参见扎卡：《霍布斯的形而上学决断：政治学的条件》，董皓等译，北京：生活·读书·新知三联书店，2020 年。扎卡以"表象"和"语言"为中心，揭示了霍布斯的"分离的形而上学"如何转化为"政治的奠基"。尽管扎卡对施特劳斯在《霍布斯的政治哲学》中的观点持批评态度，但这一解释实际上比施特劳斯自己更充分地发展了施特劳斯在《霍布斯的宗教批判》和其晚期作品中的思路，即表象与物自体的隔绝确保了政治哲学上升为第一哲学。扎卡的推进在于，霍布斯的政治建构并不需要对人性的某种本体论理解，其基础乃是由表象和语言构建起的主体间关系。
③ 施特劳斯：《斯宾诺莎的宗教批判》，第 271 页。
④ Thomas Hobbes, *Leviathan*, xliii. 6.
⑤ 施特劳斯：《斯宾诺莎的宗教批判》，第 205—206、56、290 页；Leo Strauss, *Hobbes's Critique of Religion*, p. 91；参见 Edwin Curley 前引文。

布斯是根本做不到罢了。

五　霍布斯与现代历史意识

　　波考克与施特劳斯在霍布斯解释上的分歧,折射了二人对现代历史意识这一问题整体上的不同理解。事实上,无论波考克的"德行范式"还是施特劳斯的"古今之争"叙事,都将历史意识的兴起视作现代思想的核心特征之一。对波考克而言,历史意识意味着人类将自身视作时间之中的存在,既要面对"命运"中的特殊性和偶然性的冲击、寻求对自身处境的理解,又在历史中不断创生出新规范和新价值。从古典共和主义到佛罗伦萨政治思想再到大西洋共和主义的演变,实质是这种历史意识不断丰富和深化的过程。人类逐渐具备了理解和应对"新生性"(natality)的能力,甚至通过培养公民德性和参与公共行动,自身成为"新生性"中的构成性要素。只不过,随着18世纪以降商业社会的兴起,"新"的社会机制本身释放出的力量最终压倒了美德的要求,使历史成为脱离于价值的独立领域。对施特劳斯而言,现代性危机的典型病症,正是历史主义——将人类的正当性规范视作历史或"命运"的产物,以及与此密切相关的事实与价值二分。二人对历史意识作为现代性特质的判读其实相当接近,只不过波考克将其赞扬为积极德性的载体,施特劳斯则将其斥为虚无主义的根由。

　　但是,针对历史意识问题的来源和性质,波考克与施特劳斯却有明显分歧。如果说波考克讲述了一个与"自然的发现"相对应的"历史的发现",这一"发现"却更接近于一个渐变的过程,新思想的展开始终接续着从前的理论头绪。正如波考克相当奇特的表述:"马基雅维里**时刻**"有其**延续**的历史(the "Machiavellian moment" had a continuing history)。① 基督教的千禧年主义传统和末世论历史观正是现代思想突破习俗时间观和奥古斯丁式神圣时间观的重要资源,它使世俗历史通过与神圣历史联系起来,成为末世论剧本中的环节而获得意义。无论萨沃纳罗拉、霍布斯、哈林顿还是美国国父,都受到这一思想模式的决定性影响。"世俗化"(temporalize)与"时间化"(temporalize)本来就是同一个意思。不过,这种"基督教世俗化"的解释思路却很难令

---

① J. G. A. Pocock, *The Machiavellian Moment*, p. 2, emphasis added.

施特劳斯满意。在他看来,真正重要的不是现代性继承了多少基督教因素,而是现代性出于何种原因、继承了哪些基督教因素。施特劳斯针锋相对地认为:

> 世俗化乃是精神之物或永恒之物的时间化。……这一剧烈变化在现代哲学和科学出现的过程中一览无余地表现出来,它主要不是神学内部的变化。那表现为神学概念的世俗化的,归根结底要被理解为传统神学对于由现代哲学或科学(既包括自然科学又包括政治科学)所造成的思想气候的适应。①

现代性本身是一种正面的筹划(positive project)②,世俗化是其结果而非原因。实际上,这种筹划的核心动力来源于政治哲学上对古典的有意识反叛,是一种"快乐主义"和"现实主义"(realism)精神。然而需要注意的是:一方面,现代政治哲学绝非新奇之物,它与古代的习俗主义尤其是伊壁鸠鲁主义有内在亲和性;另一方面,伊壁鸠鲁主义之所以能突破古典自然正当传统,转化成现代政治哲学的形态,与另一个背景密切相关,即神学-政治问题和现代宗教批判的兴起。

作为一个德裔犹太学者,施特劳斯思考现代政治哲学最重要的入手点就是神学-政治问题。马基雅维利以降的现代政治哲学,从根源上是应对欧洲神学-政治危机的努力。为了解决宗教与政治之间的尖锐矛盾,平息连绵不休的宗教战争,早期现代思想家意识到,必须对基督教(和已经被其俘虏的古典传统)进行彻底批判。正是在这一意义上,现代科学/哲学(包括自然科学和政治科学)的根本动机与伊壁鸠鲁主义的根本动机一致,努力使人从对诸神的恐惧中解脱出来,获得和平和幸福。③ 现代政治哲学始于宗教批判,指向理性启蒙,其目标是使人成为自身世界的主宰。为此,人们一方面通过降低政治的标准来确保标准的实现,另一方面努力获取更大的力量来控制机运、征服自然。这就要否定对人之目的(telos)的任何自然规定和宗教规定,将人

---

① Leo Strauss, *Natural Right and History*, p. 317.
② Leo Strauss, Three Waves of Modernity, in *An Introduction to Political Philosophy: Ten Essays by Leo Strauss*, ed. by Hilail Gildin, Detroit: Wayne State University Press, 1989, p. 83.
③ 施特劳斯:《斯宾诺莎的宗教批判》,第61—78页。施特劳斯指出,伊壁鸠鲁主义与现代政治哲学的不同在于,前者追求个人内心的和平,后者则追求公共和平。

类生活建立在"实然"的人性上。

在施特劳斯看来,上述过程由马基雅维利开启,但真正的突破性进展要等到霍布斯。经由彻底的宗教批判,霍布斯不仅建立起了一套主观权利论的政治哲学,还建立起了足以确保其政治哲学优先地位的自然哲学,将研究人造国家的政治科学确立为最重要的知识,将人类利益确立为最高的原则。人们不再像古代的自然正当论和伊壁鸠鲁主义那样争论"政治"与"快乐"何者更符合自然,而是在打碎自然的视野,否定自然秩序的可知性之后,直接把二者统一起来。施特劳斯将这种新版本的"政治快乐主义"概括为两个命题:理解就是制造(to understand is to make),实践优于理论。正是这些特征不可避免地导向了历史主义和虚无主义。① 简言之,现代历史意识的背后不是历史的逐渐发现,而是自然的决定性丧失。

带着波考克与施特劳斯的宏大叙事回到霍布斯,我们可以对二者的分歧作一概括。如果说波考克讲述的是基督徒霍布斯通过顺应基督教世俗化的思想趋向而推进了历史意识,那么施特劳斯的故事则远为迂回复杂,是哲学家霍布斯通过批判宗教(及古典传统)、建立现代政治哲学而最终引发了历史意识。② 波考克试图说明,人通过与神联系起来而进入历史;施特劳斯则竭力论证,人为了摆脱神才进入历史。不过,需要注意的是,即便对波考克本人来说,新教提供的末世论图景也并不等同于严格意义上的现代历史意识。③ 在千禧年模式下,世俗历史依然服务于神圣历史,尽管每一事件都有了不可替代的意义,但由于历史的全部剧情已经被启示给了人类,这里实际上并没有什么"新"东西。这个历史也并不是属于人的,神依然在为世俗世界提供根本的定向。末世论对现代动态时间模式的推动,依附于波考克发掘的另一个更加重要的传统——由马基雅维利和哈林顿推动的公民共和主义。在这一意义上,霍布斯取得的进展并不是最关键的。真正需要解释的不只是历史意识何以出现,更是历史的主角何以从习俗或神变为人的创造性力量。实际上,波考克是通过建立起积极行动模式(vita activa)并将其追溯到古典共和传统而化解这一问题的。

---

① Cf. Leo Strauss, *Natural Right and History*, pp. 304-323; On Collingwood's Philosophy of History, *The Review of Metaphysics*, Vol. 5, no. 4 (1952), pp. 559-586.
② 关于霍布斯政治哲学与历史的关系,见施特劳斯:《霍布斯的政治哲学》,第 94—128 页。
③ Cf. J. G. A. Pocock, *The Machiavellian Moment*, pp. 31ff, pp. 46ff.

但施特劳斯真正揪住不放的,恰恰就是这一转变——人脱去了自身之外的一切规定性,试图主宰自己的命运。在施特劳斯看来,现代政治哲学先用全能的神打碎了古典的可知、有序的自然,又用吸收了历史的现代自然权利论驱赶了神,最后自身让位给了历史。只是,我们依然面对着不可理解的自然世界,也依然无法彻底取消神和信仰。霍布斯这个关键人物的种种困境表明,现代政治哲学的基础固然"低劣",却并不见得"坚固"。

Hobbes and the Historical Consciousness of Modern Political Thought: Pocock's and Strauss' Interpretations

Zhao Yutao

Abstract: As important intellectual historian and political philosopher, J. G. A. Pocock and Leo Strauss both pay much attention to Hobbes' political thought. Yet their interpretations diverge from each other. This stems from their substantially different understanding of the historical consciousness of modern political thought. Both Pocock and Strauss regard the historical consciousness as a typical feature of modernity. While Pocock attributes it to the secularization of the Christianity, Strauss traces it back to an inclination of "political hedonism" resulting from atheism and the betrayal of classical natural right. Therefore, Hobbes's intention and strategy are interpreted according to their own grand stories. Hobbes is read either as a Christian secularist, or as a modern political philosopher breaking with the classical and Christian traditions thoroughly.

Key Words: Pocock, Strauss, Hobbes, Critique of Religion, Historical Consciousness

书讯

《中国思想的道家之论:一种哲学解释》
[美]陈汉生 著　周景松　谢尔逊 等译　张丰乾 校译
南京:江苏人民出版社,2020年

　　陈汉生(Chad Hansen),1942年出生,曾任香港大学哲学系讲席教授。他是一位以西方语言哲学为工具研究中国古代哲学颇有影响的学者。除《中国思想的道家之论:一种哲学解释》一书外,其同样著名的专著还有《中国古代的语言与逻辑》(*Language and Logic in Ancient China*, University of Michigan Press,1983)等。

　　《中国思想的道家之论》是为西方的哲学专业学者而写的,目的在于帮助他们从哲学层面,而不是以汉学家们过去所用的神秘的、直觉的、宗教的方式,理解中国的古典哲学思想。用哲学方式建立理解中国古典思想的通道就是要避开现存的宗教性或历史性诠释研究所表述的混淆视听的教条,采用规范严格的哲学推理。哲学家对于中国古代思想者的关怀远远不止于重构他们的内心生活和信仰,而是要更多且精确地重构可以证成他们不同的哲学反思和洞见的理性。

　　该书中,作者从道家的立场出发,考察先秦诸子思想并对其哲学成就及特点展开讨论,提出自己对中国思想的理解。他认为道家思想最充分地体现了中国古代哲学注重指引的特点。同时,他对墨家、名家乃至法家给予更多同情,而明确反对把儒家置于中国思想中心地位的正统理论。本书在研究角度、研究方法及结论等多方面均极具启发性,引起了中西方比较哲学领域多番争论,把西方的先秦哲学研究带入更深的层面和更高的水准。(郝董凡)

触摸神圣与自证成神
——阿甘本与梅亚苏的弥赛亚之路

苏 丹[*]

提 要：人的有限性造就了神圣人的身份，主权者通过对外部的建构获得了将生命赤裸化的权力。打破宗教与政治结构中隐秘权力的来源，是人脱离神圣人身份的必由之路。梅亚苏与阿甘本对既往的线性时间观发起了挑战。打破有限线性时间观的根本在于创造一种伟大的内在性。在这个意义上，梅亚苏希望冲破相关主义的牢笼，对生命和主体进行一种内在性锻造。而阿甘本则用悬置和渎神的办法，让主体冲破主权者的权力界域。二者强调的是，人必须成为一个自我拯救者，才能在弥赛亚即将到来的时刻获得救赎。弥赛亚时间也就是主体自我创造的时间，救赎是一场个人性的彻底的革命行动。梅亚苏的科学外虚构与第四世界则是对主体行动与希望的激进化表达。

关键词：阿甘本 梅亚苏 弥赛亚主义 神圣人 内在性 第四世界

自福柯重提生命政治以来，西方学者对当下生命治理的研究愈加深入，阿甘本在其中可谓独树一帜。在阿氏的意义上，每个人的生命都时刻处在潜在的赤裸之中。正如阿多诺所说，奥斯维辛之难所代表的现代理性，包孕着资本主义同一性逻辑对人生命的屠戮，一直潜在地威胁着现代人。现代社会对赤裸生命的塑造与对理性的无上推崇互为因果。也正是在此意义上，梅亚苏深入剖析了现代理性的虚伪性，从而促导人们自觉地打破理性对

---

[*] 苏丹，1991年生，南京大学马克思主义学院博士研究生。

人的有限性的束缚,去实现新的生命欲望。从梅亚苏的角度上看,赤裸生命是人有限生命的必然形态,正是因为人的生命在寿命、认识能力和生存状态等各方面的有限性,生命才会沦为被治理的对象,而失去了自主能力。打破有限生命的前提,首先是夺回人类业已丧失的自由思想的能力,将自我锻造成一个面向无限的主体。从一定程度上说,梅亚苏与阿甘本通过对当下生命活动——思的活动与活的状态——的反思,意图重新建立起新的价值旨归,促使人们在被剥夺自为生命与思考无限之权限的当下,再次寻找通往弥赛亚世界的可能。

一　生命与时间

阿甘本认为,在当下的政治状态下,人总是处于一个隐秘的至高者的控制之下,这是统治者的意识形态所操纵的政治生态游戏,让普罗大众成为潜在的神圣人。神圣人最显著的特征就是,受到了世间法与神法的双重排除:既可以被随意杀死,又不能被祭祀。也就是说,神圣人永远面对一种毫无意义的死亡,是绝对暴力之下的赤裸生命。阿甘本超脱了福柯生命政治的理念。在福柯那里,生命政治是现代性的产物,是对规训政治的延展,与古代人对生命的自我技术也截然不同。而阿甘本这里,世间永远充斥着隐在的主权者,我们从来未能脱离成为神圣人的命运。

赤裸生命成为人的一种生存现状,每个人都生活在至高权力的控制之下。至高权力通过纳入性排除的方式,将赤裸生命带入到它的对立面。人总是面对着无上的权力,人的命运,就是被神圣权力所把控的游戏。而拥有无上权力的主权者,则表现为阿甘本所说的"主权的悖论"。在这个悖论中,主权者通过法律的例外状态来定义人的生命,促成了共同体的完成。也就是说,即使柏拉图式的理念或基督教的上帝等超验之物已被科学所否弃,现代政治所创造的如民族、人道主义等共同体概念,也同样源于世俗法律的例外状态。它的言说形式是:如果不采取某种必要的手段或者应用某种必要的权力形式,那么我们将会陷入万劫不复之地。阿甘本揭示出了人类政治一以贯之的建构方式:通过例外状态来虚构人类社会的共同体,从而使主权者获得权力。主权者一旦获得这种权力,就用法律封闭了整个社会,促使每个出生的自然人迅速成为公民和劳动者。主权者控制这个社会闭路的方式,就是将神圣人永远摆在它的对面。任何人都可以立刻被排除出法律之外,成为完全的赤裸生命。从这个角度讲,在神法已经被科学破除的情况下,世俗法律就是人的边界,任何被扔出这个边界的人,都是一种赤裸生命,也就是一种动物性的生命。因为法律或意识形态界定了人的有限性,或者说,赤裸生命界定了人成为神圣人的可能。于是阿甘本才说:"唯有在有可能超越任何法律的理念(甚至法律的具有效力但无意义这一空白形式)来思考关于弃置的**存在**时,我们才能走出主权的悖论,走向一种不受制于任何禁止的政治。"①

赤裸生命之所以产生,正在于生命无法摆脱至高主权对其的限制,也就是说,生命无法对主权的来源以及其运作的合理性进行思考。因为主权自身源于对例外状态的虚构,而一旦生命对这个例外状态进行思考,就意味着思考至高主权在何种意义上可以不发生,此时,至高主权可以立刻将生命赤裸化。这显然是一个不可触及的禁地。如果不怀疑权力运作的合法性,那么我们永远都处于潜在神圣人的状态下;而一旦我们触及了主权的诞生源头,便加速导致主权者运用例外状态使我们赤裸化。显然,至高主权将自身永恒地先验化了,任何可思考的生命之思考都不能跨越其所设定的思考界限,否则思考将会失效,生命将成为被宣布为禁止思考或非法思考的动物性的赤裸生命。

可见,这是一种康德式的先验逻辑。康德在确定先验主体与经验主体时,就为思考设下了永不可跨越的界限。每一个鲜活的可思考的生命(经验主体)所进行的思考永远被先验主体这一至高形式所规定,否则将会产生经验的误用。因而,康德对本体论证明的驱逐,并没有使人脱离本体的压制。本体或上帝尽管永不可知,但它永远存在。它的存在,不是通过某种可见的实存而在,而是通过规定先验主体即人类的思考范围而在,这构成了人类共同体的基础,它构成了人的认识方式的共同特征。也正是在这个意义上,康德归纳出了新的律法,也就是人的先天直观形式,先天直观形式规制了人的认识与存在状态。这就是阿甘本所说的虽具有效力,但无意义的律法。"至高禁止的结构,唯是以下这种法律的结构——**具有效力**,但并不具有任何意

---

① 阿甘本:《神圣人:至高权力与赤裸生命》,吴冠军译,北京:中央编译出版社,2016年,第88页。

指(符号指向)的法律。"①正是这种至高禁止,规定了人的认识之有限性,使人永远处于绝离于本体的位置上。因此,赤裸生命就意味着取消思考能力的无意义的死亡,它所要表达的是主权者的绝对优先地位。这正如本体永远面对着人的思考一样,它也框定着人的认识与生存状态。因此,康德只是破坏了教会的权力,上帝永远作为道德律令的保证者悬临于人的认识之上,真正的政治结构并未发生改变。康德封闭了人直达上帝之路,也就塑造了一种有限生命,因为人再也不能合法地思考自由与不朽。这种有限生命与阿甘本所说的赤裸生命恰恰是连接在一起的:人永远不能迈出既定的闭环,除非其愿意成为一种价值的虚无。

由是,康德确立了人的思考形式,人的有限生命是由先验主体与可思考的身体结合而成的,而人一旦跨出了这个领域,则进入一种不可理喻的状态,也就是一种疯癫状态,一种不被共同体所理解的状态。这也是福柯所一直关注的一种界定,即作为共同体的知识主权者如何界定疯癫的问题。阿甘本所考虑的赤裸生命在此也就得以展现,主体一旦跨越出被知识的主权者所界定的框架之外,它就立刻变成了赤裸生命,即一种被取消了思想形式的纯粹生命,也就是亚里士多德意义上的取消了政治生活的生命。因而,生命永远要向先验主体屈服,而每个具体的主权者正是通过使自我神话化和先验化的方式获得统治的正当性,这使得资本主义的资本、商品、民族、人权等意识形态不断获得合法性。而这种合法性恰恰是通过一种虚假的例外而建立的,就像霍布斯所预设的"自然状态"一般,这也正是阿甘本所谓的"主权的悖论"。

主权者建立起一套话语结构,促使生命沦为一种治理对象,他们制定了规则以使亚里士多德意义上的政治生活有效化,这种规则被主权者不断先验化,使得生命与思想得以保持一种绝对的稳定性。也就是说,意识形态的必要性与必然性界定了人的思想与生命的必然形式,凡是违反这个既定形式的东西,必定被其必然性所驱逐,人成为被取消思想合法性的赤裸生命。这种虚假的既定形式所彰显的必然性表明,一切思想必然以某种样式从生命中诞生,或者说,人类生命必须以某种理性方式进行思考和生活,这是不可追问的

---

① 阿甘本:《神圣人:至高权力与赤裸生命》,第77页。

先验主体所制定的至高法则。运用不可追问这一点来将至高权力神圣化,恰恰表明了这一权力来源的模糊性。阿甘本揭示出,至高权力仅仅来源于预设的例外状态,也就是说,人的生命与思想在本质上没有必然的联结,思想不必然从生命中绽出,也不必然呈现出某种结构或方式。这也正是梅亚苏所说的"涌现"(surgissement),指事物或事物的规则只在内在性意义上出现,这表示着任何的物质、生命与思想的出现都不能被认为是一种超越思考本身的东西。梅亚苏否弃的是一种先于主体的状态,即一切事物的诞生都内在于人的思考,决不能用超越思想的东西来界定思想。先验的至高主权恰恰是超越于思考之物,它表达着人类思考的必然形式。但梅氏认为,生命与思想的产生完全是绝对偶然的,它们之间没有任何牵连,这种偶然性使得任何规范生命与思想之间形式的东西统统变成一种虚伪的意识形态作品。世界上的一切东西都是毫无原因的"涌现",不存在任何必然的、超出世界的、先验的东西来使生命与思想规范化。①

在这个意义上,梅亚苏确立了已有世界的三种秩序:物质、生命与思想。"三者作为各自规则领域(Universe)而出现,决不能在**品性**上归结为任何先于它们的东西。"②任何事物的产生在本质上不能被归因于超过该事物的某种东西,也就是说,某物之存在决不能归结为一个更深层的原因,事物的产生具有绝对的偶然性。因此,生命的诞生并没有任何深度,一切都在偶然性面前表面化,任何原因性的本质都成为一种人为虚构的独断论。因此,达尔文主义在梅亚苏的视角里只是一种物活论的变种,有机物并不从无机物中产生,因为这暗示着生命必然会孕育出我们现在的思想能力,这意味着生命是思想的本质。但梅亚苏认为,思想无法从生命中获得根源,生命与思想是完全断裂的两种规则,它们都是偶然产生的东西。梅亚苏的意图不在于否认科学及其假说的价值性,他的目的是告诫我们,那些让生命与思想得以模式化的说法在其诞生的根源上是站不住脚的。早在中世纪时期,阿维森纳就认为,事物之生成除了亚里士多德意义上的必然性之外,一定还有一种使存在

---

① 梅亚苏在博士论文《神之非在》(*L'inexistence Divine*)中详细阐述了事物发生的无原因性即偶然性的问题,其后来在成名作《有限性之后》(*Après la Finitude*)中对偶然性问题进行了新的阐释。
② Quentin Meillassoux, *The Divine Inexistence* (Excerpts), trans. Graham Harman, Graham Harman, *Quentin Meillassoux: Philosophy in the Making*, Edinburgh: Edinburgh University Press, 2011, p.187.

得以存在的形而上学原因。而在这个角度上,用科学或进化论来解释生命则是一种毫无意义的阐释,因为科学的诞生本身只是世界内部的一场事件,它只是三个世界(物质、生命与思想)诞生后才有的东西,只不过是对物质规则或生命规则的一种描述。用科学来解释生命,实际上是本末倒置。但梅亚苏毕竟不是阿维森纳主义者,并且他实际上对阿维森纳进行了颠覆,因为他以纯粹的偶然性来排除一切原因,从而彻底排除了阿维森纳意义上的事物生成的形而上学原因。因此,梅亚苏认定现今已经产生的三种秩序或说三个世界——物质、生命与思想,三者之间毫无关联,一切事物的诞生都没有本质性的原因。梅亚苏意图将一切政治结构所设计的生命观念与思想形式予以真理意义上的否定,凡是宣布能够通往真理或宣布保证人类最高福祉的说法都是一种虚假的意识形态,它们在生命与思想的背后寻找关联与原因,企图用一种虚假的关联与原因来促使人类达成放弃思考的共识。因此,基督教与现代资本主义政治在此并没有任何差别,它们治理生命的形式都是依托一个虚假的、有深度的、本质性的预设,而这个预设也已经被阿甘本所揭示出来。

在这个视域下,梅亚苏对康德以来哲学的批判之必要性就凸显了出来。康德所预设的先天形式值得怀疑。先天感性形式制约了人思考的理路,这就使人所认识的一切都只是其意识化了的东西,人也只能认识到与其有关的东西。此类框定人思考边界的哲学被梅亚苏称为相关主义(corrélationisme),梅亚苏也不得不承认相关主义的坚实性:"反驳相关主义循环的论证似乎不可能,换言之,我们很难脱离这样的思维——当我们思考某物时正是我们在思考某物。"[1]相关主义成功构建了人的有限理性,人永远都在相关主义预设的思考形式下打转,这就形成了无法突破的思考藩篱。也就是说,我们永远是在给定的形式和事物之下进行思考和生活的,我们无法思考有别于当下思考形式和生活方式的生命。这也正是赤裸生命背后的逻辑,主权者剥夺了生命的自主思考权,让生命沦落为一种便于治理的无思者,被治理者只能接受被设定的生存界限。因此,梅亚苏首先考虑的是如何突破相关主义对思考的限制,如果我们的思考能够毫无限制地面向一切,那么任何对生命进行设定和规范的律法之合法性,就都可以被怀疑。

---

[1] Quentin Meillassoux, *Time Without Becoming*, ed. Anna Longo, Milan: Mimesis International, 2014, p. 17.

梅亚苏首先找到了科学这个坐标,因为科学正是现代民主政治与知识权力所赖以生存的依据。也正是科学界定了人的有限性,正如梅亚苏所言:"作为社群之间共识的**主体间性**(intersubjectivité),取代了个别主体之表述与客体自身之间的一致性,而成为客观性,特别是科学客观性之真正基准。科学真理不再是与自身给定性(donnation)无关的物自体,而可能作为某种共有物被赋予科学的共同体。"①由于批判哲学划出了可经验之物与物自体之间的区别,科学的客观性便从物本身转移到了主体间性,这就意味着客观性等价于人类的共同意识。但另一方面,正是由于人类无法再逃离这个共同意识,使得一切超越共同意识的思考变得非法,传统哲学中伟大的外部被永远关闭。因此,我们无法再思考诸如上帝、灵魂等被归为物自体的东西,它们被科学强制地界定为与我们无关的东西。通往无限的道路被封死。梅亚苏看到,知识-主权者将科学主体间性化,从而使主权者获得科学视域下的稳定地位,这构成了我们思考界域与生存的共同的有限性。科学被用来当作构造现代生命治理的工具,民众对科学的臣服,就是对知识-主权者的臣服。因此,打破科学的主体间性则是题中之义。②

梅亚苏通过对原化石(archifossile)的介绍,引进了他所提出的前先祖性(ancestralité)这一概念。梅亚苏用前先祖性证明,科学自身可以跨越主体间性的话语体系,从而接触与人无关的世界,梅亚苏称之为生命出现之前的世界。也就是说,主权者用知识话语编织起的科学,让生命与思想局限于其本身虚假的深度当中,我们无法迈出梅亚苏意义上的第二世界(生命)与第三世界(思想)。在梅亚苏那里,这三种秩序之间本来没有任何牵连,但科学话语

---

① 梅亚苏:《有限性之后:论偶然性的必然性》,吴燕译,郑州:河南大学出版社,2018 年,第 12 页。
② 梅亚苏对科学的态度明显受到了巴迪欧的影响。巴迪欧早期认为科学是无主体的,后来又认为数学和科学的连贯性并不存在,主体必须进行一种介入。梅亚苏对科学去主体间性化,又将科学放置于人的内在性之中,使科学的稳定性在偶然性面前失效,这与巴迪欧的思想保持着一种联系。也就是说,在梅亚苏的意义上,科学的客观性并不由主体间性保证,因为科学不应该是一套共同的认识方式或话语结构,它是一种关涉物自体的东西,是超越了构成人认识方式的当下生存状态的纯粹的东西。也只有如此,科学才是绝对自在的,而不是为我们的,因此梅亚苏才有立场提出"前先祖性"与"科学时间"这两个概念。这两个概念都意味着脱离意识之外的科学的自足性。同时,科学在保证自身脱离意识的客观性之后,也就不必以我们的认知方式为基础而建立,因此梅亚苏认为,非科学是可以思考的,即世界偶然地变成无规则的样态。在梅亚苏的语境中,"科学"一词有两种含义。"科学时间"中的"科学"意味着超越意识(主体间性)的客观性,而"科学外世界"中的"科学"指的是规则和秩序。

的缔造者告诉我们,人只能在思想世界之中进行思考,思考的边界就是思考存在自身。以这种方式,科学话语将其自身的存在先验化了。因而,梅亚苏用无原因性破除了思考存在自身的有效性,这也就喻示着,思想绝不存在本质性的边界,我们完全可以跨越出我们意识到的事物(与我们有关的东西),从而去思考与我们无关的东西,比如第一世界(没有生命的纯物质世界)。① 在这个意义上,人可以超越自己的有限认识,从当前世界的时间中解放出来。也就是说,主体超越有限的方法,就是从意识时间中脱离出来,使意识时间成为自己的对象,而避免使自身沉沦于已知的意识时间当中。在梅亚苏前先祖性的意义上,人可以脱离意识时间,从而俯视整个时间,梅亚苏称这个时间为科学时间。但这并非梅亚苏的目的,因为在他看来,任何一种时间的生成都是偶然的,哪怕是我们当下的科学时间。真正要实现一种面向无限生成的时间,就不能只跳出相关主义这个牢笼(意识时间),还要思考任何时间形式的稳定性。也即是说,我们不仅要将客观性从主体间性那里还给物自体,还要思考任何客观性本身的生成与摧毁。而这个能够摧毁或生成任一时空形式的时间,被梅亚苏称为绝对时间(Time):"对我来说,所谓的空间可以像物理时间,或其他个体时间(例如历史时间或心理时间)一样被思考:在我们的世界中存在着受限于定律的——物理的或其他的——时空。但所有这些时空都是个体的——换句话说,它们都只是偶然的存在,它们无理由地涌现,同样也会无理由地寂灭。绝对时间能够无理由地摧毁或创造所有个体的时空。"②对于梅亚苏来说,这是一种真正自由的时间,因为它具有无限的生成与摧毁之能力,不再给予人类任何的既定形式。

显而易见,梅亚苏试图跳出康德以来固有的时间概念。在相关主义的源头康德那里,时间只是内属于人的,人的意识时间有始有终,这一切都源于人的在世状态。这种时间的内在化源于奥古斯丁的时间观,康德只是把奥古斯丁时间观里的上帝替置成人。时间必然有一个终止,在奥古斯丁那里体现为

---

① 也正是在这个意义上,梅亚苏将康德与其后的现象学区分为弱相关主义与强相关主义,他主要的攻击目标是后者,因为前者保留了思考物自体的可能性。
② Quentin Meillassoux, *Iteration, Reiteration, Repetition: A Speculative Analysis of the Meaningless Sign*, trans. R. Mackay, Berlin: Public lecture at Freie Universität, 2012, p. 17. 该文献为网络文献(https://cdn.shopify.com/s/files/1/0069/6232/files/Meillassoux_Workshop_Berlin.pdf.)。

上帝对人的审判,在康德这里则是人的灭绝。总之,人永远无法脱离有限的意识时间。奥古斯丁认为,人跟随上帝就可以在时间停止后进入上帝之城,也就是进入上帝自身所带来的超时间状态,但这必须要借助上帝。而康德将通往上帝之路封闭之后,这一切则变得不可能。因此,梅亚苏所要强调的则是,人如何在没有上帝的情况下,仍可以跳出这个有限的时间,这才是他所提出的科学时间乃至绝对时间的意义,这也是梅亚苏的弥赛亚主义之起点。康德概念上的思想限制了我们对自身界域的突破,而梅亚苏正是要打开这种界域。

梅亚苏意图回归到笛卡尔意义上的数学概念中,笛卡尔的"我思"打破了奥古斯丁制定的时间架构。奥古斯丁所强调的过去(原罪)、现在(忏悔)与未来(救赎)在笛卡尔这里被抹平,"我思"永远通过数学直面对象与上帝。因此,笛卡尔的"我思"是一个可以与上帝直接联结的主体,这个主体便抵达了奥古斯丁意义上的上帝般的超时间境遇。梅亚苏用弃置意识时间的办法,希求用数学来达到笛卡尔意义上的"我思",从而摆脱有限时间对主体的纠缠。在这一点上他与阿甘本不谋而合,阿甘本同样寻求一种新的时间观念来使人摆脱潜在的神圣人的威胁。在阿甘本那里,弥赛亚时间绝对不是奥古斯丁意义上的时间终点(末世),而正是我们当下的时间。也就是说,阿甘本强调的是我们当下对弥赛亚时间的感知,而非寄托于未来的一种线性时间观。当耶稣降世的那一刻,人的救赎之路就已经开启,而直到人真正获得救赎那一刻,这期间都是弥赛亚时间,因为在这段时间中,弥赛亚作为一个事件随时可能到来,这也正是阿甘本说的剩余时间。如此,阿甘本反对德里达式的未来式弥赛亚论调。因为弥赛亚在剩余时间中是随时可能到来的,只有一个又一个的当下,才是人应该关注的。正如阿甘本所说:"弥赛亚时间却是我们可以在其中把握住并获得时间表象的时间,是我们自己所是的时间,正因此,它是唯一真实的时间,是我们所拥有的唯一时间。"[1]阿甘本希望通过对当下时间的关注,破除奥古斯丁笔下过去—现在—未来式的时间。从这一点说,他与梅亚苏的目标一致。而阿甘本对时间的看法,无疑受到了本雅明的重要影响。

本雅明对实证主义的线性历史观进行了强烈的批判,他将"当下"作为历

---

[1] 阿甘本:《剩余的时间:解读〈罗马书〉》,钱立卿译,北京:中央编译出版社,2016年,第94页。

史唯物主义者所必需的概念。在他那里,一切过去与未来都可以并置在此刻,从而拒不承认历史的连续统一性。他在《历史哲学论纲》中的最后一句话说:"这并不是说未来对于犹太人已变成雷同、空泛的时间,而是说时间的分分秒秒都可能是弥赛亚侧身步入的门洞。"① 本雅明的时间观直接影响了阿甘本对《罗马书》的解读工作。阿甘本将剩余时间称为弥赛亚随时可能降临的时间,而这个降临正是对时间的一种新的处理方式。阿甘本从本雅明那里获得启发,力图阐明主体对时间的一种"统摄"状态。"弥赛亚事件不是在两个时代之间的第三个时代,而是一个停顿,它划分了两个时代之间的划分,引入了一种剩余,一个不可判定的区域,在这里面过去错位到现在,现在延伸入过去。"② 所谓的统摄,就是在弥赛亚事件出现的那一刻,过去的一切都已终结。现在使过去统摄到一处,对过去进行显现与复活。"弥赛亚事业不是通常意义下的时间终结,而是当下,它作为实现的迫切性,给出了'作为终结'的自身。"③

阿甘本所要强调的是人对于时间的一种自主能力,"统摄"指主体有能力使过去与未来全部作废,也即是说,一切以编年时间为载体的东西在主体面前必须失效。主体不能匍匐于时间之中,将自身寄托于未来的虚幻,也不能无限地缅怀过去,这都只是时间对人的宰治。有限的编年时间让人成为一种丧失主权的奴仆,在这个意义上,人是时间制造者的子民,人在时间之中不得不面对永恒的赤裸生命之威胁。换言之,沉浸时间就意味着丧失主权。丧失主权的人自身成为一个无价值的虚无体,在这里只剩下两种永远无法达到的虚假价值,一是将过去作为理想的样本,二是将未来作为美好的愿景。除此之外,我们还能看到一种同归于尽式的虚无主义,也就是叔本华式的否定概念。叔本华将康德的物自体改写为意志,从而导致主体自身的永恒不自由,意志成为人永远的主权者。只不过,叔本华用苦行和艺术的方式,让意志自身缓解。这种自我贬损的方式,让一切归于寂灭,这是一种蔑视物自体的方式,用自我毁灭的方式来反击时间(意志)的牢笼。阿甘本强调的"统摄",意指人自身要成为主权者,从而摆脱神圣人的命运。因而,主体必须要

---

① 本雅明:《历史哲学论纲》,张旭东译,《文艺理论研究》1997 年第 4 期,第 96 页。
② 阿甘本:《剩余的时间:解读〈罗马书〉》,第 103 页。
③ 同上书,第 106 页。

破除线性时间观,将过去的一切统摄到当下,因为只有当下,才是人能够紧紧抓住的东西。"对于那些经历过同时代性的人来说,所有的时代都是黯淡的。"①这是人抓住主权的唯一办法——成为一个格格不入的同时代人。同时代人破除时间对自我的宰治,"是划分和植入时间、有能力改变时间并把它与其他时间联系起来的人"②。

  这就区分出两种时间观,一种是奥古斯丁-康德式的,即把时间内化于超验者(上帝)或先验主体之中,而作为具体的人则只能沉浸在时间之中;另一种是反康德式的,即把时间作为主体自身的主权对象,主体可以跳出时间的编辑界域,并改变它。统摄时间就是要实现第二种时间观,这是一种反康德式的主体论,这与梅亚苏对"内在性"的强调似乎达成一致。梅亚苏对康德批判哲学的反思,受到了柏格森的影响。在梅亚苏那里,柏格森的生命学说是对康德主义的一次清算,这也是梅亚苏"内在性"概念的起点,因为梅亚苏认为,柏格森在《物质与记忆》当中提出的"纯知觉理论"反对了康德的综合观。"知觉并非如康德所说的那样,赋予感性材料以主体形式,原因在于这种连接、这种关系、这种形式完全属于物质。知觉从不连接,而是解连接。它没有丰富物质,却使之贫乏。"③不过梅亚苏认为,柏格森对康德的反驳不够坚定,因为柏格森认为这种"纯知觉理论"(也就是梅亚苏说的减损的知觉理论)只能在理论上成立而在事实上却不尽其然,"理由在于,知觉事实上永远混杂着记忆"④。柏格森写道:"记忆披着回忆的斗篷,掩盖了直接知觉的核心;记忆也将数个外部时间简化成了单一的内在时间。简言之,这两种形式的记忆构成了知觉中个体意识的最主要部分,它们是事物知识的主观方面。"⑤梅亚苏称这两种记忆形式为"回想记忆"与"缩略记忆",并且指出,真正破坏柏格森内在性理论的是"缩略记忆"而非"回想记忆"。因为,"回想记忆并没有抹杀物质本身直觉的可能性。通过对被知觉的对象倾注足够的注

---

① 阿甘本:《裸体》,黄晓武译,北京:北京大学出版社,2017年,第24页。
② 同上书,第34—35页。
③ 梅亚苏,《减损与缩略——论德勒兹、内在性和〈物质与记忆〉》,胡继华译,汪民安、郭晓彦编《生产·第10辑:迈向思辨实在论》,南京:江苏人民出版社,2014年,第229页。
④ 同上。
⑤ 柏格森:《物质与记忆》,姚晶晶译,合肥:安徽人民出版社,2013年,第21页。

意",我们仍然能够记忆,以至于过去的陈规套路遮蔽不了真实之物的独一无二性"①。两种记忆方式表征着两种对待过去时间的处理方式。梅亚苏批判"缩略记忆","对我们而言,物质并不呈现为缩略活动所要创造的对象。但由于缩略活动总是已经发生,且影响所及至于知觉的基本要素,故我们找不到可信的方式反其道而行之,进而重新发现未受主体绵延所污染的物质本身。再换句话说,缩略记忆的缺憾显然在于,它让我们逃逸于知觉苦修论,又再次沉沦到知觉综合论之中"②。"缩略记忆"表现着一种康德主义式的时间观,主体困于时间之中,与未受时间绵延的物自体相区隔,从而永远被物自体和先验主体限制在有限时间的框架之中,致使过去总是侵袭现在与未来。

因此,梅亚苏必须抛弃柏格森意义上的缩略模式的记忆论,回到在柏格森那里并不确定的纯知觉理论。因为只有纯知觉理论才能够破除物自体的迷障,使人成为一个能够跳出时间限制的主权者。梅亚苏提出了一种"减损模式"。纯知觉理论所表征的内在性,就是要破除掉记忆(主体绵延)对于知觉的作用。梅亚苏首先将物质的绵延作为一个流体,这个流体正是各种物质意象的交流,同时他认为:"世间万物依据规律彼此关联,故而对我们而言,要决定其他事物之现在、过去和未来,只要有对意象的认识,在原则上就足够了,所以在这个程度上,三维时间的差异就被抹杀了,而有利于建构一个寂然不动的运动转换之网。"③也就是说,只有在关注纯粹的物质流体的过程中,时间内部的差异性才会被抹杀,因此,梅亚苏所要做的,不是用综合的手段对意象进行认识,而是回归一种知觉的当下,也就是回归物质之流从而破除过去—现在—未来这个时间之网。梅亚苏首先在这个物质之流中寻找到一种"中断"(interception),因为我们必须要考虑有一种对物质之流的切入,才能思索流体的稀释,而这种稀释正是生命生成的表现。而生命也正是对无尽的物质之流的不同程度上的中断,但中断本身不产生生命,它只构成了生命产生的可能性。只有在"稀释"的意义上,即既不完全阻碍流体,却又

---

① 梅亚苏:《减损与缩略——论德勒兹、内在性和〈物质与记忆〉》,《生产·第 10 辑:迈向思辨实在论》,第 230 页。
② 同上书,第 232 页。
③ 同上书,第 235 页。

对流体进行中断,生命才可能诞生。① 因此,梅亚苏为生命存在做了如下定义:"一个生命存在就是一个不连续的断流环圈。"接着他又做了详细阐释:"说它是一个环圈,因为必须保证一方场所可以稀释流体;说它是一个不连续的环圈,因为一个生命存在不可能完全从流体中截取出来——否则,它就同周围世界断绝了情感或知觉关系。"②那么,之后的问题就是,这个生命的环圈如何才能回归到纯粹知觉那里去。

正是在这个意义上,梅亚苏区分出了两种生成:被动性生成(devenir réactif)与主动性生成(devenir actif)。"两种基本情形自然呈现:不连续状态变得更狭隘,不连续状态变得更宽广。**第一种情形增加了生命存在超然的权力**,第二种情形则通过对流体部分**增加的开放性**而自我表征。"③这两种生成,引发了两种死亡(两种生命),也就是两种抹杀不连续的环圈之方式:"要么通过断流的环圈之**关闭**而渐趋狭窄,要么通过断流的环圈本身之**挥霍**而渐趋无形。也即是说:要么是一种通过环圈表面缩减而来的死亡(身体的萎缩),要么是一种通过环圈缩减而来的死亡(身体的挥霍)。"④梅亚苏称前者为反应性死亡(mort réactive),后者为创造性死亡(mort créative)。梅亚苏构建了两种死亡方式去抵抗康德主义:一种是近似于尼采的,将自身置于疯狂的境地,让生命与物质融为一处;一种是近似于叔本华的,将自身置于冷漠的境地,让生命与世界隔绝。但梅亚苏清晰地看到,第二种死亡背后其实也存在着隐秘的他者权力,这就是梅亚苏所说的"高于活人(sur le vivant)之反应的诱惑力量"⑤。梅亚苏称之为"祭司权力"(la puissance du prêtre),这个祭

---

① 此处梅亚苏想说的是,物质之流本身只是静止的流体,就如第一世界(物质世界)中只存在着物质定律。只有在生命产生的时候,也即一个新的规则出现了,以往静止的物质定律则被打破,物质之流被"中断"了,生命才可能产生。但是生命规则并不只是中断物质之流,因为任何一种新的规则都可以中断以往的物质规则,而生命的特征在于其能够部分地感知其周边物质,也就是说,生命对以往的物质进行了选择和采用,这就形成了对以往静态的、均质的物质之流的一种稀释。
② 梅亚苏:《减损与缩略——论德勒兹、内在性和〈物质与记忆〉》,《生产·第 10 辑:迈向思辨实在论》,第 240 页。
③ 同上书,第 241 页。
④ Quentin Meillassoux,《Soustraction et Contraction:À Propos d'une Remarque de Deleuze sur Matière et Mémoire》, *Philosophie* 2008/1 (n° 96), pp. 90-91.
⑤ Quentin Meillassoux,《Soustraction et Contraction:À Propos d'une Remarque de Deleuze sur Matière et Mémoire》, *Philosophie* 2008/1 (n° 96), p. 93.

司在主体放弃权力之后成为背后的主宰者,他对生命进行虚假承诺,诱导生命放弃主导权从而达到一种新的永恒生命。正如梅亚苏所说:"祭司再许诺我们,还有第二次诞生,这度诞生乃是一种孤立绝缘状态,一种为反对外部世界而被提升到第二权力的冷漠超然,一种比降生世界更伟大的稀释状态,质言之,以自己独特的方式而臻于不朽之境。"① 这正是宗教的惯用伎俩。

因此,梅亚苏所强调的生命绝非一种向虚无的趋动,而是一种主体自身的疯狂。主体将自身变得格格不入,是对主体自我的极度肯定,是一种力的无限扩张和创造的无限膨胀。② 这里能看到尼采主义的影子,但这绝非梅亚苏的最终目的。梅亚苏所思量的生命是对当下知觉的强调,这意味着我们能够去思考生命生成的其他样态。③ 因此,梅亚苏虽然强调了生命对时间的突破,但这远远没有实现其锻造主体的意图。

二 弥赛亚时刻

梅亚苏否定了缩略记忆,但却保留了回想记忆,他认为回想记忆并没有

---

① 梅亚苏:《减损与缩略——论德勒兹、内在性和〈物质与记忆〉》,《生产·第 10 辑:迈向思辨实在论》,第 245 页。
② 梅亚苏对这种生命形式有一段诗意的论述:"如果大地上的一切运动,大地上的一切噪音,大地上的或其他地方的一切气味、一切滋味、一切光亮在一瞬间在一刹那向我们涌来,像万物鼓动的一阵呼啸而过的暴戾喧闹之声,永不停息而突如其来地穿越我们,那么,我们的生命究竟如何? 仿佛死亡的虚无不能被当作一种简单的空虚,相反,只是一种饱和状态,一种令人厌恶的生成盈余。如此理解,死亡就是交流的荣耀统治。向死而生,就是成为过渡的关节点,成为万物彼此交流的纯粹中心。因而,我们将会看到,生命存在不是痛苦兴现于一个虚脱萎靡的世界,相反是在紊乱向恐怖生成之中消减疯狂,将向恐怖生成的速度带向无限。"梅亚苏:《减损与缩略——论德勒兹、内在性和〈物质与记忆〉》,《生产·第 10 辑:迈向思辨实在论》,第 244 页。
③ 这个问题较为复杂,限于篇幅这里做一个简短的补充。梅亚苏的意图是用纯知觉理论(减损模式)反对任何给予生命和思想固定模式的说法,即反对用某种生存形态或模式替置生命存在本身。因为对于梅亚苏来说,生命和思想的生成完全是偶然的,我们当下的生命只是一种偶然的生成而已,我们完全可以思考其他的生命样态的可能性,这涉及梅亚苏的"虚在性"(virtualité)问题,与德勒兹的"虚在"(virtuel)也有关联。因此,所谓的减损模式就是人有能力甩掉当下生存状态给予我们的意识形态枷锁,而创造性死亡也就意味着作为一个自主的生命力,我们有能力去向紊乱生成,即我们可以破除一切生存规则与价值形式而面向无限。它与反应性死亡的区别是,前者是主动面向丧失生存的条件而获得了思考存在的权利,而后者是在生存的条件即人生命的必朽性之下无可奈何地面对死亡。

妨碍主体向纯粹知觉的回归。回想记忆在主体之中酝酿,是主体对时间安排的行动基础。在这个意义上,阿甘本与梅亚苏同样对记忆的作用进行了强调,因为记忆直接关涉主体的态度与行动,与救赎行动紧密地结合在一起,这就是主体的自我救赎。

在剩余时间中的余留者,是充满创造力的主体,是抵抗法律对其进行分类编排的行动者。正如阿甘本所说:"民族既不是全体也不是部分,同样也不是多数和少数的问题。相反,它作为全体或部分都是永远无法和自身一致的事物,它在每一种划分中都无限剩余或抵制这种划分,它和统治我们的人有关,从不让我们还原到仅仅是多数少数的程度。剩余之民是一个形象,或者说是一个民族在决定性的时刻所设想的一种本质性,同样也是唯一真实的政治主体。"①这个剩余之民的形象是拥有潜在能动性的主体,拥有着对过去的记忆,并能够自主地将记忆统摄于一处。正是因为这种统摄,过去的记忆才在此复活,"因为正是通过它,过去的事件才获得了它们真正的意义,进而可以得救"②。因此,人必须带有记忆才能进入弥赛亚时间,也就是说,人必须有能力理解过去所发生的一切事件,必须对过去的一切充满着责任。阿甘本说:"我们常常听人讲,在拯救的那一刻,必须面向未来与永恒。与此相反,保罗的统摄意味着'今时'是过去与当下的减缩,我们决定性的时刻,首先必须要偿还过去的债务。这显然不是什么依恋或思乡情绪,恰恰相反,因为统摄过去也就是对它作了即决判决。"③这句话清楚地点明了主体在弥赛亚时间之中的义务以及进行自我救赎的途径。弥赛亚的到来绝非在未来,而是在当下,弥赛亚时间也绝非让人沉浸过去,而是让主体有能力对过去进行裁决。而人之所以要统摄过去以做出判断,恰恰在于我们"必须要偿还过去的债务"。人必须要对过去负责任,只有对过去负责,人才有可能成为过去时间的主体,人才有能力将过去统摄入自身当中,这是人成为一个救赎者的必要条件。没有对过去的记忆,人就没有资格成为救赎者;没有责任,人就没有资格被救赎。

人要脱离赤裸生命的威胁,就必须要承担起自己的义务,让自己成为

---

① 阿甘本:《剩余的时间:解读〈罗马书〉》,第81页。
② 同上书,第106页。
③ 同上书,第107页。

一个格格不入的零余者。这样,我们才有资格进入一个新的时间装置,从而打破线性时间对我们的统治。这种打破的方式,就是阿甘本所说的"要像不"的形式,它促使主体废除一切法律与事业,要否定和悬置一切当下的既定规则,从而永远保持着一种向外拓展的可能性。也就是说,救赎者实现自我救赎的途径就是要积极地说"不",救赎者拒绝一切陈规,而对一个新的世界永远保持着开放的姿态。这也就是阿甘本意义上的"非潜能"(adynamia)。"潜能的东西只在它搁置它自己的不会存在之潜能(它的 adynamia)的那个点上,才能向现实性过渡,此时它没有不会存在之潜能,它也因此不能够不—存在。"① 每个人都具有能"不"的潜能,因而,每个人都可以成为一个自我救赎者。由是,阿甘本尤其强调弥赛亚与律法的冲突。"喀巴拉主义者解决这种冲突的方式会是区分律法(Torah)的两个方面:创世的律法(Torah of Beriah)是尚未得到救赎的世界的律法,而先于创世的律法(Torah of Atzilut)则是弥赛亚必须恢复的。"② 这句话点明了,救赎者必须要悬置律法,让律法不生效,从而回归一种先于创世的律法。这种律法就是一种非潜能状态下的律法,它让一切都不生效、不实现,让人从一切确定的框架中走到一个面向万千潜在性的奇点上,使人的选择与整个世界的潜在性同一。它取消一切创世的律法——"这不是另一个样子或另一个世界:它是世界样子的消逝"③。它告诫着人们:"弥赛亚事业不是一项权利,也不提供某种身份,而是一类可用但不可占有的潜在性。"④ 从此我们也能看到福柯在《词与物》中的努力,使人在阿甘本意义上得到了成为自救赎者之意识的苏醒。人除了它本身什么都没有,一切对主体的定义都随风而逝,他通过他的"非潜能"实现了完全的"潜在性",这也正是阿甘本所说的:"人的'完全丧失'和人的完全得救正相符合。"⑤ 人必须敢于对一切说"不",才能成为一个完全的潜在者,而这个潜在者,则正是人完全得救的表征。"那些被与自己的所能隔离开的人,仍然可以作出抵抗;仍然可以有所不为。然而,那些与自己的非潜能隔

---

① 阿甘本:《潜能》,王立秋、严和来等译,桂林:漓江出版社,2014 年,第 468 页。
② 阿甘本:《剩余的时间:解读〈罗马书〉》,第 71 页。
③ 同上书,第 38 页。
④ 同上书,第 42 页。
⑤ 同上书,第 48 页。

离开的人,首先就丧失了抵抗的能力。"①

因此,"悬置"至少有两个要求。一是发动"悬置"的是被救赎者自身而非外于自身的他者,换句话说,被救赎者必须牢牢掌握主权,而不能使自己成为自己以外的主权者"悬置"的对象。否则,主体获得的不是说"不"的潜能而是一种不可能性,是一种被主权者的拒绝,主体在这种被动的"悬置"中很容易沦入赤裸生命的状态。二是"悬置"意指一切的失效,而并非使某物失效而又使某物生效。"悬置"必须拒绝一切现实,让一切法律和规则都进入虚在状态。很明显,只有被救赎者进行的"悬置"行动,才有可能让一切现实进入虚在状态,因为这种行动保留着主体对一切说"不"的可能性(被拒绝者则没有说"不"的权力)。因此,"悬置"行动的两种要求在此呈现一种递进关系,主体只有在这种递进的意义上,才能成为一个救赎者与被救赎者的统一体。

主体如何脱离主权者对他的控制,从而成为一个具有自由行动能力的"自主权者",也就是主体如何把主权从他者那里夺回,则是阿甘本救赎概念中的一个核心问题。阿甘本发现了现代政治隐秘的神学结构,即主权者正是通过世俗以外所悬设的例外状态而获得了至高权力,物自体与上帝在政治结构中起到了基础性的建设作用。而统治者维持政治结构稳定的办法,就是要防止他人进入这个隐秘的基础。也就是说,统治者悬置的法外世界作为现行政治法律的权力来源,是绝对不可被触碰的。也正是在这个意义上,现代司法与宗教实现了一种统一,它们都从外部获得权限,又拒绝他者触碰这个外部。阿甘本准确地发现了二者之间的关联,而它们的共同作用正在于对人施加一种必须的信仰。正如其所说:"通过信仰(fides),准确地说,是通过誓言,我们发现我们自己处于这样一个范围之中,即在那里,宗教和法律之间的起源关系的问题必须要在一个全新的基础上来重新考察。"②阿甘本发现,正是通过誓言(信仰),人们承认一种不可触碰的神圣权力,任何语言的有效性(词与物的对应性)都要通过这个权力来保障。而宗教与法律的诞生正是在这种信仰之下的,也就是说,宗教与司法是遮蔽这个神圣权力的一种政治架构。"巫术-宗教领域在逻辑上并不先于誓言而存在,相反,恰恰是誓言,作为最初的

---

① 阿甘本:《裸体》,第85—86页。
② 阿甘本:《语言的圣礼:誓言考古学》,蓝江译,重庆:重庆大学出版社,2016年,第61页。

言辞的述行经验,可以用来解释宗教(以及解释法律,它与宗教紧密相关)。"①

誓言让人成为一种赤裸生命与政治生命的混合体。起誓,就是起誓者将自身奉献出去,使自己甘愿受到神的惩罚,让自己的生命形式赤裸化。而另一方面,生命也是受司法和宗教庇护的,它们给予了生命政治形式。因此,现代法律所要求的一切誓言,面向法律、面向人格的誓言,通通让起誓者将自身放在一个随时被赤裸化的界点。现代政治正是用信用、人格等概念将人政治化和社会化,而人从来没有获得自主的权力。司法永远遮蔽着外部的神圣权力,并让人不断地相信至高权力的不可触碰性,从而随时对人赤裸化。誓言本身就意味着权力的让渡,是主体对自身的贬弃和对至高者的屈服。打破这种格局的办法就是让那个隐秘的上帝不再神圣,人完全有能力去触摸上帝和物自体,从而脱离主权者的统治——"誓言消逝的年代也就是渎神的年代"②。

"'渎神'就意味着使这些事物回归人的自由使用。"③阿甘本着力强调的是,人有能力让构成宗教与司法的隐秘之物变得可被触碰。"如果渎神意味着把那些被移至神圣之物的领域的东西归还共同的使用的话,那么,处于其极端阶段的资本主义的宗教的目标,就在于创造某种绝对不可亵渎的东西。"④"资本主义不过就是一架以捕捉纯粹的手段为目的,也就是说,为捕捉渎神行为(而设)的庞大装置。"⑤阿甘本对此已经说得十分清楚,渎神,就意味着触碰千百年来统治者的权力来源,就是要把一切外部的东西内在化。统摄时间者就是有能力去渎神的人,他能够与时代格格不入,能够成为超越时间的人,能够成为触碰创造时间影像之权力者的人。渎神,宣示着主体对主权者的拒绝,宣示着一种自主权力。

主体通过渎神可以消解主权者的权力界限,从而成为"悬置"这一行为的发动者。在此,阿甘本宣示了一种内在性,人可以触碰一切神圣和外在的东西,没有什么类似物自体的东西是不能被人触碰的。梅亚苏所展示的内在性在此与阿甘本达成一致。梅亚苏所展示的内在性世界正是要让主体触及一切外在世界。因此,并不存在什么寄托于未来或天堂的来世幸福,人的生

---

① 阿甘本:《语言的圣礼:誓言考古学》,第 145—146 页。
② 同上书,第 155—156 页。
③ 阿甘本:《渎神》,王立秋译,北京:北京大学出版社,2017 年,第 124 页。
④ 同上书,第 141—142 页。
⑤ 同上书,第 152 页。

活只在于此生的当下,"内在性伦理旨在**说明当下的生活是唯一值得过的生活**"①。因此,人必须放弃虚无的幻想,而意识形态或宗教所给予人的生活则是一种使人沉浸在对未来幻想的生活,它们用一种虚假的对人当下的否定去保证人的不朽性,这也是梅亚苏致力于让人跳出时间控制的原因。梅亚苏在此对以宗教为代表的虚假承诺进行了严厉的批判,这当然包括现代政治和伦理道德对人的建构与承诺,这一点与阿甘本对司法与宗教的一致性分析是趋同的。因此,梅亚苏认为,哲学的任务就是要清除掉一切虚假的伦理学说,"哲学希求一种废除超越性的生命,**这就是为什么说哲学意义上的伦理必须是一种不朽的伦理观:也就是说,一种只在生活本身当中的伦理观**"②。梅亚苏认为,不朽是人一切思考的最终方向,一切律法所倡导的是对人的思想与生命的尊重,而这种尊重必然建立在对不朽生命欲求的基础上。而宗教或世俗道德所保障的不朽都是一种虚假承诺,整个世界是一个内在性的世界,不朽的伦理观蕴藏在人的生活自身当中。

在梅氏的意义上,整个世界都是一个偶然性的存在,我们生命与思想的诞生只是在第一世界(物质)基础上的偶然事件,那么我们完全有理由相信,有一个新的世界会在第三世界(思想)之后产生。这就是梅亚苏所说的第四世界。第四世界是建立在第三世界基础上的新世界,它是对思想世界的一个新的扩展。梅亚苏所畅想的第四世界就是思想(第三世界)的极端,即永生或不朽。只有第四世界到来,人的永生才能够在内在意义上实现,这足以摧毁一切在第三世界中建立的意识形态,因此,梅亚苏称第四世界是真正的正义的世界。梅亚苏认为,因为绝对正义带来了人的不朽,那么我们必须坚信,人是可以被复活的。梅亚苏说:"由于任何事情在逻辑上都是可能发生的,而**身体的复活**也并非在逻辑上不可能发生,因而它必然具有一种可能性。"③正如生命的出现后于物质世界的完成,思想的诞生作为生命世界中的一个偶然产生的新世界,正义也完全有可能出现在我们当前的世界之中。在第四世界(正义)的视角下,以往在第三世界(当下科学世界)中死亡的生命都会变得不值得,它们的死亡都只是第三世界中科学、宗教或道德法律所制

---

① Quentin Meillassoux, *The Divine Inexistence* (Excerpts), *Quentin Meillassoux: Philosophy in the Making*, p. 187.
② Ibid., p. 188.
③ Ibid., p. 189.

裁的对象。也就是说,在梅亚苏的意义上,不光是宗教和现代司法可以让人成为潜在的神圣人,当下科学作为世界的律法,是让人成为神圣人的最高律法和罪魁祸首。因此,梅亚苏要做的就是,逃出这个第三世界,去思考一种恢复一切思维生命、没有死亡的绝对正义的世界,即废除一切使我们成为神圣人的律法的世界,当下科学、宗教与司法、道德,都在第四世界的废除之列。而这也是阿甘本所提出的迫切任务,这也是时尚的同时代性:"它能够再次连接被它冷酷分开的事物——回想、重新召唤以及恢复它早就被宣称死亡之物的生命。"①第四世界(正义)保障了世俗生活是唯一值得过的生活,因为第四世界随时可能降临,人必须在每一个当下做出积极行动,而并非幻想一种外在于人的美好世界,这即是梅亚苏内在性的终极指向。

  这也正是梅亚苏意义上的弥赛亚主义。梅亚苏把哲学家的任务定义为对真理的抢救,真理、价值与人的存在是内在性的统一体,而它们共同体现为此岸世界的不朽之来临。因而,梅亚苏反对尼采瓦解最高价值的做法。在梅亚苏这里,信仰,包括对科学的、司法的、宗教的信仰,是构成人类目前危机的核心原因。正是因为科学、宗教与政治构建了一个模糊不清的外部,人才永远活在相关主义式的有限世界之中。因此,梅亚苏同阿甘本在此都对信仰做出了攻击。梅亚苏瓦解掉信仰和誓言,将一切的发生归于一种无限而纯粹的偶然性,认为这样才能将世界置于人的内在性当中。因此,梅亚苏用希望代替了信仰。希望与信仰是完全不同的两种态度,信仰意味着主体将自我让渡给主权者,而希望恰恰是主体将世界的一切可能置于主体的意图当中。在偶然性的世界中,宗教所构建的外部,必将随着信仰的丧失而崩溃。人对内在世界自身的希望,也就是对自身愿望的坚信,才是使人获得救赎的必经之路。而人的希望,就是对第四世界涌现的希望。也正是在这个意义上,梅亚苏保留了柏格森意义上的回想记忆。如果说缩略记忆导致的是一种相关主义式的内部化的信仰主体,那么回想记忆恰恰促发了一种内在性的希望主体。人必须带有记忆才可能产生希望,因为希望就是对人的救赎,就是第四世界对人的复活。没有死亡记忆的人是没有意识对第四世界的涌现产生希望的。因而,梅亚苏与阿甘本一样,强调一种主体对过往的责任观,即我们的希望必然建立在与已逝者的关联上,对第四世界希望的动力正源于我们对过往生命

---

① 阿甘本:《裸体》,第31页。

的审判与掩埋。梅亚苏恢复了价值与存在的统一性,并且反对任何一种建构性而非内在性的价值学说。而最高价值即绝对正义的存在,与目前的律法格格不入,因而,梅亚苏在这个意义上构想了科学外世界。目前的世界(第三世界)已经不再值得期盼,我们必须畅想这个世界的瓦解,即思考科学以外的世界——只有先思考一切科学规则的瓦解,我们才能期盼保证人类绝对平等与正义的规则之出现。梅亚苏与阿甘本在此都将目光瞄准了创世的律法,只不过梅亚苏称其为科学。阿甘本意义上的先于创世的律法,即梅亚苏所指称的科学外世界,纯粹偶然性的世界,没有可复现性(科学实验有效的基础)的世界,它对一切律法进行绝对悬置。

思考科学外世界就如阿甘本所说,是一种人的持续的非潜能状态,即一种保持说"不"的能力。在阿甘本那里,人就是要保持其"非潜能",这是主体自身的革命。这是阿甘本意义上的行动,即统摄与悬置,二者意指着主体不断地保持自身说"不"的权限。而梅亚苏同样也强调行动,因而他批评宿命论者(不行动者):"宿命论者只是武断的欲求不朽:这是一种任其个人性对生命永续的欲望,其把复活当作目的,而非当作目的的条件。"①对永生的希望并不是主体自我救赎的目标,只有希望而没有行动,宗教就不可能被终结。梅亚苏废除缩略记忆而推崇"创造性死亡"的意义就在于,人必须废除时间与法律对自我的控制,使其失效,这是为迎接第四世界所做的准备。② 这同样也是阿甘本"悬置"意义的第二个要求。因此,梅亚苏说:"**还必须坚持的是,正义的世界本身是可能的,条件是它必须在当今世界的行动中得到渴望。**"③而这个行动也正是阿甘本意义上的"无目的的手段"。

---

① Quentin Meillassoux, *The Divine Inexistence* (Excerpts), *Quentin Meillassoux: Philosophy in the Making*, p. 215.
② 梅亚苏所倡导的行动很容易和巴迪欧的主体介入联系在一起。这表现着目前社会或世界在绝望的阴霾下,主体如何通过自身的希望来对当下的政治或世界进行一种介入。这种介入是对主体自身革命形象的塑造,革命主体正是通过对当下规则的中断才产生的,表现为一种彻底的不妥协态度,而这种对主体的强调源自对真实数学化的渴望。显而易见的是,梅亚苏对正义秩序的渴望也受到巴迪欧四种主体运算的影响,后者在主体打破规则之后,将主体归为对新秩序(正义)的构建者,也就是对共产主义的实现者。尽管这些内容在《存在与事件》中被巴迪欧放弃了。
③ Quentin Meillassoux, *The Divine Inexistence* (Excerpts), *Quentin Meillassoux: Philosophy in the Making*, p. 215.

在这种界定下，梅亚苏所提出的科学外虚构①（或科外幻小说，fiction hors-science）则有了特定的现实意义。创作科外幻小说就是人对宗教建构域外世界的中断，就是人用自身的内在性（思想）取代宗教等一切外在价值形式的坚决行动。科学外的世界不是上帝及其"创造的"的宗教、科学或司法所规定的，而是能够被人所触碰的。因此，梅亚苏在此强调了文学创作的新的现实意义，作者也显现出一种新的救赎使命。解构主义摧毁了文本的意义，文学作品中以往的深刻价值在此都变成一堆废屑，文学彻底成为一种文字游戏而不再具有一种中心意义上的拯救价值，作者无可避免地成为殉葬者。梅亚苏意在让文学回归一种救赎功能，文学理应成为追求最高价值的可行道路，只不过这种文学创作不再是代天立说，其意义不再围绕着一个上帝一般的中心价值，而是表现为主体的一种积极行动。每个人都可以成为追求第四世界的行动者，而这个行动恰恰可以表现为对当前世界崩溃的畅想。科学外虚构并不把作者重新推上神坛，它并不寻求传统的共同理解（神学和科学意义上所建构的共同体），而恰恰把所有作者摆在同等地位上，它要向世界宣告的是，每个人都可以写作，但这并非一场游戏，而是一场摧毁当前潜在神圣人身份的自我救赎运动。因此，每一个进行科学外叙事的人，其作品都是无法被他者解读的，他自身就是一个虚在之神，而有且只有他自己是这个神的被救赎者。因此，尼采对上帝的死亡宣判，巴特对作者的死亡宣判，在梅亚苏这里是无效的。宗教意义上的上帝死了，但终极价值（正义）意义上的神没有死。而作者如果不想成为虚无的陪葬者，则必须成为一个追求正义世界的虚在之神。

上帝的恩典遮蔽了我们作为罪而存在的裸体，阿甘本揭示了裸体作为衣服的缺席，是一个后在于"罪"的概念。上帝的恩典就是要让人的身体去动物化、去神秘化，让其完全可见。这让每个人都活在上帝的恩典之下，使每个人都符合上帝的秩序。这与现代民主政治为我们设立的种种人的概念是一致的，而一旦人脱离了民主所给予的"恩典"，则随时可能进入赤裸生命的状态。

---

① 科学外虚构（或科外幻小说）是梅亚苏提出的一个文学概念，该世界旨在对一种新的世界进行想象与虚构：即脱离当前科学世界（包括科幻世界）的规则框架，对一个无法用任何科学来解释的新世界进行描写，该世界也就是梅亚苏所说的没有任何稳定规则的世界，废除一切科学的世界。中文版可参见：梅亚苏：《形而上学与科学外世界的虚构》，马莎译，郑州：河南大学出版社，2017年。

赤裸即是罪。因此,阿甘本才会说:"正是在裸体经验中对美的这一祛魅,这一超越了所有秘密和意义、崇高但又鄙俗的对外观的展示,在某种程度上可以冲淡神学机制,使我们超越恩典的荣光和本性堕落的幻觉,看见一个单纯的、隐秘的人类身体。"①对于阿甘本来说,我们必须回归到一种非潜能的原始状态,即一种裸体状态,才能破除掉上帝的恩典,废弃掉一切时间与政治的制约。在这个意义上,弥赛亚光辉的一刻才会降临。但梅亚苏与阿甘本的不同之处在于,梅亚苏认为纯粹偶然性的世界确实是我们思考的一个必经之路,但人废弃信仰不代表没有希望,人还应该寻找一个第四世界。因而梅亚苏反复强调复活的概念,他把犹太人的神话拽进我们对当前世界的思考之中,即弥赛亚时刻的真正到来,是每个人的复活,每个人都可以成为耶稣那样的拯救者,通过行动,我们向自己证明有能力救赎自己。整个世界是一个内在性世界,唯一高于人的存在就是可以复活的人,即成神的人。如果说阿甘本用裸体表现了对恩典的蔑视,用渎神表现了对神圣之物的否弃,那么梅亚苏则是督促人自制圣衣,自证成神。自证成神不是让人成为宗教意义上的神,不是让人对他者进行压制,而是让人成为自己的主宰,是人对自我主权的争取。因此,梅亚苏强调哲学家的任务应该是对超凡内在性的追寻,他极力反对那种将哲学宗教化与意识形态化的处世哲学或人生哲学,这也是他对德勒兹《什么是哲学》的某种继承。无论如何,阿甘本与梅亚苏共同表现了对以往时代和现今世界的废弃,以及对自我主权的恳切强调。成神之路也即是渎神之路,前者是内在之神,而后者则是外在之神。阿甘本说:"成为同时代人,首先是勇气问题,因为这意味着不但要能够坚定地凝视时代的黑暗,也要能够感知黑暗中的光——尽管它奔我们而来,但无疑在离我们远去。"②梅亚苏认为,虽然第四世界没有到来甚至永远不会到来,但我们必须永远对其抱有希望。正是在这个意义上,主体进入了迎接弥赛亚时刻的瞬间,同时代人与对第四世界的希望者在此相遇。

---

① 阿甘本:《裸体》,第163页。
② 同上书,第27页。

Touch the Divine and Manifest God by Self: The Path of the Messiah by Agamben and Meillassoux

Su Dan

Abstract: The finitude of human beings creates the identity of HomoSacer, and the sovereign obtains the power to make life naked through the external construction. It is the only way for people to escape from the status of Homo Sacer to break the secret source of power in the religious and political structure. This kind of power structure creates a kind of linear view of time. The key to breaking the finite linear view of time is to create a great immanence. In this sense, Meillassoux hopes to break through the cage of correlationism and forge an immanence of subject. Agamben, on the other hand, used Suspension and Profaneness to let the subject break through the sovereign's boundary of power. Both emphasize that one must be a savior in order to be redeemed in the coming Messiah. Messianic time is the time of self creation of the subject, and redemption is a radical revolutionary action of the individual. The concepts of Extro-Science Fiction and The Fourth World which are created by Meillassoux are radical expressions of the subject's action and hope.

Key words: Giorgio Agamben, Quentin Meillassoux, Messianism, Homo Sacer, Immanence, The Fourth World

书讯

《四书集编》

(南宋)真德秀　撰　陈静　点校
福州:福建人民出版社,2021年

《四书集编》二十六卷,南宋学者真德秀撰。真德秀,字景元,宋建宁府浦城县(今福建浦城)人,后世称西山先生,朱子再传,对于南宋朱子学的传播与发展影响深远,主要著述有《四书集编》《大学衍义》《西山读书记》等。从体例上看,本书先录朱子《四书章句集注》,之后博采朱子语录附于其下,同时引二程、程门高弟、张栻等说,间附己见,铨择刊润,折衷讹异,互相发明。朱子毕生精力萃于四书,《章句》多出新意,但《或问》《语类》《文集》中颇有异同和模糊之处,真德秀编撰《四书集编》出于系统整理朱子思想的客观需要,《四书集编》总体上谨守朱子义理,羽翼四书,精纯不旁杂,为宋明儒学重要的注疏典籍。目前所存《四书集编》之中惟《大学》《中庸》为真德秀手定,由建宁府学教授谢侯善于咸淳八年(1272)"刻之于郡庠",《论语》《孟子》乃建宁府学正刘承本西山遗书补辑,咸淳九年终成完帙。此次点校《四书集编》,是"四书注疏丛刊"之一部,以通志堂经解康熙十九年(1680)初刻本为底本,以通志堂经解乾隆本、同治本,摛藻堂《四库全书荟要》本,《文渊阁四库全书》本为校本,并参校其他相关文献。底本文字凡有改动,均出校说明。(蔡天翊)

玄奘、窥基所传"识转变"的三种智识结构

茅宇凡[*]

提　要：玄奘糅译的《成唯识论》以及窥基述记所传"识转变"概念包含了三种类型的智识结构。其中"识转变见、相二分"的结构是护法和玄奘支持的宗义，属于唯识今学。"相、见二分体无"的结构则出现在早期经论的唯识古学思想中，而上田义文提出的"识显现为境"的能所显现结构可以认为是古学的另一种表述，在《成唯识论》和梵文本安慧《唯识三十释》中都有依据。唯识古、今学在凡夫位的认知结构上并没有本质的差异，双方都承认世俗认知的主客二元关系。关键的差别在于，唯识古学认为圣者的智识断除了主客二元的对立，此时对象（真如）作为与智识一体不二的显现，或者说对象之非存在就是识的真实本性，也即空性；而唯识今学（护法）则认为主客二分是普遍的认知结构，圣者断除的只是对于二元性的执着。

关键词：识转变　三性　古今唯识学　护法　安慧

一　唯识古、今学的界说与"识转变"说的争议

印度唯识学相传由弥勒（Maitreya）开创，无著（Asaṅga）、世亲（Vasubandhu）集其大成。世亲以后，在印度传说有十大论师为他的《唯识三十颂》（Triṃśikā）作注；在汉地又有真谛、玄奘等先后将瑜伽行派的经典翻译弘传。

---

[*]　茅宇凡，1986年生，上海大学哲学系副教授。

然而，汉传唯识学一向奉玄奘及其弟子所传为圭臬，尊护法（Dharmapāla）说为正统，视真谛译非善说。尽管在《成唯识论》和窥基的注疏中保留了少量其他论师的观点，但都由于缺乏系统性的译介，往往被视为"异端"而湮没在历史之中。然而，随着近代佛教学、文献学研究方法的兴起以及梵文原典的陆续涌现，越来越多的学者通过梵、藏、汉诸经论文本之间的比对研究，试图重新厘清唯识学思想的发展脉络。其中，尤以日本学者宇井伯寿和他的弟子上田义文对真谛传译的唯识学持同情和理解的态度，认为真谛的翻译与诠释更能反映世亲及其之前"古唯识"的面貌，玄奘的翻译则并非如向来所认为的那样忠实。玄奘所传的护法说是改变了"古唯识"的"今唯识"，才是真正异质的学说。针对这种立场，更多的学者——如长尾雅人等——极力维护护法说的正义性，认为它符合从弥勒以来唯识思想的一贯性，并与上田义文展开数个回合的论战。[①] 由于这两位学者在文献学与唯识义理上的造诣极深，双方争论所引发的问题影响深远，堪称唯识古、今学之争的现代翻版。以下主要以双方争论的主题为据，对唯识古、今学的界定和问题之所在做一个简单的回顾。

所谓"古学""今学"的称号并不以年代或时期来判定，而是以学说的内在理路作为判定的标准。若以弥勒、无著、世亲的唯识学为一贯，随顺、继承其学说的就是古学，改变其学说的则属今学。[②] 进一步说，之所以要判定古学与今学的区分，乃是因为学统内部产生了分歧。对于支持真谛系的上田而言，真谛所传符合世亲及其之前的唯识学，而玄奘所传是改变了的学说。换句话说，真谛之学并非异端，而护法、玄奘则不是唯识学的正宗，最多只是改良之学。相应地，对于支持护法系的长尾而言，护法之说即便有所革新，但仍旧保持了古学与今学之间在学理上的一贯性；也就是说，今学仅仅是在某些内容和术语上发展了古学，其思想内核并没有多大的改变。笔者以为上田和

[①] 关于上田义文和长尾雅人之争的回顾及主要论文目录请参见上田义文：《大乘佛教思想》，陈一标译，台北：东大图书公司，2002年，第4—10页（此为"译序"页码）。又参竹村牧男：『唯識三性説の研究』，东京：春秋社，1995年，第29—30页。

[②] 吕澂说："此言古、今，非以无著、世亲或陈那相望之先后而判也。如以先后判，则应无著古学而世亲今学，又应世亲古学而陈那今学。此将淆乱不得定称。实则无著、世亲唯识之学先后一贯，后人有祖述二家学说而推阐之者，是为古学；有演衍二家学说而推阐之者，是为今学。古谓顺从旧说，今谓推衍新说，此其大校也。"吕澂：《吕澂佛学论著选集》卷一，济南：齐鲁书社，1991年，第73页。

长尾的古、今学之争固然是哲学义理之争,但多少包含着孰为正统之学的意味在其中。

近来,一些日本学者在上田与长尾研究的基础上进一步指出初期瑜伽行派的思想发展中有逐渐演变的痕迹,也就是说,唯识经典组织形成的初期并不是统一的体系,其间已存在教义的复杂分歧,而所谓由后期注释家的不同见解产生异说或分派的历史观也恐非实情。① 北野新太郎认为,上田与长尾将"古唯识"的时间幅度定得过宽,其实弥勒《中边分别论》和无著《摄大乘论》分别代表了两种不同类型的三性构造,世亲的《唯识三十颂》则是混合了两者的折衷型;所以,安慧和护法对于世亲的解释不过是分别绍续了弥勒和无著的立场。② 与其说北野通过缩小"古唯识"、拉长"今唯识"的时间跨度,把护法系的源头推到更前面的无著,从而调和了上田和长尾的争论,毋宁说,他是承袭了上田对于真谛三性说的解读,并在《中边论》的颂文中找到了文献的根据,因为他在对于古学的理解上完全接受了上田的理路。总之,唯识古、今学之争从一开始强调谁更符合古学的原义,到后来呈现为对于两种系统之差异的同情与了解;这表明了真谛、安慧所代表的古学思想已渐渐被现代的研究者所接受,我想前辈学者对此所做的努力与贡献值得敬佩。

本文拟就唯识古、今学核心争议问题之一——"识转变"概念做进一步的分析,无意于判定孰是正统之说。在此有必要先对于上田义文与长尾雅人就"识转变"的分歧,做一个简单的交代。笔者主要从识的结构与对象(即"相分"或"[内]境")的存有论地位两方面予以归纳。首先,上田依据真谛《转识论》,认为识的结构就是识和境之间的能缘—所缘关系,用上田的话说就是"识自身举全体成为所见,即是似现为境"③。长尾依据玄奘所传,认为识的结构是"识体转变见、相二分",识内二分才是能所的认知关系。其次,上田认为识是依他性,境是分别性(即遍计所执性);境作为识虚妄分别或显现的内容是不存在的对象(外境)。长尾则认为,见、相二分都是依他起性,相分是见分的认知对象(所取),作为识的内境是存在的;而对此二分生起实在我、法的执着才是遍计所执性(体无)。北野进一步将上田的说法定义为"单纯结构"

---

① 勝呂信靜:『初期唯識思想の研究』,东京:春秋社,1989 年,第 7—8 页。
② 北野新太郎:「三性説の変遷における世親の位置:上田・長尾論争をめぐって」,『國際仏教學大學院大學研究紀要』1999 年第 2 期,第 69—101 页。
③ 上田义文:《大乘佛教思想》,第 116 页。

的三性说,因为识和境构成主客关系,而作为依他性的识中并不含有分别性的境。相对地,长尾的说法被定义为"双层结构"的三性说,因为作为主客的见、相二分都是依他起性而内在于识的部分。①

基于上述学者的研究,本文通过考察玄奘糅译的《成唯识论》与窥基注疏中有关安慧和护法等说法(即传统所谓"识分"说),比照梵文本安慧《唯识三十释》(Triṃśikāvijñaptibhāṣya,以下简称安慧释 TrBh),试图论证:汉传唯识学包含了三种类型的智识结构。其中"相、见二分体无"的结构更常出现在早期经论的古唯识思想中,上田义文依据真谛"识显现为境"所理解的能所结构是其同一内容的不同表述。唯识古、今学对于凡夫位的认知结构并没有本质的差异,双方都承认世俗的主客二元关系。关键的差别在于,古学认为圣者的智识断除了主客二元对立,此时真如作为识不二的显现,或者说对象不存在(空)就是识的真实本性;而今学认为,圣者断除的只是对于二元性的执着,主客二分是普遍的认知结构。

二 《成唯识论》所存"识转变"的两种解释

"识转变"一词是唯识学,特别是世亲用来描述识展开为能所关系的术语,在其《三十颂》中"识转变"(vijñāna-pariṇāma)概念出现了两次,分别在第 1 颂和第 17 颂。《成唯识论》在解释这两颂时都给出了两种解释,且前后两处文献的两种解释可相互对应。我们结合梵文本安慧释先来看《成唯识论》对初颂的解释。世亲在初颂中说:"那种种'我''法'假说都是在'识转变'中现起。"(1a-c)②玄奘在此有意地将"识转变"翻译成了"所变"和"能变"。③《藏要》④校注说,"所变""能变"皆云"转变"(pariṇāma),无"能""所"字,即《转识论》云"识转",今译(指玄奘译)增文。玄奘的改译有自己

---

① 北野新太郎:「三性説の変遷における世親の位置:上田・長尾論争をめぐって」,第 72—73、77 页。
② TrBh: ātmadharmopacāro hi vividho yaḥ pravartate | vijñānapariṇāme 'sau | 1a-c. Hartmut Buescher (ed.), *Sthiramati's Triṃśikāvijñaptibhāṣya: Critical Editions of the Sanskrit Text and its Tibetan Translation*, Wien: Verlag der Österreichischen Akademie der Wissenschaften, 2007, p. 40.
③ 玄奘译《唯识三十论颂》:"由假说我法,有种种相转,彼依识所变。此能变唯三。"T31, p. 60a27-28.
④ 《藏要》第一辑第二十二种,《成唯识论》卷第一,支那内学院校刊,1929 年,第 1 页。

的考量,需要结合《成唯识论》对于"变"的两种解释来看:

[文献一]①

"变"谓识体转似二分,相、见俱依自证起故。依斯二分施设我、法,彼二离此无所依故。[此第一种解释即甲型,窥基认为内含乙型]

或复内识转似外境,我、法分别熏习力故。诸识生时,变似我、法。此"我、法相"虽在内识,而由分别似外境现。诸有情类,无始时来缘此执为实我、实法,如患梦者患梦力故,心似种种外境相现,缘此执为实有外境。[此第二种解释即丙型]②

第一种解释是"识体转似二分",即识转变为主客二元的见分和相分;第二种解释是"内识转似外境",即由分别熏习力,识显现为外境。按照窥基的说法,持第一种解释是护法、安慧等,持第二种解释是难陀、亲胜等;但他也指出就《成唯识论》的文势而言,这两种解释"理教皆均,取舍难知,无偏胜也"③。《藏要》校勘云,第一段无安慧说,安慧释中无相、见二分等语;而第二段则同《转识论》,又糅安慧释。④ 安慧释中的确有与第二种解释十分相近的文字,安慧以为,主体"我"和"物质"(色)等法并不是外部真实的存在(外境),不过是由于阿赖耶识的习气和识的分别才显现为"我"和"物质";⑤这与《成唯识论》第二种解释的讲法是一致的。相比之下,《成唯识论》的第一种解释则明显对应于玄奘"依识所变"的翻译,此中识"所变"的内容就是见、相二分,"能变"则是识自体或"自证分"。所谓"能变"与"所变"都是"转变",玄奘不译颂中作为位格的"识转变",却译成能、所相待的"所变"和"能变",显然是有意突出护法宗义里相、见二分和作为识体之自证分的"识分"理论。而相当于安慧释的第二种解释则特别强调转变的显现(nirbhāsa,

---

① 笔者主要依据《成唯识论》、梵文本安慧释以及窥基《成唯识论述记》的解释,指出"识转变"的三种类型,分别用代号甲、乙、丙表示(见下文)。根据匿名评审专家的意见,逐次标序所引用文献并指出相对应的类型,以便读者前后参照。
② 《成唯识论》卷一,T 31,p. 1a29-b7。
③ 《成唯识论述记》卷一,T43,pp. 241-242。
④ 《藏要》第一辑第二十二种,《成唯识论》卷第一,第1页。
⑤ Cf. TrBh: tatrātmādivikalpavāsanāparipoṣād rūpādivikalpavāsanāparipoṣāc cālayavijñānād ātmādinirbhāso vikalpo rūpādinirbhāsaś cotpadyate | tam ātmādinirbhāsaṃ rūpādinirbhāsañ ca tasmād vikalpād bahirbhūtam ivopādāyātmādyupacāro rūpādidharmopacāraś cānādikālikaḥ pravartate vināpi bāhyenātmanā dharmaiś ca | Hartmut Buescher (ed.), *Sthiramati's Triṃśikāvijñaptibhāṣya*, pp. 40-42.

"似")义,即用"分别"或"显现"来解释"识转变"。识显现出"我"等、"法"等对象,这些都是识的虚妄分别,却显现为好似实在的外部对象。显然,玄奘知道除了护法的宗义还存在另一种对于"识转变"的解释,且并不排斥地将它与第一种解释列在一起。

《成唯识论》在解释《三十颂》第 17 颂的"识转变"时同样给出了两种理解。第 17 颂说:"此识转变是分别,彼所分别者都不存在,故而此一切'唯识'。"①该颂的意思是想要通过"识转变"概念来证明"一切唯识"的立场。《成唯识论》解释说:

[文献二]

"是诸识"者,谓前所说三能变识及彼心所,皆能变似见、相二分,立"转变"名。所变见分说名"分别",能取相故;所变相分,名"所分别",见所取故。由此正理,彼实我、法离识所变皆定非有,离能、所取无别物故,非有实物离二相故。是故一切有为、无为,若实、若假皆不离识。"唯"言为遮离识实物,非不离识心所法等。[此第一种解释即甲型,内含乙型]

或"转变"者,谓诸内识转似我法外境相现。此能转变即名"分别",虚妄分别为自性故,谓即三界心及心所;此所执境名"所分别",即所妄执实我法性。由此分别变似外境假我、法相;彼所分别实我、法性决定皆无。[此第二种解释即丙型]②

第一种解释说,诸识及其相应心所是"能变",变似见、相二分;并将颂中的"分别"和"所分别"解释为见分和相分,是识的"所变"。实在"我""法"等都不存在,一切都是不离于识——见、相二分而存在,此即"唯识"。第二种解释说,"转变"是"识转似我、法外境","转变"就是分别,即虚妄分别的三界心、心所,而所分别就是被执着的外在对象("所执境"),即显现为好似"我""法"等实体。显而易见,此处的两种解释完全对应第 1 颂关于"变"的两种解释。

---

① TrBh: vijñānapariṇāmo 'yaṃ vikalpo yad vikalpyate | tena tan nāsti tenedaṃ sarvaṃ vijñaptimātrakam | || 17 || Hartmut Buescher (ed.), *Sthiramati's Triṃśikāvijñaptibhāṣya*, p. 108。玄奘译《唯识三十论颂》:"是诸识转变,分别、所分别,由此彼皆无,故一切唯识。"T31, p. 61a2-3。
② 《成唯识论》卷七,T31, pp. 38c18-39a1。

上田义文从文献学的角度对玄奘第 17 颂的翻译和解释有过批评，他指出第一种解释（即护法说）并不符合世亲《三十颂》的原义。其主要的理据是第 17 颂中梵文代词"此"（ayam）指的是"转变"（pariṇāma），就是《三十颂》从第 2 颂到第 16 颂所述及的"三种转变"——阿赖耶识（ālayavijñāna）、污染意（kliṣṭa-manas）和了别境识（viṣayasyavijñapti），也即第 1 颂（1d）中所谓"此转变"（pariṇāmaḥ sa）；根据 17 颂梵文安慧释 pariṇāma 跟有 sa，可知其与第 1 颂所指的"转变"相同。从而，"识转变"应理解为"持业释"（karmadhāraya），即"识就是转变"；而不应理解为"依主释"（tatpuruṣa），即"识之转变"——将"识"和"转变"视为不同之物，并进一步分为"能变""所变"。其次，第 17 颂应句读为"识转变是分别"断句。换言之，"识"即"转变"即"分别"，"所分别"者是境。"分别"和"所分别"无论从文法还是义理上，都不能被合理地解释为见分和相分，因此护法说与世亲原意存在偏差。① 上田义文的文法分析是有道理的，即使在"识转变"议题上与上田多有分歧的横山纮一也不得不承认世亲此处"识转变"就是"分别"②，而非玄奘译的"分别"和"所分别"。上田义文认为安慧释，即《成唯识论》的第二种解释才符合世亲原意，即"识转变"就是"分别"——虚妄分别的三界心、心所，属于依他起性；而识"所分别"、显现的对象是不存在的"境"，属于遍计所执性。用上田自己的话来讲，所谓"分别"是"识自身举其全体成为所见，即是似现为境"，这就是他所谓的"识即转变"。③ 总之，通过对"识转变"概念的分析，上田义文指出存在理解"识转变"的两种不同进路，也即两种秉持不同见解的唯识学派。之后他便与长尾雅人陷入护法或安慧谁更能代表正统唯识学的争论之中。然而，如果我们仔细考察窥基《成唯识论述记》对这段的注疏以及《成唯识论》的文本，便会发现其实还隐藏着第三种对"识转变"的理解。

---

① 关于第 17 颂详细的分析请参考 Yoshifumi Ueda（上田义文），"Two Main Streams of Thought in Yogācāra Philosophy", *Philosophy East and West*, Vol. 17, No. 1, 1967, pp. 157–159. 又参上田义文：《唯识思想入门》，慧观等译，北京：宗教文化出版社，2017 年，第 5—9、89—90 页。
② 横山纮一：《世亲的识转变》，载《唯识思想》，李世杰译，台北：华宇出版社，1985 年，第 180、188 页。
③ 上田义文通过分析《三十颂》第 20 颂，进一步说明所分别的对象（境）是遍计所执性。参考 Yoshifumi Ueda, "Two Main Streams of Thought in Yogācāra Philosophy", p. 159.

三 窥基对"识转变"的解释以及《成唯识论》中的第三种说法

窥基《成唯识论述记》在注释"识转变"概念时,指出其中包含了四位论师的理论,这就是著名的"识分"说①:安慧认为"识"真实地只有一分,即自证分;难陀认为识有见、相二分;陈那认为识有三分,即见、相二分和自证分;护法在陈那的基础上又加上了证自证分,变成四分。其中,护法之说出自陈那,两者的说法可以视为一种,证自证分的问题在此无需展开。所以,窥基认为《成唯识论》虽然只说了两种解释,但其实包含了三种不同的说法,即安慧、难陀和护法三家。② 我们发现窥基的说法与上一节所得出的观点有两点不同之处。

其一,在《成唯识论述记》中窥基认为"识转变"的第一种解释又包含了护法与安慧两种,其中他所称"安慧"的说法如下:

> [文献三]
> 识体转似二分,二分体无,遍计所执。除佛以外菩萨已还,诸识自体即自证分,由不证实有法执故。似二分起即计所执,似依他有,二分体无。[文献一、二第一种解释中内含的乙型]③

比较此与护法对于"识转变"第一种解释的说法,二者的相同之处在于都承认有识体——自证分,且能变出相、见二分;不同处在于护法认为相、见二分是存在的(依他起性、体有),安慧则认为实际上相、见二分不存在(遍计执性、体无)。窥基据此就称安慧为识"一分说";而护法(或陈那)的"三分说"是对于"识转变"的正确理解。如前所述,我们认为梵文本安慧释对应的是《成唯识论》的第二种解释。不过,从窥基对"安慧(惠)"梵文读音的介绍

---

① 《成唯识论述记》卷一,T43,pp. 241-242。
② 《成唯识论述记》卷一:"文虽有二,义即有三。或实说一分如安慧,或二分亲胜等,或三分陈那等,或四分护法等。此中护法但说三分,以证自证分别义建立,义相犹隐,所以不说。"T43, p. 242a24-27。
③ 《成唯识论述记》卷一,T43, p. 241b8-11。

可知①，窥基认为[文献三]的主张者"安慧（惠）"可以对应梵文本作者 Sthiramati 的名字。另外，窥基在《唯识二十论述记》中却认为，《成唯识论》的第二种解释是安慧的说法，而没有提到难陀等。② 这是窥基前后不一致的地方。

其二，对于"识转变"的第二种解释，《成唯识论述记》认为是难陀、亲胜等的说法，即相分内在于识，却被凡夫执着为实在的外部对象，但因为它是依识所变，所以仍然是依他起性（体有）。③ 即使不考虑此说应归于谁的名下，窥基的解释也和我们借助上田义文的分析所得出的结论不一致。我们认为，识显现的境（窥基在"识分"的框架下仍称之为"相分"）就是不存在的对象，是遍计所执性（体无）。④

不过，窥基所谓的第一解安慧说并非无文本根据，考《成唯识论》中有两处可以对应窥基所理解的安慧说。一处较为明显，是在论主广辨遍计所执性时所指出的一种观点：

> [文献四]
>
> 有义：三界心及心所，由无始来虚妄熏习，虽各体一，而似二生，谓见、相分，即能、所取。如是二分，情有理无，此相说为遍计所执。[等同于文献一、二第一种解释内含的乙型和文献三]⑤

这显然就是窥基所谓的安慧说。另一处较为隐蔽，是在《成唯识论》最后

---

① 《成唯识论述记》卷一："梵云悉耻罗末底，唐言安慧。"T43，p. 231c19-20。案，"悉耻罗末底"即对应梵文"Sthiramati"。又《述记》中出现"安慧""安惠"两种写法。案，"慧""惠"古字本通，又窥基对二者思想的描述是一致的，故两种写法应指同一个人。

② 《唯识二十论述记》卷上："若安慧等以前圣者说此内识生似外境现言，谓唯有识依他起性一自证分，似外遍计所执，见、相二取境现，所执虽无，妄情谓有，似妄情故，名似所取；《成唯识论》第一卷言：'**或复内识转似外境**'；第七卷说：'**或转变者谓诸内识转似我、法外境相现。**'此师意说，见、相二分是所执无，唯自证分，依他性有。……若护法等以后圣说，言内识生似外境现，谓有依他自证、见、相三分而生，不离识故，名为唯识。"T43，p. 982b29-c14。单引号内的粗体字是直接引用《成唯识论》的句子。

③ 《成唯识论述记》卷一："即是难陀、亲胜等义。依《摄论》说'唯二'义也，但立见、相以为依他，不说第三、第四分也。相分体性虽依他有，由见变为，故名'唯识'。此相分体实在于内，不离于识，妄情执为似外境现，实在内也，即以依他似计所执。依此似外相分之上世间圣教执说我、法，见变似能取，亦相分摄。"T43，p. 242a17-24。

④ 窥基之所以做出这样的理解，一种合理的推测是：从文势看，《成唯识论》并没有排斥"识转变"的第二解，而护法宗义承认境相为依他起作为理论"正确"的标准已印在窥基的心中，因此他也将第二解"识"转似的"境相"作为正说理解为依他起。

⑤ 《成唯识论》卷八，T31，p. 46a15-18。

特别又再次辨析无漏及有漏识之见、相二分的虚实问题：

［文献五］

（1）然相分等依识变现，非如识性依他中实；不尔，唯识理应不成，许识内境俱实有故。

（2）或识相、见等从缘生，俱依他起，虚实如识；唯言遣外，不遮内境；不尔，真如亦应非实。

（3）……或相分等皆识为性，由熏习力似多分生；真如亦是识之实性，故除识性无别有法。①

窥基认为此处（1）是难陀等二分说②，（2）是护法的正义，（3）则是他所谓的安慧说。③ 本段行文较难理解，不过至少通过《成唯识论》这段文字和窥基的注疏，我们便能发现三种类型的"识转变"说，而不仅仅是上田义文、北野新太郎所认为的两种。我们先结合前文的讨论将这三种"识转变"的关系厘清，再来解释这段文字。为了行文讨论的方便，笔者分别用甲、乙、丙的代号指称这三型"识转变"说：

甲型："识转变见、相二分存有"说；即《成唯识论》［文献一、二］的第一种解释所宗护法说，北野新太郎所谓"双层结构"；

乙型："识转变见、相二分空无"说；窥基《述记》以为文献一、二第一种解释中内含的安慧说，及《述记》［文献三］，《成唯识论》［文献四］的相关内容。

丙型："识转似（显现）外境空无"说；《成唯识论》［文献一、二］的第二种解释，上田义文所谓真谛说及梵文本安慧释，北野新太郎所谓"单纯结构"。

窥基注疏前后混淆为安慧说的正是乙型和丙型，为什么会产生如此误读呢？乙和丙的差异或者联系究竟是什么呢？首先，相比于乙，丙似乎只有识与境一重能所关系，即北野所谓的"单纯结构"。然而，如果我们考察真谛

---

① 《成唯识论》卷十，T31，p. 59a5-16。
② 《成唯识论述记》卷十，T43，p. 605c11。
③ 《唯识二十论述记》卷上，T43，p. 983c9-24。又参见《成唯识论述记》卷十，T43，p. 606b，不过在这里窥基只是说："此师不许有相、见义，唯一识性。"未明示是安慧说。

《转识论》就会发现,识显现的外境(所缘)其实包含了众生(我)、法二者,但这二者是不存在的东西。① 相似的说法也见于前述梵文本安慧释,由于虚妄分别的熏习,识显现为"我"等和"物质(色)"等(ātmādinirbhāsaṃ rūpādinirbhāsaṃ),因为并没有外在真实的"我"和"物质"存在,所以假说"我"和"物质"等法。若将"我"和"物质"分别理解为主体和客体,即实在的见、相二分;那么,丙型就和乙型没有本质的差别。就丙型而言,所显现的外境当中仍有主客关系②,如此所谓古唯识的"单纯结构"不成立。

其次,早期唯识经论中很难找到完全支持丙型的文献证据。这也是为什么北野企图将《中边分别论》1.1 颂和 1.5 颂完全理解为单纯结构时会遭遇双层结构混入的纠结。③ 其实《中边论》1.1 颂和 1.5 颂中提到的"二无"表达的是乙型而非丙型。在《大乘庄严经论》中同样也有表达能取-所取二不存在的说法④,显然这是接近乙型的表述。同时,《庄严经论》中也会出现能取-所取相有三种显现(光)是依他性的说法⑤,《中边论》安慧释也提到过所取-能取的显现是依他性。⑥ 这应当如何理解呢?笔者以为一种合理的解释是,就识所显现为"二取",即实在的主客关系而言是遍计执的"无";就识的"显现",即显现出二取而言是依他起,两者并无实质的矛盾,是同一内容的两面。当所显现的二取断除时,能显现之识的分别作用也随即消失;所以,对乙型和丙型来说,遍计执和依他起是一体之两面,这是它们与甲型的根本差别。对甲型而言,当二取的执着被断除时,作为依他起的二取——主客认知关系

---

① 《转识论》:"识转有二种:一转为众生,二转为法。一切所缘不出此二,此二实无,但是识转作二相貌也。"T31,p.61c6-8。
② 长尾雅人指出,能取-所取可以作广狭的理解,《中边分别论》1.3 颂中作为识所显现的四种对象,即对象、有情、我和表识之间也可以有能取-所取的关系。长尾雅人:「唯識義の基盤としての三性説」,『鈴木学術財団研究年報』4,1968 年,第 14—15 页。同样,上田义文在解释此颂时,也指出了对象(境,artha)有广狭两义,广义的境可包括《中边分别论》1.3 颂的四种对象即一切法(六识也是境),狭义的境仅仅指六境。他又说,四种对象中,对象和有情(五根)是所取,我和表识是能取。上田义文:《唯识思想入门》,第 76—77 页。
③ 北野新太郎:「三性説の変遷における世親の位置:上田・長尾論争をめぐって」,第 72—73 页。
④ 《大乘庄严经论》卷四:"离二者谓分别性真实,由能取所取毕竟无故。"T31,p.611b1-2。"迷人于幻像及取幻。由迷故说有能取所取二事,如是无彼二而有二可得者。彼二虽无而二可得,由迷显现故。"T31, p.612b9-12。
⑤ 《大乘庄严经论》卷五:"能取及所取,此二唯心光。"T31,p.613b12。"所取及能取,二相各三光;不真分别故,是说依他相。"T31,p.613c27-28。
⑥ 山口益:『安慧阿遮梨耶造中邊分別論釋疏』,東京:破塵閣書房,1966 年,第 218 页。

仍然是存在的，一直不会断除，此时依他起和圆成实是一体的。

由此也引出重要的一点，丙型中识与境的关系是显现（或分别）的能所关系，而非认识论的能所关系；也就是说，依他起和遍计执之间没有主客的认知关系，它并不是一种观念论。① 识和境的能所关系仅仅就显现之一体两面而言，并不是真实地存在缘取或认知关系。从识所分别的角度看，主客认知关系本身都是所分别的境，即不存在的幻象；从识能分别的角度看，它的显现作用是存在的，即显现出二取的幻象。乙型偏向于解释前者，丙型偏向于解释后者，两者可视为同一内容的不同描述。另外，当强调识与境的显现关系时，识更多是作为根本的阿赖耶识。如《中边论》1.3 颂说：

> 识生起显现为对象、有情、我和表识；这些对象都不存在，由彼[对象]不存在故，彼[识]也不存在。②

参考真谛等诸释论，若将颂中的"我"和"表识"对应到第七识和前六识，那么我们合理地认为颂中的识是指阿赖耶识，而它与四种对象的能所关系更多地是强调显现关系或执取关系，却不是最常见的主客缘取关系。③ 阿赖耶识显现为主体客体的表识也能得到《摄大乘论》的旁证。④ 无论《摄论》的见识和相识是否为依他起性，由根本识显现为主客关系的表识的结构总是成立，此时识与所识也无法被简单地解释为"单纯结构"，因为后者包含了见

---

① 上田义文指出，从识自体变现出所见相分是一种观念论；"初期唯识说主张识是缘生（依他起）故为有，同时其自体是空（无），但这并不是识变现出相分而是识举其自身而成为所识。这与'色即空，空即色'是相同的思想，不能说是观念论。"上田义文：《大乘佛教思想》，第 116—117 页。

② arthasatvātmavijñaptipratibhāsaṃ prajāyate | vijñānaṃ nāsti cāsyārthas tadabhāvāt tad apy asat || 1.3 || Gadjin M. Nagao, *Madhyāntavibhāga-bhāṣya*: *A Buddhist Philosophical Treatise*, *Edited for the First Time from a Sanskrit Manuscript*. Tokyo: Suzuki Research Foundation, 1964, p. 18.

③ 参见耿晴：《〈辩中边论〉颂文中的两种唯识三性说模型》，《台大佛学研究》第 28 期，2014 年，第 68—71、75—76 页。不过，耿晴可能没有注意《中边论》1.1 颂和 1.5 颂中"二无"可以表述为所取-能取无（即乙型），故而他主张《中边论》第一品表现的是作为单纯结构的丙型，而识所显现的对象、有情、我、表识四种之间也不会存在主客关系。

④ 《摄大乘论本》卷二："若处安立阿赖耶识为义识，应知此中余一切是其相识，若意识识及所依止是其见识，由彼相识是此见识生缘相故，似义现时能作见识生依止事，如是名为安立诸识成唯识性。" T31, p. 139a6-11。

识和相识。窥基说,无著以前只说二分,指的就是这种主客认知的二分关系①,而不是识与境的显现关系。另外,值得注意的是后期"无形象唯识论"的立场也认为二形象是虚幻的对象,由于显现为二故称为二相,近于乙型。②

总之,甲、乙、丙三型"识转变"中,甲型代表唯识今学,乙型和丙型代表唯识古学,后二者又是相通的,是同一内容的不同表述。唯识古、今学都承认识的转变或显现具有知识论意义下的主客关系(甲型和乙型),因此用单纯结构和双重结构来区分古学和今学是缺乏意义的。双方差异的本质在于是否可以将主客认知关系普遍应用到一切情况,包括胜义的智。也就是说,唯识今学认为对圣者的智而言,只是"我""法"的执着不存在了,但主客认知关系依然存在;古学则认为,主客二元关系也不存在。具体则表现在对于相分的存有的理解上,为此我们回到前述《成唯识论》(文献五)最后关于相分的三种说法。

《成唯识论》最后的论述是对于究竟位的解释,并且该段是放在广说佛身、佛土之后,可见这里都是探讨胜义谛圣者位的情形。依笔者的理解,三种关于相分的说法尽管使用护法宗"识分"说的术语,但也可以对应甲、乙、丙三型:其中(1)是丙型,(2)是甲型,(3)则是乙型,此理解也符合前述窥基给出的对应师说。对丙型而言,智识显现为对象(相分),对象是智识的所现,故它不真实。不过,《成唯识论》指出该说的问题在于:如果所现对象都不真实,那么真如作为智识所现也应该不真实;当然论主并未为此说进行辩护。《佛地经论》在讨论四智相应心品是否也有相分时,也涉及了相关的问题,富有借鉴意义。③ 其中一种说法认为,圣者的智识虽然断除了主客二元性,但仍然可以假设地说它具有相分,就好像明镜等照物,在自身上显现物的形象;又由于它不计不执,也可以说是"无相",因为它实际上没有去认知(缘取)对

---

① 《唯识二十论述记》卷下:"若无著以前但说二分,唯一见分,为现量体。无著以后陈那菩萨立三分者,见、自证分为现量体。"T43, p. 999a24—26。又《成唯识论述记》卷一:"安慧已前诸古德等皆说二分是计所执,护法已后方计三四依他分也。"T43, p. 242a11—13。或许无著应与《述记》的安慧一样也是属于乙型。

② Takanori Umino, "The Vijñaptimātratā Theory of Ratnākaraśānti in the Prajñāpāramitopadeśa", *Journal of Indian and Buddhist Studies*, 17(1), 1968, pp. 9—10. 又参沖和史:《无相唯识和有相唯识》,载《唯识思想》,李世杰译,台北:华宇出版社,1985年,第275—280页。

③ 《佛地经论》卷三,T26, p. 303b29-c28。《佛地经论》也提到了对四智是否有相分的三种说法,笔者暂且认为这三种说法依其出现的顺序可分别对应乙型、丙型和甲型。

象,但却有对象显现,就此假说为"认知(缘)",并不是真的有认知作用。对甲型而言,圣者位时智与所缘的主客认知关系仍然存在,断除的只是主客二元的实体性执着。此时若无分别智证真如就好像自证分证知自己,因为真如不离智体。① 若后得智生起时,还是有主客(能所)的分别,只是没有了概念、实体等的执着;就比如无漏心认知有漏心时,虽然心上有似彼相生,但自己本身还是无漏的。对乙型而言,既然主客二元性本来就是虚妄不存在的,当智识生起时它们(见分、相分)就被断除,此时无相、无分别,真如也不作为认识的对象,它就是识无二、无相(空)的真实本性。当然,这三种说法或许没有明确的对错之分,只是胜义谛落在世俗言语上才产生的区分,因为究竟而言,圣者的智慧超越言语思虑不可思议,是一切语言分别都无法达到的。

结 论

总之,在玄奘、窥基所传的唯识学中出现了三种识转变的类型,笔者分别称之为甲:识转变见、相二分存有型;乙:识转变见、相二分空无型;丙:识显现境相空无型。其中,甲型属于护法、玄奘代表的唯识今学,乙型和丙型属于安慧、真谛代表的唯识古学。若将作为"我""法"的外境视为实在的主客关系(二取)整体,那么乙和丙其实是同一内容的不同表述。在古唯识经论中经常出现的是乙型,真谛和上田义文特别注意到了丙型,它们都出现在了《成唯识论》和窥基的注疏中,只不过窥基在不同的注疏中关于安慧之说曾摇摆于乙型和丙型。② 从义理上看,乙型偏重于描述所显现的主客二元性,在这一点上它其实和甲型是相似的;丙型则偏重于描述能显现,即识显现出一切对象(包括主客二元性),就是虚妄分别的作用。尽管所分别的境是不存在的遍计所

---

① 参《成唯识论》卷九:"此智见有相无,说无相取,不取相故,虽有见分而无分别;说非能取非取全无,虽无相分而可说此带如相起,不离如故;如自证分缘见分时不变而缘,此亦应尔。变而缘者,便非亲证,如后得智应有分别,故应许此有见无相。"T31, pp. 49c27-50a4. 尽管论主说此义是"见有相无",但实际上无分别智和真如仍构成认知(缘)的主客关系,不过因为两者体不相离,所以构成一种特殊的不变而缘的关系。
② 若结合上田义文或安慧释来看《成唯识论》(文献一、二)的第二种解释,那么窥基著名的"安难陈护,一二三四"说中"安、难"二者是有混淆的。但是,考察《成唯识论》(文献四、五)和早期唯识经论,窥基所谓的安慧说(乙型)并非没有理据,而且如果不考虑乙型,仅用北野新太郎所谓单层结构无法解释早期唯识经论出现的"二取无"的说法。

执性,但分别作用本身还是存在的依他起性。因此,丙型中的识与境的能所关系是指虚妄分别或显现作用而言,并不是知识论意义下的主客认知关系,能所只是同一事物的两面,而不是二元对立;主客二元性则包含在了所分别的境中。这是古唯识或者说无相唯识的根本要点。所以,将古唯识定义为依他起和遍计执之间主客的"单纯结构"是不恰当的。一则,识与境之间并不是认知的主客二元性;再则,主客二元早已包含在所分别境中,故而不完全属于"单纯"结构。

乙型和丙型的另一个差异表现在于圣者的认识模式和智识状态。或许可以这样说,唯识古、今学"识转变"差别并不是针对一般凡夫的认知(识)结构,而是对于圣者智识状态的争议。唯识古学和今学都承认凡夫的认知模式是主客二元,只是今学以为将主客关系的实体化才是执着。然而,对于圣者的智识,古学与今学的分歧比较明显。就今学(甲型)而言,智识虽然消除了对实体性的执着,但主客二分的认知关系,特别在后得智中仍应予以保留。但对古学而言,智识就是消除了主客二元的对立;其中乙和丙又有描述上的不同。对乙来说,消除主客二元就是智识的真实本性,即无相、无分别、一切寂灭的空性,真如也不是智识的对象。对丙来说,智识消除了主客二元,但它像明镜一样照物、显现真实的对象,两者一体不二;所以仍可以假设说是有相,尽管智识此时并没有实际的认知作用。当然这只是落于世俗言语上而生起的描述差别,若就胜义谛它们或许没有本质的差异。

Three Types of Cognitive Structure in the Doctrine of "Transformation of Cognition(*vijñānapariṇāma*)" Explained by Xuanzang and Kuiji

Mao Yufan

Abstract: In the present paper, I discuss different understandings of "the transformation of cognition(vijñānapariṇāma)" in the *Cheng Wei Shi Lun*, Kuiji's commentaries and Sthiramati's *Triṃśikāvijñaptibhāṣya*. I want to argue that three tpyes of cognitive structure have been preserved in the texts of Chinese Yogācāra School. The first type can be called cognition transforming into subjective-objective aspects, which is a new doctrine in the Yogācāra School advocated by Dharmapāla and Xuanzang. The second one can be called cognition transforming without two-fold aspects, which is regarded as a claim of Sthiramati in Kuiji's commentary. Some literal evidences in some early texts of Yogācāra School as well as in the *Cheng Wei Shi Lun* show that this understanding is affiliated to the old doctrine. The third one can be called cognition appearing as external objects by itself. Yoshifumi Ueda has argued that the doctrine is advocated by Sthiramati and Paramārtha. I think this type is equal to the second one in content, but out of a different expression. Both Dharmapāla and Sthiramati agree that ordinary people's cognition will split into two-fold aspects. With regard to the stage of the Enlightenment, Dharmapāla believes that the cognition (namely the wisdom) of the Enlightened One has the objective image as well; while Sthiramati believes that the cognition arises without two-fold aspects in nature that is the emptiness of cognition. Or we can say that the objective image is the appearance of the cogniton, just like a mirror reflets itself. They are two sides of the same coin. Ultimately the cogniton does not recognize any objcct at all.

Key words: The Transformation of Cogniton, Three Natures, Consciousness-only, Dharmapāla, Sthiramati

书讯

《高攀龙全集》

(明)高攀龙 撰，尹楚兵 辑校

南京：凤凰出版社，2020年

高攀龙(1562—1626)，初字云从，后改字存之，晚明政治家、思想家、文学家，与顾宪成同为东林学派领袖。其著述繁复，有二十余种。自明清以来，对高攀龙著述的搜集整理已积累了一定的基础，然皆非高攀龙著述全璧。本书以明崇祯五年(1632)陈龙正编刊本《高子遗书》分类为基础，重新编次，全面收录高攀龙现存诗文、语录、札记、讲义、家训、杂训、日记、对联及笺释类、选编类、删订类著作。全书共分为上、中、下编。上编收录诗文，以《高忠宪公诗集》为整理底本，兼收《高子诗集》《高子未刻稿》《高子遗书》所载《高忠宪公诗集》未收诗。文部分包括《就正录》《四书讲义》《东林书院会语》《高子遗书(文)》；中编包括《高子未刻稿(文)》，《高子遗书未刻稿》《高子别集》所载《高子遗书》《高子未刻稿》未收文，《高子日记约钞》和集外佚作辑存；下编包括各种笺释类、选编类、删订类著作如《周易孔义》《春秋孔义》《正蒙集注》《程子节录》《朱子节要》《邵文庄公年谱》，以及其他评述记载高攀龙事迹的墓志铭、神道碑铭、传记、年谱等。（蔡天翊）

数学基础中的超穷构造

裘江杰[*]

提　要：超穷构造是数学基础和逻辑学中常用的方法，它们体现了一种分而治之的思想；依据构造的实施的不同，主要有步进构造、滤子构造以及可损构造三类构造方法。本文结合具体的例子，相对系统地梳理了这三类超穷构造方法，同时也揭示了它们背后的机制。

关键词：步进构造　滤子构造　可损构造

公理集合论系统 ZFC[①] 被认为是数学的基础，之所以如此，除了各种数学对象都可以有合适的集合表示外，ZFC 还提供了强有力的超穷构造方法也是重要的原因之一。在数学基础与逻辑学的诸多分支，甚至在一些数学领域中，都能见到各种超穷构造。它们的共同特征是，首先把一个复杂的条件"打散"成无穷多条相对简单的条件，然后利用有穷与无穷或者低阶无穷与高阶无穷之间的张力，满足所有的条件，进而完成相应构造的任务。这些构造通常用于表明在某些前提下，存在着如此这般或者那般的无穷对象，这些对象往往表现为集合事物，它们通常是非常复杂的；对它们的存在性证明不见得

---

[*]　裘江杰，北京大学哲学博士，中国人民大学哲学院副教授。
[①]　ZFC 系统是一个公理化的一阶理论，它由如下的十组公理组成，其中 A_2 与 A_7 是公理模式，分别是对可数无穷多条公式的概括：A_0（空集公理）存在着空集合，$\exists x(\forall y(y \notin x))$；$A_1$（外延公理）一个集合由它所包含的元素所确定，$\forall x \forall y (\forall z (z \in x \leftrightarrow z \in y) \rightarrow x \equiv y)$；$A_2$（分离公理模式）对给定的公式 $\varphi(z)$，$\forall x \exists Y \forall z (z \in Y \leftrightarrow z \in X \wedge \varphi(z))$；$A_3$（对集公理）$\forall x \forall y \exists z (z \equiv \{x, y\})$；$A_4$（并集公理）$\forall x \forall y \exists z (y \equiv \cup x)$；$A_6$（无穷公理）$\exists x (0 \in x \wedge \forall y (y \in x \rightarrow y \cup \{y\} \in x))$；$A_7$（替换公理模式）对给定的公式 $\varphi(x, y)$，$\forall X (\forall x \in X \exists ! y \varphi(x, y) \rightarrow \exists Y (\forall x \in X \exists y \in Y \varphi(x, y)))$；$A_8$（选择公理）$\forall X [(\varphi \notin X) \rightarrow (\exists C\text{ 为函数}, \forall x \in X (C(x) \in x))]$；$A_9$（基础公理）$\forall x (x \not\equiv \emptyset \rightarrow \exists y (y \in x \wedge y \cap x \equiv \emptyset))$。

一定要使用超穷构造方法，但是后者往往能使我们更加清晰地了解该对象的组合特征。此外，超穷构造也有其自身的意趣，它们体现着相应的公理的内蕴。本文的目的是，在 ZFC 公理系统的框架内，结合一些具体的例子示范这些超穷构造方法，同时揭示它们背后的机制。

根据上文提到的无穷多条相对简单的条件的满足方式，大致上可以把超穷构造分为三种形态，分别是步进构造、滤子构造以及可损构造。其中步进构造是最基本的形态，后面两者则或者是它的一种"打包"或者是结合其他思想的变化；本文将首先介绍步进构造，并基于此引介在 ZFC 的框架下所有超穷构造可行的基础——递归定理，然后介绍另外两类超穷构造。更细致而言，本文的内容安排如下，在第一部分介绍步进构造；在第二部分介绍递归定理，某种意义上，它是替换公理（模式）的另一种表现形式；在第三部分首先讨论马丁公理，进而引入滤子构造；在第四部分梳理步进构造的一种特殊的变种，可损构造，它们结合了递归论中的优先方法。

一　步进构造

所谓步进，是指从一个基本的立足点出发，一步一步地进行构造[①]，每一步都争取做点"添砖加瓦"的工作，至少不破坏先前已完成的工作，这样层层递进，最终"涓涓细水汇流成海"。在本节里，我们先给出两个步进构造的例子[②]，其中概括了具体的构造过程，然后总结出步进构造的一般模式。

首先介绍一个简单但是著名的例子，在其中进行了可数无穷步长的超穷构造。

例子 1　自然数集 N 有不可数多的子集。

反证，假设 N 有可数无穷多个子集，设 $A_0, A_1, \cdots$ 是这些子集的一个枚举。为反驳这一假设，可以借助步进构造方法构造一个集合 A，使得对任意的自然数 $n, A \neq A_n$，从而导致矛盾。

对每个自然数 n, A_n 可以看作为一个无穷长的 01 串：$A_n(m) = 1$ 当且仅当

[①] 步进的英文对应为 step by step，步进方法超出数理逻辑领域的一个典型见证可参看 Blackburn 等三位学者编写的模态逻辑专著的第四章第六节，详细的信息见：P. Blackburn, with M. de Rijke and Y. Venema, *Modal Logic*, Cambridge: Cambridge University Press, 2001。

[②] 第一个例子在通常的集合论的教材中都能见到，第二个例子取自 K. Ciesielski, *Set Theory for the Working Mathematician*, Cambridge University Press, 1997。

$m \in A_n$。这一信息使得我们可以如下逐步构造 A 所对应的 01 串:在任意的 n 步,令 $A(n) = 1 - A_n(n)$。超穷构造的基础,递归定理(稍后介绍)保证这一可数无穷步的构造能够完成,这时,对每个自然数 n 将有,$n \in A_n$ 当且仅当 $n \notin A$,因此 $A \neq A_n$。

上文中构造的方法也被称为康托对角线法,它是集合论的创始人康托最早创造并使用的,此后得到了广泛的应用,如上例所示,对角线方法往往是依托于超穷构造具体实施的。

在例子 1 中进行了可数无穷步构造;在逻辑中,可数无穷在所有无穷中是最小的一个;在下面的例子中则演示一个需要连续统①多步的超穷构造。

例子 2 对任意的 $A \subseteq \mathbb{R}^3$,若 $|A| < c$,则 $\mathbb{R}^3 \setminus A$ 可以剖分为一族不交的直线。

为了讨论的方便②,不妨取 $A = \mathbb{Q}^3$。枚举 $\mathbb{R}^3 \setminus \mathbb{Q}^3$ 中的点为,$\langle p_\alpha : \alpha < c \rangle$。

如下递归选取直线的序列 $\langle L_\alpha : \alpha < c \rangle$,使得(1)$\forall \alpha < c, p_\alpha \in \bigcup_{\beta \leq \alpha} L_\beta$;(2)$\forall \alpha < c, L_\alpha \cap ((\bigcup_{\beta < \alpha} L_\beta) \cup \mathbb{Q}^3) = \emptyset$。

第 0 步,设 $p_0 = \langle a_0, b_0, c_0 \rangle$,不妨设 $a_0 \in \mathbb{R} \setminus \mathbb{Q}$,即 a_0 是无理数。取直线 $L_0 = \{\langle a_0, b_0, r \rangle | r \in \mathbb{R}\}$。

第 α 步,设已取得 $\langle L_\beta : \beta < \alpha \rangle$ 满足条件(1)与(2)。若 $p_\alpha \notin \bigcup_{\beta < \alpha} L_\beta$,令 $p = p_\alpha$;否则任取 $p \in \mathbb{R}^3 \setminus (\mathbb{Q}^3 \cup (\bigcup_{\beta < \alpha} L_\beta))$。③ 取不包含所有 $L_\beta : \beta < \alpha$ 的过 p 的平面 P。④ 记 $B = P \cap ((\bigcup_{\beta < \alpha} L_\beta) \cup \mathbb{Q}^3)$,即把平面 P 上的所有有理坐标点以及与直线 $L_\beta : \beta < \alpha$ 的交点都收集起来,则它的大小仍然小于 c。因此可以选取直线 L_α,L_α 过点 p,但是避开 B 中的所有的点。

同样由递归定理保证这一连续统步的构造能够完成。

---

① 连续统指实数集 $\mathbb{R}$,其大小或者基数,具体的数值为 $2^{\aleph_0}$,通常记为 c,$c = \aleph_1$ 即为著名的连续统假设。

② 只是在第 0 步构造时选取直线的方法有所不同,这时,对取定的 p_0,以及 A 中的点,至多可以确定 $|A|$ 条直线,但是过 p_0 共有 c 条直线,因此可以选取直线 L_0,L_0 过点 p_0,但是避开中的所有的点。

③ 当 p_α 已经被处理,即 $p_\alpha \in \bigcup_{\beta < \alpha} L_\beta$ 时,也可以直接跳过,这里是为了满足条件(1)与(2)上的统一性,而另选一个未被处理过的点,这样的点的存在性是这样保证的:由于 α 是一个小于 c 的序数,因此到此时为止选取了少于 c 的直线 $\langle L_\beta : \beta < \alpha \rangle$,但是 R^3 中总共有 c 条直线,因此可以取一条不同于它们的直线 L,L 与它们至多有 $|\alpha|(<c)$ 个交点,并且只有可数无穷多个有理坐标点(即 $|\mathbb{Q}^3| = \aleph_0$),但是一条直线上有 c 个点。

④ 同样由于 c 个不同的平面过一个给定的点,但是到此时为止选取了少于 c 条的直线。

不论构造的长度如何以及它们有着怎样的复杂程度，这种步进构造的一般模式可以归结如下：首先，选定某个合适的极限序数 λ，λ 通常是一个基数；接着进行一个步长为 λ 的超穷构造，构造又分为基础步骤与递归步骤。在基础步骤，即第 0 步，说明构造是可实现的；然后处理递归步骤，这时任意选定一个大于 0 小于 λ 的序数 α，在假设对每个 $\beta<\alpha$，在 β 步的构造都可实现下，证明在第 α 步的构造也都可实现；一旦上面两点都成立，则下结论得，λ 步的构造能够完成。

二　递归定理

在上一节里整理得到了步进构造的一般模式，它们的合理性是由所谓的递归定理所保证的。递归定理实际上是一个有着诸多形式的家族，在本节里我们将介绍这一家族里的三个成员[①]，第一个版本相对常见，由此可以了解递归定理在 ZFC 中成立的理由；第二个版本则用来说明前述步进构造可行的基础；最后，第三个版本将表明递归定理有着更加基础的地位。

首先讨论第一个版本。

递归定理版本一　对任意的 $a\in\mathbb{N}$，对任意的函数 $h:\mathbb{N}\to\mathbb{N}$，存在唯一的函数 $f:\mathbb{N}\to\mathbb{N}$，它满足，(1) $f(0)=a$；(2) $f(n+1)=h(f(n))$。

这个版本成立的直观非常清晰：首先，我们可以表明，对每个给定的自然数 m，存在着唯一的计算 $f(m)$ 的过程——先据 (1) 计算得到 $f(0)=a$，然后依次计算 $f(1)=h(f(0))=h(a)$，$f(2)=h(f(1))=h(h(a))$，$\cdots$，$f(m)=h(f(m-1))$，我们可以将其概括为一个定义在 $m+1$ 上的函数 $f\upharpoonright m+1$[②]；它可以看作为 f 的 $m+1$ 长的有穷片段；特别是我们可以证明对每个自然数 m，f 的 m 长的有穷片段是唯一的；其次，据替换公理，可以把 $\mathbb{N}$ 中的自然数用相应的有穷片段替换掉，设这样替换后得到的集合为 F；最后，据并集公理，得到 $\cup$

[①] 早在 20 世纪 60 年代就已经有学者在研究这些不同形式的递归定理之间的关系，比如 Smullyan 首先给出了一个弱版本的递归定理，然后用它得到更强形式的版本；更详细可参看 R. M. Smullyan, More On Transfinite Recursion, *Transactions of the New York Academy of Sciences*, 1967, 29(5 Series II):555-559.

[②] 在集合论中，序数（包括自然数）是从空集开始逐步构造得到的，有多种构造的方法，通常采用的是 von Neumann 的方法，这时，一个序数是由所有比它小的序数组成的，特别的 $m+1=\{0,\cdots,m\}$。

F，此即题设中满足条件(1)与(2)的函数 f。

这一版本的递归定理尽管相对简单，但是已经有比较广泛的应用了，比如，取 a 为任意的自然数 m，取 g 为后继函数 S，则据该版递归定理可得加 m 函数：$m+0=m$；$m+(n+1)=S(m+n)=(m+n)+1$。

在第一节中概括的步进构造的一般模式则由如下版本的递归定理所保证。

递归定理版本二 令 Z 为一个取定的集合，λ 为一个取定的序数，$F=\bigcup_{\alpha<\lambda} Z^\alpha$，那么对任意的函数 $h:F\to Z$，存在唯一的函数 $f:\lambda\to Z$，它满足，$\forall \alpha<\lambda$，$f(\alpha)=h(f\upharpoonright \alpha)$。

这里的 Z^α 指的是由所有 α 长的 Z 中元素的序列所组成的集合；版本二的递归定理表明，只要能够对任意的小于 λ 长的序列指定 Z 中相应的元素（这是由函数 h 完成的），则可以"拼出"一个 λ 长的序列 f，它在 α 处的值由 h 作用于 f 的 α 前段 $f\upharpoonright \alpha$ 而得到。

这一版本的递归定理是这样保证步进构造方法的实现的：由于每一步都可构造或者选取成功，则可将根据 $f\upharpoonright \alpha$ 选取或者构造的结果收集为一个集合 $A_{f\upharpoonright \alpha}$；进而据替换公理得到一个非空集合族 G，它恰好由这些集合 $A_{f\upharpoonright \alpha}$ 所组成；然后，选择公理提供了 G 上的选择函数 C，由此得到版本二递归定理中的 h：$h(f\upharpoonright \alpha)=C(A_{f\upharpoonright \alpha})$，最终保证 λ 长的构造能够完成。

不难看出，在上述两个版本的递归定理及其对超穷构造的保证中，ZFC 系统的一条公理 A_7，即替换公理起到了实质性的作用。一些研究者发现，在某种意义上，递归定理就是替换公理，即基于某个基础，它们是等价的。为了讨论清楚这个问题，先引入递归定理的第三个版本。

递归定理版本三 对任意的带有良序关系 < 的集合 A，对任意的类函数 $F:V\to V$，存在唯一的函数 $f:A\to V$，它满足，对任意的 $a\in A$，$f(a)=F(f\upharpoonright a)$，其中 $f\upharpoonright a=\langle f(b):b<a\rangle$。

注意，版本三的上述表述中使用了类函数 F，它实质上是对某个公式的缩写，因为在 ZFC 中，所承诺允许存在的只能是集合；不过，这并无根本性的影响，因为，在每个具体的应用中，一旦确定了要讨论的基底集 A，就可以把 F 限制到 A 上，从而可以得到类似于版本一或者版本二中的函数 h，它们都起着对超穷构造的"指导"作用。

现在把公理系统 ZFC 中的 A_7 删去，将剩下的系统记为 T，它是 ZFC 的真子系统。① Joel David Hamkins 证明了,基于 T,版本三的递归定理与 A_7 是等价的。②

命题 $T \vdash A_7 \leftrightarrow$ 递归定理(版本三)。

在此命题中,由 $T+A_7$(即 ZFC)得到递归定理(版本三)是常见的事实,下面概要介绍由 $T+$ 递归定理(版本三)得到 A_7,即说明替换公理模式的每个实例在系统 T 中可证。

任取集合 A,任取公式 $\varphi(x,y)$,并设,$T+$ 递归定理(版本三) $\vdash \forall x \in A \exists ! y \varphi(x,y)$。

据选择公理可取 A 上的一个良序 $<$,如下取类函数 $F:V \to V$:对任意的集合 x,若它是一个函数,并且有某 $a \in A$,使得 x 的定义域恰好为集合 $\{b \in A | b < a\}$,则令 $F(x)$ 为那个唯一与 a 一道使得 φ 成立的集合 y;若不然,则令 $F(x)$ 为空集 $\varnothing$。

那么据版本三的递归定理,有唯一的函数 $f:A \to V$,它满足对任意的 $a \in A, f(a) = F(f \upharpoonright a) = F(f \upharpoonright \{b \in A | b < a\}) = y$,这时有 $\varphi(a,y)$;令 $B = ran f$,则 $\forall x \in A \exists ! y \in B \varphi(x,y)$,因此替换公理的这一实例成立。

上述命题揭示,递归定理不仅仅是由 ZFC 系统可以证明的一个命题,它实际上就是系统的一个组成部分。

由独立性结果③已知,ZFC 系统本身未能穷尽集合宇宙的所有真理,随之而来,一个自然的研究进路就是找寻新的更有力的公理,其中的一些公理可以认为是在增强 ZFC 系统的超穷构造能力,这些公理中的一个,马丁公理得

---

① 因为 A_7 加上 A_0 可以得到 A_2,但是 ZFC 又不是可有穷公理化的,因此 A_7 独立于其他公理。
② 本文对这一点的论述参考了 Joel David Hamkins 发表在他的学术博客网站上的一篇文章 Transfinite Recursion as a Fundamental Principle in Set Theory,具体网址为,http://jdh.hamkins.org/transfinite-recursion-as-a-fundamental-principle-in-set-theory/;Hamkins 在文章中指出,触发他进行此讨论的是 Benjamin Rin 的研究,后者的论文已经发表在 Synthese 杂志上,具体信息为 Benjamin Rin, Transfinite Recursion and Computation in the Iterative Conception of Set, Synthese, 2015, 192(8):2437-2462。
③ 在集合论中一个著名独立性命题即连续统假设,由 Gödel 与 Cohen 所证明,其后,借助最初由 Cohen 创造的力迫方法得到了许多独立性结果。

到了颇多的关注[1],至少有两条理由使得它得到如此的重视:其一,它在总体上提供了一种基于滤子的超穷构造,其二,它的一个可数版本在 ZFC 中是可证的,因此可以把这种滤子构造引入 ZFC 中。

三 马丁公理与滤子构造

就如前面所述,超穷构造通常需要把一个复杂的条件打散成无穷多条相对简单的条件,然后利用有穷与无穷或者低阶无穷与高阶无穷之间的张力,满足这些简单的条件而构造出所求的对象;在第二节中介绍的步进构造是逐个满足简单的条件的,而滤子构造则用一些集合表示条件,当这些集合满足某种性质时,则使得它们代表的条件具有了某种必然性,从而保证对应的条件能够被满足。

上述思想借助偏序、滤子以及相关的概念与方法落实,下面我们首先介绍这种滤子构造的基础,可数版本的马丁公理。

一个偏序集是一个非空的集合 P 带上一个二元关系 $\leqslant$, P 的子集用来代表各种条件,P 中的元素称为条件子[2],条件子组合在一起反映条件,同时它们自然带有可能反映的条件的信息,而二元关系正是用来表示这些条件子所包含的信息量的大小关系的: $p\leqslant q$,当且仅当 p 比 q 包含更多的信息,这样 $\leqslant$ 自然就是所谓的偏序:(1)每个信息子与其自身比自然包含同样多的信息,即 $\leqslant$ 有自反性,$p\leqslant p$; $\leqslant$ 也有传递性,如果 p 比 q 包含更多的信息并且 q 比 r 包含更多的信息,那么 p 比 r 包含更多的信息,形式化表述为:若 $p\leqslant q$ 并且 $q\leqslant r$,则 $p\leqslant r$;最后,$\leqslant$ 一般也会有所谓的反对称性,即如果 $p\leqslant q$ 并且 $q\leqslant p$,那么 $p=q$。

当使用一些条件子组成一个条件时,可能会发生不同的条件子包含着相

---

[1] 比如,可参看文献 David H. Fremlin, *Consequences of Martin's Axiom*, *Cambridge Tracts in Mathematics*, no. 84. Cambridge: Cambridge University Press, 1984,可以了解,马丁公理不仅仅在逻辑学内部,在数学的许多领域中都有应用;国内的文献可以参考周浩旋:《Martin 公理及其应用》,《华中工学院学报》1979 年第 3 期与李娜:《马丁公理的逻辑分析》,《河南大学学报(自然科学版)》2000 年第 4 期。

[2] 在通常的文献中,也把 P 中的元素称为条件,但是在具体的环境里,真正对应于问题中所考虑的条件是 P 的子集,而不是 P 中的元素,这里存在着层级上的差别,为了不引起混淆,在本文中把这些元素称为条件子,以表示,它们是组合在一起反映条件的,当然它们每个都带有可被它们反映的条件的信息。

互冲突的信息这种状况,因此我们需要关注条件子之间的相容性这个概念,一个自然的想法是,对两个不同的条件子 p 与 q,如果它们能够共同扩张到一个包含更多信息的条件子 r,那么可以认为它们是相容的,形式化表述为:若有 r,使得(r≤p 并且 r≤q),则称 p 与 q 相容,记为 p ‖ q。

当进行滤子构造时,我们用 P 的一种特殊的子集来"收集"所构造对象需要满足的条件,那么,这种子集中的条件子之间应该是相容的,即对子集中的任意的条件子 p 与 q,p ‖ q,并且它们相容的见证也存在于子集中,这样就得到滤子定义的第一个条件:对子集中的任意的条件子 p 与 q,有子集中的元素 r,使得(r≤p 并且 r≤q);另一方面,如果此类子集中包含有信息相对丰富的条件子 p,那么子集中也应该包含所有比 p 信息贫乏的条件子;满足上述两个要求的 P 的子集称为 P 上的滤子,这正是滤子构造这个名称的由来。

马丁公理以及滤子构造最具创意之处在于对前面提到的条件的必然性的具体落实:对给定的条件 D[①],如果不管情况如何,D 总是能实现的,那么可以认为 D 是必然的;这里的"不管情况如何,D 总是能实现的",可以转化为这样的要求:对任意的条件子 p,总有 D 中的条件子 q 比 p 包含更多的信息,即 $q \leq p$;如果条件 D 满足这个要求,则称 D 在 P 中是稠密的,稠密性即是对必然性的外延化表达。

可数版本的马丁公理是 ZFC 系统中可证的一个定理,直观上,它提供给我们这样的保证:如果你提出的要必须满足的条件"不过分多",即只有至多可数无穷个条件,那么 ZFC 能给你一个滤子,这个滤子"一揽子"收集所有这些条件,进而可由这个滤子"拼接"出所要构造的对象,更加形式的表述如下:

可数版本的马丁公理 设<P,≤>是一个偏序集,设 D_n,$n<\omega$ 是 P 的可数无穷个稠密子集,那么有 P 上的滤子 G,使得对每个 $n<\omega$,$D_n \cap G \neq \varnothing$。

我们不拟复述这一结果在 ZFC 中的证明[②],而是用一个具体的例子来示范它的应用。

称自然数集 N 到自身的函数 f 是双的,如果 f 把不同的自然数映射到不同的自然数,同时,对每个自然数 $m \in \mathbb{N}$,有 $n \in \mathbb{N}$,使得 $f(n)=m$。把所有的双的

[①] 据前讨论,D 实际上是的一个子集,$D \subseteq P$。
[②] 许多研究生层次的公理集合论教材都会介绍这个结果,比如可以参看 K. Ciesielski, *Set Theory for the Working Mathematician*, Cambridge University Press, 1997, 定理 8.1.2。

函数收集起来,组成一个集合,记为 $sym(\mathbb{N})$,则 $sym(\mathbb{N})$ 有连续统多个元素。

对 $f,g \in sym(\mathbb{N})$,称它们是几乎不交的,如果它们只在有穷多个自然数上取相同的值;$sym(\mathbb{N})$ 的一个子集 A,称为是几乎不交族,如果它包含的相异的函数都是两两几乎不交的;进而,如果不存在 A 外的函数与 A 中函数几乎不交,则称 A 是极大几乎不交族。

例子 3 设 $sym(\mathbb{N})$ 的子集 A 是一个几乎不交族,如果它是至多可数无穷的,那么它不是 mad 族。①

当 A 为有穷集时,可以使用步进构造方法构造一个函数 f,使得 f 与 A 中所有函数都是几乎不交的,从而说明其不是极大的,在这里不再赘述;当 A 是无穷集时,情况则要复杂不少,不易看出如何可用步进方法来完成任务,而上面介绍的滤子构造方法则会"不辱使命"。

要使用滤子构造方法,首先需要设计偏序集 P,也就是要确定条件子以及条件子之间的偏序关系。我们用这样的集合对象 $<f,F>$ 作为条件子,其中 f 是一个有穷的单的函数,而 F 则是 A 的一个非空的有穷子集;直观上 f 是最终构造的双的函数,比如记为 h,的可能的有穷片段,同时它也"守卫"着 h 与 F 中元素的几乎不交性:一旦 f 真的是 h 的有穷片段,那么对 F 中任意的函数 g,h 与 g 几乎不交,这一点将由 $h \cap g \subseteq f$ 保证。

如前所述,P 上的偏序关系体现着条件子之间信息量的多寡,那么,很自然,信息多的条件子中的有穷的单的函数应该更加"长"一点,其中 A 的有穷子集应该更加"大"一点,即要使 $<g_1, F_1> \leqslant <g_2, F_2>$ 成立,首先要求 $g_1 \supseteq g_2$ 并且 $F_1 \supseteq F_2$;其次,g_2 需要行使它的"守卫"职责,这进而要求 g_1 不能破坏之,即要求,对 F_2 中任意的函数 g,$g_1 \cap g \subseteq g_2$。可以验证,这样定义的 $\leqslant$ 确实是 P 上的偏序。

接下来我们需要设计具有必然性的条件了,即确定 P 的合适的稠密子集。

首先,要求最后构造得到的 h 是从 $\mathbb{N}$ 到自身的双的函数,这要求每个自然数都在 h 的定义域以及值域中,因此对每个自然数 n,令 $D_n = \{<f,F> \in P \mid n$

---

① 也可以在 $\mathbb{N}$ 的无穷子集之间引入几乎不交这个概念,不过两者之间有着差异,至少,这个命题在几乎不交集合族上是不成立的,因为存在着有穷的极大几乎不交集合族,比如 $\{2\mathbb{N}, 2\mathbb{N}+1\}$,关于极大几乎不交集合族更详细可参看 K. Kunen, *Set Theory*, College Publications, 2011(第二版),pp. 158–159。

$\in \mathrm{dom}(f)\}$,以及 $E_n = \{<f, F> \in P \mid n \in \mathrm{ran}(f)\}$;前者及相容性保证 h 为函数;后者保证 h 是满的;而由于条件子中的有穷函数部分都是单的,则保证 h 也是单的。

其次,要求 h 与 A 中的每个函数都是几乎不交的,因此对每个 $h \in A$,令 $C_h = \{<f, F> \in P \mid h \in F\}$。

把这些所有的 D_n、E_n 与 C_h 都收集起来,由于每部分都是可数无穷的,因此它们合在一起也如此①,同时可以验证,这些 P 的子集都是稠密的,那么据可数版本的马丁公理,有 P 的滤子 G,G 与这些稠密子集都是相交的,从而借助 G,这些稠密子集对应的条件得到了实现,最后,令 $h = \cup \{f_p \mid p = <f_p, F_p> \in G\}$,则 h 即为满足所有条件的无穷对象,整个滤子构造完成。

再回顾一下,在本节中,我们借助可数版本的马丁公理讨论了滤子构造这种超穷构造方法,与在第二节讨论过的"一板一眼"的步进构造相比,两者相同之处,都是将一个复杂的条件打散成可数无穷多个相对简单的条件,不同之处是,步进构造一步满足一个条件,"坚持"可数无穷多步,从而"修成正果";而在滤子构造中,则把这些条件以某种巧妙的方式表示为一个偏序集的稠密子集,以此赋予它们以必然性,进而据马丁公理,"一网打尽"了这所有的条件,同样也完成构造的任务。

我们已经见到滤子构造与步进构造是风格相当不同的方法,不过注意到滤子构造所依据的可数版本的马丁公理在 ZFC 中是可证的,那么自然可问:由这种滤子构造得到的无穷对象是否也可以用步进方法得到?

答案是肯定的,但是许多情况下,不能像初始版本的步进构造那样,"一往直前",需要做一点"曲线救国",即在某步构造时,允许暂时损坏或者潜在地损坏②前面步骤里满足的条件,而在后面的步骤里再返回来满足这些被损坏的条件。③ 我们可以把步进构造的这种特殊的变种独立出来,由于其允许损坏完成了的工作,因此我们可以称之为可损构造。

---

① 在 ZFC 中,任意有穷多个甚至可数多个可数无穷集的并仍然是可数无穷的。
② 所谓潜在地损坏是指有某种损坏的力度或者倾向,并不直接破坏,但是如果不在某步终止这种潜在性,则无穷步后将造成真正的损坏,详细请见后文。
③ 这是所谓的有穷损害优先方法的体现,更详细可参看杨东屏、李昂生:《可计算性理论》,北京:科学出版社,1999年,第四章。

四　可损构造

作为步进构造的一种特殊的变种,可损构造的总体思路也是把一个复杂的条件打散成无穷多条相对简单的条件,然后利用有穷与无穷或者低阶无穷与高阶无穷之间的张力,逐步满足所有的条件,因此它们的一般的构造模式与过程总体上与步进构造方法是一致的,其所曲折之处在于对某个条件的满足会损害或者潜在地损坏另外一个已经被满足的条件,使得后者或者需要在后面的步骤被再次满足,或者是从某步起这种潜在地损坏被终止,从而到无穷步完成后它仍然是被满足的。尽管大致的模式与过程都是相似的,但是在具体情景中的构造则可能"千变万化",因此我们在这里也是结合一个具体的例子来示范这种可损构造的总体思路以及构造的模式。这个具体的例子即上一节中已经用滤子方法给出其证明的例子 3。[①]

我们仍然假设所取定的几乎不交族 A 是一个可数无穷的,其元素两两几乎不交的函数集,因此可以把 A 中的元素枚举为 $f_1, f_2, \cdots, f_n, \cdots, n<\omega$,所要构造的函数 h 需要满足这样的条件:h 是双的,并且对任意的自然数 n,h 与 f_n 几乎不交。

对 h 的构造总体上是这样的:从空集开始,每一步,对某个取定的自然数 m,取一个自然数作为 h 在 m 处的值 $h(m)$。因此,可以认为,在构造起始时,条件"对任意的自然数 n,h 与 f_n 几乎不交"是被满足的;按照前述的处理思路,把它打散为这样的无穷多个相对简单的条件:E_n:h 与 f_n 几乎不交,$n<\omega$;现在,这可数无穷多个条件在构造起始时都是被满足的,但是,在构造的过程中,在取值 $h(m)$ 时,它们都可能被潜在地损坏,比如,当 $h(m)=f_k(m)$ 时,条件 E_k 就被潜在地损坏了;假如在整个构造过程中,E_k 无限次被潜在地损坏,则无穷步构造结束时,条件 E_k 将被真正损坏,因为这时 h 与 f_k 在无穷多处取到相同的值,从而它们不再可能是几乎不交的。因此要求在构成过程中,只允许每个 E_n 仅被有穷次潜在地损坏,即在某步以后,h 的取值需要避开 f_n 的相应值。

另一面,还需要保证 h 是双的函数,我们对之选取这样的条件:D_n:n 放

[①] 关于这种构造更加形式化的论述可以参看裴江杰,《超穷构造与几乎不交双射函数族》,《哲学门》第二十卷第一册:85—96。

入到 h 的值域中,如果构造的过程中,能保证,对每个自然数 m,只取一次 $h(m)$ 的值;对每个自然数 n,D_n 在某个有穷步骤被满足,那么无穷步构造完成后,h 一定是双的函数。问题在于,在这样操作时,可能会使得一些(可能无穷多个)E_n 被潜在地损坏了。

构造的具体实施是这样的,首先,在条件之间赋予优先序:对于 E_n 组,下标小的更优先,它们应该更早地不被潜在地损坏;对于 D_n 组,则是在条件允许下,下标小的更优先,所谓条件允许,是指,如果满足 D_n 时,不会潜在的损坏所有的 E_m,$m \leq n$,并且也无下标小于 n 的 D_k,D_k 也如此,这时就将 n 放入到 h 的值域中以满足 D_n。其次,依据单、双步,分情况处理,在单步时,要保证,从该步起,使得某个 E_n 永远不再被潜在地损坏了;而在双步时,则满足,此时条件所允许的下标最小的 D_n,这样的构造是可完成的,因此最后能得到满足条件的函数 h。

在上面,使用可损构造方法重新证明了例子 3,与前一节中使用滤子构造方法的证明相比较,这里的构造过程更加曲折复杂,然而它也有优越于后者之处,就是用滤子方法得到的更像是存在性证明,你只知道有这样的 h 存在,但是对任意的自然数 m,你不能确定 $h(m)$ 是哪个数;而在这里,借助可损构造方法,我们确确实实得到了具体的 h。

结　语

超穷构造的思想方法总体上可以认为是体现了一种"分而治之"的理念:遇到不易直接处理的任务,则设法将之分解成更加容易对付的子任务,然后设法"各个击破"。超穷构造方法的最基础的类型,步进方法相对清楚地显现了这一理念。基于可数版本马丁公理的滤子构造方法则提供了一种打包处理的进路,一旦我们把需要满足的简单条件表示为某种偏序集的稠密子集,只要我们所要求的不是过分多,它们总能被"一揽子"地满足,这种方法似乎有某种"大工业生产"的意味——标准化的部件、标准化的过程——只要能够提炼出相应的偏序集以及相应的稠密子集,剩下的几乎就是"流水线"了。不过滤子构造方法也有其不足之处,就是它提供的更像是存在性的证明——我们知道经由它得到了某个无穷对象,但是这个无穷对象具体是怎样的,则很可能只能是"不识庐山真面目"了。好在这种滤子构造的基础，可数版本的马丁公理在 ZFC 中是可证的，因此至少在理论上，由这种滤子方法得到的无穷对象总是能够通过某种步进方法得到，只是或许需要一点"曲线救国"，即使用最后部分介绍的可损方法。最后，一个可能是有意思的问题在于，是否能找到一种一般的方法，能把每个具体的滤子构造转换成或初始的步进构造，或更复杂的可损构造？

Transfinite Constructions in the Foundation of Mathematics

Qiu Jiangjie

Abstract: Transfinite Constructions are common methods in mathematics and logic, which embodies the idea of divide and conquer. There are three kinds of construction methods: step by step, filter construction and injury construction, according to the different implementation of the construction. Combined with several examples, we will systematically sorts out the three kinds of transfinite constructions, and reveals the mechanism behind them.

Key words: Step by Step Construction, Filter Construction, Injury Construction

乾坤、阴阳与日新之盛德
——《系辞》"生生"观念的三重维度之解读

窦晨光[*]

提　要：关于《系辞》"生生"观念，历代学者多有借助"阴阳"观念以诠释之，亦有少数学者认为此可由"乾坤"观念而得阐释。对于完整理解"生生"观念而言，诸诠释进路实可互补。就由"乾坤"诠释"生生"的进路来说，《系辞》中紧承"生生之谓易"即称"成象之谓乾，效法之谓坤"，结合帛书本《系辞》以"生之谓象"代"生生之谓易"之变化，可知《系辞》此语乃是以"生"为"成象"或者说"象"之现示，万象之现示肇始于乾，又因坤之功而成一无间接续之历程，此历程即可谓"生生"，是为"生生"之本质内容。与之互补，由"阴阳"观念出发则可见"生生"历程得以展开之形式，此一形式即一阴一阳、两两相配、相反相成。除此两方面外，《系辞》亦有以"德"配"生"，而以"富有之谓大业，日新之谓盛德"论"生生"，此中"日新之盛德"一说凸显出了"生生"观念背后的道德意识。"乾坤""阴阳"与"为德"可谓是全面理解《系辞》"生生"观念的三个维度，通过这三个维度的解读，可发现《系辞》"生生"观念乃是以无间接续之成象为内容，以一阴一阳之对反为其展开之形式而以日新又新呈现道德价值。

关键词：生生　乾坤　阴阳　象　德

---

[*] 窦晨光，香港中文大学哲学博士，现为陕西师范大学哲学系博士后研究员。

一 理解"生生之谓易"本来面貌的新思路

通行本《周易·系辞传》中有言"生生之谓易",此中出现的"生生"一语乃是中国传统哲学中最重要的观念之一,因其言简而意赅,所以在中国哲学史乃至广义的中国文化史上,这一观念一直有着十分广泛的应用。但同时亦是因为如此,历代学人在使用这一观念时往往并不追求全面、完整地理解其在《系辞》中的本义,而更多是凭借自家的哲学体会以另起新意。日益丰富的新意赋予了《系辞》"生生"观念长盛不衰的生命力,却难免在一定程度上湮没了它的本来面目。

具体而言,关于《系辞》此语,就其字面意涵来说,历代学者大抵皆认为此中"生生"二字乃是指"前生后生相续",与此相应,其后的"易"字是指"变易","生生之谓易"一语是说"前生后生相续,变易不穷"①。而就如何在此一字句解读的基础上对此语进行哲学诠释的问题而论,历史上多数学者认为当引入"阴阳"之观念,所谓"生生之谓易"便是指"阴""阳"二者的相转或相生,相应地,阴阳转易无穷或相生无穷即可谓"生生",至于究竟是阴阳转易还是阴阳相生,则完全依诠释者各自所建构或遵从的哲学体系而定。举例而言,汉代以来,学者多据彼时流行的气化宇宙论之说而将"生生之谓易"一语理解作阴阳二气的运转、易位,如西汉易学家京房即称:"八卦相荡二气,阳入阴,阴入阳,故曰生生之谓易。"②东汉学者荀爽亦有解此语,称:"阴阳相易,转相生也。"③至魏晋,韩康伯仍以为此语意指"阴阳转易,以成化生"④。至宋代,随着宋明理学的逐步建立和完善,学者们在诠释《系辞》此语时始变"阴阳转易"说为"阴阳相生"说,如胡瑗道:"生生者,阴生阳,阳生阴也。"⑤朱熹亦道:"阴生阳,阳生阴,其变无穷。"⑥20世纪以来,不少学者仍循宋人"阴

---

① 如唐代学者孔颖达即解此语称:"生生,不绝之辞,阴阳变转,后生次于前生,是万物恒生谓之易也。前后之生,变化改易。"见《周易正义》,《十三经注疏》第1册,台北:艺文印书馆,2014年,第149页。
② 京房:《京氏易传》,《景印文渊阁四库全书》第808册,台北:台湾商务印书馆,1986年,第467页。
③ 李鼎祚编:《周易集解》,《景印文渊阁四库全书》第7册,台北:台湾商务印书馆,1968年,第815页。
④ 《周易正义》,《十三经注疏》第1册,第149页。
⑤ 胡瑗:《周易口义》,《景印文渊阁四库全书》第8册,台北:台湾商务印书馆,1986年,第469页。
⑥ 朱熹:《周易本义》,《朱子全书》第一卷,上海:上海古籍出版社,2002年,第127页。

阳相生"之旧说诠释《系辞》此言,但其所依据的哲学思想则有了新的变化,如学者高亨道:"阴阳与万物皆新陈代谢,生生不已,是谓变易。"① 由此可见,汉、宋及当代学者虽皆以为《系辞》此言当依"阴阳"之观念以释之,但由于各家所奉哲学系统不同,其所作之具体诠释又各不相同,而据诸家之诠释,实皆难见《系辞》之本义,这一现象,即可谓是新思想的面纱遮住了《系辞》的真容。

那么,今日是否还有可能去认识《系辞》此语的本来面貌呢?如果可能,又应当如何着手呢?十分幸运,晚近以来,随着传统文献汇编工作和新出土文献整理工作的完善,今日吾人实比古人更容易揭开历史赋予此一观念的层层面纱而一睹其本来之真容,而欲明《系辞》所言"生生"之本义,首先应当回到《系辞》文本本身,考察此语之上下文,同时结合新出土文献进行比较观察,如此着手,方为合适。

在这一思路的指导下,一种历史上并不常见的观点引起了笔者的注意:南宋时,易学家张浚曾指出"《易》之生生,乾坤阐之"②。比之常见的据"阴阳"以释"生生"的思路,张浚认为《系辞》"生生"观念可通过"乾坤"而得到阐释,着实新颖,细想之下,亦可发现此一说法并非无据,《系辞》中,"生生之谓易"一语后便有谓"成象之谓乾,效法之谓坤",这说明"乾坤"与"生生"二者之间实有紧密的联系,甚至比"阴阳"与"生生"间的联系更为密切。不仅如此,若再结合马王堆帛书本《系辞》而进行比较观察,更可发现此种以"乾坤"释"生生"的研究思路实亦可得到帛书本《系辞》的支持。

详言之,通行本《系辞》称:"生生之谓易,成象之谓乾,效法之谓坤",此语帛书本《系辞》作"生之胃马,成马之胃键,教法之胃川"③。帛书本《系辞》用字习惯与通行本不同,有以"胃"代"谓"、以"马"代"象"、以"键"代"乾"、以"川"代"坤",而以"教"代"效",故帛书本此语若以通行本之用字习惯而言,便是"生之谓象,成象之谓乾,效法之谓坤"。与通行本相比,帛书本此处最大的变化乃是以"象"代"易",而这一变化其实是与《系辞》上下文文意相一致的。④ 帛书本《系辞》所带来的这些新线索无疑为今人理解《系辞》"生

---

① 高亨:《周易大传今注》,济南:齐鲁书社,1979 年,第 515 页。
② 张浚:《紫岩易传》,《景印文渊阁四库全书》第 10 册,台北:台湾商务印书馆,1986 年,第 203 页。
③ 丁四新:《楚竹简与汉帛书〈周易〉校注》,上海:上海古籍出版社,2011 年,第 515 页。
④ 关于帛书本《系辞》此一变化之合理处与优胜处,可参看刘大钧:《今本、帛本、汉唐本〈系辞〉同异考——并论帛本〈系辞〉胜于今本〈系辞〉》,《孔子研究》2003 年第 5 期。

生"一语之本义提供了前所未有的启示,依帛书本之说,可知"生生"之"生"不仅可以从"变易"的角度理解,亦可以从"象"的角度被理解,而在"象"一观念的枢纽作用下,"生生之谓易(生之谓象)"一语与紧随其后的"成象之谓乾,效法之谓坤"一语之间的联系亦得到了极大的凸显,这一点,便为以"乾坤"诠释"生生"之思路的可行性提供了有力支持。

除此一思路以外,《系辞》中"生生之谓易"一语之上有称"富有之谓大业,日新之谓盛德",而《系辞》下文亦有"天地之大德曰生"之说,由此来看,"生生"与"德"之观念亦有密切联系,考察《系辞》中"生生"观念的本来面貌,亦不应遗漏这一视角。另外,传统学者据"阴阳"以释"生生"亦不可谓全无道理,毕竟"生生之谓易"之上文即有"一阴一阳之谓道"一语,今日重新考察"生生"观念,还当力求从古人之论说中寻求可取之处。

下文将依次尝试从"乾坤""阴阳"与"生之为德"这三个角度入手对《系辞》"生生"观念之本来面貌作一番仔细探究。

二 "乾坤"与"生生"

1. "生生"的本质内容及其根本主导

如前所述,依帛书本《系辞》,可知"象"之观念乃是"生生之谓易(生之谓象)"与"成象之谓乾,效法之谓坤"二语间之中介,那么,"象"之观念究竟是如何会通二语的?其对于理解"生生"观念又有何意义?欲明此诸问题,当先明《系辞》所言之"象"究竟为何意。

《系辞》言"象",首先乃是指包括天地本身在内的天地间的一切形象或图像,如《系辞》开篇所言"在天成象,在地成形"一语中的"象"字即当取此意,而其后之"法象莫大乎天地""悬象著明莫大乎日月""天垂象"诸语中的"象"字亦当如是。① 需注意,此虽言"图像"或"形象",却非特指视觉图像,而是指日常经验中一切能为人所直观者,如日月星辰、山川草木等主要因视觉而现示予人者可谓"象",如风、雷等因听觉、触觉等其他感觉而现示予人者亦

---

① 诸引语见《周易正义》,《十三经注疏》,第143、157页。关于"在天成象,在地成形"一语,据《周易正义》所记,韩康伯以为此中之"象"乃是指日月星辰,"形"则是指山川草木,孔颖达从之,笔者则以为,此中"象""形"两字当为互文,泛指天地间所呈现的一切形象或图像,如韩氏所言日月星辰、山川草木,首先即是以图像的形式呈现予人,人接受此诸图像而加以认识,方能造日、月、星、辰之名。

可谓"象",而如水、火等须综合多种感觉而现示予人者仍当谓"象",概言之,如通行本《系辞上》所言"见乃谓之象"①,凡人之所见、所听、所觉者,皆无非"象"。②另外,若依现代人的常识而论,当是先有天、地、水、火等具体的分殊之物,之后才能有关于诸物的图象,但在《系辞》看来,人所被给予的可直观的诸图象才是最原初的,而这其实更合乎人的直接经验,在经验中,人确实当是先见有诸"象",待将其在思维中加工、整理,然后才有形成诸事物之观念,由此看来,《系辞》对人类认识活动之观察不可谓不细致。

在《系辞》的论述中,"象"不是自在永在的,而是一个动态的显现、呈现的活动的结果,此一活动,即是"成象"。在《系辞》中,"成象"活动亦可用"象"字作动词以表示之,今人成中英曾指出《系辞》之"象"有"现/示"之意,正此谓也。③而此种"成象",此种关于一切可感图象或形象的现示,其实即帛书本《系辞》所言"生之谓象"一语中的"象"字之意,依其说,"生"其实即"象"之呈现。

既明此,再看"成象之谓乾,效法之谓坤"一语,可知此语确有通过"象"一观念而对"生生"观念作出直接诠释。分言之,在"成象之谓乾"一句之中,"成象"即"象"之呈现,此即可谓"生",将"成象"与乾相配,则意在强调此种"成象"主于乾。在通行本《周易》中,乾为六十四卦之首,本有肇始之义,《乾·彖》更称"大哉乾元,万物资始,乃统天"④,直言乾元为万物所资之而得始者,有以乾元为天地万象所以得现示之根本之意。据此而论,"成象之谓乾"一语将"成象"统之于乾,乃是有意强调此种"发而有象"之"生"不是无源之水,必有其肇始与本原,而这便是乾元或者说乾本身。

"成象之谓乾"指"生"始于乾,"效法之谓坤"又为何意?在日常经验中,人所见之诸图像,人所接受之感觉信息,绝无可能是一成不变、绝对静止的,相反,人所见之图象实永远是动态的,类似于一恒动且具多重感官效果之

---

① 《周易正义》,《十三经注疏》,第156页。
② 关于"见乃谓之象",仍可参看南宋学者张浚之说,张氏称:"是以发于可见,有自然之象。"见张浚:《紫岩易传》,《景印文渊阁四库全书》第10册,第214页。
③ 成中英:《论"观"的哲学意义》,《成中英自选集》,济南:山东教育出版社,2005年,第228页。
④ 《乾·彖》称:"大哉乾元,万物资始,乃统天。云行雨施,品物流形。大明始终,六位时成,时乘六龙以御天。乾道变化,各正性命,保合大和,乃利贞。首出庶物,万国咸宁。"见《周易正义》,《十三经注疏》,第10页。

影片①，而且，除非人熟睡或昏死，此影片绝无间隙，亦正是因为人见有天地万象之变化，所以才能形成具体的万事万物之观念。由此而论，"象"之现示绝不能只是一瞬间性的"成象"，而当是前"象"后"象"之间相互含摄、无间接续的绵延之历程，此历程中即有变化，有变化才能有诸事物之成，《系辞》紧承"在天成象，在地成形"便言"变化见矣"，正是此义。而在"成象之谓乾，效法之谓坤"一语之中，"效法之谓坤"所论说的正是此种由"象"之无间接续而产生的变化。《系辞》正是以为"象"之肇始可与乾相配而"象"之绵延无间可与坤相配，于是才以"成象"说"乾"而以"效法"说"坤"，此所谓"效法"，其实即指接续、顺承（following）②，相应地，"效法之谓坤"即是指坤之功只是顺承于乾之"成象"而已，而所谓顺承于乾之"成象"亦无他义，其实就是指肇始于乾的"成象"不断地、无间地延续。因为这种延续乃是主之于坤的，所以才说"效法之谓坤"，换言之"坤"之功其实就是对"乾"之功的延续。

关于这一点，还可以借助《易传》对乾、坤之关系的讨论而进行理解。在《易传》的论述中，顺遂之坤与成象之乾其实不二，为一体之两面，就其为万象之肇始来说，其为乾或乾元，就其能成使"成象"活动无间接续下去来说，其为坤或坤元，乾坤本质实为一。与此相应，坤所主导的此种对"成象"的延续、顺遂，其实就是乾所主导的"成象"之反复，是新的"成象"、新的"象"之得见，或者说是"成象"之活动的无间之接续。

合上所论，依帛书本《系辞》所言"生之谓象"，可知《系辞》所理解的"生"之本质便是"象"之现示，而依此"成象之谓乾"与"效法之谓坤"二语所论之义，又可知在《系辞》的理解中"象"之现示乃是一乾坤所主导的绵延无间的历程，此一历程其实便是"生生"，"生生"其实即是"象"的无间现示之历程，是可谓"生生"之本质。换言之，依《系辞》之说，"成象"即可谓"生"，而"成象"之无间接续即可谓"生生"，也即是说，合乾之"成象"与坤之"效法"，便有所谓"生生"。而又正因为此一历程乃是肇始于乾而由坤主其接续的，故又可以说"生生"是主导于乾坤的，乾坤即是"生生"之根本，其中乾主

---

① 此所谓"影片"若以英文言当为 movie，movie 即以 move 为词根。
② 汉语中，"效法"常作模仿（copy）解，但同时亦可作重复（repeat）、顺承（follow）解，而此中"顺承"意乃是《易传》所理解的坤卦本来之意，《坤·彖》即称："至哉坤元，万物资生，乃顺承天。坤厚载物，德合无疆。含弘光大，品物咸亨。"见《周易正义》，《十三经注疏》，第18页。据此而论，在"效法之谓坤"一语中，"效法"取"顺承"义应更为合适。

始而坤主成,如《系辞》开篇即有明言"乾知大始,坤作成物","生生"一说正与此语遥相呼应。关于此义,方东美曾谓《易》之"生生之理"当以乾为"创造原理"而以坤为"顺成原理",其说诚然。①

若再换一个角度来说,则此种"象"之无间现示的历程,其实又可以被看成是通常人们所说的天地万象的无穷之变易,如此,便回到了通行本《系辞》所言"生生之谓易","生生"其实就是指乾坤主导下"象"之无间现示、无穷变易的历程。由此,又可看出通行本《系辞》所言"生生之谓易"与帛书本所言"生之谓象"在文字上虽有不同,义理上却可相通,"生生之谓易"其实就是"生之谓象"所指代的"象"之现示的无间接续,可以说,"生之谓象"乃是"生生之谓易"的分解式表达,而"生生之谓易"则是"生之谓象"的绵延与反复,正是在无穷的"成象"之"生"之中,方有变易,方有"生生"。

2."生生"与具体事物之生成

由上文之讨论,可知《系辞》所论"生生"乃是指"象"的无间现示、无穷变易。此所谓无间现示,指天地万象生而又生,实不可拆开来看,若强行拆开看,则可发现凡"象"皆稍纵即逝、不可把捉。然而,此种生生相续、万象更新、变化不止的世界观似乎不符合人们的常识,在一般人的常识中,世界似乎应是由相互独立并各有其稳定特性的具体事物构成的,对此,当如何理解呢?

实际上,在整部《周易》所描述的世界里,一切事物都是不断变化、发展的,正是在不断的变化发展中,具体事物才能逐步获得相对稳定的特性,而只有当某一事物的性质真正趋于稳定,此一事物才可真正被视为一独立的个体。在人们的常识中,似乎世界本来就是由众多各自独立的具体物构成的,但这其实只是从事物变化、发展的成熟状态,即前引《坤·象》所论"品物咸亨"的状态来认识事物。在《易传》中,一般事物从初生、变化、发展到最终稳定的这一生长历程被概括为四个阶段:元、亨、利、贞,《系辞》"生生"之说其实亦可被看作一种对"元亨利贞"的阐释与凝敛。

"元亨利贞"本是《乾》《坤》《屯》《随》等卦的卦辞,原指"大通顺,利于所贞问之事"。在《乾·文言》中,此四者被理解为"善之长""嘉之会""义之

---

① 方东美:《中国形上学中之宇宙与个人》,载田文军主编《方东美文集》,武汉:武汉大学出版社,2013年。

和""事之干"①,是为"乾之四德"。历代学者多认为,《乾·文言》所论"乾之四德"其实是将元、亨、利、贞视为一般事物生长成熟所必经的四个阶段。相传《子夏易传》即称:"元,始也;亨,通也;利,和也;贞,正也。"②此说影响甚广,后之学者多有从之,唐李鼎祚即据其说将元、亨、利、贞解作万物在"乾"的作用下从初始到得其正、得其宜的历程。③至北宋,胡瑗将"乾,元亨利贞"理解为一年四季中万物的始、遂、渐、成。④其弟子程颐亦以为元、亨、利、贞可指万物之始、长、遂、成。⑤至南宋,学者杨万里以为日之自旦而夕,时之自春而冬,人之自幼而耄,皆可谓元、亨、利、贞之迹。⑥至当代,学者陈湛铨则以为,元、亨、利、贞即长、会、和、幹,长即生长,会指归聚,和犹宜也,幹则通榦,于德而言即仁、义、礼、智、信(贞固兼智信言),于时而言即春、夏、秋、冬,于人而言则可谓生、育、行、成。⑦在此诸说法之中,"元亨利贞"所指的一般事物初生、成长、变化并最终真正实现自身之完成的生长历程,其实也是一个事物自身形象无间变化的历程,正是在这一历程中,事物的全部潜能才能得以实现,事物才能真正走向完成,才可真正成为其自身,如一日须经历晨昏之变化,才可

---

① 《周易正义》,《十三经注疏》第 1 册,第 12 页。
② 同上书,第 10 页。
③ 李鼎祚称:"乾纯阳之性,故能首出庶物,各得元始、开通、和谐、贞固不失其宜。"见李鼎祚编:《周易集解》,《景印文渊阁四库全书》第 7 册,第 608 页。
④ 胡氏称:"元者,始也,言天以一元之气始生万物,圣人法之,以仁而生成天下之民物,故于四时为春,于五常为仁。亨者,通也,夫物春始生,之夏则极生而至于大通,故高者、下者、洪者、纤者,各遂其分而得其性也,圣人观夏之万物有高下洪纤,乃作为礼以法之,使尊者、卑者、贵者、贱者各定其分而不越于礼,故于四时为夏,于五常为礼。利者,和也,在《文言》曰:'利者,义之和',言物之既生、既育故,必成之有渐,自立秋凉风至八月白露降、九月寒露降以至为霜、为雪,以成万物,莫不有渐而成也,圣人法之以为义,义者宜也,天下之民虽有礼以定其分,然必得其义以裁制之,则各得其宜也,故于四时为秋,于五常为义。贞者,正也、固也,言物之既成,必归于正,以阴阳之气干之于万物,圣人法之为智事,非智不能干固而成立,故于四时为冬,于五常为智。"见胡瑗:《周易口义》,《景印文渊阁四库全书》第 8 册,第 173 页。
⑤ 伊川称:"元者万物之始,亨者万物之长,利者万物之遂,贞者万物之成。"见程颐:《河南程氏经说》,《二程集》,北京:中华书局,2004 年,第 695 页。
⑥ 杨氏称:"元出而亨,物始通也,时春而夏,日旦而昼,人幼而壮,物萌而荣,皆元亨之迹;利入而贞,物成则复也,时秋而冬,日映而夕,人强而耄,物实而陨,皆利贞之迹。"见杨万里:《诚斋易传》,《景印文渊阁四库全书》第 14 册,台北:台湾商务印书馆,1986 年,第 516 页。
⑦ 陈氏称:"元、亨、利、贞即长、会、和、干(幹),亦即仁、义、礼、智、信(贞固兼智信言),亦即春、夏、秋、冬。如以人言之,则元为人之始生而幼学;亨为由弱而壮……利为既已积学充中,宜成己成物……贞则为终一生之成就,抱道不渝,没身无改也。"见陈湛铨著,陈达生、陈海生编:《周易讲疏》,香港:商务印书馆,2014 年,第 6 页。

谓为一日,一年须经历四季之变化,才可谓为一年,一人亦须经历自孕育于母胎之中,继而生、继而长、继而衰之变化,才可真正谓为一人。结合前文之分析,可以说这一历程其实也即是《系辞》所论"生生"之历程,如果说"元亨利贞"是从宏观上概括事物的发展,那么"生生"之说则从细节上指出事物变化发展的实质即是一个"象"的无间接续之新生的过程,换言之,说具体事物的形成须经历元、亨、利、贞的过程,也即是说只有在"生生"的历程中,才有通常所谓具体事物的形成。

或有认为"元亨利贞"之说与"生生"之说并不完全一致,"元亨利贞"之说虽然强调事物须经历长期的发展才能实现自身的完成,却在事物的诞生之初就肯定了事物的实存,而"生生"说却将事物解构为无间接续的"象"的变化。其实,此间的差别只是认知视角的不同而已。据"元亨利贞"说而论,似乎的确应当在本体论上肯定事物在真正走向成熟之前便已是独立而实存的,然而这一点"生生"说亦可承认,"生生"说强调的乃是只有在"成象"活动的无间接续中,在"象"的无穷变易中,事物才能真正被认识为一个个独立而实存的、常识意义下的具体物,对任何一个事物来说,在其真正于"象"的无间接续之变化历程中获得一稳定之性质之前,人们并不能将其认识为独立的具体物,只有在其获得了稳定的自身特性之后,人们才可以后设地去推论此一事物在其诞生之初便已是实存的。这也即是说,虽然从本体论上讲,任何一事物在其诞生之初即已实存,物比之于其"象"有先在性,但"生生"观念则告诉人们,从认识论上来说"象"比之于物有先在性,只有在"象"的无间接续之历程中,才能发现发现并认识通常所谓的具体物。

此义,其实亦可见于解释乾卦卦辞的《乾·彖》中。《乾·彖》称:"乾道变化,各正性命",此中"正"即"定","性"即"生","生"乃是"性"之古义①,生有所自,性有所本,故曰"命",物之"性命",乃物与生俱来之本质,有一物之生即有一物之性。转言之,只有某物的性质真正得到了稳定,此物才真正可谓为一物,而这只有在"乾道变化"中才能实现,是可谓"乾道变化,各

---

① 汉语中"性"字之本义即指人生而有之质或者说人先天而有的物理、生理因素之集合,此即"生之谓性",此为"性"字之古义,早期汉语文献中,大抵皆依此以言"性"。后先秦儒家立说,始有以"性"字指代人先天所有之道德本性,此为"性"字之新义,如《中庸》"天命之谓性"一语中的"性"字即当取此新义。于此,前贤论之已详,可参见牟宗三:《心体与性体》第一卷,台北:正中书局,1968年,第179—216页。

正性命",当代学者牟宗三即认为《乾·彖》此语乃是说"每个东西能在乾道变化中正其性,正其命,它就可以站得住,它就能成其为个体"①。此处牟氏所言"正其性,正其命"即是指物之性质得到稳定,一物只有有了稳定的"性",才可"成其为个体",而"成其为个体"即可谓"成物",这是一物得完整、一物成为一物的标志。那么,使一物成为一物的"乾道变化"的历程又是指什么呢?所谓"乾道变化",就是指由乾元所肇始的天地万象之变化,《乾·彖》上文所言之"云行雨施,品物流形"便是对这种变化的描述。此中,"品"即指"多",所谓"品物",乃是出于方便而言"物",其实是指由乾元所肇始的众多图像或形象,不如此不可谓"流形","流形"即是指图像或形象的流行变化,"云行雨施,品物流形"即意喻众"象"之变化如同行云流水一般恒动而无息。因此一历程肇始于乾元,故又可称"乾道变化"。正是在"乾道变化"中,方可见诸"性"之有定,"性"之得定,方可谓物之得成,此即可谓"乾道变化,各正性命"。而《乾·彖》所论此一"乾道变化"的历程,其实也就是《系辞》所论的"生生"之历程。

合上所论,《系辞》"生生"观念所论"象"之无间接续义及此义与通常所谓具体事物之关系可与"元亨利贞"及"乾道变化"之说互证。然而,"元亨利贞"乃乾之卦辞,"乾道变化"更语出《乾·彖》,由此而言,似乎"生生"主之于乾即可,何以还须由坤主其接续?

于此,须注意"元亨利贞"虽首见于乾之卦辞,却绝非只见于乾之卦辞,坤之卦辞亦曰:"元亨,利牝马之贞。"②胡瑗有解此称:"凡坤之四德,与乾之四德同也,但乾以刚健之德资始万物,坤以柔顺之德资生其形也。"③此处,胡氏明确指出乾坤同具元亨利贞之功,乾资万物之始,而坤顺承乾,资万物以成形,诚如其说,天地万象生生不息,正当由乾坤共主之。或以为坤之卦辞所言"元亨,利牝马之贞",非"元亨利贞",其实坤卦此语乃指以母驹之温顺象征坤之顺于乾而成就之之精神,张浚称:"牝马,取顺义,而牝马之贞,有载重致远之功。"④依其说,"牝马"之象征有二,一为顺,一为载重致远,合之可见其意乃谓坤能顺承肇始之乾而使其继继不息,终能资万物之成,有厚德载物之

---

① 牟宗三主讲,卢雪崑整理:《周易哲学演讲录》,台北:联经出版事业公司,2006年,第22页。
② 《周易正义》,《十三经注疏》第1册,第18页。
③ 胡瑗:《周易口义》,《景印文渊阁四库全书》第8册,第192页。
④ 张浚:《紫岩易传》,《景印文渊阁四库全书》第10册,第9页。

功。今由宋儒胡、张二子之论，可见就"元亨利贞"之历程而言，须由乾主始而坤主顺。因乾主始，故元亨利贞之全过程皆可由乾统而言之，故乾卦曰"元亨利贞"而《乾·象》发明其义，造"乾道变化"之论。但这并不等于是说"元亨利贞"之历程仅凭乾元即足矣，还须有坤顺承之，如此"元亨利贞"方得完整，故坤卦曰"利牝马之贞"。而《坤·象》又发明其义，造坤道"万物资成""品物咸亨"之论，意在说明只有在坤元对乾元的顺承中方有万物之成，这正与前文所论"生生"之历程当由乾主始而坤主成相一致。①

3. "生生"与乾之"大生"及坤之"广生"

上文中，关于"生生"与通常所谓具体事物之生成间的关系问题已得到说明。在此基础上，今可再联系《系辞》下文所言乾之"大生"及坤之"广生"一说，强化对"生生"观念的理解。

何为乾之"大生"与坤之"广生"呢？《系辞》下文有称："夫乾，其静也专，其动也直，是以大生焉。夫坤，其静也翕，其动也辟，是以广生焉。"②就此语之义而论，乾坤之"动""静"当是指"发用"与"不发用"，如汉末三国时学者宋衷即曾以"用事""不用事"分释此动、静二字③，其说可取。

"其静也专，其动也直"，"专""直"二字帛书本分别作"圈""榣"④，据帛书本此说，今人于豪亮认为，通行本之专字当解为"抟"，"抟""圈"皆有"圜"之义，如《说卦》即有"乾为圜"之说，而帛书本之"榣"字则当通"摇"，"摇"与

---

① 就"元亨利贞"说与"生生"说之关系拓展言之，《周易》六十四卦中，全具"元亨利贞"四德的有乾、坤、屯、随、临、无妄、革七卦，据孔颖达解，其中"乾、坤、屯、临、无妄此五卦之时即能四德具备；随卦以恶相随则不可也，有此四德乃无咎，无此四德则有咎也，与前五卦其义稍别；革卦'巳日乃孚'有四德，若不'巳日乃孚'则无四德"（《周易正义》，《十三经注疏》，第56页）。这即是说乾、坤、屯、临、无妄五卦乃是无条件地具备四德，随、革两卦则是有条件地（随之不以恶相随，革之巳日乃孚）具备四德。而据《序卦》之说，乾、坤、屯、临、无妄五卦在万物生生之历程中皆有极重要之位置：乾坤为生生之本，屯为生生之始，临为生生之壮，无妄象征生生之新生。具体来说，乾坤是万物生化的所资之本；屯作为乾坤之后的第一卦，乃"物之始生也"，可以说是宇宙论意义下的生生之始；临卦坤上兑下，四柔在上，二刚在下，其《彖》辞曰"刚浸而长"，象征物之生长始壮大，故《序卦》称"临者，大也"；无妄上接复卦，复卦一阳来复，象征新一个生之历程的开始，无妄承之，亦可谓是新一轮的生生之始，故无妄与屯卦卦象最为相似，屯为坎上震下，象征云雷，无妄乾上震下，象征天雷，二者实皆有以春雷阵阵象征"生生"历程的开始（同上书，第187—188页）。由此而论，乾、坤、屯、临、无妄五卦实皆可据其位而窥生生之全，依孔氏说，其完具元、亨、利、贞四德，或与此不无关系。

② 《周易正义》，《十三经注疏》第1册，第149页。

③ 李鼎祚编：《周易集解》，《景印文渊阁四库全书》第7册，第816页。

④ 帛书本称："夫键，亓静也圈，亓勤也榣。"见丁四新：《楚竹简与汉帛书〈周易〉校注》，第515页。

"直"皆有"迅疾"之义。①依于氏说,《系辞》此语实乃是说"夫乾,其静也圜,其动也摇",此中,"其动也摇"较易理解,结合宋衷所论此处动、静二字之义,可知"其动也摇"是指乾用事时十分迅疾,但"其静也圜"又当如何作解呢?于此,今可参考现代学者闻一多之说,闻氏曾指出乾卦中乾之本字实为斡,指北辰,即北极星,亦为龙,星以圜为状而龙以曲为常,是可谓"乾为圜"。②依闻氏之说而推论之,可知所谓"其静也圜"应是说乾不用事之时为其本来之态,所谓为其本来之态,即是说乾是其所是,如其所是而已。

接下来的"其静也翕,其动也辟","翕""辟"二字古今学人皆以为当作"阖""开解",通行本与帛书本亦无不同。合此诸解读,可知《系辞》此语乃是说乾未用事时是其所是,用事时则其用迅疾,正因如此,故其生为"大生",坤未用事时收敛闭合,用事时开辟,因此,其生为"广生"。

然而,为何乾之生便为"大生",而坤之生便为"广生"呢?欲明此,则有必要联系上文之"生生"观念方可,实际上,此所谓乾、坤之"大生""广生"正与"生生"相唱和。如前所论,乾所主之"生"乃是最初之"成象",是从未成象到成象之变化,是"生生"序列最初之开始,其未用事之时,"象"尚未成,只有乾之自身而无他物可言,此时乾只是是其所是,而其用事时则是"象"之呈现,"象"之呈现乃刹那间事,故不可不谓迅疾,而此最初之"成象"又非后来者可比拟,故又可以"大"配之。与之相应,坤所主之"生"则是对乾之创始之效法、顺承,是坤使得"生"成为一"生生"之序列,正是在此一"生生"之序列中,众物得成,正因其能成就一一事物之众,故其生曰"广","广"即有数量众多之意。

可见,乾之"生"何以为"大生",坤之"生"何以为"广生",皆可通过其前之"生生"思想而得到说明。实际上,就此"大生""广生"与"生生"之关系而言,乾之"大生"正可以说是"生生"之始,坤之"广生"则可以说是"生生"之成,二者正可以被看作是对"生生"的分解式说明,而"生生"则可被看作合此"大生"与"广生"而言者,此亦可谓是对"生生"观念的另一角度之诠释。

---

① 于豪亮:《马王堆帛书〈周易〉释文校注》,上海:上海古籍出版社,2013年,第136页。
② 闻一多:《古典新义》,北京:商务印书馆,2012年,第46页。

三 "阴阳"与"生生"

上文在张浚"《易》之生生,乾坤阐之"一说的启示下,结合帛书本《系辞》,对"生生"观念在《系辞》中的本来面貌作了一番考察,发现《系辞》原文中,"生生"乃是指乾坤主导下的"象"的无间之现示,此为"生生"之本质。然而如前所述,传统上学者们多认为"生生"其实即是"一阴一阳"之道,今既以"象"之无间现示为"生生"之本质,又当如何理解前人之说呢?是否前人之说尽为不谛?

笔者认为,前贤之说,或以"阴阳转易"释"生生",或以"阴阳相生"释"生生",皆是依各自所信奉之哲学体系以造论,虽有各自之造诣,但的确未紧扣《系辞》文本。不过,亦不可因此而误认为前贤之说便一无所得,前贤所得者,正在于揭示了《系辞》所论"生生"之形式,无论汉儒所说"阴阳转易",还是宋儒所说"阴阳相生",其实都是据"生生"之展开方式或形式以造论,"生生"之形式即是"一阴一阳"。

1.《易传》对阴、阳二字之运用

何以说"一阴一阳"就是"生生"的形式呢?欲明此,须先看《系辞》乃至《易传》所言"阴阳"究竟为何意。仔细阅读文献可以发现,《易经》之中只有中孚之卦辞中有"鹤鸣在阴"一语,未有阴阳并称或对称,以阴阳解《易》正始于《易传》,通行本《系辞下》即有称"乾,阳物也;坤,阴物也"①,认为"乾坤"可与"阴阳"相配。可注意,此虽言"乾,阳物也;坤,阴物也",但并不能因此就认为在《易传》中"阴阳"便比"乾坤"更为根本,在《易传》中,乾坤乃最为至尊者,阴阳只是比乾坤更为基本而非更为根本。何以说在《易传》中阴阳更为基本呢?这是因为《易传》乃是以阴、阳二字来指代《易经》中的"- -""- -"二爻,此可见于《乾·象》与《坤·象》②,而在《周易》卦爻体系中,爻为最基本之元素,六十四卦若分而析之,皆无非"- -""—"二爻,所以在《易传》中阴阳实乃最基本之元素。依《易传》之说,六十四卦皆可由阴阳而得归

---

① 《周易正义》,《十三经注疏》第 1 册,第 172 页。
② 乾之初爻之《象》即称:"潜龙勿用,阳在下也。"同上书,第 12 页。坤之初爻之《象》亦称:"履霜坚冰,阴始凝也。"同上书,第 19 页。

纳，如乾卦纯为阳爻，便可被纳入"阳"之范畴，而坤卦纯为阴爻，就可被归纳入"阴"之范畴。不独乾坤，推《易传》之意，完全可以说，一切事物，无论乾坤抑或乾坤所生者，皆可分别与阴、阳相配。换言之，《易传》乃是从归纳的角度使用"阴""阳"二者的。

那么，《易传》是如何使用"阴阳"来归纳具体事物的呢？首先，《易传》有根据具体事物所配卦爻之属性以判定具体事物之阴阳，如《易传》有认为"乾道成男，坤道成女"①，既然乾道配男、坤道配女，而乾道属阳、坤道属阴，自然男为阳、女为阴。除此以外，《易传》还会根据"阴阳"二字之字义来判定具体事物的阴阳属性。详言之，据现已发现之材料而论，汉字中的阴阳二字起源较晚，甲骨文未见，金文始见。其中，阴字金文作 ②，从阜从佥，"阜"意为高山，"佥"字则有云之意，依此而论，金文中阴字当是指云在山上，日光为之所蔽，故其本义即当为"暗"，如《说文解字》即解"阴"字称："暗也，水之南、山之北也"③，此说正与金文阴字之形义相合。阳字金文作 ④，从阜从易，阜为高山，而易则象征日出山上，据此而论，阳字最初可能即是指日光所照之处，如《说文解字》即解"阳"字称"高明也"⑤，此说亦可与金文阳字之形义相映成趣。由此组考察可见，汉语中阴、阳二字之本义即为暗、明。既明阴、阳二字之本义，实可发现历史上人们对阴、阳二者的运用其实大抵皆循其本义而不悖，一般而言，凡暗者大抵皆可纳入阴之范畴，明者大抵皆可纳入阳之范畴，如《说文解字》以山北水南为阴，就是因为中华处于北半球，山北水南少为日光所照而长暗，相应的，山南水北常为日光所照而长明，便为阳，于此，《易传》亦不例外，如日明而月暗，《系辞》便有言"阴阳之义配日月"⑥，以日属阳而月属阴，这便是在据"阴阳"二字之本义来判定日月的阴阳属性。

通过考察《易传》使用阴、阳二者的方法，又可发现在《易传》中判定具体事物阴阳属性的原则本身就是多元的，阴阳二者的具体所指亦灵活多变。与之相应，笔者认为，相比于其内容，在《易传》中阴阳二者的形式意义实更为重

---

① 《周易正义》，《十三经注疏》第 1 册，第 144 页。
② 戴家祥主编：《金文大字典》，上海：学林出版社，1999 年，第 1042 页。
③ 许慎：《说文解字》，上海：学林出版社，2002 年，第 640 页。
④ 戴家祥主编：《金文大字典》，第 5046 页。
⑤ 许慎：《说文解字》，第 640 页。
⑥ 《周易正义》，《十三经注疏》第 1 册，第 150 页。

要。依《易传》之意,在"生生"之历程中所呈现出的万事万物皆可分别纳入阴、阳之范畴,而阴物与阳物之间必然是两两相配、相反相成的,换言之,又可以说"生生"之历程必须通过此种"一阴一阳"相对立、相统一的方式才能得以展开,因此,"一阴一阳"实可谓是"生生"之形式。

2. "一阴一阳"作为"生生"所以展开之形式

关于此一"生生"所以实现的方式或形式,通行本《系辞》有概括:"天地絪缊,万物化醇,男女构精,万物化生,《易》曰:'三人行,则损一人;一人行,则得其友',言致一也。"①所谓"天地絪缊""男女构精",指天与地、男与女之间一阴一阳相配,正是通过此种种之阴阳相配,于是才有"生生"之展开、万物之生化。至于其所引用的"三人行,则损一人;一人行,则得其友"一语,则是损卦六三爻之爻辞。损卦上艮下兑,可以被理解为是由上坤下乾的泰卦对调九三爻与上六爻而来的,其六三爻之爻辞正是借此以阐释阴阳相配之义,这一点,北宋大儒伊川之疏解最为清楚明白。伊川曰:

> 三人,谓下三阳,上三阴。三阳同行,则损九三以益上;三阴同行,则损上六以为三,三人同行则损一人也。上以柔易刚而谓之损,但言其减一耳。上与三虽本相应,由二爻升降而一卦皆成,两相与也。初二二阳,四五二阴,同德相比,三与上应,皆两相与,则其志专皆为得其友也。②

伊川解《易》虽有"六经注我"的倾向,此处却并未过多加入其个人见解。依其说,泰卦之下三阳爻、上三阴爻分别为"三人","三人"之中,两上爻一变为"损",此为"三人行,而损一人",经此一变,初九与九二,六四与六五,皆得两两相配,六三与上九虽为"一人",但互为其友,是为"一人行,则得其友",如此一来全六爻皆两爻一组相配,是则为"其志专皆为得其友也"。③

在此一分析之基础上,伊川进一步指出,此段爻辞之重点在于言"对偶",而《系辞》之所以要引用损之六三,正是意在强调成双成偶之于"生生"

---

① 《周易正义》,《十三经注疏》第1册,第171页。
② 程颐:《河南程氏易传》,《二程集》,第910页。
③ 可注意,伊川此说是以初与二、四与五、三与上各为一组,此说颇具新意。在伊川之前,孔颖达以为损卦六三爻之爻辞所言"三人",乃是指损之六三、六四、六五三爻,孔氏称:"三人,谓自六三已上三阴也。"见《周易正义》,《十三经注疏》第1册,第89页。针对其说,伊川指出一卦之中,第三爻与第四、第五爻非同体,不能谓之"同行",伊川称:"三虽与四相比,然异体而应上,非同行者也。"见程颐:《河南程氏易传》,《二程集》,第910页。笔者认为,伊川之说在理。

之意义。伊川称：

> 三人则损一人，一人则得其友，盖天下无不二者。一与二相对待，生生之本也，三则余而当损矣。此损益之大义也。①

正如伊川所说，"一与二相对待，生生之本也"，"生生"之展开，必以一阴一阳为其方式，无独而有对，古人以阴阳转易或阴阳相生解读《系辞》所言之"生生"，其实正是从"生生"之形式的角度立论的。

既明此，亦可知由"成象之谓乾，效法之谓坤"所见之"生生"义与由"阴阳"所见之"生生"义正相辅相成。由"成象之谓乾，效法之谓坤"，可知"生生"之本质乃是指"象"的无间接续之现示，在此一历程中，方有万事万物之产生与完成，是亦可谓《系辞》所论"生生"之内容。而由"一阴一阳之谓道"，则可知在"生生"之历程中所呈现出的天地万象又必须要一阴一阳、两两相配、相反相成，如此才可以有诸事物之生长、完成，阴阳相配正可谓是"生生"所展开的方式、形式。

四 "生生"与"日新之谓盛德"

在上文之讨论中，可发现《系辞》所论"生生"之本质内容乃是指一段由乾坤所主导的"象"之无间现示的无穷之历程，而其所以得以展开之形式则为一阴一阳、两两相配、相反相成。而由此诸义所见之《系辞》"生生"观念若统而言之，又可以一"德"字概括之，如通行本《系辞》中"生生之谓易"一语之前即有言"富有之谓大业，日新之谓盛德"②，又如通行本《系辞》中亦有言"天地之大德曰生"③。"天地之大德"，可谓《系辞》对"生"之赞叹，而"日新之盛德"则凸显了《系辞》"生生"观念背后成熟的道德意识。

1. "德"为"天之庆赏"

那么，依《系辞》之说，"生"如何便是"天地之大德"？"生生"又何以是

---

① 程颐：《河南程氏易传》，《二程集》，第910页。
② 《周易正义》，《十三经注疏》第1册，第149页。此语帛书本作"富有之胃大业，日新之胃诚德"。见丁四新：《楚竹简与汉帛书〈周易〉校注》，第515页。
③ 《周易正义》，《十三经注疏》第1册，第166页。此语帛书本作"天地之大思曰生"。见丁四新：《楚竹简与汉帛书〈周易〉校注》，第518页。

"日新之盛德"呢？欲解此诸问，当先明此中"德"字为何意。

传统上，《说文解字》等文献均以为"德，升也"①，依此解，则"德"字之本义即与义为"草木之渐进"的"生"之字含义相近，若依此解而论，则《系辞》以"德"配"生"便只是同义重复而已。然而，有当代学者指出，考察出土金文及传世典籍，均未见有"德"字用"升"义，通行之"道德""德行"义才应是出土青铜器铭文中"德"字之最常用义。②笔者以为，此说或可证"升"非"德"之本义，但以"德"作"道德"解则有差，后世人们所常用的"道德"一观念是儒、道思想高度发展的产物，其出现不可能早于春秋。

实际上，在现今可见之上古文献中，除金文外，长沙出土楚帛书文献中亦多见"惪匿"一语，学者曾宪通以为"惪"字即古"德"字，学者李零亦同意其说，并认为"德匿是个反义的合成词，德指天之庆赏，匿指天之刑罚，表示上天对人事的报施"③。长沙楚帛书虽然是单本孤例，但李氏此一"德指天之庆赏"之说既合乎商周宗教思想的一般特色，且能与"上帝降懿德"等常见青铜器铭文相通④，很可能正是"德"字之本义，至少，笔者认为，《系辞》所言"日新之谓盛德"与"天地之大德"中的德字皆当依"天之庆赏"作解。

由此而论，则"天地之大德曰生"一语之意即是说"生"乃是天地之大馈赠，在《易传》中，天地即乾坤之象征，而乾坤则是宇宙万有最初的肇始之元，以"生"为天地之馈赠，其实即是以"生"为乾坤之馈赠，这既是《易传》对带有浓厚神学色彩的"德指天之庆赏"说的理性化发展，又可谓是其对乾坤生物之功的赞叹。而如果说"天地之大德曰生"一语表现出了《系辞》对商周宗教思想的继承与发展的话，"日新之盛德"一说则更多地彰显了《系辞》的原创性，正是在此说之中，"生生"观念的道德意涵得到了凸显。

2. "日新之谓盛德"与"生生"观念的道德意涵

"日新之盛德"一说何以凸显出《系辞》"生生"观念的道德意涵呢？与

---

① 许慎：《说文解字》，第76页。
② 有学者称："道德，德行……此乃'德'之本义，亦常用义，铭文用例十九皆此义。"见张世超、孙凌安等：《金文形义通解》，京都：中文出版社，1996年，第734页。
③ 曾宪通：《长沙楚帛书文字编》，北京：中华书局，1993年，第80页。
④ "上帝降懿德"一语可见于"史墙盘"（文物器号10175），"癲钟"（文物器号251）等多件青铜器铭文之中，可参看香港中文大学汉达文库，网址：http://www.chant.org.easyaccess1.lib.cuhk.edu.hk/Jinwen/。（上网检索日期：2022年4月19日）

"天地之大德曰生"相一致,《系辞》所言"富有之谓大业,日新之谓盛德"一语作为"生生之谓易"一说的前奏,亦是一种对乾坤所主导的"生生"之历程的赞叹。所谓"富有之谓大业"是说因天地间万事万物莫不由乾坤以生、以成,由乾坤所主之"生生"之历程能生物无量,故可谓"富有",又因其"富有",故可以"大业"赞美之。所谓"日新之谓盛德"则是说乾坤所主导的"生生"之历程其实乃是一不断地成象、再成象之历程,在不断地成象之中,方能有物之成,而因为此一不断成象之历程亦可以说是不断地变化,不断地新生,故可谓"日新",因其"日新",故又以"盛德",即"盛大的馈赠"赞美之。合言之,"富有之谓大业,日新之谓盛德"即是说乾坤之生物,无所不备,日新又新,其功著而其用不显,天地万物莫不出于其中,非"盛德大业"不足以赞美之。

需要注意的是,《系辞》赞美乾坤生物之事业为一"富有之大业"其实与赞美"生"为乾坤之大馈赠的"天地之大德曰生"一样,都是就乾坤生物之效果而抒发其赞美的,而"日新之盛德"这一赞美则与之不同,乃是就乾坤生物之过程而抒发其赞美的,其关注点由"生生"之结果转移到了"生生"之历程本身。

二者的区别在于,就乾坤生物之效果而言,抒发赞美则可,但却不可由此种赞美出发建立道德伦理观念,而就"生生"之历程来说,则既可抒发赞美,亦可由之出发以建立道德伦理观念,因为由对乾坤生物之效果的赞美出发而建立道德观念,其实是在以乾坤生物广大之事实为德,如此便难免有混淆实然与应然之虞。详言之,乾坤生物无量虽是事实(事实一),但此一事实背后却同时隐藏着另两大事实:一、无量之物,或夭或寿,皆有其生之大限,无有可逾越者(事实二);二、无量之物为各遂其生,难免相杀相残(事实三)。这里,事实二对事实一构成了局限,而事实三则可以说是对事实一的一种否定,因此,若由事实一出发构建道德,则此种道德不仅说服力极有限,其本身即涵藏着对自身之反动,必无法成立。于此,古今学者论之已详:在古代,道教典籍《黄帝阴符经》已指出天地万物必须通过相杀、相食才能生存。[1]无独有偶,当代学者劳思光亦基于同样的考量指出现实中一物之生很多情况下是以他物

---

[1] 《黄帝阴符经》有称:"天生天杀,道之理也。天地,万物之盗;万物,人之盗;人,万物之盗。"见任法融注:《〈黄帝阴符经〉释义》,西安:三秦出版社,1993年,第63—64页。

之死为代价的,如虎欲求生,便需食羊,因此,"生生不息"的同时亦是不断的"生之破坏",而既然在维护"生"的同时将不可避免带来"生之破坏",那便不能以"生"为价值标准来建立道德观念。①

与之相较,由对"生生"之历程的赞美出发则可以建立道德伦理观念。这是因为对历程的赞美不是简单地将作为"生生"之效果的万物繁庶之事实本身等同于美德,而是通过对"生生"之事实的认识与领悟从而建构出一种此一事实本身所不具备的全新的精神价值。在"日新之谓盛德"这一赞美中,《系辞》便有将其对"生生"历程的领悟集中地凝敛在"日新"之价值上。依《系辞》之说,"生生"之为"盛大的馈赠",不仅是因为其生物繁庶,更是因为其本身即呈现出一种"日新"的精神,这种精神,其实乃是《系辞》的作者(们)自己的体悟,这既可以说是对宇宙中的某种深层次奥妙、某种"天地之精神"发现,亦可以说是其自身主体性的一种体现。关于这一点,可由《系辞》"富有之谓大业,日新之谓盛德"一语之前的"继善成性"之论以见。《系辞》称:

> 一阴一阳之谓道,继之者善也,成之者性也。仁者见之谓之仁,知者见之谓之知。百姓日用而不知,故君子之道鲜矣。显诸仁,藏诸用,鼓万物而不与圣人同忧,盛德大业至矣哉。②

如前所析,此中"一阴一阳之道"即是指"生生"之历程,由此一历程,即有"继之者善也"。什么是"继之者善"呢?于此,古今学者多有诠释,今可参考北宋大儒张载之说,《横渠易说》解此"继之者善也"一语称:"言继继不已者善也。"③张载此所谓"继继不已"其实即是"日新又新",此说是指"生生"

---

① 劳思光:《新编中国哲学史》(三上),台北:三民书局,1986年,第52—54页。
② 《周易正义》,《十三经注疏》第1册,第148—149页。
③ 张载:《横渠易说》,《张载集》,北京:中华书局,1978年,第187页。关于"继之者善也"一语,除横渠外,其他学者多据乾坤生物之功效而立言,如虞翻称:"乾能统天生物,坤合乾性,养化成之,故'继之者善,成之者性'也。"(见《周易集解》,《景印文渊阁四库全书》第7册,第814页)孔颖达称:"道是生物开通,善是顺指养物,故继道之功者,唯善行也。"(见《周易正义》,《十三经注疏》第1册,第148页)朱子称:"继,言其发也,善谓化育之功,阳之事也。"(见《周易本义》,《朱子全书》第1册,第126页)如前文所析,由生生之效果实不能真正地建立起"善"之观念,故此不采其说,但采横渠之说。其后"成之者性也"一语,古今学者的理解亦各有不同。有学者以为此是说"生生"之历程中能成就万物之性,此可以朱熹为代表(朱子称:"成,言其具也,性谓物之所受,言物生则有性,而各具是道也",出处同上)还有学者以为此是指人之继承乾坤生物之事业而成就人之善性,此可以孔颖达为代表(孔氏称:"能成就此道者,是人之本性",见《周易正义》,《十三经注疏》第1册,第148页),此二说各有其道理,可并存之。

之历程有乾坤作为其不竭之源泉,健进不息、继继不已、日新又新。依其说而论,此种精神,便是善。与万物之繁庶不同,这种日新又新,继继不已的精神,并不是"生生"之历程的直接结果,而是人在对"生生"之历程有了充分的认识之后于其上所作出的新体悟,是人对"生生"之历程的更进一解,如《系辞》紧承此所言"仁者见之谓之仁,知者见之谓之知"。此中仁者、智者所见,即"一阴一阳之道"或者说"生生"之历程,彼既见之、识之,又能更进一解,领会出仁与智,既是领会,便有主观性,故有仁、智之别,虽有别,却不碍其同为善也。此种为人所领会到的伦理价值于百姓的寻常日用之间无所不在,但却只有少数有识之士能真正清楚地了解它,此即"百姓日用而不知,故君子之道鲜矣"。此种精神、价值虽是古人于生生之道上领会而得,古人却不敢专美,仍将其视作乾坤所主的生生之历程的馈赠,并认为所谓善、仁与知(智),皆乃生生之道所自然呈现者,非人之功,故又赞美之曰"显诸仁,藏诸用,鼓万物而不与圣人同忧,盛德大业至矣哉"。

由此论可见,《系辞》虽有"盛德大业"并称,但"生生"观念背后真正的伦理价值,并非是来自于对万物繁庶这一"生生"之事实效果的赞美,而是来自对于将"生生"之道领会为一继继不已、日新又新的精神。相比于"生生"之事实效果,古人以为此种精神才是天地最大的馈赠所在,才是真正的"生生之德"之所在。因此,可以说"日新之谓盛德"一语,真正昭示出了《系辞》"生生"观念的道德意涵。

结束语

综上所述,通过以"乾坤""阴阳""生之为德"等观念为切入点进行考察,可以发现《系辞》所论"生生"乃是指一由乾坤所主导的以天地万象的无间接续之现示为内容的历程,是为"生生"之本质;又依《系辞》"生生"之说,此一历程当依一阴一阳、两两相配、相反相成的方式以展开,是为"生生"之形式;而《系辞》的作者(们)又从"生生"之历程中体会出一种"日新又新"的精神,由此又赋予"生生"观念以道德意涵。"乾坤""阴阳"与"日新"恰可谓理解"生生"观念所必须的三个维度,只有同时把握了这三个维度,才能完整地理解《系辞》"生生"观念真正的本来面貌。

Qian Kun, *Yin Yang* and The *De* of Keep being New —— A Three-Dimension Study on the Idea *Sheng-Sheng*

Dou Chenguang

Abstract: For the idea *Sheng-Sheng* of *Xi Ci*, most scholars believed that it could be understood with the help of the idea *Yin Yang*, and only few thought it could be explained through the idea *Qian Kun*. Actually, these two approaches could mutually support each other. For the approach of understanding *Sheng-Sheng* through *Qian Kun*, the *Xi Ci* Silk Book brings a new hint, instead of saying "*Sheng-Sheng* is called *Yi*", the *Xi Ci* Silk Book said: "*Sheng* is called *Xiang*", it shows that there is a direct relation between this proposition and the following one, the intermediate is the idea "*Xiang*". In *Xi Ci*, the idea "*Xiang*" could be understood as the emerging of images, according to this understanding, the following proposition "the finish of *Xiang* is called *Qian*, (its) following is called *Kun*" could be understood in this way: the emerging of images starts from *Qian* and because of *Kun*, it becomes a continuous process. This continuous process is *Sheng-Sheng* exactly, it is the essence of *Sheng-Sheng*. For the approach of understanding *Sheng-Sheng* through *Yin Yang*, it shows the form of this process. Besides these, in *Xi Ci*, *Sheng* is also linked with *De*, and *Sheng-Sheng* could also be linked with the proposition "Richness is the great enterprise, keep being new is the great *De*", here the term "keep being new" shows the moral meaning of *Sheng-Sheng*. For the understanding of *Sheng-Sheng*, *Qian Kun*, *Yin Yang* and *De* are three necessary dimensions, they show us that the content, the form and the moral meaning of this idea.

Key words: *Sheng-Sheng*, *Qian Kun*, *Yin Yang*, *Xiang*, *De*

戒惧与模糊性
——汉代公羊学中的灾异与德行问题*

蒋 爽**

提 要:《公羊传》认为灾异是人事的一种体现,面对灾异,人君应该反思修德,以求避祸免灾。但《公羊传》本身并未在灾异与人事之间建立系统的对应关系,这种因果关系的模糊性意在警醒人君全方位省察自身,避免懈怠。董仲舒和何休对灾异的解读继承了这种模糊性,虽然他们将《春秋》中的每一项灾异都明确指向了具体的人事,但这些因果之间的对应关系仍是零散的、无条理的。董、何的解读只是划出了一些可供人君反省的问题域,而非直接指向具体事件。相比之下,《洪范五行传》的灾异分类与解读是知识性、系统性的,但系统知识削弱了人对天的敬畏感,从而使灾异沦为了政治斗争的工具。《公羊传》解读灾异的模糊性意在培养国君的政治德行,通过使国君时刻回溯与体察自身行为与外界的互动,从而养成戒惧天命、时刻自省的品质。

关键词:《公羊传》 灾异 政治 德行

中国古代有重视灾异的传统,自春秋时代起,灾异现象就被史官们详细地记录下来。《汉书·楚元王传》中刘向对《春秋》记录的灾异现象作出统计:

> 二百四十二年之间,日食三十六,地震五,山陵崩阤二,彗星三见,夜

---

* 本文为辽宁省社会科学规划基金项目"德位视域下的《春秋》祭祀思想研究"(L21CZX005)的阶段性研究成果。
** 蒋爽,1991年生,辽宁大学哲学院讲师。

常星不见,夜中星陨如雨一,火灾十四。长狄入三国,五石陨坠,六鹢退飞,多麋,有蜮、蜚,鸜鹆来巢者,皆一见。昼冥晦。雨木冰。李梅冬实。七月霜降,草木不死。八月杀菽。大雨雹。雨雪雷霆失序相乘。水、旱、饥、螽、蟊、螟蜂午并起。

在春秋时期,灾异的范围便已涵盖了日食、流星等天文现象,久旱、大水、地震、虫灾等自然灾害,乃至于异兽之出现、反常之人事种种类型。在传统政治语境下,这些灾异并非纯粹客观的自然现象,而是上天对当下时政的一种反馈,不同的灾异类型对应了统治者及其近属在相应方面的失职失德。自汉代起,一种解读灾异现象的完善理论开始形成,现象与人事之间开始建立起了系统的对应关系。学界一般认为,这种理论建构由西汉的公羊学者董仲舒发端,《汉书·五行志》所言"董仲舒治《公羊春秋》,始推阴阳,为儒者宗"正是指此。

但近世以来,逐渐有学者认为董仲舒及后来的公羊学家对灾异的系统解读是一种过度诠释,即《公羊传》本身在灾异这一问题上只是作一客观性的记录,并未将其与人事政治进行因果对应。如清人王引之便在《经义述闻》卷二十四中指出:"然传但云记灾,未尝言某事之所致也。其他记灾异者不可枚举,而皆无一语及于感应。乃知《公羊》之学,惟据人事以明法戒,不侈天道以涉诪张。盖天人之际,荒忽无常,君子于其所不知,盖阙如也。"①徐复观也认为《公羊传》本身是严谨质实的,除零星一两条外,并无灾异与人事之间的对应。②

为何后世公羊学家会在灾异问题上产生这种过度诠释?大部分学者认为这是秦以后的儒者用来限制君权的手段,如清人苏舆有言:"汉儒好言灾异,必兼此数义乃通。夫灾异之说,委屈傅会如此,在先哲非不知其然也,然而尊君之义已定,以民臣折之,则嫌于不顺,以天临之,则不嫌于逆,要在儆戒人主而已。"③萧公权也认为:"汉儒惩秦专制之失,略袭其旨,欲以灾异符命戒惧人主,使之自敛,不复为纵恣专横之事。此盖图以天权限制君权,藉防君

---

① 王引之:《经义述闻》,南京:江苏古籍出版社,2000年,第589页。
② 徐复观:《两汉思想史》第二卷,上海:华东师范大学出版社,2001年,第202—203页。
③ 苏舆:《春秋繁露义证》,北京:中华书局,1992年,第261页。

主专制之流弊。"①

以灾异来戒惧人君,这一判断本身并无问题,但这种戒惧是否只是董仲舒、何休等汉儒的自创与附会,还是对《公羊传》本身灾异传统的继承与发扬?《公羊传》在谈到灾异问题时,是否已经蕴含了一种将灾异与政治人事相对应的倾向?如果有,这种对应的运作模式是怎样的?与汉代其他非公羊传统的灾异解读是否有差异?为解答以上问题,本文将分为三个部分:首先是对《公羊传》本身的灾异解读的梳理,并尝试解答《公羊传》中的灾异与政治之间的关系;其次是对董仲舒、何休基于《公羊传》而形成的灾异学说的分析,以探究董、何二人在何种程度上继承了《公羊传》的灾异理论;最后是对整个公羊传统下的灾异解读的总结,并试图分析这种灾异解读的用意与影响。

一 《公羊传》解灾异之模糊性

《公羊传》本身并未对灾异进行一种条理化的解读,传文大多数时候都只是在经文后用"何以书?记灾/异也"给出一种类型上的判断,并且传文并未直接给出灾与异的定义区分。这也是王引之、徐复观等学者认为《公羊传》本身只作记录,不谈感应的依据所在。但无论王引之还是徐复观,二人都注意到《公羊传》中确实有用天意、天戒等说法来解释灾异的条例。② 陈侃理在《儒学、数术与政治》一书中指出王引之、徐复观将这些材料作为例外有失严谨,并重新对这些条例给出了诠释。但陈侃理本身以是否形成"咎""征"等模式来判断传文是否完成了天人之间的联系,因此也认为这些材料是用来解释特殊书法的一时需要之词,无法看出贯穿全文的主旨。③ 但"咎""征"这类模式更大程度上是来源于《洪范五行传》,以《洪范》中的灾异模式作为标尺来测量《公羊传》显然不太恰当。事实上,《公羊传》本身关于灾异现象中的天人关系问题恰恰可以通过传文论述灾异之别的语句中得窥。虽然《公羊传》并未对灾、异各自是什么给出定义,但在定公元年"冬,十月,陨霜杀菽"条中,传文曾提道:

---

① 萧公权:《中国政治思想史》,北京:新星出版社,2010年,第197页。
② 如宣公十五年"冬,蝝生",僖公十五年"震夷伯之庙",二人均承认《公羊传》在此以天意解读灾异。
③ 陈侃理:《儒学、数术与政治:灾异的政治文化史》,北京:北京大学出版社,2015年,第41—43页。

> 冬,十月,霣霜杀菽。何以书? 记异也。此灾菽也,曷为以异书? 异大乎灾也。

此处《公羊传》对灾、异二者作出了一种比较——异大乎灾。但在如何解释这种比较的问题上,董仲舒和何休给出了不同的回应。董仲舒认为,"异大乎灾"指的是"灾小而异大",他在《春秋繁露·必仁且智》里提道:

> 天地之物,有不常之变者,谓之异,小者谓之灾,灾常先至,而异乃随之,灾者,天之谴也,异者,天之威也,谴之而不知,乃畏之以威,《诗》云:"畏天之威。"殆此谓也。凡灾异之本,尽生于国家之失,国家之失乃始萌芽,而天出灾害以谴告之;谴告之,而不知变,乃见怪异以惊骇之;惊骇之,尚不知畏恐,其殃咎乃至。以此见天意之仁,而不欲陷人也。

在董仲舒看来,其一,灾与异是同一类事物,都是天地之物脱离常态的表现,只是二者的程度不同,灾者脱离尚浅,异者脱离严重;其二,灾异产生之根源在于人事,灾异不是单纯的自然现象,而是天对人的一种渐进的示警。灾异产生的原因是国家人事之失,先有人事之脱序,然后才有自然之变异。人事之脱序容易不察,但自然之变异却人人可见,因此灾异之出现就意味着人君需要反思自身的行为与国家政治,将脱序之人事拉回正轨。① 而回归到"霣霜杀菽"这一例上,庄公七年"秋,大水,无麦苗",同样是农作物因自然灾害而受损,《公羊传》书之以"灾",而此处的"霣霜杀菽"却以"异"书之,表明此处之物脱离常态更为严重,"反常"程度更高,其指向在于国家政治之失更为严重,国君更应当及时反省改过。

何休对"异大乎灾"的解读则与董仲舒不同,何休认为:

> (隐公三年)异者,非常可怪,先事而至者。②
> (隐公五年)灾者,有害于人物,随事而至者。③

---

① 陈侃理指出董仲舒对灾异的解读混杂了"天谴说"与"感应说",在某些材料中,董仲舒将灾异解读为人格之天直接对失序之人事的警告,灾异反应的是天劝善罚恶的意志,而在另一些材料中,董仲舒将灾异解读为人事中的阴阳失调所引发的自然阴阳不合现象,此时灾异只是一种非人格化的反应。董仲舒《春秋繁露》中确实出现了将二者混杂的现象,但"天谴说"与"感应说"二者并非完全不相容。无论是天因其人格而主动示警,还是人君因感应而戒惧,灾异都能达到示警人君,反思人事与政治之效果。而这种对人君的警戒,才是董仲舒提到灾异问题时最为关注的重点。
② 何休注,徐彦疏:《春秋公羊传注疏》,北京:北京大学出版社,1999 年,第 35 页。
③ 同上书,第 52 页。

（定公元年）异者，所以为人戒也。重异不重灾，君子所以贵教化而贱刑罚也。①

何休以需要反思与警醒之"事"作为灾与异的分界点，先事而至者为异，随事而至者为灾。而在这种区分标准下，"异大乎灾"便不再是程度上的区别，而是一种功能上的区别。异发生于事前，因此异指向的是警戒，是一种对未来的重新调整，其目的在于免除祸事。灾则随事而来，指向的是补救，其目的在于尽量控制并减少已发生的损害。而比起对已发生之事的补救，显然能提前避免灾祸更好。警戒大于补救，先事之教化大于随事之惩罚，这种价值取向和董仲舒的"天意之仁，而不欲陷人"是一致的，故何休以"君子所以贵教化而贱刑罚"对"异大乎灾"作出了一种功能性的总结。

从董、何二人对"异大乎灾"的解读上可以看到，灾异孰先孰后、孰轻孰重的区分只是外在的表象，"异大乎灾"真正指向的是灾异的警示教化作用。虽然董、何二人对灾异的定义不同，对异大于灾的解读也不同，但二者却有着共同的出发点和目的，即灾异都本于人事而生；其目的都在于警戒人君，使其反思自身之德行与国家之政治。而这一点正是《公羊传》在灾异问题上的核心所在，也是董、何二人万变而不能离之宗。

在这一层面上再看王引之、徐复观等人视作例外的几条，便可发现《公羊传》始终承认天人之间存在交互关系，如宣公十五年"冬，蝝生"条，《公羊传》言：

冬，蝝生。未有言蝝生者，此其言蝝生何？蝝生不书，此何以书？幸之也。幸之者何？犹曰受之云尔。受之云尔者何？上变古易常，应是而有天灾，其诸则宜于此焉变矣。

何休注言："蝝即螽也，始生曰蝝，大曰螽"②，即蝝与螽是同一种昆虫的不同形态，幼虫名为蝝，成虫名为螽。成虫会对庄稼造成灾害，故《春秋》此前均以"螽"记灾。③ 但幼虫却不在《春秋》的记录范围内，幼虫本身并不能对庄稼

---

① 何休注，徐彦疏：《春秋公羊传注疏》，第551页。
② 同上书，第362页。
③ 如桓公三年"螽"，传文言："何以书？记灾也。"此处有一例外，哀公十二年"螽"，《公羊传》云："记异也。何异尔？不时也。"即"螽"本应书灾，此处因虫灾并非正常繁殖季节出现，所以特别书异以标明。

造成直接损害,并且从幼虫发育至成虫的过程中有许多偶然因素,最终未必能造成螟之灾。此处经文破例以幼虫书之,《公羊传》对此的解释为"幸之"①,这种侥幸并非指由自然因素而造成的幼虫未能发育为成虫,避免庄稼损失,而是侥幸于鲁宣公能在发现"螽生"时便戒惧自省,及时调整人事,将政治导回正轨。据何休注,"上变古易常"指的是宣公十五年"初税亩"之政,何休言:"上谓宣公,变易公田古常旧制而税亩。应是变古易常而有天灾螽,民用饥。言宣公于此天灾饥后,能受过变寤,明年复古行中,冬大有年,其功美过于无灾,故君子深为喜而侥幸之。"②

但实际上《公羊传》本身并未明言这种变古易常特指"初税亩"之政,变古易常只意味着对传统政治习惯的变更或违背,并不具体指向鲁宣公的某项具体政策。事实上,传文虽然认可人事与天灾之间的因果关系,但在叙述这种因果关系时常常呈现出一种模糊的特质,并不点明灾异所直接对应的人事。僖公十五年"震夷伯之庙"是另一个能体现出这种模糊性的例子:

> 己卯,晦,震夷伯之庙。晦者何?冥也。震之者何?雷电击夷伯之庙者也。夷伯者,曷为者也?季氏之孚也。季氏之孚则微者,其称夷伯何?大之也。曷为大之?天戒之,故大之也。何以书?记异也。

晦为昼日而冥,是一种异常的天象。于晦之同时,雷电击中了季氏之家臣夷伯的庙,这在《公羊传》看来,便是上天以异象示警。但传文所强调的只是对上天示警的重视,而没有进一步解释为什么"震夷伯之庙",因此我们无法得知灾异所对应的具体人事关系。无论臣下僭越也好,国君用人不当也罢,甚至于天子方伯不能正夷夏关系,这些都只是后世学者的推测。传文本身在这一条唯一强调的是"天戒之,故大之也",即重视灾异的示警作用。

在常识看来,示警需要的是清晰、明确的因果指向,这样才能迅速对症下药,解决问题。但《公羊传》在凸显这种示警作用的同时,又一直在灾异的解读上保持一种模糊性。回顾宣公十五年"冬,螽生"条中传文所言的"幸之","幸之"是否仅仅指的是对这一次度过天灾饥荒的侥幸,还是一种对于国君能因灾异而及时省察的侥幸?人不可能时时刻刻保持正确,国君在治国

---

① 何休注:"幸,侥幸。"何休注,徐彦疏:《春秋公羊传注疏》,第 362 页。
② 同上书,第 362 页。

的过程中不可避免地会犯错误,在这种情况下,"能改"便成了政治上一种极为珍贵、极为重要的品质。我们或许可以猜想,《公羊传》解读灾异时的模糊性也意在于此。正是因为无法通过灾异精确定位脱序之人事,君王才需要在每次灾异之时对最近一段时间的所作所为进行广泛细致的反省,并且出于避祸之心将任何有可能的错误都加以改正。《公羊传》解读灾异时的模糊性,所看重的不是每一次有具体人事指向的直接示警,而是意在强调与培养国君戒惧天命、时刻自省的政治德行。

二 模糊性的细化——董、何对《公羊传》灾异学说的继承

进入汉代以后,灾异学说得到了更为深入和细致的发展,这种发展一定程度上体现为将灾异与人事之间的因果对应精细化、准确化,《汉书·五行志》便是这种发展所呈现出来的结果。《汉书·五行志》所记录的是自春秋至汉代的种种灾异现象及其解读,但在结构上,《五行志》并未像《春秋》一样采取编年体的模式,而是从《洪范五行传》中借鉴了分类方式。《洪范五行传》从结构上大体可以分为两部分,首先是以貌、言、视、听、思、皇极为基本分类所对应的各种人事灾异,其次是以木、火、土、金、水五行所对应的灾异及其原因。这两部分并非各自独立,第一部分的五事与皇极之灾异同样可以用五行之生克来阐释。因此,《洪范五行传》解读灾异的基本模式可以简单地总结为以五行咎征将灾异分类,并为每一类别的灾异找出对应的人事原因,故而在灾异发生时便可按图索骥,直接寻找到引发灾异的失常之人事。①

相比于《公羊传》解读灾异时的模糊性,《洪范五行传》的灾异学说显然更明确、更有条理。这种明确与条理主要体现为两个方面:第一,它将某一灾异类型对应于具体的人事类型,从而能在这类人事中按图索骥,迅速定位到当下引发灾异的某件时事;第二,它以五行作为基本的分类框架,将灾异、人事种种都纳入五行生克的解释体系中,从世界观上为天人之间的联系给出了合理的补全。这两个特点不仅是《洪范五行传》独有,汉代其他学者在解读灾异问题时,都会或多或少受到这两方面的影响,董仲舒、何休这种公羊学大家

---

① 《洪范五行传》的灾异模式具体参见陈侃理《儒学、数术与政治:灾异的政治文化史》,第68—83页。

也不例外。董、何二人在解读《春秋》中的灾异条例时,都将其与当时具体之人事关联,并试图以阴阳、五行等因素勾连出人事与天变之间的对应关系。

那么,这种对灾异更具体、更明确的解读意味着董仲舒与何休抛弃了《公羊传》解读灾异的模糊性传统,抛弃了这种通过因果之间的不确定性而培养国君政治德行的用意吗?答案是否定的。虽然董仲舒与何休都极力为《春秋》中每一例灾异找出了对应的人事原因,但这些个案解读仍是个体式的,并未叠加出一种类型学上有迹可循的规律,因此模糊性传统仍被保留了下来。为了证明这种被继承下来的模糊性,我们以《春秋》中关于火灾的记载为例,来对比《洪范五行传》式的灾异解读和董、何二者的灾异解读。《汉书·五行志》中记载了《洪范五行传》对火灾的解释:

> 传曰:"弃法律,逐功臣,杀太子,以妾为妻,则火不炎上。"

> 说曰:火,南方,扬光辉为明者也。其于王者,南面乡明而治。《书》云:"知人则哲,能官人。"故尧、舜举群贤而命之朝,远四佞而放诸壄。孔子曰:"浸润之谮、肤受之诉不行焉,可谓明矣。"贤佞分别,官人有序,帅由旧章,敬重功勋,殊别適庶,如此则火得其性矣。若乃信道不笃,或耀虚伪,逸夫昌,邪胜正,则火失其性矣。自上而降,及滥炎妄起。灾宗庙,烧宫馆,虽兴师众,弗能救也,是为火不炎上。

可以看到,《洪范五行传》中将火灾的人事原因概括为"弃法律,逐功臣,杀太子,以妾为妻",其中以妾为妻并非指国君荒淫女色,而是指乱继嗣之正统,与杀太子同类。

同样,董仲舒在《春秋繁露·五行顺逆》中也给出了类似的对应原因:

> 如人君惑于谗邪,内离骨肉,外疏忠臣,至杀世子,诛杀不辜,逐忠臣,以妾为妻,弃法令,妇妾为政,赐予不当,则民病血壅肿,目不明。咎及于火,则大旱,必有火灾。

对比《洪范五行传》与董仲舒的《五行顺逆》可以发现,二者对于火灾所给出的人事原因是基本一致的。事实上,不只火灾,董仲舒和《洪范五行传》对于灾异的五行分类及对应原因基本完全一致,但陈侃理指出,虽然二者在分类方式及原因上极度相似,但董仲舒解释灾异的模式与《洪范五行传》并不相同:董仲舒的灾异解释是回溯性的,消解灾异的方式是人君的改过迁善,而

《洪范五行传》则是预言性的,消解灾异的方式是祭祀求福而非改过。① 除了这种分析与处理模式的不同外,董仲舒在《春秋》具体灾异条目上的分析也和《洪范五行传》有很大的差异,为方便对比,此处仅选取《春秋》中以"某国灾"之书法记录下来的几则案例,并附上何休的注,以供比较:

> 襄公三十年"五月甲午,宋灾"。董仲舒以为伯姬如宋五年,宋恭公卒,伯姬幽居守节三十余年,又忧伤国家之患祸,积阴生阳,故火生灾也。刘向以为先是宋公听谗而杀大子痤,应火不炎上之罚也。(何休:伯姬守礼,含悲极思之所生。外灾例时,此日者,为伯姬卒日。②)
>
> 昭公九年"夏四月,陈火"。董仲舒以为陈夏徵舒杀君,楚庄王托欲为陈讨贼,陈国辟门而待之,至因灭陈。陈臣子尤毒恨甚,极阴生阳,故致火灾。刘向以为先是陈侯弟招杀陈太子偃师,皆外事,不因其官馆者,略之也。(何休:陈已灭,复火者,死灰复燃之象也。此天意欲存之,故从有国记灾。③)
>
> 昭公十八年"五月壬午,宋、卫、陈、郑灾"。董仲舒以为象王室将乱,天下莫救,故灾四国,言亡四方也。又宋、卫、陈、郑之君皆荒淫于乐,不恤国政,与周室同行。阳失节则火灾出,是以同日灾也。刘向以为,宋、陈,王者之后;卫、郑,周同姓也。时周景王老,刘子、单子事王子猛,尹氏、召伯、毛伯事王子朝。子朝,楚之出也。及宋、卫、陈、郑亦皆外附于楚,亡尊周室之心。后三年,景王崩,王室乱,故天灾四国。天戒若曰,不救周,反从楚,废世子,立不正,以害王室,明同辜也。(何休:四国,天下象也。是后王室乱,诸侯莫肯救,故天应以同日俱灾,若曰无天下云尔。④)

此处选取的三条案例均为火灾。刘向以《洪范五行传》的体系解读灾异,故认为这几场火灾的原因均为杀太子或废世子,这是一种系统的、指向明确的灾异解读方式,解读者只需要对照《洪范五行传》的灾异表按图索骥即

---

① 董仲舒《春秋繁露·五行顺逆》与《洪范五行传》的文句对比分析见陈侃理:《儒学、数术与政治:灾异的政治文化史》,第74—75、80页。
② 何休注,徐彦疏:《春秋公羊传注疏》,第467页。
③ 同上书,第488页。
④ 同上书,第508页。

可。但董仲舒和何休的解读显然不同于此,襄公三十年"五月甲午,宋灾",董仲舒与何休认为这是伯姬守节多年,忧思国家而导致的火灾;昭公九年"夏四月,陈火",董仲舒认为这是陈国被灭后臣子积怨而致,而何休认为这是天意昭示陈国不应灭国,故有死灰复燃之象;昭公十八年"五月壬午,宋、卫、陈、郑灾",董仲舒与何休认为这是王室将乱,天下莫救之象,故四国同时发生火灾。

可以看到,虽然是同一类火灾,但董仲舒和何休对每一场火灾的原因解读完全不同,不仅无法和《洪范五行传》《春秋繁露·五行顺逆》形成对应①,甚至这些原因广阔到自身都无法以某种类型而归纳:伯姬守节忧国,本是贤德之象,陈国臣子亡国生怨,也是人之常情,至于宋、卫、陈、郑之君皆荒淫于乐,不尊天子,不恤国政,这又回归到了传统的"过失—灾异"的模式。无论后妃、臣子、国君,无论贤能还是失德,均有可能引发灾异之象。这种原因广泛,没有明确对应指向的解读模式,等同于完全断绝了人君按图索骥,头痛医头脚痛医脚的改过模式。因此,董仲舒与何休虽然对《春秋》中的灾异给出了一一对应的原因解读,但《公羊传》解读灾异的模糊性传统却被保留了下来。人君仍然无法通过归纳总结而得到一种指向明确的灾异解读规律,只能在灾异出现之后对近来身边的人事进行一套完整的梳理与反省,并且尝试着通过各种途径的改过迁善来达到消除灾异的目的。

但同时,这种模糊性并不意味着毫无边界与方向,公羊学者给出的灾异原因是零散的、独立的,但这些零散独立的原因叠加在一起,便在整体上划归出了灾异可能产生的原因场域。考诸董、何对《公羊传》中灾异的分析,可以发现这些引发灾异的人事根源遍布家、国、天下层层领域,无论是家层面下的父子不亲、夫妇不正、兄弟不睦,还是国层面上的君臣失和、邦交有异,亦或是天下层面上的中国不能治夷狄、天子衰微、诸侯僭越,都会引发灾异现象。而

---

① 《汉书》中记载的董仲舒对灾异的分析与《春秋繁露·五行顺逆》中的因果分类不同,这一点学界已有所注意。如苏舆便指出:"据《五行志》,董推灾异,不必与此《五行顺逆》相应……盖灾异者,臣下借以警时之资,本无定象。五行顺逆,不过天人相应之理如此,无取拘束。"(苏舆:《春秋繁露义证》,第374页)苏舆认为董仲舒的《五行顺逆》所关注的是将五行与四时对应,从而体现人事与天道之间感应与取法的关系,其重点在于阐明天人相应之理,而非归纳具体灾异之象。并且,董仲舒在《春秋繁露》中除了《五行顺逆》外,还有《五行相生》《五行相胜》《治水五行》《治乱五行》《五行变救》《五行五事》等其他阐述五行的篇章。可见在董仲舒这里,五行的问题较为复杂,并非可以单纯按图索骥与灾异现象形成完全的一一对应。

在这种状况下,国君为了避免灾祸,就需要从家、国、天下多重领域对己身之行为与国家之政令进行全面而深刻的省察,从而达到避祸的目的。

结语:《公羊》学中的灾异、德行与政治

无论是《公羊传》本身还是汉代的公羊学者,他们对灾异的解读都立足于人事,即灾异是人事的一种显示和预兆,面对灾异,人君应该反思修德,以求避祸免灾。但在这一立场下,《公羊传》并未在灾异与人事之间建立系统的、具体的对应关系,这种因果关系的模糊性意在警醒人君全方位地省察自身、避免懈怠。并且这种模糊性为后世的公羊学者们所继承,在《洪范五行传》式的系统性灾异解读模式出现后,董仲舒和何休并没有选择"原因—结果"对应明确的解读模式,而是延续了《公羊传》式的因果模糊性。虽然他们将《春秋》中的每一项灾异都明确指向了某种具体的人事,但这种因果之间的对应关系仍是零散的、无条理的。董、何的解读只是指出了一些可供人君反省的问题域,而非直接指向具体问题。解读本应是以规则和联系来驱散模糊性的行为,但从传文到董、何,这种一以贯之的对模糊性的强调,正体现了《公羊传》所关注的并非天人之间的知识性联系,而是国君能否及时全面进行自我省察、改过迁善的德行培养。因此,《公羊传》中灾异的根本指向是当下的、落实在政治实践中的德行,灾异只是通过一种天人交互的模式对这种德行的培养加以督促。

但是否只有通过模糊灾异与人事之间的因果关系才能培养这种政治德行?《洪范五行传》的条理与精确性为何不被公羊学者所采纳?这其中可能并非师承家学这类客观原因,更多的是出于对权力、德行与政治之间互动关系的深层考量。欧阳修在《新唐书·五行志序》中提道:

> 盖君子之畏天也,见物有反常而为变者,失其本性,则思其有以致而为之戒惧,虽微不敢忽而已。至为灾异之学者不然,莫不指事以为应。及其难合,则旁引曲取而迁就其说。盖自汉儒董仲舒、刘向与其子歆之徒,皆以《春秋》《洪范》为学,而失圣人之本意。……夫所谓灾者,被于物而可知者也,水旱、螟蝗之类是已。异者,不可知其所以然者也,日食、星孛、五石、六鹢之类是已。孔子于《春秋》,记灾异而不著其事应,盖慎

之也。以谓天道远,非谆谆以谕人,而君子见其变,则知天之所以谴告,恐惧修省而已。若推其事应,则有合有不合,有同有不同。至于不合不同,则将使君子息焉。以为偶然而不惧。此其深意也。盖圣人慎而不言如此,而后世犹为曲说以妄意天,此其不可以传也。

在欧阳修看来,孔子记灾异而不言事应,正是要通过这种模糊性时刻提醒人君警戒修德,而汉以来的学者将灾异构建出一种条理清晰、与人事对应分明的体系,反而使得人君按图索骥,懈怠于自省修德,与孔子之原意相背离。当然,在欧阳修看来,无论是董仲舒还是何休,在《春秋》灾异的解读上都直接与人事对应,从而失去了圣人本意。但事实上,董、何二人恰恰在汉代的灾异学建构中保持了《公羊传》本身的模糊性传统,这种对模糊性的保留与欧阳修所指出的不以效验而使君王生轻慢之心的态度是一致的。

前文提到,苏舆、萧公权等学者认为汉儒好谈灾异,是出于以天权限制君权的目的。但以灾异约束权力,这本身要求构建出灾异与人事之间的关联,将灾异本身变为一种系统的、有说服力的知识,以知识上因果的应验性来保证灾异的约束力,因此《洪范五行传》对灾异作出了细致的分类。但这同样导致了灾异神秘性的消失,及随之而来的对天的敬畏感的消失,也就是宋人所谓的玩天之弊。[①] 当灾异作为一种知识可以被细化分类,乃至按图索骥,灾异也就彻底成为了一种外在于人的客观知识,而非一种天人之间的细致幽深的感通与体察过程。

从《公羊传》到董、何等公羊学家,这种在诠释灾异问题上的模糊性,都呈现出了对天人关系之间外在化、知识化倾向的抵抗。在《公羊传》看来,灾异问题所关联的不应该是知识,而是德行。而德行是一种需要在互动关系中培养的品质,模糊性保证了人随时对天保持着一种敬畏,随时回溯与体察自身行为与外界的互动,修改自身可能犯下的错误。但随着公羊学本身的式微,这种模糊性传统也就逐渐失去影响,灾异解读逐渐沦为一种达成政治目的的工具与手段,这大概也是公羊先师们所不想看见的结局。

---

① 关于敬天与玩天之别,见参韦兵的博士论文:《星占历法与宋代政治文化》第六章第二节,四川大学,2006年。

Awe and Ambiguity:
The Calamities, Anomalies and Virtue in *Gongyangzhuan*
Jiang Shuang

Abstract: *Gongyangzhuan* believes that the calamities and anomalies reflect the political situation. In the face of calamities and anomalies, the emperor should reflect on his virtues in order to avoid them. However, *Gongyangzhuan* does not establish a systematic correspondence between calamities, anomalies and political behaviors. This vague relationship was intended to alert the emperor to examine himself in all aspects and avoid slack. Dong Zhongshu and He Xiu inherited this ambiguity. Although they pointed each anomaly in *Gongyangzhuan* to a specific event, the correspondence between cause and effect is still unorganized. Their interpretation only outlines the scope, rather than directly pointing to specific events. In contrast, *Hong Fan* gives a scientific system of classification of calamities and anomalies, but knowledge weakens people's sense of awe of the heaven, thus turning calamities and anomalies into tools of power. The vague interpretation of *Gongyangzhuan* is intended to cultivate the political virtues of the monarch, and to cultivate the qualities of respect for the heaven and self-reflection by enabling the monarch to observe the interaction between his own behavior and the outside world.

Keywords: *Gongyangzhuan*, Calamities and Anomalies, Politics, Virtue

袁了凡的立命之学及其现代意义

高海波*

提　要："命"是中国思想中的一个重要内容，它主要是指一些不受个人控制的客观限制，如寿夭、贫富、穷通、祸福等。这种思想的极端表现就是宿命论，即命由天定，不由人力。但在中国古代，很少人相信这种极端的命定论。中国古代存在源远流长的报应思想就体现了这一点。报应的思想包含德福一致的理论预期，但这一理论往往面临经验的挑战。佛教传入中国之后，三世轮回生命观的融入，某种程度上缓解了报应思想中经验与理想的紧张。不过，注重现世生活的中国人并不满意于来生的报应，希望将这种报应移植到当世。从宋代以来发展出来的劝善思想和功过格的实践，某种程度上满足了下层民众的这种心理和伦理需求。在这种背景下，催生出了晚明袁了凡的"立命"之学。袁了凡在《了凡四训》中融合了佛教、道教、儒学的思想理论和实践方法，通过自己的现身说法，发展出一套通过积德行善而改变自身命运的理论和实践方法，在中晚明之后的民间社会产生了广泛的影响。他的劝善思想对现代民间社会的伦理道德建设仍有一定的借鉴意义，其中包含的世俗伦理或可转化为中国现代商业伦理的一部分，为中国伦理道德和经济的现代化提供某种精神资源。

关键词：命　报应　功过格　袁了凡　立命

"命"是中国思想中的一个重要内容，它主要是指一些不受个人控制的客观限制，如寿夭、贫富、穷通、祸福等。这种思想的极端表现就是宿命论，认为

---

* 高海波，北京大学哲学博士，清华大学哲学系副教授。

这些内容是前定的,无论个人后天如何努力,都不会有所改变。不过,中国古人很少人相信这种极端的宿命论,他们多数相信,个人努力积德行善,就会获得上天或神灵的眷顾,而作恶多端终究会得到上天和神灵的惩罚。这反映在中国思想源远流长的报应思想中。在现实中,总有很多"好人不得好报",相反,恶人却往往逍遥快活,由此产生了德福不一致的问题,尽管在中国古代思想中,也有报应延及家族和后代的思想。佛教传入中国后,给中国人带来了"三世"和"轮回"的观念,使得报应的思想在理论上更为精致,可以更好地解决德福之间的一致问题,即佛教将德福一致的问题放入"三世""轮回"的无限时空中,以灵魂的永生和转世确保德福之间的一致性。在这种理论中,现世行善作恶不得当身报应,可能来自前生所造之业,或者现世虽不得报,来生迟早会得到补偿。从这一意义上可以说,"善有善报,恶有恶报,不是不报,时候未到"。但无论如何,对关注现世生活的中国人而言,现世的德福一致才是他们最希望的结果,他们并不想寄托于虚无缥缈的来生,只有在不得已的情况下,他们才诉诸来生的补偿,因此佛教的报应思想有时候并不总是能够积极地促进人为善去恶。晚明清初,伴随商品经济的发展以及个体自我意识的觉醒,出现了"大人造命"(王艮)、"命自我立"(袁了凡)、"命日生日成"(王夫之)等积极乐观的态度。其中,尤以袁了凡的"命自我立"的思想,因为其现身说法,且融合了宋代以来的劝善运动中的感应以及佛教的因果报应思想,在当时及后代产生了很大的影响。本文即以《了凡四训》为中心,探讨袁了凡的"立命"思想及其现代价值。

一 中国古代的命运观及报应思想

"命"的问题是中国传统文化当中的重要内容,其内涵通常指人力所无法控制的客观限制,如个人的寿命、贫富、穷通、毁誉等,现代人通常以"命运"二字概括之。早在先秦时代,庄子就借孔子之口说:"死生、存亡、穷达、贫富、贤与不肖、毁誉、饥渴、寒暑,是事之变、命之行也。"[①]对此,庄子的态度是"知其不可奈何而安之若命"[②](《庄子·人间世》),即对命采取消极顺应的态

[①] 王先谦:《庄子集解》,沈啸寰点校,北京:中华书局,1987年,第52页。
[②] 同上书,第38页。

度,如此这些东西就不会给个人带来痛苦,从而实现心灵的自由。

而墨子则对命持批判的态度。在墨子的时代,有些人相信存在客观的命运,认为一切祸福贵贱等均是前定,个人如何努力,也不会改变丝毫。"执有命者之言曰:'命富则富,命贫则贫,命众则众,命寡则寡,命治则治,命乱则乱,命寿则寿,命夭则夭。'"①(《墨子·非命上》)墨子认为,这实际上是一种宿命论的观点。如果相信这种观点,就会导致放弃个人的努力,或者取消积德行善的意义,所以墨子不相信有命的存在,批判有命的思想,主张个人应该积极有为,即采取积极奋斗的态度来努力自利利他,即"兼相爱,交相利"(《墨子·非命上》)。

如果说,对待命的态度,道家和墨家采取了两种极端的态度,即一为"顺命",一为"非命",而儒家似乎走了一条中间道路。孔孟一方面认识到,有些客观的限制是人如何努力,其实现与否却并非由自己能决定,他们将这些内容归结为命。如孟子说:"求之有道,得之有命,是求无益于得也,求在外者也。"(《孟子·尽心上》)对于这些内容,孔孟强调要"俟命",而不是不择手段地去求取。当然,孔孟承认有命的存在,但并非否定人为的努力,而是认为要"尽人事,听天命",因为人若不尽主观的努力,就将一切事情的祸福、成败等委之无可奈何,在正统儒家看来,这并不是真正的"知命"。即使以死生而言,如孟子也强调要"正命",即"知命者不立乎岩墙之下。尽其道而死者,正命也,桎梏死者,非正命也"②(《孟子·尽心上》)。如果一个人专做危险的事,不注意人身安全,偏要站在摇摇欲坠的岩石和危墙之下,或在雷雨天站在大树下,而因此意外死亡,用孟子的话说,这不能说是"正命",而是"死于非命"。儒家认为,只有尽了一切主观的努力,仍然存在一些个人无法改变的东西,这才是命,对于这些内容,儒家才强调"安命"。

另外一方面,在中国传统文化中,尤其是在儒学中,也强调人的道德本性来自天之所命,如《中庸》说"天命之谓性",程朱都认为这是说"义理之性",从这种意义上,这种命可以称为"义理之命","义理之命"来自至善的天理。宋代的张载说"义命合一存乎理"③(《正蒙·诚明篇》),即是在这一意义

---

① 孙诒让:《墨子间诂》,孙启治点校,北京:中华书局,2001 年,第 264 页。
② 朱熹:《四书章句集注》,北京:中华书局,1983 年,第 350 页。
③ 《张载集》,北京:中华书局,1978 年,第 20 页。

上说的。与这种"义理之命"相对,人还有一种"气数之命",指与客观的气运有关的内容,如个人的智愚、寿夭、穷通、得丧、贵贱、贫富等皆可以归入此类。这类内容张载称为"遇","遇"具有偶然性,人力无法最终决定。当然,程朱对待这两种命的态度和孟子相似,大都主张积德行善,去努力实现自己的义理之命,而不认为人能够改变气数之命。董仲舒"正其谊不谋其利,明其道不计其功"的说法,即反映了正统儒家的这种对待命的道德严格主义,因此反复被理学家所称道。

当然,在儒家经典中也有些涉及"报应"的内容,如《诗》言"永言配命,自求多福"。《尚书·太甲》说:"天作孽,犹可违;自作孽,不可活。"《易传》中说:"积善之家,必有余庆;积不善之家,必有余殃。"《中庸》也说:"国家将兴,必有祯祥;国家将亡,必有妖孽。"中国古人多认为个人、家庭、家族、国家的兴衰皆与人的行事密切相关,其感应如影响。这里就涉及德福一致的问题,这种思想认为,积德行善可以带来相应的福报,而作恶则会带来灾祸。道德的活动与其实际的获得之间成正比,有德的人一定有福。这就是《中庸》所说的"大德,必得其位,必得其禄,必得其名,必得其寿"。这些思想尤其在底层民众中拥有广泛的信仰。对于底层民众而言,他们对道德原理缺乏深刻的认识,对道德的高峻严格也缺乏高度的自觉,总是希望通过报应的方式来为积德行善提供保证和动力。他们真诚地信仰,积德行善的人会有好报,而作恶不悛的人,则一定会得到应有的惩罚。人世间不能维持公正,他们就求诸"临鉴有赫"的上帝鬼神,以此来确保德福一致。直到今天,民间仍流行着"善有善报,恶有恶报,不是不报,时候未到"的说法,就是这种思想的反映。杨联陞曾经认为"报"是中国社会的一个重要基础,在宗教中就表现为"相信自然或神的报应",佛教传入中国后,佛教的业和轮回的观念,使得这种报应的观念又突破了个体的今生,进入到整个"生命之链"①,使得德福的一致获得了一种更加精致的理论说明。

在道教中,也很早就出现了将这种报应理论量化和机械化的倾向。如《抱朴子》中曾经记载:

>　　天地有司过之神,随人所犯轻重,以夺其算。……大者夺纪,纪者

---

① 杨联陞:《报——中国社会关系的一个基础》,《食货月刊》1973年第3卷8期。

三百日也。小者夺算,算者,三日也。……若算纪未尽而自死者,皆殃及子孙也。①

这种观念后来被宋代的通俗善书《太上感应篇》所采纳。宋代还出现了"功过格",书中列举各种善行与恶行,并用正负数字标示其价值,书后留有空白,让记录者列举其功过行为,正负数字的总数,以及功过抵消后的结果。

二 善书、功过格的出现、传播

"善书"顾名思义,就是倡导伦理道德,劝人为善的书。一般来说,它主要是为了教化非知识阶层的普通民众,所以语言往往很通俗,甚至夹杂俚语、俗语,在内容上亦常包含福善祸淫等因果报应思想。这些福善祸淫的思想,在古代儒家经典中也有反映,如《尚书·尹训》曰:"作善降之百祥,作不善降之百殃。"这些我们在前文已经略有提及。但是在儒家思想中,这并不是主流,所以正统儒家知识分子往往对其嗤之以鼻。祸福、因果报应的思想主要来自佛、道二家,目前所存最早、最完整的善书《太上感应篇》,就属于道教作品,其主要内容是劝人积功累善以获得长生。善书在宋代已经相当多,可能与宋代印刷术的改进有关,故而一般民众可以有机会接触到这些通俗道德读物。当时就出现了《积善录》《厚德录》《善诱文》《劝戒录》《因果录》《阴德录》等善书。元代与明初的善书存留不多,但是到明代中后期,善书则有勃兴的趋势,出现了《迪吉录》《劝戒全书》《文昌帝君阴骘文》《关圣帝君觉世真经》等一批善书。主要原因可能是因为中晚明商品经济的发展,市民生活的兴起,对传统封建道德构成了严重的威胁,再加上三教融合的思想现实,促成了善书的大量出现。日本学者冈田武彦在《王阳明与明末儒学》一书中即指出:"这不仅是对儒学,而且对道教佛教也一样,因为当时儒、释、道三教合一论相当兴盛。此外,在平民中间也有所谓'劝善惩恶'的民众道德之书(善书)的流行。这是该时代的特异现象。"②"在明代,善书之所以能流行,出版技术的发达、庶民文化的提高等大概是其原因之一。"③另外,阳明学的兴起

---

① 王明校释:《抱朴子内篇校释》,北京:中华书局,1985年,第125页。
② 冈田武彦:《王阳明与明末儒学》,吴光等译,上海:上海古籍出版社,2000年,第1页。
③ 同上书,第16页。

及其所引发的儒学世俗化及宗教化的运动,也是劝善运动和善书兴起的重要背景。吴震指出:"从阳明'神明亟之'到石梁的'因果报应',表明在心学的道德劝善思想中,已不免涉及'报应'一类的宗教问题。特别是从阳明学发展到阳明后学,'因果报应'思想已发生了由隐至显的转变。从思想史的角度看,这一转变意味着宗教与道德的关系问题正被提上议事日程,人们开始思考这样的问题:道德的善恶与人生的祸福是否必然有联系。这个问题正是晚明以降道德劝善运动的一个核心问题。同时也可以看出,'德福'如何一致应是儒学(包括阳明心学)不得不面临的重大理论问题。"①也就是说,由阳明学发展的儒学民间化、宗教化运动,不得不面对世俗伦理中"德福"的关系问题,在这种情况下,为了激励普通民众为善去恶,不得不诉诸"因果报应"的观念,这也是善书能够在中晚明时期广泛兴起的原因之一。

在这些善书中有一种特殊的形式,即功过格。功过格主要是对人的行为进行分类,根据其善恶大小进行打分,以分数的多少决定个人道德修养的程度,并作为福善祸淫、因果报应的基础。最早的功过格是金代又玄子所著的《太微仙君功过格》,属于道教的戒律之书。明代万历时,云谷禅师作《功过格》,云栖袾宏作《自知录》,则属于佛教组织的戒律之书。袁了凡从云谷禅师那里学习了功过格,自作《了凡四训》,以自己的亲身经历说明了积德行善的作用,在当时及后世产生了广泛的影响。功过格所具有的因果报应思想对于促进普通民众为善去恶、维持民间道德秩序的确起到了积极的作用。

三 袁了凡的立命之学

袁了凡,浙江嘉善人,明万历十四年(1586)进士,初任宝坻知事,后擢为兵部主事,博学多才,对历数、律吕、水利、兵事以及勾股、堪舆、星命之学,均有涉猎。本名袁黄,初号学海,后从云谷禅师处得立命之学,而改号了凡("余初号学海,是日改号了凡,盖悟立命之说,而不欲落凡夫窠臼也"②)。袁了凡的立命之学的核心内容就是"命由我作,福自己求"③。这一内容得自云谷禅

---

① 吴震:《阳明心学与劝善运动》,《陕西师范大学学报(哲学社会科学版)》2011年第1期。
② 《了凡四训》,袁啸波编:《民间劝善书》,上海:上海古籍出版社,1995年,第13页。
③ 同上书,第11页。

师。袁了凡早年认识了一名精通邵子皇极之数的孔先生,为其预测一生的休咎,在遇到云谷禅师之前,在这些预测中,有关科第和升迁的预言,皆一一奇中。孔先生甚至预言袁了凡的寿数和卒去的时辰,以及终生无子嗣的结果。这使得袁了凡认为一切皆有定数,因此万念俱灰。也就是说,此时的袁了凡认为人的一切生死祸福皆是前定,个人努力也是白费,只能安静地等待宿命的到来。云谷禅师一句"命由我作,福自己求",惊醒了他,使他意识到,可以通过积德行善来改变自己的命运。"吾于是而知凡称祸福自己求之者,乃圣贤之言;若谓祸福惟天所命,则世俗之论矣"①,云谷禅师又授给袁了凡《功过格》和准提咒,教其积德行善的具体方法,使得袁了凡打破了宿命的观念,开始掌握自己的命运。通过和妻子的不懈行善,袁了凡打破了孔先生为他预测的定数,不但科第有所提升,寿命也突破了五十三岁的大限,在写《了凡四训》时,他已经六十九岁。此外,他还通过积善的方式,最终获得了子嗣。袁了凡以自己的实际行动证明,只要自己肯努力,命运是可以改变的。袁了凡的事迹对明清之后希望通过自己的努力而改变命运的下层老百姓有极大的吸引力,这也是《了凡四训》所以能在民间有着广泛影响的重要原因。

在《了凡四训》中,袁了凡通过云谷禅师之口,表达了一种新的命数观,即"凡人有数,极善之人,数固拘他不定;极恶之人,数亦拘他不定"②。袁了凡原来接受了正统孔孟儒学的影响,认为道德仁义可以通过自己努力实现,但是功名富贵则是由命运决定,不受个人控制。云谷禅师纠正袁了凡的说法,认为不仅道德仁义可以通过自心求得,就算功名富贵也是"求有益于得",可以做到"内外双得",即真正实现德福一致。也就是说,命数是可以改变的。而这种改变,就立基于中国传统中的报应的思想:

> 岂惟科第哉!世间享千金之产者,定是千金人物;享百金之产者,定是百金人物;应饿死者,定是饿死人物;天不过因材而笃,几曾加纤毫意思。即如生子,有百世之德,定有百世子孙保之;有十世之德者,定有十世子孙保之;有三世二世之德者,定有三世二世子孙保之;其斩焉无后者,德至薄也。……夫血肉之身,尚然有数;义理之身,岂不能格天?《太甲》曰:"天作孽,犹可违;自作孽,不可活。"《诗》云:"永言配命,自求

---

① 《了凡四训》,《民间劝善书》,第14页。
② 同上书,第11页。

多福。"孔先生算汝不登科第,不生子者,此天作之孽,犹可得而违;汝今扩充德性,力行善事,多积阴德,此自己所作之福也,安得而不受享乎?①

通过云谷禅师之口,袁了凡首先传达了一种天道正义的观念,即"天不过因材而笃",每个人物在世界上都有其应得的福禄寿,关键看你将自己造成什么样的人物,无论何种人物,天都会给与公正的回报。子嗣的繁荣与否也与个人的德性直接相关,德性优者,其流泽远,世系长,子孙绵延。这就是《中庸》所说的"大德必得其寿,必得其禄""宗庙享之,子孙保之"。关键看个人如何"扩充德性,力行善事,多积阴德",只要个人积德行善,就一定会得到相应的福报。而且袁了凡现身说法,表明这种福报并不一定要诉诸来生,甚至当生就可以实现。

当然,袁了凡并不是只教人觊觎福报,而是强调在努力行功过格之外,严格的自我要求。即"终日兢兢""在暗室屋漏中,常恐得罪天地鬼神"②,"务要日日知非,日日改过。一日不知非,即一日安于自是;一日无过可改,即一日无步可进。天下聪明俊秀不少,所以德不加修,业不加广者,只为因循二字,耽搁一生"③。

四 袁了凡的改过之法

袁了凡认为,要改过,先要发耻心。从这里可以看出,袁了凡深受孟子的人禽之辨及羞耻观的影响,认为一个人只有具备深刻的羞耻心才能发动改过的真心。其次要有畏惧心,他认为天地鬼神在上方注视着人间,人的任何过恶,哪怕再隐微,都受其监视。在这里,袁了凡对《大学》的慎独观念做了一种神学化、宗教化的诠释,由此引发人对自身过恶的畏惧。而且袁了凡结合了佛教地狱的观念,以此辣动人改过:"幽则千百年沉沦狱报,虽圣贤佛菩萨,不能援引,乌得不畏。"再次是发勇心,即要勇于改过。

在这一部分,特别值得注意的是袁了凡对于改过的三个层次的区分:"人之过,有从事上改者,有从理上改者,有从心上改者。"这三个层次是由外而

---

① 《了凡四训》,《民间劝善书》,第12页。
② 同上书,第13页。
③ 同上书,第15页。

内,由浅及深的过程,其中运用佛学、理学的多种理论资源。就事上改过,需要强制,且非常困难,袁了凡指出这种方法的根本缺点,即仍会有病根存在。"东灭西生"的说法,说明袁了凡受了程颐说法的影响。程颐曾认为,人心如果无主的话,那么就像破屋御寇,一定会见灭于东,复生于西,无法从根本上根除不善之念。袁了凡还强调"未禁其事,先明其理",即通过明理来克服各种过恶,也反映了宋明理学的影响。在讲到改正杀生之过的方法时,袁了凡说:"又思血气之属,皆含灵知,既有灵知,皆我一体;纵不能躬修至德,使之尊我亲我,岂可日戕物命,使之仇我憾我于无穷也?"①"一体"的说法系受了宋明理学"万物一体"思想的影响,其中"灵知"的说法,与阳明学"良知"的观念也有联系。在谈到如何治怒时,袁了凡主要教人运用恕道,"行有不得,皆己德之未修,感未至也"②,明显是吸收了孟子"行有不得者,皆反求诸己"③的思想。袁了凡认为,明了各种过恶产生的机理,则过恶自然会减轻、消除,"其余种种过恶,皆当据理思之,此理既明,过将自止"④。这里也体现了袁了凡所受的理学影响。如程明道就曾经说:"克己可以治怒,明理可以治惧。"⑤与此即有相通之处。所谓心上改过,体现了袁了凡深受佛学、阳明学的影响,"过有千端,唯心所造"⑥的说法,显然来自佛教。"一心为善,正念现前,邪念自然染污不上,如太阳当空,魍魉潜消,此精一之真传也"⑦的说法,似受了阳明学的影响。"大抵最上治心,当下清净,才动即觉,觉之即无"⑧的说法,则是融合了佛学与阳明学的良知学。阳明后学王龙溪最爱说"才动即觉,才觉即化"(《致知议略》)⑨,与此只有几个字之差。最重要的是,袁了凡认为,心上改过是要消除内心的病根,这是最根本的改过,不需要拘泥于枝枝叶叶的细节。这也体现了袁了凡对于人心过恶的体察及其改正的洞彻入微之处。

袁了凡还特别列举了过恶在人的精神心理上的实际影响,以及经过了忏

---

① 《了凡四训》,《民间劝善书》,第16页。
② 同上书。
③ 唐文治著,徐炜君整理:《孟子大义》,《四书大义》,上海:上海人民出版社,2018年,第203页。
④ 《了凡四训》,《民间劝善书》,第17页。
⑤ 《二程集》,北京:中华书局,2004年,第11页。
⑥ 《了凡四训》,《民间劝善书》,第17页。
⑦ 同上。
⑧ 同上。
⑨ 《王畿集》卷六,南京:凤凰出版社,2007年,第131页。

悔、改过之后，所产生的某些心理效验，类似于现代心理学中的精神分析。

> 顾发愿改过，明须良朋提醒，幽须鬼神证明；一心忏悔，昼夜不懈，经一七，二七，以至一月，二月，三月，必有效验。或觉心神恬旷；或觉智慧顿开；或处冗沓而触念皆通；或遇怨仇而回嗔作喜；或梦吐黑物；或梦往圣先贤，提携接引；或梦飞步太虚；或梦幢幡宝盖，种种胜事，皆过消罪灭之象也。然不得执此自高，画而不进。……然人之过恶深重者，亦有效验：或心神昏塞，转头即忘；或无事而常烦恼；或见君子而赧然相沮；或闻正论而不乐；或施惠而人反怨；或夜梦颠倒，甚则妄言失志；皆作孽之相也，苟一类此，即须奋发，舍旧图新，幸勿自误。①

袁了凡关于改过效验的某些说法，颇具神秘意味，似是继承了云谷禅师所授佛教准提咒的影响。准提咒目前在显教的《佛教念诵集》中作为"十小咒"之一，整体咒语为：南无飒哆喃(nā mó sà duō nán)，三藐三菩陀(sān miǎo sān pú tuó)，俱胝喃(jù zhī nán)，怛侄他(dá zhí tuō)，唵折戾主戾(ǎn/ōng zhé lì zhǔ lì)，准提娑婆诃(zhǔn tí suō pó hē)。根据《佛说瑜伽大教王经》，经常念习此咒，会产生一些奇异的感觉和效果：

> 佛言：若一心静思诵此咒，满九万遍，无量劫造十恶五逆，四重五无间罪，**悉皆消灭**，所生之处，常遇菩萨，丰饶财宝，诵满二十六万遍，乃至四十六万遍，世出世法，无不称遂，**便于梦中，见佛菩萨，及以花果，口吐黑物，饮吃白物，即知成就。或梦见自身，腾空自在，或渡大海，或浮江河，或上楼台高树，或登白山，或乘狮子白马白象，或梦见好花果，或梦见着黄衣白衣，或梦吞日月等，即是无始罪灭之相。或梦见佛像，或闻法音，或觉自身巍巍高大，或齿落重生，或发白返黑，或贪嗔痴心，自然消灭**，或总持不忘，一字能演多义，或智慧顿生，自然通晓一切经律论，或一切三昧法门，自然现前，或福德顿高，四众归仰。若逢如上之事，但是福慧增长，近成就相，莫生疑惑之心，勿起取著之念，更须策发三业，加功诵持，**不得宣说咒中境界，炫卖与人，不为名利敬赞**，而宣说之，否则，虽有如是之力，未免堕落魔外也。②

---

① 《了凡四训》，《民间劝善书》，第17页。
② 法贤译：《佛说瑜伽大教王经》。黑体为引者所加。

从两处内容对比来看,袁了凡系对此进行了儒家式的转化和概括,在叙述中有意避开佛教的一些用语,这可能因为他担心过分引用佛教所描述的奇异经验,会给人过多神秘色彩,也容易引起人们的抵触。在佛教中,念习准提咒可以去除过恶。袁了凡虽然从云谷禅师受准提咒,但在此处他并未让人念准提咒,而是将重心放在发愿改过上,他说,只要能"一心忏悔",经过长期的坚持,就会产生上面的效果。接下来,则袁了凡引用的蘧伯玉寡过的例子,来说明改过不易,须终生坚持,则是一个典型的儒家范例。至于后面所描述的过恶深重给个体精神上所带来的消极感受,皆具有鲜明的儒家色彩。

五 积善之方

在积善之方中,袁了凡首先列举了十个事例,主要是分为十类:

> 第一,与人为善;第二,爱敬存心;第三,成人之美;第四,劝人为善;第五,救人危急;第六,兴建大利;第七,舍财作福;第八,护持正法;第九,敬重尊长;第十,爱惜物命。①

袁了凡还在这一部分末尾对这十类事例进行了理论解释,其中不乏真知灼见。在这一部分中,更为有意义的是,袁了凡对于善之真假、端曲、阴阳、是非、偏正、半满、大小、难易的辨析,其中多有深刻的有关道德哲学的见解。如对于善恶真假的辨析,袁了凡引用了中峰和尚的说法,就和儒家公私义利之辨具有相通性。关于善恶既有从效果上说的,也有从动机上说的:

> 中峰告之曰:"有益于人,是善;有益于己,是恶。有益于人,则殴人、詈人皆善也;有益于己,则敬人、礼人皆恶也。是故人之行善,利人者公,公则为真;利己者私,私则为假。又根心者真,袭迹者假;又无为而为者真,有为而为者假;皆当自考。"②

比如公私的辨析,很合于冯友兰在《新原人》中对道德境界与功利境界的对比:

---

① 《了凡四训》,《民间劝善书》,第 24 页。
② 同上书,第 21 页。

在功利境界中，人的行为，都是以"占有"为目的，在道德境界中，人的行为，都是以"贡献"为目的。用旧日的话说，在功利境界中，人的行为的目的是"取"；在道德境界中，人的行为的目的是"与"。在功利境界中，人即于"与"时，其目的亦是在"取"；在道德境界中，人即于"取"时，其目的亦是在"与"。①

关于端曲之辨，袁了凡特别强调动机的纯粹，这完全合于正统儒家的观念，可见袁了凡并非如一般人所理解的仅将道德引向功利化的方向。

凡欲积善，决不可徇耳目，惟从心源隐微处，默默洗涤，纯是济世之心，则为端；苟有一毫媚世之心，即为曲；纯是爱人之心，则为端；有一毫愤世之心，即为曲；纯是敬人之心，则为端；有一毫玩世之心，即为曲；皆当细辨。②

还有在是非之辨中，他强调：

乃知人之为善，不论现行而论流弊；不论一时而论久远；不论一身而论天下。现行虽善，其流足以害人，则似善而实非也；现行虽不善，而其流足以济人，则非善而实是也。③

这样的说法都非常深刻通达，具有历史的眼光。另外，袁了凡还强调为善的最高境界是"心不着善"：

又为善而心不着善，则随所成就，皆得圆满。心着于善，虽终身勤励，止于半善而已。譬如以财济人，内不见己，外不见人，中不见所施之物，是谓三轮体空，是谓一心清净，则斗粟可以种无涯之福，一文可以消千劫之罪，倘此心未忘，虽黄金万镒，福不满也。④

这显然是吸收了佛教的说法，强调行善时不要对善产生执着，否则也会影响行善的道德价值，这很类似儒家所说的"无所为而为"的境界。

在《了凡四训》中，还有一部分讲"谦德之效"，即强调谦虚作为一种美德

---

① 冯友兰：《新原人》，北京：生活·读书·新知三联书店，2007年，第48页。
② 《了凡四训》，《民间劝善书》，第22页。
③ 同上书，第23页。
④ 同上。

的重要意义及其可以产生的实际效果,其中没有特别的新意,这里不再赘述。值得注意的是,袁了凡引用一位无名道者的话重复了这一主题,即"造命者天,立命者我"①,"举头三尺,决有神明,趋吉避凶,断然由我"②。鼓励人们虚心屈己,不敢得罪天地鬼神,从而"自然感动天地,而造福由我"③。

六 袁了凡立命之学的现代意义

袁了凡的立命之学是明末三教合流的产物,产生于商品经济日渐发达,道德秩序日渐解体的时代。在这种情况下,如何重建世俗伦理,以期重新规范社会秩序,鼓励民众向善是当时的时代课题,袁了凡的立命之学可以说应运而生,适应了儒学在晚明宗教化、世俗化的方向。在晚明时代,正统儒家的道德严格主义受到了商品经济的严峻挑战,如何建立一套对于广大民众具有吸引力、说服力的道德话语体系和操作方法,是当时社会的需要。在这种情况下,产生于宋代的善书和功过格又重新繁荣起来,在其中,尤以袁了凡的《了凡四训》以其现身说法,且说理深入浅出、事理结合、生动直观而赢得了大众的广泛的关注,并成为之后中国社会最重要的教导民众世俗伦理的善书,在中国历史上,直到现在仍产生着持续的重要影响。

袁了凡的立命思想,其意义可以有以下几个方面。第一,袁了凡的立命之学强调的是德福一致,融合了中国传统及佛教的报应观念,对普通民众具有强烈的吸引力。第二,袁了凡的立命之学,打破了有关命有定数的宿命观,认为可以通过主体的积极努力去立命、造命。当然,他指出立命、造命的方法就是积极地积德行善,这一点可以很好地劝诫民众迁善改过,有利于提升民众的道德水平,维持社会的和谐稳定。第三,袁了凡的立命之学是晚明时代主体精神高扬的体现。从王艮的"大人造命"到王船山的"命日生日成"的说法,都体现了一种积极主动的实践精神。这种精神在近代以来被广大的革命志士和思想家所吸收,成了近代革命、改革的重要精神来源之一。第四,袁了凡的立命之学,强调将个人的积德行善置于整个社会、家族、历史的

---

① 《了凡四训》,《民间劝善书》,第 28 页。
② 同上书,第 29 页。
③ 同上。

视域中,不仅重视现世的福报,也重视其在家族繁荣、传衍中的重要意义,这一精神或许可以为东亚现代化提供重要精神动力。韦伯曾经强调西方资本主义的发展得益于新教徒荣耀上帝的伦理追求,那么是不是在这一意义上,我们也可以说袁了凡的立命思想所代表的中国世俗伦理,可以为东亚工业化,特别是中国现代化提供某种精神动力。

赞曰:爰有善书,了凡四训。诸恶莫作,诸善奉行。荣耀家国,敬畏神灵。兢兢业业,过了一生。

Yuan Liaofan's Thought of "Grasping the Fate in One's Hand" and Its Modern Meaning

Gao Haibo

Abstract: "Fate" is one import content in Chinese thought which implies some objective limitation that people can not control by themselves such as long life or short life, richness or poorness, difficulty or success in life, misfortune or fortune and so on. The extremity of this kind of thought is the fatalism, i. e. people's fate are determined by the Heaven and not themselves. However, in ancient China, very few people believe this sort of fatalism. We can find about this in the long history about the thought of retribution in ancient China. The thought of retribution includes the anticipation of the correspondence between morality and happiness, which however faces some challenges in daily life. With the entering of the Buddhism into China, the idea of metempsychosis in Buddhism in some extent relieves the tension between the ideal and the reality in the thought of retribution in China. However, most Chinese focus much on the life in this world and are not satisfied with the retribution in after life. They hope they can obtain the fortune in this life. The thought of advocating charity and the practices of the Spiritual Account Books from Song Dynasty in some extent satisfy the psychological and ethical needs of the mass in lower classes. In this circumstance, it develops Yuan Liaofan's thought of "grasping the fate in one's hand". In *Yuan Liaofan's Four Teachings*, he combined the theories and practices of Buddhism, Taoism as well as Confucianism into one system, and by the his life experience develops a whole set of theory and practices to change one's fate through accumulating the virtue and doing the good, which imposes great influences on the folk society in the middle and late Ming Dynasty. Yuan Liaofan's thought and practice of advocating charity still has some important meanings for moral and ethical construction in today's folk society and the secular ethics it included can converge into the modern commercial ethics, which can supply the spiritual sources for china's moral and ethical as well as the economic modernization.

Key words: Fate, Retribution, The Spiritual Accounting Books, Yuan Liaofan, Grasp One's Fate in One's Hand

黄宗羲哲学中的"体"*

王 英**

提 要:黄宗羲"心无本体,工夫所至,即其本体"的说法,主要是对当时学术环境执一废百、思想僵化、教条化的抵抗,因而突出本体与工夫不可割裂,思想书写要重视各家宗旨的特殊性。但这一说法本身并不否定"本体",因为各家工夫、宗旨之不同仍如丸之走盘而不离于盘,此"盘"即"本体"之譬。而针对潘平格、陈确等学友思想上归体于用、合内于外、重事为轻修身的倾向,他通过重视本、体、未发等,强调事功须以仁义为本。

关键词:黄宗羲 体 潘平格 陈确 事功

元明儒学史上大体有一"去实体化"的趋势。① 然而某个思想家和他所在时代的思想发展趋势、潮流不必完全合拍,其中最杰出者通常始孕育于此思想趋势,助推此思想趋势,但终至能独立于它,反思它,可能还挽扼它,贞定它。其挽扼之力,虽未必能根本上拨转潮流,但至少缓冲了它。黄宗羲关于"体"的思考在上述趋势中的意义便是如此。

一 近现代黄宗羲研究中的相关问题

为了更清楚地理解黄宗羲哲学中的"本体"问题,须从整体上了解一下黄

---

* 国家社科基金后期资助项目"张载哲学及其发展研究"(19FZXB071)阶段性成果;浙江省浙江越秀外国语学院校级科研启动项目"黄宗羲法制思想研究"(2016QDA006)成果。
** 王英,浙江越秀外国语学院副教授。
① 参考陈来:《元明理学的"去实体化"转向及其理论后果》,原载《中国文化研究》2003年第2期,附录于《诠释与重建——王船山的哲学精神》,北京:生活·读书·新知三联书店,2010年,第512页。

宗羲的近现代研究状况。

黄宗羲研究在近现代可以说是"显学",20世纪初主要受"启蒙话语"影响,章太炎、刘师培、梁启超等主要研究他的政治哲学,认为黄宗羲的思想含有民主主义精神,讨论的文本集中于《明夷待访录》。他们的研究也为以后的黄宗羲研究定下了基调,后人的研究多在政治哲学框架内展开,或继承"民主"定位,或对此提出质疑,认为仍属于民本主义,或在中间调和,或别开新径,关注黄宗羲在学术史上的承前启后性质。20世纪50年代侯外庐主编《中国思想通史》,始用马克思主义解释传统哲学,认为黄宗羲思想是理气一元论的,其中不乏唯物论与唯心论相斗争的因素,但主要是唯物主义、实证论的,他的政治思想是反封建专制的。80年代之后的研究主要是对上述范式的解释、补充或反思,不过研究更多平实特点,研究方法上表现出回到黄宗羲文本脉络、历史源流和地缘影响的特点。总体来说,正是"启蒙话语"突显了黄宗羲思想中"民主""民本"的主题讨论,又由于人们对"民主""专制"等概念的理解本身还受所在时代的影响,对某一层面的突显也可能是对原初更重要问题的遗忘。后来的研究需要拨开时代研究时潮的迷雾找回被遮蔽、遗忘的,但这些研究者本身又难以完全避免自己时代的时潮、定见,所以一方面须拉开广角镜在远景的视野中加以反观、宏观,另一方面又须聚焦核心概念加以微观。而概念史刚好是此种意义上的宏观、微观方法的相契点。

就宏观来看,近年把黄宗羲放在蕺山学派的思想发展及其与明末清初学术转型的关系中加以观照的研究现状特别值得一提。① 较多学者关注到明末清初蕺山学派的分化,如王汎森认为分化为五:

> 代表刘门内部当时之分化(也就是王门之分化),可以约略分成五派。第一是自认忠实于蕺山之学的黄宗羲一派。第二是走入狂禅一派。第三即恽②、刘所代表的修正派。第四是张履祥所代表的由王返朱派。第五是陈确,他根本不认为以上诸派所争的问题有任何意义。第三、四是比较相近的两派。③

---

① 参考王汎森:《清初思想趋向与〈刘子节要〉》,收入《晚明清初思想十论》,上海:复旦大学出版社,2004年,第288页;张天杰:《蕺山学派与明清学术转型》第五章,北京:中国社会科学出版社,第380—422页;衷尔矩:《蕺山学派哲学思想》,济南:山东教育出版社,1993年,第1—5页。
② 此"恽"据原书如此;吴光主编《黄宗羲全集》中以"郓"出现,本文引用各据原书,实为同一姓氏。
③ 王汎森:《清初思想趋向与〈刘子节要〉》,《晚明清初思想十论》,第288页。

黄宗羲关于"体"的思想正是在与上述五派中另外四派的讨论甚至斗争辩难中得到阐述和发展的。其中第三派的恽指恽仲昇,刘指蕺山的儿子刘汋。清初康熙帝越出治统轨范,欲同时兼得道统的话语领导权,他本人于朱子学与王学之间主前者,康熙十八年曾亲自与王学信奉者崔蔚林公开辩论,重挫王学阵营。① 所以与第三、四派的辩论不仅有纯学术的因素,同时也是与政治、思想专制及趋炎附势之士风的抗争,是对士大夫应有独立风范的捍卫,与此两派辩论,黄的立场是反教条的。而第二派就其主自然人性而言与第五派陈确"人欲恰好处,即天理也"的思想也接近,与此两派辩论,黄的立场又是守护本体的。

就微观来看,涉及黄宗羲哲学中的"本体"问题,需特别注意钱穆、牟宗三、刘述先、狄百瑞的已有研究。钱穆的《中国近三百年学术史》著于20世纪30年代,是对梁启超同名著作的回应、补充。因其中关于黄宗羲多为以文本为据的细节性讨论,非常丰富,也是本文正面立论外须重点与之讨论者,宜于下文结合相关文本详加辨析。这里先总体看下牟宗三、刘述先、狄百瑞的相关讨论。

牟宗三对黄宗羲的评价影响较大。在《心体与性体》第三部第一章,他加了一篇《附识:黄宗羲对于"天命流行之体之误解"》,主要据黄宗羲《明儒学案》的案语加以评骘。在引《明儒学案》卷三十四关于罗汝芳的案语后,牟宗三评道:

> 观此,即知其不谛与差谬。彼所谓"流行之体"是指实然之气化本身说,此非宋儒所说"天命於穆不已"之"流行之体",亦非王学良知周流变润之"流行之体"。彼虽只言"流行之体",未言"於穆不已"之"天命流行之体",亦未言良知周流遍润之"流行之体",然此词语之根源实自"於穆不已"之"天命流行之体"与良知周流遍润之"流行之体"而来,无人能有异解也。宋儒说"天命流行之体"是直就"於穆不已"之天命之体本身说;王学说此"流行之体"是直就良知周流遍润说,而罗近溪盛著此义,如所谓道体平常,"捧茶童子是道"……而黄梨洲却落在气化之事上说,须

---

① 参考葛兆光:《中国思想史》第二卷,上海:复旦大学出版社,2000年,第522页;王汎森:《清初思想趋向与〈刘子节要〉》,《晚明清初思想十论》,第289页。

待于"流行"中见"主宰"。此岂非谬之甚矣乎？①

其实黄宗羲文本中的气（"流行"）有多种用法，主要又可以分成两义，一是形而上的气，是无形的精神气，能自我主宰，通常表述为"中气""天气""一气"等，可溯至孟子"浩然之气"来理解；一是形而下的气，但其中内含"一气"。为反对朱子学理气二元论，黄宗羲吸收阳明后学尤其刘宗周的理气一元、心性一元论，主张气外无理，气能自我主宰，即此自我主宰名之为理；心外无性，即心之自我主宰即是性，且合并理气、心性问题，主张心也是气，是气之灵处。但同时，黄宗羲也警惕王廷相等人的气论，王廷相否认气、心之善，是纯为自然意义的气，如此则禽兽不分，人类历史沦为丛林。② 牟宗三不知黄宗羲气论的高度，他对黄宗羲气论的定位正为黄宗羲本人所反对的王廷相意义上的气论。

牟宗三之后，刘述先对牟氏关于黄宗羲的评价有所纠正，认为黄宗羲思想虽超越程度可能较前人有所降低，但仍有内在超越性，当归于心学定位。所以，与牟宗三认刘宗周为心学殿军不同，他认为黄宗羲才是心学殿军。不过刘述先未从气的多义角度切入理解黄宗羲的理气、心性问题，尚不能融贯黄宗羲"盈天地皆心""盈天地皆气"等表述，但他结合诠释学"意义结构"的理论说明刘宗周、黄宗羲等人的思想宗旨是内外合一的意义结构，从而融贯解释其理气一元、心性一元的观点，还是得当的。③

狄百瑞在《中国的自由传统》中，第四讲主要以黄宗羲为中心证明中国古代儒学传统内存在着一种自由传统，这种传统的承当者可特别以宋元明儒家所崇的"大人"为例来说明，一方面他们因儒学信仰而能与现实政治及俗学保持一定的距离，保护"自得""为己"的独立心灵，实际表现为特立独行的社会清流甚至自我牺牲的政治反抗者；另一方面他们又能自别于李贽式的极端自由主义。谈到黄宗羲，除了注意到他"有治法而后有治人"与天下之法本身的道德基础，还注意到黄宗羲继承朱子、王阳明所共同接受的人心的"大体"以反对功利主义，而此人心的"大体"即黄宗羲思想中的"体"，他以此反思李

---

① 牟宗三：《心体与性体》（中），上海：上海古籍出版社，1999年，第103—104页。
② 王英：《溯诸孟子浩然之气理解黄宗羲的"心即气"》，《大禹与传统文化研究会议论文集》，主办：浙江越秀外国语学院，2018年5月14日。
③ 刘述先：《黄宗羲心学的定位》，杭州：浙江古籍出版社，2006年，第69页。

贽、陈确、潘平格思想的下滑。①

二 有"体"

黄宗羲直接重视"体"的文字主要见《与友人论学书》,其中他批评潘平格(1610—1677,字用微)"蔽于大原者有三":"灭气""灭心""灭体"。他是这样批评潘平格"灭体"的:

> 其三灭体。心无分于内外,故无分于体用;《大学》之所谓先后本末,是合外于内也,归用于体也;故儒者以主敬为要,有治心之学,无应变之方。用微必欲合内于外,归体于用,以为敬在于事,始为实地,若操持涵养,则盘桓于腔子而已,夫万感纷纭,头绪杂乱,易之所谓憧憧往来是也,岂复能敬?子思之戒慎不睹,恐惧不闻,不睹不闻,亦指事而言乎?仲弓居敬而行简,其所居者,亦在事乎?且在《中庸》者,不一言而足。夫微之显,不动而敬,不言而信,溥博渊泉而时出之,君子之所不可及者,其惟人之所不见乎?其功夫皆在心体,不在事为境地。用微每不喜称引《中庸》,亦以此也。②

从此段话可见,黄宗羲的"体"与"用"对举,体指心体,用指事为。借重的资源主要是《中庸》。《中庸》首章有"是故君子戒慎乎其所不睹,恐惧乎其所不闻。莫见乎隐,莫显乎微,故君子慎其独也。喜怒哀乐之未发,谓之中,发而皆中节,谓之和。中也者,天下之大本也;和也者,天下之达道也。致中和,天地位焉,万物育焉"③。在黄宗羲看来,心体不睹不闻,属于事先的心之状态,有别于事为境地,是未发,人所不见,己所独知。同时打通《易传》《论语》,若归体于用,则正是《易传》所警惕的"憧憧往来";有"体"才能如《论语》中仲弓"居敬而行简"。

而联系他批评潘平格"灭气""灭心"来看,气、心、体在黄宗羲这里皆属于不可灭者。不过这里的"体""心体"与日常用语或常识上的气、心是不是

---

① 狄百瑞:《中国的自由传统》,李弘祺译,北京:中华书局,2016年,第117页。
② 黄宗羲:《与友人论学书》,吴光主编《黄宗羲全集》第十卷,杭州:浙江古籍出版社,2012年,第154页。
③ 《四书章句集注》,北京:中华书局,2012年,第17—18页。

同等地位？如果是，则真如近百年主导的启蒙解释话语，黄宗羲哲学是对宋明理学的反抗，重视的是之前宋明理学所轻视的气质、人欲、感性等。但从刚才所引他反对《易传》"憧憧往来"，警惕万感纷纭、头绪杂乱来看，很明显他把外感视为低一层次的，那么如何贯通地理解他同时重视心、气、体呢？这里必须注意，黄宗羲哲学继承王阳明、高攀龙、刘宗周及江右王学等，他们对气、心都有不同于流行哲学的独到解释。

就气来说，笔者已专门写过黄宗羲的"气"，认为其虽有多义，但根本上的气需溯诸孟子"浩然之气"来理解，它是一种精神气，而不是唯物主义所理解的气。黄宗羲明确区分气与质，二者在他这里有高、低层次之分，前者通，后者不通，前者无始终，后者有始终。通则不拘执，无始终则不虚无，所以前者才具有本体论意义。区别于质的"气"实乃浩然之气，他也表述为"一气""元气""中气"等，即天地万物以之为一体者。"夫大化流行，只有一气充周无间。"① 不能离气言理，因为理即圣人于一气流行中之不失其序名之为理；就人来说，恻隐、羞恶、恭敬、是非之心，为同此一气之流行，不能离开此四端言性，圣人亦即其秩然而不变者名之为性，此即黄宗羲语脉中的不能离气言性。

但他批评以质言性，继承理学对天命之性与气质之性的区分，认为后者为性之偏者，此孟子"有命焉，君子不谓性"之性，不能竟指此为性。《孟子·尽心下》有"口之于味也，目之于色也，耳之于声也，鼻之于臭也，四肢之于安佚也，性也，有命焉，君子不谓性也。仁之于父子也，义之于君臣也，礼之于宾主也，智之于贤者也，圣人之于天道也，命也，有性焉，君子不谓命也"②。孟子在此作了区分：身体需要层面的性与仁义礼智之性。前者虽也是性，但君子不谓之性，后者才谓之性。孟子此处之意味被张载、程朱所领略，成为他们区分气质之性与天命之性（义理之性）的重要根据。虽则黄宗羲反复批评先儒歧性为两，但他并不根本上否定这一区分本身，只是强调不能割裂二者。

再来说心。作为姚江后学，黄宗羲的学说总体也在心学脉络里，而心学的"心"已不同于理学的"心"，具有本体论地位。黄宗羲认为心是"南海北

---

① 黄宗羲：《与友人论学书》，吴光主编《黄宗羲全集》第十卷，第 152 页。
② 《四书章句集注》，第 377—378 页。

海,千载上下,无有不同者"①,此承陆九渊。认可先儒以"灵明知觉"为心,但强调此本之《易传》之"乾知",则继承陆九渊、王阳明,又继承高攀龙、刘宗周等对陆王心学的发展。《易传》有"乾知太始,坤作成物","灵明知觉"则区别于宋儒意义上的以气论心;本之"乾知",则非纯粹某个主体之"心",并且事实上仍以气论心,但需注意是,这是黄宗羲理解的"天气""一气""浩然之气""元气"意义上的"气心"。

当时潘平格批评程朱的心是气,是老氏之学,批评王学的心是识神,认为阳明之知当体本空,是佛氏之学。黄宗羲辩护说,阳明"无善无恶心之体"之说,犹《中庸》"上天之载无声无臭""恐人于形象求之,非谓并其体而无之也"②。由此看来,重视"体"是黄宗羲用以批评潘平格学说的着重点。

综合以上所述,黄宗羲的气、心、体是同一层面的"体",合而言之,都是"心体",只是需注意他的"气""心"都是在特定哲学脉络、语境中的"气""心",非汉宋儒的"气""心",更非今日日常语言中的气体、心脏。放在哲学史上来看,他的"体"立足王学,捍卫并发展王学,一方面延续宋明理学的超越性品格;另一方面警惕分裂体用的时风。此"体"有超越之义,是形而上的,属于"向上一机",但它不能离开形而下者存在。

三 关于"心无本体"之说

不过黄宗羲本人确实写过"心无本体,工夫所至,即其本体"③的话。事实上这句话也成为钱穆等征引作为"去实体化"时代思想趋势的例证,并以此定位黄宗羲思想甚至整个明清之际思想的主流。该如何解读这句话?

先看下这句话的上下文:

> 盈天地皆心也,变化不测,不能不万殊。心无本体,工夫所至,即其

---

① 黄宗羲:《与友人论学书》,吴光主编《黄宗羲全集》第十卷,第153页。
② 同上书,第154页。
③ 同上书,第77页;黄宗羲《自序》,吴光主编《黄宗羲全集》第七卷,第3页。此两序实为同一序言,但因为点校本依据的底本不同,收入《黄宗羲全集》第十卷中的文字略有不同,而其中"工夫所至,即其本体"为"功力所至,即其本体"。

本体。故穷理者,穷此心之万殊,非穷万物之万殊也。是以古之君子宁凿五丁之间道,不假邯郸之野马,故其途亦不得不殊。奈何今之君子,必欲出于一途,使美蕨灵根者化为焦芽绝港?夫先儒之语录,人人不同,只是印我之心体变动不居。若执定成局,终是受用不得。此无他,修德而后可讲学,今讲学而不修德,又何怪其举一而废百乎!①

从上下文来看,"心无本体,工夫所至,即其本体"强调的是思想史书写要"穷此心之万殊",穷致各位思想家各自的学问宗旨,而不能执定成局、举一废百。此序作于康熙三十二年,正是清政府在意识形态上借重朱子学打击阳明学的时期,在思想上执一废百。君王亲自在太学讲学,亲自与学人学问辩难,书院官方化,禁止读书人议政建言,同时大兴文字狱。黄宗羲于此有所针对。而当时也有一些学术史书写者,如周海门、钟元等,或杂收不辩,或以己之宗旨为各家宗旨,皆不重视思想者自身之学问宗旨、源流脉络,黄宗羲重视各家"工夫所至",于此也有所针对。

而"……无……,即……"的表述结构,事实上不能就字面理解。就"心无本体,工夫所至,即其本体"来说,这一表述与其意味着作者真的要取消本体,不如说他仍要保留本体,但须突显出工夫之重要。事实上这段话后面仍保留"我之心体"之说。而放在晚明哲学史上来看,"……无……,即……"是较为常见的表述方式。通常并不真的否认"无"后面的对象,而只是特别突显后一句话要说的内容,其实这也是明代思想界就有的一种遮诠表述方式。就"心无本体,工夫所至,即其本体"而言,并不是真的否认心体,而是强调工夫,事实上后面"即其本体"本身仍承认有"本体"。

其实,或许是为了避免"心无本体,工夫所至,即其本体"这句话容易引起的误读,在改本中,黄宗羲删去了这句话,并且改为在万殊与一体相统一的语境中来言说:

> 盈天地皆心也。人与天地万物为一体,故穷天地万物之理,即在吾心之中。后之学者错会前贤之意,以为此理悬空于天地万物之间,吾从而穷之,不几于义外乎?此处一差,则万殊不能归一,夫苟工夫着到,不离此心,则万殊总为一致。学术之不同,正以见道体之无尽,即如圣门

---

① 黄宗羲:《自序》,吴光主编《黄宗羲全集》第七卷,第3页。

师、商之论交,游、夏之论教,何曾归一? 终不可谓此是而彼非也。奈何今之君子必欲出于一途,剿其成说以衡量古今,稍有异同即诋之为离经畔道。时风众势,不免为黄茅白苇之归耳。①

改本所述之实际内容与上引初本并无差异,都是强调学问宗旨可以有差异,但在语言上表示要能归一,但归一的途径正通过万殊,不然是低层次的整齐划一,如黄茅白苇,单调无趣。

据黄宗羲《明儒学案序》"盈天地皆心也……又何怪其举一而废百乎"此段话,钱穆评论道:

> 此与自来讲心学者,有绝可注意之异点。从来言心学多讲本体,而此则重工夫,一也。从来言心学多着意向内,而此则变而向外,二也。从来言心学多重其相同,而此则变言万殊,三也。且不仅与从来言心学者异,即梨洲平日论学,亦与此序议论显有不同。梨洲虽言离心无所谓性,然既主蕺山之慎独,则不得谓"心无本体"。梨洲虽极重工夫、重行,然既主慎独工夫愈收敛愈推致,欲在主宰上觉有主,即工夫须从本体生,又不得谓"工夫所至即是本体"矣。且梨洲明儒学案于诸家学术,各有评骘,要以阳明致良知、蕺山慎独之说为主,初未尝不欲于万殊中立一定局,使后之学者出于一途。而此序则谓"宁凿五丁之间道,不假邯郸之野马",颇以执定成局、出于一途者为非。则梨洲个人见解,实自有变。②

钱穆所提三点须针对性地加以辨析:于其一,其实心学从来既重本体又重工夫,就阳明来说,"知行合一""致良知"等学术宗旨都包含本体、工夫的统一,事实上阳明与先儒立异处就在强调不行不可谓知,强调致我心良知之天理于事事物物。于其二,黄宗羲此段序言也说明不了"从来言心学多着意向内,而此则变而向外",一方面,心学既主知行合一,致我心良知之天理于事事物物,则何曾多着意向内? 即使阳明后学中最着意向内的江右王学,其代表人物聂豹、罗洪先仍不忘"归寂以通天下之感,致虚以立天下之有,主静以该天下之动";另一方面,序言也未尝变而向外,从上下文来看,此处"心无本

---

① 黄宗羲:《明儒学案序改本》,吴光主编《黄宗羲全集》第十卷,第79页。
② 钱穆:《中国近三百年学术史》(上),北京:商务印书馆,1997年,第29—30页。

体,工夫所至,即是本体"并非向外,而正是致我心良知之天理于事事物物的内外合一。于其三,就此篇序言来看的确突出了"万殊",但仍未离开一本而谈万殊,而是儒学范围内的万殊,此篇因应郐仲昇著《刘子节要》不重刘宗周学术宗旨(殊性)的时风,因应别的思想史书写不重特殊性、各家宗旨,所以语言表述上偏于特殊性,但仍预设了儒家基本共识。而可能是当时黄宗羲就已经遇到或预见类似钱穆的批评,在《明儒学案序》的改本中,表述上已突出一本与万殊的平衡。而且,黄宗羲"心无本体,工夫所至,即是本体"正是钱穆所言的"工夫愈收敛愈推致,欲在主宰上觉有主"。从而工夫以本体为前提,本体由工夫得表现。

上面的引文中钱穆已提出黄宗羲晚年思想有变迁,之后他又特别以黄宗羲于陈确思想前后态度的不同,关联《明儒学案》序言来说明这种变迁:

> 梨洲平日论学,以蕺山薪传自负。于独体、意根诸说,持之甚坚。虽蕺山有云:"心以物为体,离物无知。"又云:"通天地万物为一心,更无中外可言。体天地万物为一本,更无本心可觅。"可视梨洲"盈天地皆心也"一语之暗示。而蕺山又云:"学者只有工夫可说,其本体处直是着不得一语;才着一语便是工夫边事。"亦可视为梨洲"心无本体,工夫所至,即是本体"一语之前影。然若循此推索,则此等意见之包蕴,于阳明语录中已有之。大凡一种学术思想之特起,于其前一时期中,无不可寻得其先存之迹象。而即其特提与重视,已足为别辟一新局面之朕兆矣。故余谓梨洲晚年学案一序,所谓"盈天地皆心,心无本体,工夫所至即是本体"云云,不得不谓是一极大转变,又不得不谓其受同时乾初之影响者甚深。即乾初论学,亦何尝不自蕺山、阳明出?亦惟其特提与重视之转移,即足以推证其思想之变迁也。①

钱穆对《明儒学案序》未作文本上下文的贯通理解。"心无本体,工夫所至,即是本体"相贯于下文"某为明儒学案,上下诸先生,浅深各得,醇疵互见,要皆功力所至,竭其心之万殊者而后成家,未尝以懵懂精神,冒人糟粕。于是为之分源别派,使其宗旨历然"②。"心无本体,工夫所至,即是本体"在

---

① 钱穆:《中国近三百年学术史》(上),第49—50页。
② 黄宗羲:《明儒学案序》,吴光主编《黄宗羲全集》第七卷,第4页。

《南雷文定》的《明儒学案序》第一稿中是"功力所至"①而非"工夫所至"。上下贯通地看,"工夫所至"指黄宗羲编写学案时重各家具体的工夫(功力),正是在此具体的工夫(功力)中表现出各家宗旨。通观上下文,黄宗羲"心无本体,工夫所至,即是本体"的说法不主要是为了表达自己独特的哲学主张,而是为自己编写学案时注重各家宗旨的方法作辩护。这一点在学案发凡中又有所及,说明他的采编方法不同于同时期周海门、孙钟元等以自己一人之宗旨为各家之宗旨的做法。而结合《明儒学案序》改本来看,黄宗羲虽重万殊,但他并没有放弃儒学"一本而万殊"的"一本"。

另,上引钱穆书中认为,蕺山"心以物为体,离物无知""通天地万物为一心,更无中外可言。体天地万物为一本,更无本心可觅"可视梨洲"盈天地皆心也"一语之暗示。但是,此类"盈天地皆……也"的表述须放在上下文语境中确定其义,万不可断章取义地理解。其实蕺山本人已有"盈天地间,皆心也"②,而他在同一文中又说"盈天地间,皆易也;盈天地间之易,皆人也"③,"盈天地间,一气而已矣,而阴阳分"④,它处又有"盈天地间,皆道也,而归管于人心为最真,故慈湖有'心易'之说"⑤。而且黄宗羲"盈天地皆心也"之外也讲"盈天地皆气也"。不能据学案序言中"盈天地皆心也"判断出"大凡一种学术思想之特起,于其前一时期中,无不可寻得其先存之迹象。而即其特提与重视,已足为别辟一新局面之朕兆矣"。因为"盈天地皆心也"不是王阳明、刘宗周于黄宗羲来说的"先存之迹象",而是他们三人皆加推崇的心学宗旨。

总之,钱穆据《明儒学案序》断言黄宗羲晚年思想有变迁,又据此认为他于王阳明、刘宗周思想中先存之迹象而有学术思想之特起,是在未全面了解黄宗羲文本,未全面了解黄宗羲对王阳明、刘宗周思想绍述情况下做出的断语。

综合来看,黄宗羲针对当下时风唯以朱子学论衡古今的情况,两序总体

---

① 黄宗羲:《明儒学案序》,吴光主编《黄宗羲全集》第十卷,第78页。
② 刘宗周:《读易图说·自序》,吴光主编《刘宗周全集》第二卷,杭州:浙江古籍出版社,2007年,第122页。
③ 同上。
④ 同上书,第128页。
⑤ 刘宗周:《学言中》,吴光主编《刘宗周全集》第二卷,第407页。

上都强调学不一途,不可独断,但他并不否认归一之终极目标。在《明儒学案发凡》中为强调各家学有宗旨,须分别宗旨并通过宗旨而入门,他引唐代杜牧之言"丸之走盘,横斜圆直,不可尽知。其必可知者,是知丸不能出于盘也"。杜牧此言可谓殊与一的妙喻,而"不能出于盘",则仍有盘作为"一体"存在。

四 《陈乾初先生墓志铭》几易其稿

一方面,应对宋儒及其后学在"本体"理解上把本体割裂于才、情、气、欲,从而可能忽略工夫;另一方面,应对时风中干脆放弃本体的趋向,如潘用微只讲用,如陈确坦白主张人欲,黄宗羲在对"本体"的理解上也有一些张力,这种张力特别表现在他为陈确写墓志铭几易其稿的复杂心态上,反复易稿本身也显示出黄宗羲在这个问题上思考的不断深入。

初稿似应酬之作,主要述生平,未就学术展开评价。二稿开始评价学术,言"近读陈乾初所著,于先师之学十得之四五,恨交臂而失之也"①。而在三稿、四稿中,这一表述皆改为"近读乾初所著,于先师之学十得之二三,恨交臂而失之也"②。三、四稿的这一修改意味深长,具体来看,二、三稿皆引陈确下段文字:

> 又曰:"'本体'二字,不见经传,此宋儒从佛氏脱胎来者。故以为《商书》'维皇降衷',《中庸》'天命之性',皆提本体言,此诬之甚也。皇降天命,特推本言之。犹言人身则必本之亲生云耳。其实孕育时此亲生之身,而少而壮而老亦莫非亲生之身,何尝指此为本体!而过此以往即属气质,非本体乎?"③

但这段文字已不见于四稿。这段文字说的不仅是陈确对"本体"这一表述语言上的质疑,也是他对宋儒形而上学的根本性批判,属于"去实体化"的学术大背景、大潮流中。陈确这一批判的宗旨在于:通过否认有性之先天之全,突显后天之学,即"必自知学后,实以吾心之密体之日用,极扩充尽才之

---

① 黄宗羲:《陈乾初先生墓志铭》(二稿),吴光主编《黄宗羲全集》第十卷,第362页。
② 黄宗羲:《陈乾初先生墓志铭》(三稿)、《陈乾初先生墓志铭》(四稿),同上书,第368、374页。
③ 黄宗羲:《陈乾初先生墓志铭》(二稿)、《陈乾初先生墓志铭》(三稿),吴光主编《黄宗羲全集》第十卷,第365、370—371页。

功,仁无不仁,义无不义,而后可语性之全体"。从重视后天之工夫这个意义上,这也是他们的老师刘蕺山先生的学问宗旨,这应该是黄宗羲认为陈确得其老师之学的地方,与上引黄宗羲本人《明儒学案序》中"心无本体,工夫所至,即其本体"的精神实质也是一致的。

但在四稿中,类似的意思黄宗羲在表述上改变二、三稿引用原话的方式,而主要采用了转述加上评估的方式:

> 乾初深痛《乐记》"人生而静"、以上不容说才说性、便已不是性之语。谓从悬空卜度,至于心行路绝,自是禅门种草。宋人指《商书》"维皇降衷",《中庸》"天命之性",为本体同一窠臼。必欲求此本体于父母未生之前,而过此以往,即属气质,则工夫俱无着落。当知学者时时存养此心,即时时本体用事,不须别求也。……非是原始无性,至成之而始足耳。①

转述部分否认有父母未生之前的本体,这点与刘蕺山学问大体一致,黄宗羲认为刘蕺山学问大端有四:一曰静存之外无动察;一曰意为心之所存非所发;一曰已发未发,以表里对待言,不以前后际言;一曰太极为万物之总名。②

不过,即便是最后改本,黄宗羲仍定位陈确论学"虽不合于诸儒,顾未尝背师门之旨。先师亦谓之疑团而已"③,谓刘蕺山于此问题也自认是疑团,则黄氏本人于此问题的思考还是有张力的,他试图努力的地方在于,尽可能平衡此一问题的内在张力,仍然警惕宋儒及其后学,尤其是清代官方认可的宋儒后学在本体问题上的割裂,因割裂而导致的独断、话语专制,也警惕时风中,尤其学友、后学中放弃本体,而高扬欲、用、才、情的趋向。

值得注意的是,黄宗羲在陈确死后所写《陈乾初先生墓志铭》与跟陈氏本人活着时通信时的正面批评,语言风格是不一样的,前者宽达,后者严厉,这一方面显示出黄氏于朋友不失忠信,当面严,背后宽。另一方面恐受墓志铭文体所限,不宜批评过严。有必要再来看一下黄、陈二人的书信往复。

在《陈乾初先生墓志铭》中,关于陈确"人心本无所谓天理,天理正从人

---

① 黄宗羲:《陈乾初先生墓志铭》(四稿),吴光主编《黄宗羲全集》第十卷,第374页。
② 黄宗羲:《子刘子行状卷下》,吴光主编《黄宗羲全集》第一卷,第250—252页。
③ 黄宗羲:《陈乾初先生墓志铭》(四稿),吴光主编《黄宗羲全集》第十卷,第374页。

欲中见。人欲恰好处,即天理也"一说,黄宗羲皆引而不评。而在书信中,他对此有较严厉的批评:

> 老兄此言,从先师道心即人心之本心,义理之性即气质之本性,离气质无所谓性而来。然以之言气质言人心则可,以之言人欲则不可。气质人心,是浑然流行之体,公共之物也。人欲是落在方所,一人之私也。天理人欲,正是相反,此盈则彼绌,彼盈则此绌。故寡之又寡,至于无欲,而后纯乎天理。若人心气质,恶可言寡耶?"枨也欲,焉得刚。"子言之谓何?"无欲故静。"孔安国注《论语》"仁者静"句,不自濂溪始也,以此而禅濂溪,濂溪不受也。必从人欲恰好处求天理,则终身扰扰,不出世情,所见为天理者,恐是人欲之改头换面耳。①

此书信中黄宗羲分别气质人心与人欲,认为前者为公共之物,后者因落在方所,所以是一人之私。联系前述《与友人论学书》,其中区分气与质,气通且无始无终,质不通且有始终,则这里的"气质"偏于"气"字。如此则气质人心相当于气,人欲相当于质,而必从人欲恰好处求天理,这和潘平格以天地万物浑然一体言性,而不以善言性,强调"用",突显已发,实质上是一致的。对陈确之学可致"终身扰扰,不出世情,所见为天理者,恐是人欲之改头换面耳"的批评,与对潘平格之学"使举一世之人,舍其时位而皆汲汲皇皇以治平为事,又何异于中风狂走"的批评,实质上也一致,它们的共同之弊是无体、无本。无体、无本导致自身扰扰不宁,无向上一级、向内工夫,其影响则致世人汲汲皇皇,纵横权术,无有底线,无有宁时。

因陈确是黄宗羲同门学友,且年长于黄;而潘平格与黄宗羲曾是师弟子关系,且潘曾借黄宗羲旗号自我宣传("欲借某以行其教"②),所以从用语上,黄宗羲对潘平格的批评更为尖锐、不留情面,而对陈确,书信中的批评虽也较坦率,大抵还较客气。但黄宗羲于二人之学在精神实质上的一致性以及其末流败坏道德风俗的可能性,认识是清醒、深刻的。

然而,从"老兄此言,从先师道心即人心之本心,义理之性即气质之本性,离气质无所谓性而来"来看,是否蕺山先生关于道心与人心、义理之性与

---

① 黄宗羲:《与陈乾初论学书丙辰》,吴光主编《黄宗羲全集》第十卷,第159页。
② 黄宗羲:《与友人论学书》,吴光主编《黄宗羲全集》第十卷,第156—157页。

气质之性关系的判定必然发展到"人欲恰好处,即天理也""未有舍家国天下见在事,使交从之实地,而悬空致我一体之知者"①?无疑,为反对形而上与形而下二者的割裂,蕺山先生等明儒重视对宋儒原有的"二分"思路进行"归一",此一努力一方面拒绝"理"的或教条化或虚无化,另一方面则突显出日用工夫、个体自身后天学问工夫。但它本身也包含着一种风险,"归一"可能是往下的"归一",此种"归一"表现为"形而下者"下拉"形而上者",两者的区分泯灭后,体、理、道、未发、寂沦为用、欲、器、已发、感,失去其一定的超越性,无以自在自为地贞定各类欲望、感动、妄为。而对本体的信仰流失之后,那份虚空由对权势、财富的崇拜所填满,相对主义、虚无主义得以主张、畅行,甚至被奉为意识形态。

此述黄宗羲所著陈确墓铭前后有四稿,由于当时条件所限,可以确定钱穆未读到过其中的四稿。据《陈确集》编者按语,二稿与初稿相对,被称为重撰稿,其中二稿黄宗羲引述陈确原文最详,而二稿到三稿、四稿是黄宗羲与陈确思想宗旨由近而疏的过程。②钱穆书中述及过二稿,但对于二稿"于先师之学十得之四五"③到三稿"于先师之学十得之二三"④的表述变化,未加注意。显然这一表述的变化与他所论黄宗羲越来越倾向陈确的"思想之变迁"方向并不相符。钱穆以《明儒学案》成书时间与写序时间分别作为黄宗羲晚年思想变迁的发生、截止时间,且认为前者接近与陈乾初论学书、墓铭初稿写作时间,后者接近墓铭三稿完成时间。他所引述《明儒学案序》中的"心无本体,工夫所至,即是本体"出自学案序的第一稿,而在收入《南雷文定》的改本中黄宗羲修改了第一稿中偏重万殊的表述,注重了万殊与一致的平衡。钱穆书中未提到改本,当是受当时条件所限,不知有改本存在。第一稿中特别提到同门郓仲昇所著《刘子节要》有意修改刘宗周关于"意"的宗旨,黄宗羲认为这是郓仲昇"于殊途百虑之学,尚有成局之未化也"⑤,则强调万殊,主要针对郓仲昇等所代表的时风。改本删郓仲昇一事,但加入陈介眉评语——"学

---

① 黄宗羲:《与友人论学书》,吴光主编《黄宗羲全集》第十卷,第150页。
② 黄宗羲:《陈乾初先生墓志铭》编者按语,编入《陈确集》,北京:中华书局,1979年,第9页。
③ 黄宗羲:《陈乾初先生墓志铭》(二稿),吴光主编《黄宗羲全集》第十卷,第362页。
④ 黄宗羲:《陈乾初先生墓志铭》(三稿)、《陈乾初先生墓志铭》(四稿),同上书,第368、374页。
⑤ 黄宗羲:《明儒学案序》,吴光主编《黄宗羲全集》第七卷,第4页。

案如王会图,洞心骇目,始见天王之大,总括宇宙"①,则仍强调万殊之上总括宇宙的总体性、归一性,这是对学术风潮中下堕、涣散倾向的提防。

五 对事功的总体性反思

其实潘平格等人重事功、发用的思想并不是明末清初的特产,每个时代都有,但一般来说,在民族、国家面临存亡危机时它更容易占上风。而在历史上,南宋独特的政治环境、民族生存处境中,陈亮等人的事功思想渐成体系,影响深远。

之前笔者已论"黄宗羲立足心学突破朱陈之辩的理论难题",其中已述朱陈之辩内在的理论张力是黄宗羲萦徊在胸的问题。② 而之所以如此,是因为黄宗羲所处时代的内外政治、民族处境也正如陈亮等人的处境,且更为严峻,宋代政权虽屡败于外族,却仍得以偏安一隅,明庙则是彻底败亡于"夷狄",其于士绅之打击程度是天崩地解式的。民族危难中精英急于救世,潘平格不是当时的孤例。黄氏友人中还有"陈同亮",可见起名者对陈亮的崇敬。前此李贽《焚书》中评鉴历史人物也对功业津津乐道,他的后学此时也在扬其波。

黄宗羲对此种事功思想的批评也散见于他的多种著述,而他本人正面立"体"从而于根基上立定己说,也是一种深层次的应对。

他在《孟子师说》"人有不为"章写道:

> 人唯志在事功,则学无原本,苟可以得天下,则行一不义,杀一不辜,亦且为之矣,其成就甚浅。"不为"者,非忘世也,退藏于密,而后神武不杀。叶水心之志陈同甫、王道甫曰:"上求而用之者也,我待求而后用者也。不我用则声藏景寂,而人不能窥;必我用则智运术展,而众不能间。若夫疾呼而后求、纳说而后用者,固常多逆而少顺,易忤而难合也。二公之自处,余则有憾矣。"正是此意。③

---

① 黄宗羲:《明儒学案序》,吴光主编《黄宗羲全集》第七卷,第4页。
② 王英:《黄宗羲立足心学突破朱陈之辩的理论难题》,《社会科学论坛》2015年第11期,第127页。
③ 黄宗羲:《孟子师说》,吴光主编《黄宗羲全集》第一卷,第107页。

"学无原本",这一批评相当之重。学无原本,则苟可以得天下即行无所止,不择手段。黄宗羲又借叶适所写来评点,叶适主要从士人自处的角度来评价,"疾呼而后求、纳说而后用",正是《易》中"憧憧往来,朋从尔思"这一奔竞状态的形象写照。

而学若有本,则事实上黄宗羲并不一般地否定事功。事功作为"行",只要以仁义、良知为基础,则正是阳明学所重视的"不离日用常行内,直造先天未画前",也是作为阳明后学,又作为刘蕺山弟子的黄宗羲对时代问题的反复思考,一方面反形而上与形而下的割裂,另一方面仍捍卫超越性的基本儒学信念、持守,这种思考反映在他对事功问题的评价上,一方面他仍重视事功;另一方面捍卫学有所本之"本",强调事功与仁义不能分割,区分为天下之事功与为一家之事功。来看他释"孟子见梁惠王"章:

> 天地以生物为心,仁也。其流行次序万变而不紊者,义也。仁是乾元,义是坤元,乾坤毁则无以为天地矣。故国之所以治,天下之所以平,舍仁义更无他道。三代以下,至于春秋,其间非无乱臣贼子,然其行事议论,大抵以仁义为骨子,而吉凶亦昭然不爽。及至战国,人心机智横生,人主之所讲求,策士之所揣摩,只在"利害"二字,而仁义反为客矣。举世尽在利欲胶漆之中,孟子出来取日于虞渊而整顿之。七篇以此为头脑:"未有仁而遗其亲者也,未有义而后其君者也。"正言仁义功用,天地赖以常运而不息,人纪赖以接续而不坠。遗亲后君,便非仁义,不是言仁义未尝不利。自后世儒者,事功与仁义分途,于是当变乱之时,力量不足以支持,听其陆沉鱼烂,全身远害,是乃遗亲后君者也。此是宋襄、徐偃之仁义,而孟子为之乎?①

此为《孟子师说》之首段,其中认为"仁义"是《孟子》七篇的头脑,认为三代乃至春秋,行事议论皆"以仁义为骨子"。"头脑"这一表述,王阳明喜用,指根本、宗旨。"以……为骨子",朱子喜用,他用以释"天体物而不遗,犹仁体事而无不在"中的"体","体物,犹言为物之体也"②,"凡言体者,必是做个基骨也"③。则"以……为骨子"即"以……为体",是用日常语言表达的我

---

① 黄宗羲:《孟子师说》,吴光主编《黄宗羲全集》第一卷,第49页。
② 黎靖德编,王星贤点校:《朱子语类》第七卷,北京:中华书局,第2509页。
③ 同上书,第2510页。

国古代哲学中的"体"。功用须以仁义为体,二者不可分开。

又有"王霸之分,不在事功而在心术:事功本之心术者,所谓'由仁义行',王道也;只从迹上模仿,虽件件是王者之事,所谓'行仁义'者,霸也。"①王道与功用是可以统一的,事实上,此段中黄宗羲还扩大了王、霸的范围,日常处事,本之心术即为王道,无仁义为基础,只事外部妆点即为霸道。注意这里"本之心术"的表述与前引"以仁义为骨子"的表述,两者表达的是同一个意思,如此,在黄宗羲这里,讲政治、事功的道德性,其"本"其"体",最终回溯的还是人的心术,即心体、独体。

以上所述,黄宗羲关于"体"的思想主要有两重应对,既要应对割裂本体、工夫从而导致的教条化专制,也应对当时思想界化体于用的事功倾向。"心无本体,工夫所至,即其本体"的说法,是对当时学术环境执一废百、思想僵化、教条化的抵抗,因而突出本体与工夫不可割裂,思想书写要重视各家宗旨的特殊性。但这一说法本身并不否定"本体",因为各家工夫、宗旨之不同仍如丸之走盘而不离于盘,此"盘"即本体之譬。而针对潘平格、陈确等学友归体于用、合内于外、重事为轻修身的思想,他仍重视本、体、未发等,就政治生活来说强调事功须以仁义为本,就士大夫个人生存方式来说,异代之际,"天下无道则隐",退守默存,修德讲学,守先待后,也是任道。②

Huang Zongxi's Philosophy on Noumenon

Wang Ying

Abstract: Huang Zongxi's statement that "the mind (心) has no Noumenon (体), and the work (功夫) is the Noumenon" is mainly a resistance to the academic environment at that time, rigid thinking, dogmatism, and scholars sticking to "one" (一) but neglecting "one hundred" (百). Therefore he highlights that noumenon and the work can not be separated. It's important to study the particu-

---

① 黄宗羲:《孟子师说》,吴光主编《黄宗羲全集》第一卷,第51页。
② 参考王英:《黄宗羲"守先待后"以任道》,《船山学刊》2015年第1期,第53页。

larity of each school's aim in ideological writing. But this statement does not in itself give up "Noumenon" (体), because each time, as in the play of "running pearls in a disk" (盘之走丸), pearls are never away from the disk. The "disk" is an analogy of his "Noumenon". In view of the tendency of Pan Pingge, Chen Que and other scholars to turn their thoughts into practice, to put their hearts onto the outside world, and to attach importance to things rather than to the cultivation of their minds, he emphasizes that benevolence (仁) and righteousness (义) should be the basis of politics, society and man himself.

Key Words: Huang Zongxi, Noumenon, Pan Pingge, Chen Que, Utilitarianism

苏轼心性思想的转变及其对文人画观念的影响*

刘 耕**

提 要：苏轼在文人画的历史中有着举足轻重的地位，他提出了"士人画"的观念，并引领了北宋末期整个绘画思潮的革新。在笔者看来，苏轼的绘画美学深深植根于他的心性思想。对心性的思考贯穿着苏轼的生涯，为他提供了安身立命的重要力量。早年的苏轼是坚定的儒家学者，不过，他当时对关于人性的争论是持怀疑态度的。到了黄州之后，面对人生的巨大波折，他开始思考一个真实恒常、清净无染的心性，这一思考不仅体现在《东坡易传》里关于"性"的思考，也体现在他受道禅哲学影响而产生的"无还""无思"等观念中。在此心性论基础上，他对人生和绘画都有了更深的见解。他意识到，绘画可以向澄澈无染的心灵敞开一个无限丰富的世界，可以作为心灵的归栖之处。而他对"士人画"观念的建构，则旨在开启一场艺术的转向——从描摹外物转向心灵的表达。

关键词：苏轼 心性 士人画 文人画

苏轼对于文人艺术的影响相当深远，而其心性思想则复杂而精深。秦观曾说："苏子之道最深于性命自得之际，其次则器足以任重，识足以致远，至于议论文章，乃其与世周旋，至粗者也。"[①]在秦观看来，苏轼之道，最重要的是他的性命之学。遗憾的是，苏轼思想中颇具哲学色彩的这一部分，被长久忽

---

* 本文为国家社科基金青年项目"'文人画'的美学精神及其当代价值研究"（项目编号：16CZX066）的阶段性成果。
** 刘耕，武汉大学哲学学院特聘副研究员。
① 引自孔凡礼撰：《苏轼年谱》，北京：中华书局，1998年，第738页。

视了。后世文人谈论苏轼的文学艺术,对其心性思想多不予置评。苏轼的心性思想,虽未形成完整而精密的体系,却是苏轼在人生的种种波折中逐渐悟出,支撑着他在黄州、惠州、儋州的艰苦环境中依然保持内心的安定。苏轼的心性思想,为其绘画美学提供了哲学基础,并促成了整个文人艺术的转向。本文旨在讨论苏轼心性思想的转变,以及这种转变与文人画观念间的关系。

一 本于人情——苏轼早年的心性思想

苏轼出入三教,一生屡遭变故,思想亦经大变。早年,苏轼虔诚服膺儒学。在《中和胜相院记》中,苏轼质疑佛教学说道:"吾尝究其语矣,大抵务为不可知,设械以应敌,匿形以备败,窘则推堕滉漾中,不可捕捉,如是而已矣。……吾之于僧,慢侮不信如此。"[1]认为佛教言论不过是一套虚张声势的说辞。在《庄子祠堂记》中,苏轼则认为庄子其实是"助孔子者","其尊之也至矣"[2],强调庄子思想和孔子思想的关联。

苏轼早年的心性论思想,主要集中于他二十六岁时所上的《子思论》《中庸论》等策论中。此时,他主要基于儒家哲学的立场来谈论心性问题。不过,他对孟子、荀子等先哲都有所质疑,他对过多谈论形而上意义的心性是持怀疑态度的。

在《子思论》中,苏轼说:"昔三子之争,起于孟子。孟子曰,人之性善。是以荀子曰:'人之性恶。'而扬子又曰:'人之性,善恶混。'……且夫夫子未尝言性也,盖亦尝言之矣,而未有必然之论也。"[3]苏轼认为孟子对性善的规定,引起了争执与混乱。而孔子关于性并没有必然之论。

虽然苏轼在这里批评孟子,但其实苏轼的许多思想与孟子是契合的。杨立华先生也提道:"在先秦诸子中,苏轼对孟子的推尊是显见的。"[4]

苏轼道:"夫如是,则恻隐足以为仁,而仁不止于恻隐。羞恶足以为义,而

---

[1] 《苏轼文集》,北京:中华书局,1986年,第384页。
[2] 同上书,第347页。
[3] 同上书,第95页。
[4] 杨立华:《苏轼人性论辨证》,《哲学门(总第十六辑)》,北京:北京大学出版社,2008年,第78页。杨立华还指出苏轼对于荀子的驳辩甚严。他认为"苏轼于荀子性恶论未尝深论,恐怕是因为在他看来,荀子的相关思想并没有深入阐发的必要"。

义不止于羞恶。此不亦孟子之所以为性善之论欤！"①苏轼并不否认每个人有恻隐、羞恶之心，也不否认二者在成德中的重要性，但仁义并不止于羞恶，从恻隐、羞恶到仁义，有个涵养扩充的过程。如苏轼在《孟子论》中道："且孟子尝有言矣：'人。能充其无欲害人之心，而仁不可胜用也。'"②可见，在如何成仁上，苏轼是认同孟子的观点的。苏轼尊孟而辨孟，他反对的是孟子直接将善作为性的规定。

苏轼更倾向从人的自然倾向出发来理解性，不愿为性赋予先验的道德规定。如在《扬雄论》中，苏轼道："圣人之所与小人共之，而皆不能逃焉，是真所谓性也。而其才固将有所不同。今夫木，得土而后生，雨露风气之所养，畅然而遂茂者，是木之所同也，性也。"③苏轼以木之性喻人之性，性是上天所赋予的，每个人都具有的自然之性。苏轼又道："人生而莫不有饥寒之患，牝牡之欲，今告乎人曰：饥而食，渴而饮，男女之欲，不出于人之性也，可乎？是天下知其不可也。……由此观之，则夫善恶者，性之所能之，而非性之所能有也。"④不同于食色等普遍人性，善恶只是人性可能的趋向，而非人性所本有的。

总的来说，早年的苏轼，有极强的现实关怀。他反对学者们对性的问题争论不休，强调工夫从每个人都能体会到的人情处入手。这成了他早年理解经典的一贯原则。如他在《诗论》中道："夫圣人之为经，惟其《礼》与《春秋》合，然后无一言之虚而莫不可考，然犹未尝不近于人情。"⑤在《中庸论》中道："夫圣人之道，自本而观之，则皆出于人情。不循其本，而逆观之于其末，则以为圣人有所勉强力行，而非人情之所乐者，夫如是，则虽欲诚之，其道无由。故曰'莫若以明'。使吾心晓然，知其当然，而求其乐。"⑥圣人之道，本于人情。圣人顺应人情的自然倾向来行道，其中没有任何勉强。但为什么人情之所乐，能自然趋向善呢？苏轼并没有回答。

---

① 《苏轼文集》，第95页。
② 同上书，第97页。
③ 同上书，第110页。
④ 同上书，第111页。
⑤ 同上书，第55页。
⑥ 同上书，第61页。

二　无心运物——苏轼心性思想的转变

在经历了多年的仕宦沉浮,又遭遇乌台诗案之磨难后,苏轼的思想开始发生巨大的改变。他初到黄州后,有诗道:"去年花落在徐州,对月酣歌美清夜。今年黄州见花发,小院闭门风露下。万事如花不可期,余年似酒那禁泻……"①短短一年间,人世变换,不可把捉。对于当时的他而言,经此大变之后,政治的理想几乎已无法再实现,需要为生命找寻新的意义。早年他的工夫立足于人情,但人情翻覆如波澜;如何在变幻莫测的世界中,确定不变的真实,成了他哲学思考的中心。

流传千古的《赤壁赋》就体现了苏轼关于"变"与"不变"的思考。《赤壁赋》中,"客"和苏轼代表了两种不同的生命观。在客看来,"寄蜉蝣于天地,渺沧海之一粟""哀吾生之须臾,羡长江之无穷"②。人以短暂而有限的生命,处身于无限的时空中。时光的流逝,历史的变迁,不断磨灭人存在的痕迹。人无法羽化登仙,从无尽的变化中遁离,只有无尽的哀伤。然而,苏轼反驳道:"客亦知夫水与月乎?逝者如斯,而未尝往也;盈虚者如彼,而卒莫消长也。盖将自其变者而观之,则天地曾不能以一瞬;自其不变者而观之,则物与我皆无尽也,而又何羡乎?"③无须执着于流逝与变化,因为变化不过是虚妄的表象,物与我都有不变的真性。苏轼体证到不变之真性,超越了流逝迁化所带来的痛苦,在把玩清风明月中获得生命的意义。这意义不假外求。诗人只须敞开自己的耳目,与清风明月相遭遇,陶醉于当下的完足。

在《东坡易传》中,苏轼强调了"性"的恒常性。他道:"夫以可见者言性,皆性之似也。君子日修其善以消其不善;不善者日消,有不可得而消者焉。小人日修其不善以消其善;善者日消,亦有不可得而消者焉。夫不可得而消者,尧舜不能加焉,桀纣不能亡焉,是岂非性也!"④性是普遍的,也是恒常不变的。性是形而上的,无法通过经验来认识。"情者,性之动也,溯而上至于命,沿而下至于情,无非性者。性之与情,非有善恶之别也,方其散而有

---

① 《苏轼诗集》,北京:中华书局,1982 年,第 1033 页。
② 同上书,第 6 页。
③ 同上。
④ 《东坡易传》,长春:吉林文史出版社,2002 年,第 5 页。

为,则谓之情耳。"性由天命所赋予,而发用为情。情和性之间并无善恶的区别。不过,苏轼依然否定性中有善恶。善不过是性的作用,而非性的本质。"孟子之于性,盖见其继者而已,夫善,性之效也。孟子不及见性,而见夫性之效,因以所见者为性。"①孟子以善为性,实际混淆了体用。苏轼又道:"圣人者亦然,有恻隐之心而未尝以为仁也,有分别之心而未尝以为义也,所遇而为之,是心著于物也,人则从后而观之,其恻隐之心成仁,分别之心成义矣。"②圣人的恻隐、分别之心,都是遇物自然生发,但圣人并不有意为心赋予善恶的规定。

在《东坡易传》中,苏轼认为性和善有体用之别,性中并无善恶仁义的对待。说善恶仁义,都已落到了心和情的层面。不过,性虽无善恶,但遇物却能自然发用为善。在这个意义上,苏轼的心性论与孟子的性善论并非是矛盾的。正如杨立华道:"这一时期,尽管苏轼更强调性与善之间的分别,但他的人性论思想的性善论色彩,非但没有因此而减弱,反而更为鲜明了。"③

苏轼在《东坡易传》中确立这一不变之性,虽处身无穷的变化中,却能不被变易所干扰。苏轼道:"由是观之,世之所谓变化者,未尝不出于一、而两于所在也。"④又"夫无心而一,一而信,则物莫不得尽其天理,以生以死。故生者不德,死者不怨,无怨无德,则圣人者岂不备位于其中哉?"⑤在苏轼看来,变化皆自一而出,而圣人若能无心,保持心灵的澄澈无染,便能把握变化之原的"一",自立于天地间。"心不为事物之所尘垢,使物自运而已不与。"⑥以清静之心,任万物运化而不干扰。这里,苏轼认为,"心"并没有"善"或"仁"的规定性,心以其澄澈无染任运万物。

《东坡易传》中,苏轼对心性的无滞、无分别,超越善恶的强调,似乎与道家、禅宗的心性论有某种契合之处。苏辙在苏轼墓志铭中评价道:"既而读《庄子》,喟然叹息曰:'吾昔有见于中,口未能言,今见庄子,得吾心矣。'后读释氏书,深悟实相,参之孔老,博辩无碍,浩然不见其涯也。"⑦中年后,苏轼思

---

① 《东坡易传》,第296页。
② 同上书,第289页。
③ 杨立华:《苏轼人性论辨证》,《哲学门(总第十六辑)》,第84页。
④ 《东坡易传》,第289页。
⑤ 同上书,第291页。
⑥ 同上书,第307页。
⑦ 《苏辙集》,北京:中华书局,1990年,第1127页。

想中开始更多地融入道禅哲学。杨曾文提到,在苏轼贬谪黄州后,"思想上才发生重大转变,开始以佛教的'中道'来反思自身,真正信奉佛教。从苏轼的诗文来看,在他此后的生涯中,不管是在官居高位的短暂顺境,还是在贬谪到偏远的岭南、海南之时的极端困顿的逆境,总是对佛教禅宗怀有真切的虔诚的感情"①。面对危机四伏,变幻莫测的生命,苏轼借佛教思想来保持心灵的平宁。如苏轼《黄州安国寺记》道:"于是,喟然叹曰:'道不足以御气,性不足以胜习。不锄其末,而耘其末,今虽改之,后必复作。盍归诚佛僧,求一洗之。'"②昔日的学问已不足以消解痛苦和执着,故苏轼在佛教中寻求返本之法。"得城南精舍曰安国寺,有茂林修竹,陂池亭榭。间一二日辄往,焚香默坐,深自省察,则物我相忘,身心皆空,求罪垢所从生而不可得。一念清净,染污自落,表里翛然,无所附丽。私窃乐之。旦往而暮还者,五年于此矣。"③在静默的参悟中,苏轼已于当下一念,显现"表里翛然"之自性,不再生起对罪垢染污的执着。

佛教思想对苏轼的影响,在心性论上,集中体现于"无还"这一观念上。朱良志先生提到,"关于无还的思考"在苏轼"整个艺术思想中占有重要位置"。"苏轼的无还之道,从'性'上而言,要变外在'道'的追求为内在妙明本心的发现;从'见'上言,要由渺然归程的寻觅转向对当下直接生命体验的强调;从'变'上言,要超越生成变坏的表相而直呈随处充满的生命真实;从物上言,要化留意于物的物我相互奴役为齐同物我的契合如如境界。"④在朱良志先生看来,苏轼的"无还"观念主要来自《楞严经》,也受到《庄子》"无遁"之哲学的影响。可以说,"无还"观念从体、相、用三方面揭示出"自性"的义理。就体而言,自性恒常不灭、真实自在。就相而言,自性清净无染,平等不二,周遍万物。就用而言,自性寂而能照,显现万物之真实。那么,如何"见性",即呈现、敞亮自性呢?《楞严经》说,人之所以能看见种种物象,是有不变的"能见之性"作为前提。"虽明暗等种种差别,见无差别。"⑤"则诸物类自有差

---

① 杨曾文:《宋元禅宗史》,北京:中国社会科学出版社,2006 年,第 567 页。
② 《苏轼文集》,第 392 页。
③ 同上。
④ 朱良志:《论苏轼的"无还"之道》,《文艺研究》2017 年第 11 期,第 6 页。
⑤ 智旭:《楞严经文句》,徐尚定、于德隆点校,北京:线装书局,2016 年,第 75 页。

别,见性无殊。此精妙明,诚汝见性。"①但"能见之性"既不可在虚幻变灭的外境上寻求,也不可在身体的根器上寻求,而是破除种种迷妄之后,在"现前一念"中自然澄明。确立了这一恒常不变的自性,苏轼得以超越生灭变幻的表象,在当下的体验中,显现生命和世界的真实完满。由清净自性,万物得以无尽地涌现和敞亮,生成一个个妙境。②

与"无还"相应,苏轼提出了"无思"的观念。"无思"涉及"见性"的具体工夫。《东坡易传》中的"无心",与"无思"有相近之处。苏轼《成都大悲阁记》道:"思虑非真实,无异非手目。菩萨千手目,与一手目同。物至心亦至,曾不作思虑。"③在晚年的《虔州崇庆禅院新经藏记》道:"以无所思心会如来意,庶几于无所得故而得者。"④在《思无邪斋铭》中,苏轼则道:"夫有思皆邪也,无思则土木也,吾何自得道,其惟有思而无所思乎?"⑤苏轼的"无思",并不是土木般斩断思虑,而是"于思而无思",虽有思,但纯澈之性不被思所遮蔽,"廓然自圆明"。苏轼的无思,是禅学和儒学的融合。他强调在"思"和"见"中呈现自性,没有一味流于空寂。心灵的种种作用包括情,因此都不必被排斥。正如苏轼《送参寥师》道:"欲令诗语妙,无厌空且静。静故了群动,空故纳万境。阅世走人间,观身卧云岭。"写诗要求情感的真实流露,而为禅却要求淡泊颓然,不起执着之心。但在苏轼看来,以空静之心,了察万境之变幻,阅尽人世,心性并不因此而玷染。

三 画上桃源——心性与画境

朱刚在《苏轼十讲》中论及苏轼庐山访禅的经历时,提道:"(苏轼)终究不是禅僧……他所追求的是一种审美的超越。……不泯灭此种对立的意识而在审美超越的意义上'悟道',当然更适合作为诗人的苏轼。"⑥苏轼虽然在儒道禅哲学的基础上,形成了自己的心性论;但作为文人的他,并不局限于智

---

① 智旭:《楞严经文句》,第76页。
② 朱良志先生对"无还"观念的辨析已非常详尽,本文只结合自己的理解,略作概述。
③ 《苏轼文集》,第395页。
④ 同上书,第390页。
⑤ 同上书,第575页。
⑥ 朱刚:《苏轼十讲》,上海:上海三联书店,2019年,第199页。

性的觉悟,而是将这一思想运用于自己的艺术生活中,来践行一种"审美超越",并对文人艺术产生了巨大的影响。苏轼早年即酷爱绘画,也喜好石头、砚台、屏风等物,并留下了大量诗歌。到黄州之后,苏轼的艺术之癖似乎越发不可遏制了。

如苏轼元丰七年(1084)作《郭祥正家醉画竹石壁上郭作诗为谢且遗古铜剑》诗道:"空肠得酒芒角出,肝肺槎牙生竹石。森然欲作不可回,吐向君家雪色壁。"①《竹石图》是诗人心中郁结情感的勃发。苏轼元丰八年《墨花并叙》诗道:"造物本无物,忽然非所难。花心起墨晕,春色散毫端……"造物本无物,说万物缘起性空,虚幻不实,故虽"有"而实"无"。但正因为如此,造物才能不滞于物,任万物涌现。画家则可与造物同功,"忽然非所难",心胸现起万物,托诸笔端。苏轼《次韵吴传正枯木歌》道:"天公水墨自奇绝,瘦竹枯松写残月。梦回疏影在东窗,惊怪霜枝连夜发。生成变坏一弹指,乃知造物初无物。古来画师非俗士,妙想实与诗同出。"画家与诗人相似,都从无中创造出斑斓的世界。

苏轼元祐四年(1089)的《书王定国所藏王晋卿画著色山》道:

> 白发四老人,何曾在商颜。烦君纸上影,照我胸中山。山中亦何有,木老土石顽。正赖天日光,洞谷纷斓斑。我心空无物,斯文定何间。君看古井水,万象自往还。②

此诗说"我心空无物",又以古井之水比喻心。因为心灵空无一物,如古井不波,才能任万象往还,不沾不滞。老木顽石,斑斓涧谷,皆由心灵所呈现、所照亮。苏轼以这一空灵无滞的心性作为绘画的意义之源,由此画家可以彻底摆脱外物的束缚和形似的窠臼,表达画家的心灵体验和境界。

苏轼《书皇亲画扇》道:"谁谓风流贵公子,笔端还有五湖心。"③画上江南,寄托着公子心中的还乡之梦。乌台诗案中,王诜、王巩被苏轼牵连,同遭贬黜。元祐年间在京城,王诜的《烟江叠嶂图》,引起了一场文学的追忆活动。苏轼《书王定国所藏〈烟江叠嶂图〉》道:

---

① 《苏轼诗集》,第1234页。
② 同上书,第1638页。
③ 同上书,第1524页。

> 使君何从得此本,点缀毫末分清妍。不知人间何处有此境,径欲往买二顷田。君不见武昌樊口幽绝处,东坡先生留五年。春风摇江天漠漠,暮云卷雨山娟娟。丹枫翻鸦伴水宿,长松落雪惊醉眠。桃花流水在人世,武陵岂必皆神仙。江山清空我尘土,虽有去路寻无缘。还君此画三叹息,山中故人应有招我归来篇。①

王诜之画,创造了一个理想之境,使苏轼心生归思。不过,苏轼马上回忆起昔日武昌樊口的风景。随着诗人心境的转变,昔日的贬谪之地,已成"江山清空"的幽绝处,是可以归栖的桃花源。桃花源并非神仙的彼岸,就在人世之中。阻碍苏轼前往的,是当下搅扰心灵的"尘土"。烟江叠嶂,是画上的桃花源。②

在其后的和诗中,苏轼又道:

> 人间何有春一梦,此身将老蚕三眠。山中幽绝不可久,要作平地家居仙。能令水石长在眼,非君好我当谁缘。愿君终不忘在莒,乐时更赋囚山篇。

苏轼打消了"归隐山中"之意。而王诜的画境,使他在家居中也能享受"水石"之乐。此时,苏轼仍在朝堂之上,既因"去路无缘"叹息再三,却又深知"山中幽绝"不可久居。他虽厌倦政坛的波谲云诡,但却无法真的归隐自适。

直到苏轼再度贬谪后,他对"归"的问题反而有了更深的领会。在绍圣年间的《和陶桃花源(并引)》中,出与处的矛盾被消解。苏轼道:

> 凡圣无异居,清浊共此世。心闲偶自见,念起忽已逝。欲知真一处,要使六用废。桃源信不远,杖藜可小憩。……蒲涧安期境,罗浮稚川界。梦往从之游,神交发吾蔽。桃花满庭下,流水在户外。却笑逃秦人,有畏非真契。③

---

① 《苏轼诗集》,第 1607 页。
② 关于"画上之桃花源"的思想,苏轼在《次韵子由书王晋卿山水二首》中也曾提道:"老去君空见画,梦中我亦曾游。桃花纵落谁见,水到人间伏流。"(《苏轼诗集》,第 1772 页)石守谦先生提道:"苏轼将桃花源'人世化'之举,确实显露一种前所罕见的乐观与期待。"参见石守谦:《移动的桃花源》,北京:生活·读书·新知三联书店,2015 年,第 37 页。
③ 《苏轼诗集》,第 2196 页。

在苏轼看来,凡圣共居于此世,所谓仙境,只是闲心所呈现的境界。一旦心被念所染,境界自然消逝。换言之,只要人能荡涤六根之尘染,去除心灵之遮蔽,则桃源不远,就在当下的体验中呈现。人不必向外追寻归栖之地,"此处安心即吾乡",心既安定,则无处不是归处。苏轼《又书王晋卿画四首》二首道:

> 毫端偶集一微尘,何处溪山非此身。狂客思归便归去,更求敕赐枉天真。
>
> 斜风细雨到来时,我本无家何处归。仰看云天真箬笠,旋收江海入蓑衣。①

毫端之微尘,涵容大千世界;溪山尽是清净法身之显现。人生没有家园可归,泛舟江海中,即是安顿处。因为安心即归处,因此人能超越外在的时空境遇。而绘画乃至一切"微物",都可以在向心灵的呈现中,成为栖居之所。如苏轼《吴子野将出家赠以扇山枕屏》:

> 峨峨扇中山,绝壁信天剖。谁施大圆镜,衡霍入户牖。得之老月师。画者一醉叟。常疑若人胸,自有云梦薮。千岩在掌握,用舍弹指久。低昂不自知,恨寄儿女手。短屏虽曲折,高枕谢奔走。出家非今日,法水洗无垢。浮游云释峤,宴坐柳生肘。忘怀紫翠间,相与到白首。②

枕屏虽小,但在清净自性之"大圆镜"观照下,却能现起无限江山。衡霍之高山,云梦之大泽,千岩万壑,尽在胸中。此屏置于户牖之内,枕席之畔,使人谢却奔走,归栖于心灵之妙境。苏轼说"出家非今日",出家只是一种形式。重要的是心灵清净无垢,悠游于物,忘怀山林中。

苏轼有挚爱的"仇池石",后来在九江又遇到"壶中九华石"。两石之命名,都有道教仙境之意涵。在道教传说中,一壶之中,别有洞天。人在其中,可遁离尘世,超然远引。但正如"桃源仙境"一样,在苏轼笔下,仙境已非尘世外的逃遁之处,而是现实生活中心灵的安顿之境。苏轼《壶中九华诗》道:

---

① 《苏轼诗集》,第1773页。
② 同上书,第1974页。

  清溪电转失云峰,梦里犹惊翠扫空。五岭莫愁千嶂外,九华今在一壶中。天池水落层层见,玉女窗明处处通。念我仇池太孤绝,百金归买碧玲珑。①

  诗人已不必为流放岭南而忧愁,因为他有壶中的九华仙境可以归栖。天池水落,玉女窗明,是一个如梦似幻的世界。

  《洞天清录》记载苏轼有"小有洞天石","东坡小有洞天石,石下作一座子,座中藏香炉,引数窍,正对岩岫间,每焚香则烟云满岫"。经苏轼奇思妙想的营造,一座石头仿佛真成烟云缥缈的仙境,引人无限遐思。经由"自性"的发明,万物都可向人开启无限深远的境界,寄寓无尽之意。这正是苏轼在《宝绘堂记》中"寓意于物"得以可能的基础。

  苏轼的心性论,为绘画开启了一个新的方向。北宋李成、郭熙等人的绘画,强调以绘画为媒介,表达天地万物的秩序,以及心中的道德价值。绘画还无法完全超越对外物感性外观的描摹,进入书法性和诗意性的自由表达;也无法完全超越既定的伦理道德原则,表达心灵当下的真实体验。而苏轼强调自性的清净无染,平等无二,并未赋予自性任何绝对的价值。这样一个空灵无碍的自性,不仅可以任万物显现其自身;更在当下的体验中,化世界成无数妙境。由此,绘画获得了自由无拘的创造之源,并创造出一个个可供人栖居悠游的画境。这些画境既是现实的,也是理想的——画上的山川林泉、亭台楼阁,花木竹石,是理想的桃源仙境。

四　观其意气——心性与"士人画"

  在苏轼看来,绘画能为人提供超越外在境遇的精神力量。这或许是文人越来越多地参与绘画,在绘画中实现其生命意义的深层原因,也是文人画兴起的内在动力。"士人画"的观点,即由苏轼所提出。许多研究者,如王迅、阮璞,以及美国的卜寿珊、高居翰等,均认为"士人画"也就是后来的"文人画"。

  苏轼元祐三年在《又跋宋汉杰画二首》其一中道:"观士人画,如阅天下马,观其意气所到。乃若画工,往往只取鞭策皮毛,槽枥刍秣,无一点俊发,看

---

① 《苏轼诗集》,第2097页。

数尺许便倦。汉杰真士人画也。"①

在苏轼看来,观士人画,应超越形似,观画中所流露的士人之"意气"。简单地说,"意气"或许指士人的精神气质,从心性中流露而出。苏轼以"意气"作为士人画的特质,和规于形似的画工画区别开来。尽管"意气"这个概念比较含混,但它却明确地将绘画和画家的心性联系起来。

苏轼提出"士人画"的观点,代表了一种有意的绘画转向。在元丰八年的《书吴道子画后》,苏轼道:"君子之于学,百工之于技,自三代历汉至唐而备矣。故诗至于杜子美,文至于韩退之,书至于颜鲁公,画至于吴道子,而古今之变,天下之能事毕矣……(吴道子)出新意于法度之中,寄妙理于豪放之外,所谓游刃余地,运斤成风,盖古今一人而已。"②他已意识到"古今之变,天下之能事毕矣",后人已不可在形似和技巧上超越前人,唯有采取新的路径。正如方闻先生认为:"苏轼的潜台词:一切可能的风格都已尽善尽美了,如果复兴艺术,必须返回到早期大师的高古语汇,方可有创新的表现。"面对艺术的"终结",中国绘画超越了模拟形似的局限,从"状物形"转向"表我意",向内发明画家的心性。

苏轼诗道:"论画以形似,见与儿童邻。赋诗必此诗,定非知诗人。诗画本一律,天工与清新。边鸾雀写生,赵昌花传神。何如此两幅,疏澹含精匀。谁言一点红,解寄无边春。"③后世批评者认为苏轼摒斥形似,导致了绘画失去法度,流于荒疏简率。事实上,苏轼强调的只是不以"形似"作为评判绘画价值高下的标准。他为诗画确立了共同的美学原则——天工与清新。天工强调的是在创作中排除机巧之心和外在的目的,任作品自然而然地生成,而不露人工斧凿痕迹。清新,则是艺术家荡涤尘俗之气,以清澈之心灵观照外物,而在作品中呈现的风貌。如苏轼在元祐二年《书晁补之所藏与可墨竹三首》其一道:"与可画竹时,见竹不见人。岂独不见人,嗒然遗其身。其身与竹化,无穷出清新。庄周世无有,谁知此凝神。"④天工和清新,涉及一种新的艺术创造机制,但更涉及艺术家的心性问题。

---

① 《苏轼诗集》,第2216页。
② 《东坡题跋》,第168页。
③ 《苏轼诗集》,第1525页。
④ 同上书,第1522页。

在"士人画"的观念中,苏轼是在为绘画确立新的意义机制,从描摹外物转向心性的自由流露。而画家的精神价值也得到了前所未有的重视。在《书朱象先画后》一文中,苏轼道:"松陵人朱君象先,能文而不求举,善画而不求售。曰:'文以达吾心,画以适吾意而已。'昔阎立本始以文学进身,卒蒙画师之耻,或者以是为君病。余以谓不然。……今朱君无求于世,虽王公贵人,其何道使之? 遇其解衣盘礴,虽余亦得攘攘其旁也。"①朱象先的文章和绘画都不是出于功利的目的,而是为了愉悦自己的心灵。在苏轼看来,士人只要有独立的精神和人格,不攀附于他人,即便在王公贵族前,也能保全自己的尊严。苏轼在这里引用了阎立本的故事。张彦远为阎立本因画艺而受辱感到不平,苏轼的观点却有所不同:士人的尊严只在于他的人格,而不在于他的职业和技艺。

围绕苏轼,一种新的绘画风潮开始形成。从艺术史来看,与苏轼交好的宋迪、文同、李公麟、王诜、米芾等画家,可说进行了文人画的早期尝试。宋迪援诗入画,创造了"潇湘八景"的画题。米芾从画史中重新发现江南画派,奠立了董源的地位。二米还开创了"墨戏"之法和云山图式。② 宋迪、二米的绘画,都以潇湘意象为依归,弥漫着一种江湖之思。③ 而李公麟的《山庄图》,则将文人生活作为其描绘的重心,建立了文人画的典型题材。而这一系列艺术活动背后,苏轼的影响随处可见,他通过一系列诗文,积极参与推动这类新的绘画尝试。

结　语

绘画中的心性思想,关系到画家如何理解其自身的存在,以及世界的本源的问题;关系到绘画如何生成,其意义如何奠立的问题。这些根本问题,某种意义上决定着绘画的内容和形制。

苏轼对于心性问题有长久的思考。早年他更关心从现实的人情出发来

---

① 《苏轼文集》,第 2211—2212 页。
② 关于米芾和江南画派之关系及二米云山图式的研究,可参见吴湘:《"江南传统"的形成与董源地位的奠立》,《南京艺术学院学报·美术与设计版》2018 年第 2 期,第 17—22 页;《文人画的精神意趣——以"米氏云山"下的"潇湘"绘画为例》,《文艺研究》2016 年第 9 期,第 137—150 页。
③ 石守谦在《山鸣谷应》中讨论了潇湘意象与江湖之思的关联。

展开修养工夫,对关于性的争论持批判态度。在经历了人生的重大转变后,他开始在变化的世界中寻找不变的真实。在《东坡易传》中,他阐明性是恒常不变的。性中并无善恶之别,善恶属于情。但人只要无心于物,任运万物,遇物就能自然呈露出善心。而通过"无还""无思"等观念,苏轼进一步确立起一个恒常、真实、平等、清净的自性,并由自性显现出无限的境界。

苏轼将他的心性论运用于绘画思想中,由此,绘画拥有了一个自由无碍、涵藏万物的意义之源,呈现画家当下的真实体验,并创造出心灵的栖居之境。绘画得以和人的存在紧密关联。从苏轼开始,"士人画"的观念得以兴起,它代表一种从描摹外物转向发明心性的艺术思潮。而心性问题,遂成为绘画中最重要的问题之一。

The Change of Su Shi's Theory of Mind and Nature and Its Influence on Literati Painting

Liu Geng

Abstract: Su Shi played an important role in the history of literati painting. He put forward the concept of "scholar painting", and led the innovation of the whole painting trend in the late Northern Song Dynasty. In my opinion, Su Shi's Aesthetics of painting is deeply rooted in his theory of mind and nature. Thinking about mind and nature runs through Sushi's career and provides him with an important force to settle down his life. Su Shi was a religious Confucian scholar in his early years, but he was skeptical about the debate about human nature at that time. When he arrived in Huangzhou, facing the huge frustration in life, he began to think about a true, constant, pure and untained mind. This thinking is not only reflected in *Dong Po Yi Zhuan*, but also reflected in the concepts of "Wu Huan" (no return) and "Wu Si" (no thinking) from the influence of Taoism and Zen. On the basis of his theory of mind and nature, Su Shi has a deeper understanding of life and painting. He realized that painting can open a world of infinite richness to a clear and colorless mind, and can be used as the home of soul. His construction of the concept of "scholar painting" aims to open up an artistic turn – from depicting objects to the expression of mind.

Key words: Su Shi, Mind and Nature, Scholar Painting, Literati Painting

"天地之正"与"各正性命":试评陈赟教授新著:《自由之思:〈庄子·逍遥游〉的阐释》*

引 言

近世以来,在古今中西交汇之中,中国学术由传统的"道出于一"(儒道同源)转变为"道出于二"(中西之别),相对于"道出于二"的中西之判,传统中国学术中儒道之别甚至可以忽略不计。① 即便是"道出于二"的时代,我们依然可以看到这种"二道"之后的"一道",即中西哲人对最高治道精神的企慕具有一致性:正如大多数的西方哲学家如康德、尼采、马克思、萨特、海德格尔等把"自由"看成最高的价值一样(当然各家内涵很不一样),中国儒家向往"天下为公",道家提倡"藏天下于天下",佛学驰骛于"涅槃解脱",自由可能是一切世间法出世间法、一切古今中西哲人高举远慕的元价值所在。在这个意义上说,海通以还"道出于二"的时代并不意味着中西之道在究竟的意义上出于二,深入检讨就不难发现中西两种哲学之间实则存在着家族类似的自由基因,其中,以"逍遥游"名世的庄子可能是中国哲学中蕴含自由基因最多的哲人,尽管庄子的"逍遥"与近现代的"自由"有着种种不同,然而在今天哲学语境下,"再也找不到任何比'自由'更加适合的概念来诠释'逍遥游'的主旨了'"②。中国学术史上,庄子往往被历代注家刮目相看,比如郭象称之为"不经而为百家之冠"(《庄子注》),王船山称之为"凌轹百家而冒其外者"(《庄子解》),章太炎称之为"命世哲人,莫若庄氏"(《庄子解诂》),古今学者

---

* 本文为浙江省哲学社会科学规划年度课题"船山庄学及其气学体系建构"(23NDJC138YB)的阶段性研究成果。
① 陈赟:《自由之思:〈庄子·逍遥游〉的阐释》,杭州:浙江大学出版社,2020年,第1页。
② 同上书,第3页。

对庄子如此之高的评骘正与庄子所揭示的一切哲学的最高价值"自由"有关。与自由有关的孪生子则是秩序,在一般意义上而言,自由与秩序犹如车之两轮或鸟之两翼,大部分无视秩序、隐遁秩序的自由最终都会走向不自由(宗教除外),或者说,这种自由说到底是一种不能在主体间展开的具有普遍意义的自由。或许,并没有否定秩序而是将自由安立在秩序中的逍遥游才是真实的庄子哲学。陈赟教授新著《自由之思:〈庄子·逍遥游〉的阐释》(以下简称《自由之思》)正作如是观,该书以截断众流、直面人间世的造道气魄对庄子哲学进行了深刻而缜密的全新解读。相对于传统庄学将庄子"逍遥游"诠释为"不事王侯、高尚其事"(《易经》)式的遁世主义,此书则着眼于"乾道变化,各正性命"的天道观,从而将整个庄子笔下的"人间世"投射于这个以万物各得其所为秩序、以万物皆获其自由为本质的天道宇宙中,发皇了儒道交发、自由与秩序互摄、有为与无为不二的庄学精神。这意味着,庄子不再是嵇康"徒弃人作乐事"式、阮籍"大人先生"式、陶渊明"纵浪大化中"式的庄子,而是向秀、郭象式地强调内圣外王、经国体致、弘内游外式的庄子。我们不妨作一个不怎么恰当的比附,前者的庄学类似于佛学中的小乘佛学,后者则类似于佛学中的大乘佛学,也就是说,强调庄学积极入世、上宏下化的庄学可谓是大乘庄学,庄子的逍遥游并不在"无何有之乡""广莫之野",而是在这个烟火熏燎、遍满有情的世间。《自由之思》一书可谓当下庄学诠释学中弘扬大乘庄学的一部力作。

一 "获麟绝笔"与庄子哲学的创生

《自由之思》从庄子对孔子的消化和回应而走入庄子的思想世界,孔子"获麟绝笔"后的思想世界究竟应该何去何从,此庄子哲学所由生也。春秋战国时代是所谓"古今一大变革之会"(王夫之《读通鉴论》),"陪臣执国命""八佾舞于庭"遍及天下的现象使得周天子式微。周天子原本乃是天下最高政教秩序的象征,周天子的式微正证明着当时的政教失序,神器窳败,乐坏礼崩。政治上的"诸侯异政"与思想上的"百家异说"构成"周秦之变"前夜的历史图景。基于上古圣王政教合一、君师合一而形成的"治出于一"变成春秋时代的"治出于二",有德无位的圣人与有位无德的帝王之分道扬镳意味着只有圣人才能赓续三代政教的精神遗产，就中国历史经验所展现的思想史事实而言，此圣人非孔子莫属。正如天道总是会返本复初一样，分久必合、乱极必治也是历史大势。孔子在政治上试图有所作为，力挽狂澜，"如有用我者，吾其为东周乎"（《论语·阳货》），"齐一变，至于鲁；鲁一变，至于道"（《论语·雍也》）；但在"滔滔者天下皆是也"（《论语·微子》）的诸侯争霸中，孔子仅仅以道德说教去说服诸侯注定是会失败的，故他不得已而以退为进，"退而修诗书礼乐"（《史记·孔子世家》）。立功意义上的急流勇退与立言意义上的激流勇进一弛一张，以修传"六经"、重布《诗》《书》的造道使命为当时也为后世建法立制，以求拨乱反正，可谓天地元气尽藏于孔子一身，"法备于三王，道著于孔子"（王夫之《读通鉴论》），二帝三王其德在功，孔子其德在道，王统—政统经孔子而转化为道统，"自孔子以前数千年之文化，赖孔子而传；自孔子以后数千年之文化，赖孔子而开"①。在这个意义上说，孔子思想代表着中国文明的集大成者，孟子所言洵属不虚，"不是尧舜，亦不是周公，而只能是孔子以及与之相联系的六经，才真正构成中国思想的大本大源，构成轴心时代中国思想自我突破与自我奠基的最为关键的核心"②。这意味着，后世中国文化的每一次折衷损益都无法回避孔子，去孔子百年之久的孟子如此，庄子亦然。

以刘笑敢教授为代表的当下学界已经对《庄子》"内""外""杂"之于庄子本人的关系给出最具说服力的学术证明，即承认内篇为庄子本人所作，外杂篇则是庄子弟子或再传弟子所作，这些被刘笑敢教授称之为述庄派、黄老派、无君派的篇目并非庄子本人作品。然而，不可否认的是，这些作品被后人汇编为《庄子》一书并非断然无由，我们有足够的理由相信《庄子》这部书应该是一系列家族类似者的思想集结。外杂篇即便不是出于庄子本人但并不害我们称之为庄子学派（余嘉锡、吕思勉、钱穆都认为子书皆学派之名）。枝叶的烦琐各异可能隐藏着在主干的意义上的"一以贯之之道"，后人将外杂篇一起编入《庄子》一书并非偶然。职是之故，理解庄子并不能完全脱离外杂篇，外杂篇甚至可能蕴含着内篇隐而未发的显题。其中，《天下》为历来注家所推重，普遍认为此篇为《庄子》之"后序"，甚至大多数学者认为此篇高举远慕的思想气象除庄子外非第二人所能为，如王船山所指出："浩博贯综，而微

---

① 柳诒徵：《中国文化史》，上海：东方出版中心，2007 年，第 271 页。
② 陈赟：《自由之思：〈庄子·逍遥游〉的阐释》，第 8 页。

言深至,固非庄子莫能为也。"①《天下》云:"古之人其备乎!配神明,醇天地,育万物,和天下,泽及百姓,明于本数,系于末度,六通四辟,小大精粗,其运无乎不在。其明而在数度者,旧法世传之史尚多有之。其在于《诗》《书》《礼》《乐》者,邹鲁之士、搢绅先生多能明之。《诗》以道志,《书》以道事,《礼》以道行,《乐》以道和,《易》以道阴阳,《春秋》以道名分。其数散于天下而设于中国者,百家之学时或称而道之。"章学诚就已经发现,这里隐藏着当时中国学术纵向谱系与横向分类的密码,横向而言,则分为史、经、子三类,纵向而言,则看出由史而经、由经而子的谱系序列。后世学者所言六经皆史、诸子出于六经的学术谱系学已经于此奠基。六经上承旧史而下开诸子,为古之道术的嫡传,就战国中晚期思想或语境而言,言六经实则即言孔子,孔子以六经而出场正证明庄子或者说庄子学派对六经的服膺,"若其首引先圣六经之教,以为大备之统宗,则尤不昧本原,使人莫得而摘焉"②。就《天下》整体内容而言,作者遍评诸子而不及孔子,实则也是对孔子的尊崇,因为包括庄子、老子在内的百家言皆是"古之道术"之一端,以不论及孔子的方式褒扬孔子可谓是庄子式的"春秋笔法",所有点名论及的皆是被批评者,没有点名的孔子正是被褒奖者。换言之,以六经为载体的孔子之道正是"古之人其备乎"者所在,其内容则是"备于天地之美,称神明之容"的内圣外王之道,这"注定了《庄子》之学是以孔子之学为前提的,是对孔子之学的补充,脱离孔子之学或六经的背景,《庄子》之学就无法得到恰当的理解"③。与《天下》关系最密切的是《天运》《天道》,《天运》正式承认六经与孔子的关系,不仅"与化为人"而且"能化人"的孔子被老子所肯定,证明庄子笔下的孔子不仅是先师而是至圣;《天道》则把"玄圣素王"这一无冕之王的尊号第一次披加于孔子身上,这近乎成为中国后世经学特别是今文经学最具典范性的核心话语。

就《庄子》内篇而言,《自由之思》也分析了诸篇(除《养生主》)关于庄子对孔子思想的吸收与转化。《逍遥游》寓言"尧让天下于许由"以儒家圣王帝尧第一个出场,而尧正好是儒家圣王—圣人道统谱系的起点,这种截断众流的思想叙事岂是偶然?同时,"让天下"可能还有深层次地对"天下为公"的

---

① 王夫之:《庄子解》,《船山全书》第十三册,长沙:岳麓书社,2011年,第462页。
② 同上。
③ 陈赟:《自由之思:〈庄子·逍遥游〉的阐释》,第15页。

隐喻,正如《史记》记世家以《吴太伯世家》为起笔乃是别有观照一样,"让"是儒家政治德性的最高典范。"让天下"与"天地之正"之间,"天地之正"与"各正性命"之间,原本有着内在统一性的政治诉求(详下文)。《齐物论》既"齐物"又"齐论","齐物必照之于天,齐论必衷之于圣":齐物是对诸侯异政的回应,强调还民自由,各正性命;齐论则是对百家异说的评判,亦以观百家之学能否在"各正性命"的意义上对这个世道做出公允的观照。《齐物论》:"六合之外,圣人存而不论;六合之内,圣人论而不议。春秋经世先王之志,圣人议而不辩。"意识到"春秋经世"正意味着庄子能领悟一套孔子之学的正法眼藏。况且,"丘"被庄子用来直接言说"大圣梦"与"参万岁一成纯"这种造境。我们可以看到《齐物论》一方面对"儒墨之是非"的批判,一方面则对孔子("丘")的维护。此篇可与《田子方》"以鲁国而儒者一人耳"互相发明。在《人间世》中,孔子及其思想有更直接的朗现,庄子借孔子之口"道出了对人间社会之伦常秩序的根本性理解,这就是,'子之爱情'之'命',与'臣之事君'之'义',为伦常秩序的大经大法,无所择、无所避,唯一所能做的就是尽节忘身、安乎义命。正是在这里,可以看到《庄子》哲学与孔子的关联,无论是前面的'逍遥'问题、'齐物'与'养生'的问题,还是后来'德充符'的问题、'大宗师'与'应帝王'的问题,都必须在由'义'与'命'所主导的伦常秩序中展开"①。也即是说,一整套庄子哲学是承认孔子所建立的由义和命所形成的伦常秩序为前提的,舍此则逍遥、齐物、养生等等皆会挂空。与之类似,《德充符》《大宗师》《应帝王》都隐藏着庄子对孔子的消化和吸收,而庄孔之间的绾结点正是《易传》所言的"乾道变化,各正性命"。《逍遥游》之言"天地之正"所在于斯,《齐物论》之言"春秋经世"所在于斯,《大宗师》师法的天道所在于斯,《应帝王》中的明王之道所在于斯。也正是在"各正性名"或"天地之正"的意义上,逍遥才能不僭越秩序,秩序才能不束缚自由。

不唯如此,庄子哲学叙事方式即所谓"三言"(寓言、重言、卮言)也并非其来无自。《自由之思》指出,《春秋》是孔子因史造经而对乱臣贼子施行道德审查和历史审判的大典,《春秋》借事明义而避免载之空言,春秋笔法以字言褒贬这种非常规的行文笔法突显的是正义和庄严。与春秋笔法类似,《周易》关于言、象、义的思考都预示着中国哲学是隐性书写与显性书写、抽象书

---

① 陈赟:《自由之思:〈庄子·逍遥游〉的阐释》,第27页。

写与隐喻书写的统一。孔子的无言正如天道的无言,孔子的有言亦不过是为天道代言。庄子以"三言"作为哲学叙事方式是从孔子获麟绝笔之后辗转而来,正如孔子面对乱世而不能仅仅"载之空言"进行道德说教一样,庄子以"三言"作为哲学叙事方式也正是因为"天下沉浊而不可以庄语";正如孔子的言说说到底是"天何言哉"的无言之言一样,庄子的"三言"最终与其"思想中所展现的'与化为体'的本真存在样式构成深层的内在呼应"①。"三言"是对人为建构秩序或专制秩序的解构而对天道之"各正性命"的自发秩序的显发。

二 自化而不能化他:鲲鹏逍遥的无限与有限

《逍遥游》开篇寓言"鲲化鹏"是既有隐喻色彩又有起兴形式的所谓"赋比兼兴"的复调寓言。《自由之思》洞察到,鲲化鹏不仅是《逍遥游》的开端,也是内七篇的开端,还是《庄子》全书的开端。逍遥即便是中国古典式的自由,也毕竟属于自由,现代汉语中或没有比自由更能契合逍遥的思想术语。这意味着,鲲化而为鹏首先隐喻的就是自由主体的成长与突破,这正好与"内七篇"之末的寓言"混沌之死"构成始末呼应的对称关系,"自由图景在《逍遥游》中以自然世界的鲲鹏开启,而在政教社会中则由混沌之死终结"②。

问题是,《逍遥游》将鲲鹏寓言不厌其烦得连讲三遍,如果此是所谓"重言"("重言"有多种诠释,此处取重复之言),那么这种"重言"意味着什么?《自由之思》没有把传统庄学将重言仅仅视为形式的重复而有推重、倚重之义,相反,作者引入现象学的视角主义理论:存在的显现不能无遮蔽地一次性完整显现,而总是在此在的视域中进行侧面性或间接性的显现,真理的显现原本就是由主体的意向性而产生的情境性现象,庄子鲲鹏寓言的三次出现乃是隐喻自由主体在三种不同情境中的不同涌现。

《自由之思》对鲲鹏寓言的三次出场做了细致入微的阐发:鲲鹏第一次出场是大鲲化大鹏,由北冥飞往南冥,是从大地飞往天空,此时只有南冥才是天池,隐喻自由主体的自我突破,是一条上升之路。鲲鹏第二次出场是借着"齐

---

① 陈赟:《自由之思:〈庄子·逍遥游〉的阐释》,第66页。
② 同上书,第100页。

谐"的传说出场,正如大舟之不沉有待于大水,大鹏之轩翥则有待于大风,这是一种有待性的限制。不过,这种限制不是对自由或逍遥的束缚,相反,这种限制乃是自由主体得以生成和超越的条件。沉潜、厚积、凭风在蜩与学鸠看来是有待,但就自由主体看来这种有待正是实现自我超越、自我生成的外缘条件,没有这些条件,自由将不可能,故鲲鹏的有待性并不是传统庄学所认为的对自由之限制性或否定性因素。相反,正是凭借这些有待性的条件,自由才得以可能。这些有待性的条件毋宁说是对自由主体的玉成,自由本来是超越的而非自然现成,否则鲲鹏之大而化之、由南向北与仅仅满足于生物性本能的蜩鸠就没有区别。可见,鲲鹏第二次出场虽然强调有待性,但大鹏依旧是处于被肯定面的自由主体。作者既没有像向秀、郭象一样在性足的层面对蜩鸠与鲲鹏等量齐观,也没有像支道林、王船山一样因鲲鹏的有待性而否定鲲鹏的逍遥,应该说这是一种独出机杼的诠释,鲲鹏依旧走在上升的路上。

鲲鹏的第三次出场借着"汤之问棘"而出场,"无极之外,复无极也",这是一种完全超越任何名相、超越上下、超越南北、未始有物的视角。第一次鲲鹏出场时只有南冥才是天池,第三次鲲鹏出场则把北冥也视为天池("穷发之北有冥海者,天池也")。《自由之思》在这里特别强调,把北冥视为天池、意识到无极之外复无极的不是大鹏,而是儒家圣人商汤与其臣子夏革(棘)。天池本来是对天命、天道、天地精神的隐喻,天池无所不在(南冥北冥都是天池),正意味着一切存在都是在天命中、在天道中、在天地精神的引领中自在涌现或自由存在,一切名相之封执、一切心法心所有法之分别皆被作为儒家的圣王商汤完全消解之,这种自由类似于佛学所谓"以无所住而生其心"的涅槃之境。"独与天地精神往来而不敖睨万物",这种自由意味着其突破之路已经无所谓上升或下降,"下学而上达""稠适而上遂"与"不谴是非以与世俗处""陆沉"并不矛盾。相对于仅仅驰骛于自我超越的上升之路而言,只有勇于下降、勇于返回人间世、勇于从"未始有物"回到"与物为春"的秩序中的下降之路才会实现真正的自由。正如唐代青原行思和尚所言的究竟之境并不是"看山不是山,看水不是水"而是"看山还是山,看水还是水"一样,这种下降只是相对于前两次所谓上升而言的名义上的下降,事实上,却是超越所谓上升或下降的究竟自由。只有含摄了世间、秩序、伦常、德性的自由才是真正的自由,因为世间、秩序、伦常、德性等所谓世间法原本也是天道所在、天命所在、天地精神所在。这种自由意味着,对自由主体而言是自我感性的和谐,类似于从心所欲而不逾矩。对于与自由主体构成主体间性关系的万物而言,"玄水"(隐喻形而上世界)最终会走向"白水"(隐喻形而下世界,详《知北游》),这是一个生生化化、浑朴未分的世界,鸢飞鱼跃,生机遍满,活泼自在。

特别值得注意的是,这种究竟自由是作为鲲鹏寓言之背景的儒家圣人商汤所造之境,而非鲲鹏所造之境。毕竟,鲲鹏还要从北冥飞往南冥,商汤已经了悟北冥南冥都是天池,大鹏只知道南冥才是天池,南冥与北冥之间还有上与下、天与地、南与北之分,其间有距离,有分别,有差异。大鹏"这种不充分性只有通过汤这位圣王的视角才得以呈现","只有在自由的更高层次,鲲鹏的自由的限制才可以给出"①,鲲鹏的限制性不在于有待性,而在于其不充分性,商汤已经从与天地精神相往来的形而上之境回归到形而下的世界,因为一切无非天道或天命,而鲲鹏依旧要从北冥飞往南冥,试图超越大地走向天空。这样,即便是鲲鹏实现了自我突破和自我超越,但正如小乘佛教能自证而不能证人一样,鲲鹏能自化而不能化人,以斥鷃为代表的万物似乎还在它的对立面。《自由之思》意识到,斥鷃之笑虽然是对"下士闻道大笑之"(《老子》第四十一章)的嘲讽,但在另一个层面正隐喻着鲲鹏自由的不充分性,即大鹏没有达到孟子所言"所过者化,所存者神"(《孟子·尽心上》)那种自化而化人的究竟之境。鲲鹏的大而化之依旧是对人间世的超越,这种驰骛于广莫之野、无何有之乡、游乎天地之一气的自由依旧蕴含着潜在的限制,这种自由一旦回到秩序、伦常、世间中,必然会走向"其寐也魂交,其觉也形开"(《齐物论》)的不自由之中。正如鲲鹏将南冥与北冥判为南北一样,其自由的造境也将天道与人道分作两截,驰骛于天道而不能回归人道。殊不知,最普遍意义上和最高层次上的自由只有回归到"人间世"才能真正实现。

三 "天地之正"的常道与"六气之辩"的变道

鲲鹏自由的不究竟性是相对于儒家圣人商汤与夏革的究竟性而言,那么这种究竟性的自由究竟有何等内涵,《逍遥游》给出究竟自由的定义:"若夫乘天地之正,而御六气之辩,以游无穷者,彼且恶乎待哉!故曰:至人无己,神

---

① 陈赟:《自由之思:〈庄子·逍遥游〉的阐释》,第110页。

人无功,圣人无名。"真正的自由是"乘天地之正"的自由,而天地之正则内在地包含着人间世以及人伦秩序。人间世或人伦秩序毕竟也在天地宇宙之中,正如王船山所论指出:"除一姓无十姓,除一家无百家,除十姓百家无天下,除天下无天。合之则浑乎一天,散之则十姓百家之不一。"①一姓一家构成天下,而天下则是天的主体,故"乘天地之正"内在地要求着观照整个天下,要求不能脱离天下而获得逍遥,逍遥必须安立于这个既然在六合之内、又在六合之外的天下中。《自由之思》强调"天地之正"正是所有人的自由可以从中作为个人自由来实践的一个秩序架构。

庄子将"天地之正"与"六气之辩"并提,二者是同义互文还是以异义对文,学界多有争议。该书作者力排众议,意识到"六气之辩"并非与"天地之正"是同义互文关系。相反,作者以"变"训"辩","变"是"常"或"正"的反面,"六气之辩"是对"天地之正"的违背与乖离,庄学史上奚侗、郭庆藩等都持此说。中国哲学的天道观本来就蕴含着"常"与"变"的辩证统一,如《老子》所言:"夫物芸芸,各复归其根。归根曰静,是谓复命。复命曰常,知常曰明,不知常,妄作凶。知常容,容乃公,公乃全,全乃天,天乃道,道乃久,没身不殆。"(《老子》第十六章)老子反复强调其师法的天道是天地之常道而非暴风骤雨般的变道,庄子所谓"天地有大美而不言,四时有明法而不议,万物有成理而不说"(《知北游》)也是对作为常道的天道的描摹。与常道相反的则是变道,四时失顺,阴阳失调,寒暑无常,冷暖不定,"阴阳并毗,四时不至,寒暑之和不成"(《在宥》),这些都是"变道",《自由之思》还引入《左传》关于"六气之变"的描写:"六气曰阴、阳、风、雨、晦、明也,分为四时,序为五节。过则为灾:阴淫寒疾,阳淫热疾,风淫末疾,雨淫腹疾,晦淫惑疾,明淫心疾。"②因为天道本身就包含着无意义的或盲目的变道,故作为自由主体的圣人就不得不"乘天地之正"去"御六气之辩",所谓"燮理阴阳"(《尚书·周书》)、"辅相天地"(《易传》)、"与天地参"(《中庸》)等皆或指此;"御六气之辩"之"御"是"驭"的异体字,二者皆有驾驭、导引、拨正之意,无论驭马还是驭车都是"顺"与"导"的合一,故这种驾驭、引导、拨正不是出于"意必固我"的横加干预,而是顺其"正"和"常"而控其"邪"和"变","乘正御变"是以天

---

① 王夫之:《庄子解》,《船山全书》第十三册,第402页。
② 转引自陈赟:《自由之思:〈庄子·逍遥游〉的阐释》,第253页。

地之常道为前提而对变道做出辅相,正其不正以归于正、拨其乱变而复归于常。总之,"'天地之正'与'六气之辩',一正一变,代表了同一秩序的正反两面。如果说《庄子》通过'天地之正'揭示的是自由秩序的根基,那么,'六气之辩'则是对这一秩序及其根基的偏离与违背。"①

正因为"乘天地之正"与"御六气之辩"存在着理论的张力,这个时候就不得不需要圣人或圣王以"天地之正"去驾驭"六气之辩",以天地之常道去还原天地之变道,故庄子指出:"圣人者,原天地之美而达万物之理,是故至人无为,大圣不作,观于天地之谓也。"(《知北游》)这就是庄子式的内圣外王之道,正如我们前文所言指出,鲲鹏自由的有限性乃在于其仅能自化而不能化人。列子也是如此,他御风而行,成己而不能成物,因势而不能利导,他可以免乎行,但世间存在依旧与他形成扦格。《自由之思》指出,《逍遥游》借着接舆之言让孔子"不显亦临",接舆之名或非无意义的生造,而可能是对"接圣人之权舆"的隐喻,故出自接舆之口的姑射之神人可能在《逍遥游》中具有极重要的地位:"其神凝,使物不疵疠而年谷熟。"王船山曾认为"其神凝""三字一部《南华》大旨。"②姑射之神以神凝的方式参悟"天地之正"的常道并践行此常道才使得"使物不疵疠而年谷熟"。疵疠是变道,年谷熟是常道,姑射之神正是以常道驾驭变道而保证民丰物阜。"神凝"与"使物不疵疠"的推导关系可能是对《天下》所谓"内圣外王"之道的回应。《天下》所言"古之人其备乎!配神明,醇天地,育万物,和天下,泽及百姓,明于本数,系于末度"也正是以天道观照人道,让人道中的百姓能够在天道所给予的秩序中成为他们自身。接舆这种兼济天下的内圣外王之道与肩吾区别开来。肩吾不过是"肩我而不及天下万物"③之义,犹如小乘佛教中的辟支佛。

庄子以姑射神人作为最高典范,姑射神人背后是接舆,接舆背后是孔子,故我们不得不承认庄子这一套以天道秩序观照人道秩序的哲学信念来自于孔子,此并非没有根据。《论语·阳货》:"子曰:天何言哉?四时行焉,百物生焉,天何言哉?"前文所引《知北游》"天地有大美而不言"可能是对孔子的微妙回应。换言之,庄学并不能脱离孔子所造之道的思想谱系与传统。更

---

① 陈赟:《自由之思:〈庄子·逍遥游〉的阐释》,第255页。
② 王夫之:《庄子解》,《船山全书》第十三册,第88页。
③ 陈赟:《自由之思:〈庄子·逍遥游〉的阐释》,第367页。

何况,与孔子有千丝万缕关系的《易传》更直接提出:"乾道变化,各正性命。"《德充符》所言"受命于地,唯松柏独也正,在冬夏青青;受命于天,唯尧舜独也正,在万物之首。幸能正生,以正众生"亦与《易传》"各正性命"构成呼应关系。①《庄子》外杂篇反复强调万物各有其"性命之情",而此"'性命之情'才是内蕴在'天地之正'这一表述中的真正内容"②。

  逍遥与自由说到底是每个自由主体包括自我身心协调的感性体验与理性所参证的天道精神的合一。没有抽象的逍遥与自由,自由最终诉求于每个自由主体的体验,禅宗所谓如人饮水而冷暖自知。《自由之思》引入现象学"边际体验"这一术语:"人在正性之自由体验中必然同时包含着在我者的体验与在天者的体验。作为无待的体验形式,自由必然表现为一种'边际体验',也就是位居在我者与在外者——'天'与'人'——的'居间'(metaxy)或'之间'(the in-between)的体验。"③这种体验实则即对天人之际之"际"的体验,这种体验一方面意味着安于"性命之情"的自我体证,有所为而有所不为;另一方面则感受天道的"不容已""不得已"之性。这是对自我的一种否定性限制,但这种限制本来生成于一种无限性的境域中,故它始终敞开为一种接纳或开放。这种限制性是对执念和束缚的解除,庄子将之称为"悬解"。边际体验最终体验到的是正命的自由,万物在乾道变化、大化流行中自在地涌现其自身、成为其自身,承担其自身使命。此与孟子所言"尽其道""正命"思想洵属一致,"各正性命"意味着每个自由主体在一种"稠适而上遂""下学而上达"中、在成己与成物的实践中实现无待的、无任何限制的自由。这意味着,"自由主体不仅作为'天地人'(宇宙人)同时也作为'社会人'而存在,作为完整的具体之人而存在。自由本身的真正内涵就指向这种完整而具体的人之生成"④。"各正性命"是对"天地之正"之内涵的显发,"天地之正"这种常道构成万物"各正性命"的前提。鲲鹏能"乘天地之正"而不能"御六气之变",意味着它不能穷尽内圣外王之道,其自由具有有限性、不充分性和不周延性,它不能体验到这种关于自由的边际体验,故一旦返回人世间其自由便荡然无存。

---

① 参见钟泰:《庄子发微》,上海:上海古籍出版社,2002年,第110页。
② 陈赟:《自由之思:〈庄子·逍遥游〉的阐释》,第264页。
③ 同上书,第269页。
④ 同上书,第281页。

四 "让天下":"天下为公"与"各正性命"

《自由之思》强调"天地之正"内在地承认万物"各正性命",这实则承认自发的宇宙秩序是不证自明的最合理秩序。类似于西方哲学所言的"自然法"或"神法","六气之辩"则是对这种"自然法"或"神法"的破坏。故庄子强调要"御六气之变",复变归常,拨乱反正。承认此,则意味着《逍遥游》所言"至人无己,神人无功,圣人无名"并非在一般意义上承认自由主体的自我超越性,而是有更深刻的政治哲学内涵:"无功、无名、无己作为'去主体化'的方式,以负的方式彰显一种正面的'各正性命'的秩序。'三无'之说是主体自我转化、升华以显现'天地之正'的方式。"①"三无"意味着拒绝以人为("意必固我")的方式对天道的妄僭,不是以"我"而是以"天道"或"天地之正"的方式观照万物才能在真正的意义上实现万物"各正性命"。"闻在宥天下,不闻治天下也"(《在宥》),"三无"是对统治者的主体之我的悬置或消解而还自由于民,让百姓按照天道的法则彰显其本性、尊崇自我之自然、实现本己的自由,此与老子所言"以辅万物之自然,而不敢为"(《老子》第六十四章)近似。按照荀子的说法,"圣也者,尽伦者也,王也者,尽制者也,两尽者,足以为天下极矣"(《荀子·解蔽》),圣人要"尽伦尽制"就不得不对天下作出整布和安排,然其对天下最理想的治理方式就是随顺天道而让百姓各正性命。"圣人是政治性的人格,他在自正性命的同时,给出常人自正性命的条件。"②同时,也只有在让百姓各正性命的同时才能实现自我的自正性命。在天道中,圣人与百姓构成交互主体关系,无论是"圣人"还是"百姓"终究都存在于天道所给定的秩序中,"不予以物逍遥者,未有能逍遥者也"③。

一旦承认"乘正御变"的题中之义是让万物"各正性命",这就必然拒绝"以一人之断制利天下"(《徐无鬼》)的专制主义,也就必然意味着不能将天下视为一家一姓的私物,而是要承认"天下为公"(《礼记·礼运》),"天下非一人之天下也,天下之天下也"(《吕氏春秋·贵公》)。这也就不难理解庄子

---

① 陈赟:《自由之思:〈庄子·逍遥游〉的阐释》,第286页。
② 同上书,第288页。
③ 王夫之:《庄子解》,《船山全书》第十三册,第90页。

所言"藏天下于天下"有何深意。就现实政教秩序而言,只有做到"天下为公"或"藏天下于天下",才能让天下百姓真正实现各正性命。这正是庄子所言"乘正御辩"的苦心孤诣所在。就这个意义而言,儒道合一,庄孔不二。即此而言,寓言"尧让天下于许由"所隐喻的可能就不再是对许由"无所用天下为"而遗落庙堂的褒奖。相反,可能是对"尧让"这种政治品节的表彰。《自由之思》指出:"自由成为个体自身的作品,是个体的自我成就。但对于一个共同体而言,当个体的自由成为其自己的成就时,这背后已经隐藏着一个无名的秩序背景以及对这个秩序负责的圣人。"①许由的自由是尽其性命之情的个体自由,作为政教性人格的帝尧(尽伦尽制)则不仅要尽自己的性命之情,还要让天下人各正性命、各尽其性命之情。前者是常人的自由,后者是圣人的自由。"将个人自由的实现同时关联于他人获取自由的条件,正是这种为天下人创造自由条件的实践,才指向最高意义的自由。"②

在这个意义上说,"尧让天下于许由"的一个关键字眼"让"字可能被很多注家所忽略。儒家神往于三代之制实则即神往于"天下为公"的制度,而"天下为公"的具体表现方式即尧舜禹的三代禅让,故"尧让天下"这则寓言或别有所指,"'让天下'作为寓言来理解,意味着将天下让渡出来,也就是不自居有天下,不将天下视为一己之产或一家之物。尧是先秦诸家共同尊奉的圣人,'尧让天下',暗示着圣人之治理天下的实质是'让天下'——允让天下、让渡天下"③。"让天下"所隐喻的,从私德方面而言,"让"可能是儒家最高的政治品德,《论语·泰伯》:"子曰:泰伯,其可谓至德也已矣。三以天下让,民无得而称焉。"泰伯三让天下不仅有让之实,而且不落让之名,这被儒家视为最高尚的政治德性。史家司马迁将《吴太伯世家》列为世家第一,就是对这种政治品质的表彰;从政治理念而言,"让"所隐喻的正是"天下为公"这一儒家最高的政治典范。"让"意味着没有将天下据为己有,而是承认天下为天下人的天下,把天下还给天下。也只有在这个意义上,基于"天地之正"的天道观所观照下的"各正性命"才获得可能。"'让'意味着让给、与出,与出的是各正性命的条件,而不是各正性命本身,存在者的自正性命仍然必须由存在者

---

① 陈赟:《自由之思:〈庄子·逍遥游〉的阐释》,第307页。
② 同上书,第174页。
③ 同上书,第314页。

本身以自己的方式自行展开,而'让'作为一种政治方式,意味着这种自正性命的担保,它关联着通过让出而达到的自发性的回归'天地之正'。"①

同时,"让天下"而"许由不受"也意味着帝尧对许由自我选择的认可,这可能是对"万物并作"的隐喻。天下人皆按照自我的方式存在、生成、实现、成就,帝尧没有对隐士许由的选择进行干预实则是对他自正其性命的尊重和保护。尸祝固不能越俎代庖,庖厨也不能越厨代祝。天道秩序实则即尊重万物自我选择而形成的自发秩序,天道在成就万物的过程中本身即是以隐退、无为、缺然的方式来成就天下的。万物从来不是天道的被造物,相反,万物是自己创造自己,自己生成自己,自己成就自己。就其实在性和存在性而言天道是一种"或使",就万物的自生自发而言天道是一种"莫为",天道兼具"或使"和"莫为"两性。这种天道观一旦被世间政教秩序的承担者所师法,则必然意味着承认:圣王不是不存在,而是以不存在的方式存在;圣人不是不治理天下,而是以随顺百姓自然、还民自由的方式治理天下。信乎郭象所言"夫治之由乎不治,为之出乎无为也"②。与天道一样,圣人治国也是"或使"(有为)与"莫为"(无为)的统一,既承认圣人或圣王存在的正面价值和必要性,也给出帝王统治活动的限制性原理,此即王船山所谓"帝王之道,止于无伤而已"③。优良的统治不在于给百姓多少福祉,而在于是否伤害了百姓基于自然天道而被给出的"各正性命"。不伤害百姓的"性命之情"就是对百姓最大的恩泽。在这个意义上说,儒家"赞天地之化育"与道家"辅万物之自然"在究竟处并非二致。庄子"神凝谷熟"之境与孟子"存神过化"之境也非道出二端,这是儒道在名义上分化之前的"古之道术"也即所谓"内圣外王"之道。

可见,《逍遥游》的"三无"不是小乘佛学式的自我超脱,其深层次的哲学隐喻是"内圣外王"之道。"三无"即"用无用",圣人或圣王通过对自我主体的消解而为天地万物、百姓万民之"各正性命"作出承诺,确保统治与天道的合一。正是在"三无"的观照之下,社会伦常秩序被投射于天地或天道之幕中,万民各得其所,百姓各得其正,万物各得其用:许由的性命之正在山林,不龟手之药的性命之正在水战中,瓠落无所容之瓠的性命之正在江湖之上,大

---

① 陈赟:《自由之思:〈庄子·逍遥游〉的阐释》,第322页。
② 郭庆藩:《庄子集释》,北京:中华书局,2012年,第24页。
③ 王夫之:《庄子解》,《船山全书》第十三册,第183页。

本拥肿之樗的性命之正在于为世人提供一方可以"彷徨乎无为其侧,逍遥乎寝卧其下"的绿荫。在《自由之思》看来,《逍遥游》这些"用无用"的寓言都是对基于"天地之正"而让万物"各正性命"的隐喻。万物皆得以正命尽性之时,也意味着圣人或圣王的正命尽性。这应该是最高层次或穷其极致的自由层级,"如此,他者与自我的明确界限就会瓦解,他者不再构成自我的限制与障碍,因而当主体通过'无用之用'达到无己时,也就同时赢获了《齐物论》所说的'天地与我并生,万物与我为一'的体验,这种'万物一体'的体验本质上是一种自由体验,正是这一体验使得他在这个世界无执无碍、自由自在"①。

一点总评

　　天道精神与人文世界相贯通(牟宗三先生称之为"天道性命相贯通")原本是中国哲学儒道两家之共法,提倡"参赞天地之化育"的儒家与"原天地之美"的道家皆根植于古老中国共同的生活世界中。这种共同的生活世界培植了儒道两家近似的关于天道的信念。因此,儒道二家也在事实上分享共同的"古之道术"所在的"内圣外王"之道,其术或为二,其道则为一。《自由之思》以目击而道存的造道气魄为我们全新地描绘了一幅大乘庄学"自化而化人"的思想图景。该书打通儒家"天下为公"与道家"在宥天下"的"任督二脉",打通庄学"天地之正"与易学"各正性命"的内在思想关联,将天道与人道相融相摄,将逍遥与秩序互证互显。我们也看到,在"道出于二"的现代社会,前现代的中国古典式自由主义(姑且称之为自由主义)不仅不与之相悖逆,而且对之是有益补充。一方面,在宥天下、天下为公等理念在现代社会中具有不证自明的普遍意义,如果将根植于西方自然法学说的现代自由主义放在"天地之正"和"各正性命"的中国天道观中会更具意义和说服力,后者为前者提供了中国式天道观—自然法的论证;另一方面,广义的自由并不拒绝精神体验意义上自由体验,中国古典哲学强调在秩序与逍遥之间、在有限与无限之间、在性命与天命之间的"边际体验",实则也是对现代自由的有益补充,这种直面存在本身并可以让众生直接经验到的自由无疑具有深刻的意义。

　　从经典诠释的角度而言,《自由之思》以《庄子·逍遥游》为经典文本,将

---

① 陈赟:《自由之思:〈庄子·逍遥游〉的阐释》,第410—411页。

庄子之前的圣王(主要包括帝尧、商汤、文王)、孔子、老子作为庄子的思想背景或历史渊源,将同时代的孟子和《易传》作为参照对象和潜在对话者,将庄学史上的著名注家郭象、王夫之、钟泰等作为庄子的诠释知音,以周扎的文献功底和思辨的力量对庄子"逍遥游"作出了全新的解释,可谓是"山径之蹊间,介然用之而成路"(《孟子·尽心下》)。按照傅伟勋先生创造的诠释学理论,《自由之思》不再如传统解经学那样恪守家法而仅仅是追求"实谓""意谓""蕴谓",而是自觉地致力于"当谓""必谓""创谓",将庄学的隐在思想转化为显在思想,让"涉旷经虚"的逍遥游直接与我们的世道人生相照面而成为"经国体致"①之道。最后需要指出的是,正如作者回应和批评了很多庄学史上的方家一样,笔者对《自由之思》少部分庄学诠释思想或有歧见。不过,按照存在论诠释学的说法,所有的诠释都意味着建构,阮籍、嵇康的庄子与向秀、郭象的庄子之不同就在于建构的不同,这种不同诠释在究竟的意义上并没有孰是孰非的原则之判。然而,没有对错之分却不意味着没有高下之别,注经贵在言之成理、持之有故而能成一家之言。古人云:"善待问者如撞钟,叩之以小者则小鸣,叩之以大者则大鸣。"(《礼记·学记》)解经即向古人问学,问学则如撞钟,鸣小鸣大,扣之在人,《自由之思》所发皇的庄学精神可谓扣之大者欤!

(李智福,西北政法大学哲学与社会发展学院副教授)

---

① 郭象语。参见郭庆藩:《庄子集释》,第1114页。

邓联合：《王船山庄学思想通论——基于〈船山全书〉的研究》

在中国庄学史上，郭象《庄子注》与王夫之《庄子解》是最具深度亦备受关注的两部注释性著作，学界对这两部书的研究成果，可谓琳琅满目；与此同时，郭象与船山又分别是中国哲学史上"魏晋玄学"与"宋明道学"两个关键阶段的"集大成者"，学界对他们的玄学或道学思想的研究成果，可谓汗牛充栋。值得注意的是，无论在郭象玄学还是船山道学的思理内部，《庄子注》与《庄子解》都有着某种"稠（调）适而上遂"的点睛作用，或者说"得其环中以应无穷"的道枢地位，由此即可直观地看到庄子哲学是在何种程度上参与、促发、推动着中国古代哲学的突破与进展。

郭象的庄学与玄学均以《庄子注》为核心载体，"郭象庄学"与"郭象玄学"本为一体而密不可分；与之不同，"船山庄学"与"船山道学"既存在着文本上的各自偏重，又呈现出思想上的分殊脉络，学界的相关研究基本上是"花开两朵，各表一枝"，未能充分或有效地将两者融为一体。不管在文本还是思想上，"船山庄学研究"都要比"郭象庄学研究"更复杂：在文本上，"船山庄学"的相关材料远不止《庄子解》及《庄子通》这两部"庄学专书"，在船山的"儒家经典诠释、史学批注、社会政治评论、思想文化短札，乃至历史人物列传、诗赋文论"[①]中亦随处可见，这些散见于《船山全书》中的零碎材料往往不被研究者重视；在思想上，"船山庄学"与"船山道学"之间究竟是何关系，"船山庄学"在"船山思想"中有着什么样的价值与地位，这些难题也都是前贤所未及深研或未曾详论的。此外，因为船山兼具"醇儒"与"遗民"的双重身份，其生命形态也要比郭象更显纯正、更趋隐微。在船山的情感与人格世界

---

① 邓联合：《王船山庄学思想通论——基于〈船山全书〉的研究》，北京：北京大学出版社，2020年，第29页。

中,学界一般都会承认"庄子"起到了某种深度建构作用,但是,这种深度建构具体体现在哪些方面,也是学界未能予以合理解释的难题。

有鉴于上述问题的存在,尽管学界在船山庄学研究方面已然取得了相当丰硕的成果,仍需更进一步,补足文本处理上的"短板",方能对船山庄学进行全景式的观照;兼顾船山庄学思想中的"情""理"两端,方能一览船山庄学深处的玄微张力与曼妙景观;汇通"船山庄学"与"船山理学",方能对"船山思想"展开整体性的理解。以上三点,正是邓联合先生《王船山庄学思想通论——基于〈船山全书〉的研究》(下文简称为《通论》)一书的问题意识与研究目的:"通论"者,"文本"方面求其遍通而无遗漏,"方法"方面求其兼顾而不偏执,"思想"方面求其贯通而免歧裂之谓也。

一 船山庄学文本的"内"与"外"

《通论》将与船山庄学相关的文本区分为两种:内部性诠释文本,以及外部性诠释文本。所谓"内部性诠释文本",指的是《庄子通》《庄子解》两部庄学专书;所谓"外部性诠释文本",指的是船山在两部庄学专书之外的所有著作。邓联合先生注意到,此前的船山庄学研究过于关注内部性的庄学专书,而"严重忽略了那些外部性的诠释文本"[1]。对外部性诠释文本的重视、汇集与分析,体现出的就是《通论》在文献方面的"求全"努力。《通论》又称外部性诠释文本为"庄学碎语",经由此语,即可见这类文本的最大特征——"碎"。的确,这些零言碎语散落在船山著作的各个角落,既难以搜罗归集,亦难以统合分析。对于研究者而言,关注这些内容似乎注定是博而寡要、劳而少功,也便纷纷将研究焦点放在了两部庄学专书上而难能他顾。

问题在于,尽管"庄学碎语"是外部性的,也即外在于《庄子通》与《庄子解》两部庄学专书,但它们依然内在于"船山庄学",是"庄学话语之总体"的有机构成部分,无视或轻视这些材料,就无法获得关于船山庄学的全面化、整体性理解。并且,尽管"碎"往往意味着琐屑或不重要,但"碎"之中难免会有一些"零金碎玉",对这些"零金碎玉"的缀合也可能会衍生出某种光彩夺目的宏观理论效应,因此,完全忽视"庄学碎语"将会遮蔽我们对船山庄学之深

---

[1] 邓联合:《王船山庄学思想通论——基于〈船山全书〉的研究》,第18页。

入性、复杂性的认知。更重要的是,因为"任何诠释者在对《庄子》一书进行内部性的注解、评点或申说的过程中,无论自觉还是不自觉,都难免会或多或少受到其固有的语词概念、文本语境、文句脉络、言说理路和思想观念的影响、牵制或挟裹"①,船山在《庄子通》《庄子解》中只能"带着脚镣跳舞",与之不同,"在庄学专书之外,由于暂时脱开了《庄子》文本的直接限制,再加上其他著述所涵摄的文本语境、言说逻辑和思想观念的激发,诠释者反倒可以敞开心扉,畅所欲言,'但说无妨',多维度、多层次地宣示其对庄子的正见或私见"②。这也就意味着,在外部性诠释文本中,船山可以获得某种表达的自由,从而抒发更真实、更真切的观点。《通论》认为,船山在外部性诠释文本中自由表达的思想,"既有近通一致、相辅相成之例,也不乏此是彼非、相互矛盾的情形"③。通过这些驳杂而矛盾的文献,我们可以更真实地看到船山对庄子的"定位"。

在船山庄学文献中,如果说《庄子通》与《庄子解》宛若"日月","庄学碎语"即如"星辰"。"日月"切近而显明,容光必照;"星辰"邈远而浩瀚,纷杂错陈。倘只关注"日月"而无视"星辰",也就无法对船山之"庄学宇宙"的整体性、复杂性与真实性展开有效的理解。换言之,唯有"照之以日月,经之以星辰"(《淮南子·坠形训》),我们才能窥测船山庄学之"星空图"的全貌与实景。正是出于这种考量,《通论》才不遗余力地辑录出了《船山全书》中的近六百条外部性诠释文本④。"附录一"汇集的这些"庄学碎语",既能让我们直观感受到"碎语"的全貌是多么蔚为大观而不容忽视;逐条读之,亦可发现其中多有粲然可观而发人深省之内容。在具体的研究中,《通论》大量使用了前贤视而不见的这些外部性诠释文本,从而探察出了船山庄学更复杂的思致,体贴到了船山庄学更微妙的情态。

---

① 邓联合:《王船山庄学思想通论——基于〈船山全书〉的研究》,第18—19页。
② 同上书,第19页。
③ 同上。
④ 辑录船山的"庄学碎语"有着相当的难度,且需要极致的耐心和细致,《通论》"附录一"中材料已然是蔚为大观了,但却依然未能"一网打尽",而是略有遗漏。比如,船山《广遣兴》诗中有"御寇新来免十浆,海鸥争席只沧浪","御寇新来免十浆"典出《列御寇》"列御寇之齐"章;《续落花诗》有"乞我逍遥名亦辱,桑条裾惹断云羞","逍遥"体现的自是庄学元素。两句均未见于"附录一"。

二 船山庄子定位的"理"与"情"

《通论》的第二、三、四章阐述的是船山的"庄子定位论"。所谓"庄子定位",指的是船山对庄子之学的内容、本质与特征进行的概括与评判。在《通论》看来,由于船山据以评判庄子的文本、思想语境的差异与交织,他的"庄子定位论"也变得光怪陆离,既富有层次性,也蕴有复杂性,甚至呈现出了某些自相矛盾与自我抵牾的情况。

船山对庄子的定位主要有三个层次:首先,以儒家审视庄子,庄子是与老子同一阵列的道家,作为异端的庄子备受船山之批判;其次,在道家内部审视庄子,庄子"出于老而高于老","自立一宗"而与老子有异;再次,以《庄子》审视庄子,庄子本人的思想以内七篇及《寓言》《天下》为载体,其余外杂诸篇均为后世学庄者之作。通过这三个层次,船山实际上对庄子进行了双重定位:一是第一层次中作为道家的庄子,二是第二、三层次中因"出于道家"而可以"通于儒家"的庄子。

通过《通论》的叙述可知,在船山对庄子的双重定位中,第一重定位依据的材料主要是"外部性诠释文本",第二重定位依据的材料主要是两部庄学专书。在船山庄学的外部性诠释文本之中,船山基本是以"醇儒"为立场而"辟庄"的。《通论》认为,尽管与前代儒家对庄子的批判相比,船山在方法与学理上都不见得有任何高明之处,但就"内容"来看,船山的庄子批判"涉及本体、心性、工夫、常识、认知、处世、境界、政治、言意关系、历史叙事、对后世的影响等方面"[1],范围非常广泛,内容非常繁杂,言词非常激烈,体现出了批判的全面性与彻底性,以及立场的坚定性与一贯性。与之相比,船山对庄子"出于道家而通于儒家"的第二重定位,"仅只出现在其庄学专书中"[2]。第二重定位之所以与第一重定位不同,乃至产生了矛盾,除了船山要因顺不同的文本语境这一客观限制之外,其"遗民心态"是更为本质的原因:生活于非常境域之中的船山的"孤困"之心会在庄子那里产生真切的心理共鸣,乃至寻找到深切的精神慰藉。因此,船山对庄子定位的双重性与矛盾性的实质,是其"醇

---

[1] 邓联合:《王船山庄学思想通论——基于〈船山全书〉的研究》,第49—50页。
[2] 同上书,第63页。

儒"与"遗民"双重身份或人格之张力的呈现。

除此之外,《通论》又拈出了"理"与"情"两种视阈来解释船山"庄子定位"的紧张性:"就'理'来说,船山是颇为严苛的儒者,其本务在于持守儒家正统,捍卫儒学的纯洁性,所以他在'予固非庄生之徒也'的立场上动辄指斥作为异端的庄子"①;"就'情'来说,船山屡屡一改其辟庄之儒的苛责态度,而不时展现出其为'好庄'之士的另一幅面孔。"②作为醇儒的船山以"理"而"辟庄",作为"遗民"的船山则因"情"而"好庄"。在"理"与"情"两端摆荡的船山既有"固非庄生之徒"的铿锵陈言,也有"薄似庄生之术"的喃喃自语。"理"之"固非",界线自然分明;"情"之"薄似",或不过是未能"以理化情"之表征,"情"之深处,早已为之折服矣。因此,在船山的庄子定位之中,"理"之一面似不如"情"之一面真切,船山在情真意切中对庄子"出于老子而通于儒家"的理解,自然呈现出了更鲜明的思想创造性。

尽管船山庄学自身未能实现"理"与"情"之交融,但对于研究者而言,兼顾两者是极为必要的:"我们既要从'理'的层面,系统分析其中的概念术语、思想逻辑、理论观念及价值取向、精神旨趣,也要把它们置于船山的生命语境和心灵脉动中,注意体贴'理'之后或之外的'情'。只有这样,船山的庄学思想才能被如其所是地完整呈现出来。"③"'理'之后或之外的'情'"的说法,让我们看到了船山庄学之情理关系的双重面向:"'理'之外"的"情",主要体现在船山某些诗文之中;"'理'之后"的"情",渗透于《庄子通》与《庄子解》两部庄学专书之内。船山对庄子虽未能做到"以理化情",但却一直涌动着"因情通理"的不懈努力,两部"庄学专书"就是这一努力的最终成果。这样看来,在研究《庄子通》与《庄子解》的时候,如果体贴不到"理"之中蕴藏和涌动的"情",我们对船山庄学之"理"的建构就全然是知识性的而非生命化的。对于船山这样一位以"回归真实的存在"为旨归的思想家来说,生命化的进路显然更能贴近、契合其思理的本然形态。

---

① 邓联合:《王船山庄学思想通论——基于〈船山全书〉的研究》,第29页。
② 同上书,第30页。
③ 同上书,第33页。

三 船山庄学思想的"重构"与"逆构"

通过对船山之醇儒与遗民身份的双重揭示,以及"情理兼顾"之领会方式的阐明,《通论》确立的是一种"因情以通理"的研究路向。第五、六、七、八、九章的相关内容,就是《通论》落实这一研究路向,并呈现这一领会方式之优长的具体成果。在这五章之中,《通论》从思想根基、处世哲学、精神境界、修养工夫、政治思想五个方面系统论述了船山的庄学思想。在这些论述之中,《通论》的殊胜之处在于,既强调船山站在醇儒的立场上对庄子思想的儒家化重构,也着力凸显船山经由"因情以通理"而达致的以庄学"逆构"儒学的诠释学效应,从而在"重构"与"逆构"的融通之中揭示船山对儒学与庄学的两行融合与双重推进。① 因此,为了更清晰地说明何谓船山庄学思想中的"重构"与"逆构",《通论》在以《庄子解》为核心文本进行正面阐述的同时,着重引入了《张子正蒙注》这部体现着船山思想归宿的"归本返宗"之作作为比照、参合之对象,也就使得"船山庄学"与"船山道学"不再"不相往来",而是相与遇于一体化的思想视阈之中了。

《通论》认为,"浑天"构成了船山庄学中既可区别老庄、又能会通庄儒的终极视域。在船山看来,庄子的"浑天"思想是兼含虚实、贯通有无的,异于老子以虚无为本的"道"论,而同于张载"清虚一大"的"太虚"之说。因此,"浑天"意味着庄子与儒家共同归本的大本大原,是与两者"皆具亲缘性"的具有"极为强大的包容性和解释力"的观念。② 在这里,我们既看到了《庄子》"通天下一气"思想对张子《正蒙》的先在影响,也看到了船山借《正蒙》之气论而阐发《庄子》之气论的努力,还看到了《庄子解》对《正蒙注》的缘构性影响。正因船山立于"浑天"这一道枢之地,方能"得其环中,以应无穷"地展开了庄学诠释中的"重构"与"逆构"工作。

在外部性诠释文本中,船山之所以对庄子不满,主要是对其处世方式及人格影响的不满。因此,关于船山对庄子哲学的儒家化重构,也主要体现在

---

① 关于"重构"与"逆构",参见邓联合:《王船山庄学思想通论——基于〈船山全书〉的研究》,第126—131页。
② 同上书,第86—96页。

处世哲学方面。《通论》第六章认为,通过对"寓庸"与"随成"这两个概念的强调,船山"引出一种于日用伦常中随在体认'浑天'的处世哲学,以纠正庄子'遗物离人而立于独'(《田子方》)的出世主义之偏弊"①,使庄子哲学获得了在世实践的理论品格。

关于船山通过庄学对儒学的"逆构",主要体现于"精神圣域""修养工夫"与"政治理念"三个方面:首先,在精神圣域层面,《庄子解》引发出的"天游"观念"浸润、滋养了他的儒者情怀"②,"能移""相天"之说也"对儒家的生死观作了形而上的深度诠释和修正"③,这些对儒学的"精神再造"在《正蒙注》中有非常鲜明的体现;其次,在修养工夫层面,《庄子解》中的"凝神"及"养气"等观念均在《正蒙注》中得到了沿用、深化和发展④;再次,在政治理念层面,船山《庄子解》对社会政治问题的观点更是得到了自由的表达,在"深刻揭示和批判了专制政治的痼疾及其造成的惨痛历史现实"⑤的基础上,阐发出了某种颇具现代意味的"底线主义的政治观念",以及肯定民众之自治自善能力的"民主精神"⑥,这些政治理念显然是对传统儒家政治哲学的突破与逆构。

整体来看,《通论》提出的"重构"与"逆构"交相为用的观照方式显然更能彰明船山思想中庄学与道学的互动与缘构关系,也更能凸显船山庄学思想的创造与独异之处,从而敞开了对船山庄学思想的动态化理解与互通性诠释。

结　语

正是在"内"与"外"结合的整体性文本视野中,在"情"与"理"兼顾的整全性理解进路中,在"顺"与"逆"交融的整合性思想诠解中,《通论》对船山庄学的研究可谓更加致广大而尽精微了。而且,《通论》在"尽精微"方面的思

---

① 邓联合:《王船山庄学思想通论——基于〈船山全书〉的研究》,第99—100页。
② 同上书,第116页。
③ 同上书,第130页。
④ 同上书,第134—145页。
⑤ 同上书,第147页。
⑥ 同上书,第151—162页。

想创获,显然是以研究视域的"致广大"为前提而成其为可能的。这也就提示我们,对于中国哲学史上的经典研究而言,视域与方法的更新是取得创造性成果的可取之路甚至必由之路。唯当如此,我们对于经典的研究才会有更稳固的思想地基、更完美的理论建构。

(王玉彬,山东大学哲学与社会发展学院研究员)

颜子没而圣学亡：论《中国儒学缄默维度》对于中国儒学"密境"的探索

一

中国哲学这门学科自从建立以来，海内外学者对中国哲学的研究范式大多以西方哲学作为参照典范，迄今依然尚未完全摆脱。在西方哲学的"客观标准"下，学者们对于中国哲学的研究集中在本体论、逻辑学、知识论、政治伦理哲学等领域，对于不符合西方哲学分类标准的内容则弃之如敝屣，这使得中国传统文化中很多独具特色的思想资源隐而不彰，未能得到应有的重视。儒学作为中国传统文化的重要组成部分，其内容除了为我们所熟知的典章制度、礼乐教化、哲学思想等显性维度外，还有着极为丰富的默识躬行、深静体证等缄默维度传统。传统儒家学者在"正统"和"异端"观念的束缚和影响下，往往将此当作佛老"外道"而排斥之或忌讳不谈，现代学者虽能够摆脱以往"卫道护教"心态对儒学进行客观化的学术研究，但由于缄默维度带有浓厚的个人色彩，其体认过程和证悟经验往往因人因时而异，语言文字难以将其内涵完整无误地表达和言说出来。因此，在当前的学术研究中，一旦涉及儒学道德修养中的静坐、体悟等功夫内容时，多倾向于将其简单地归结为神秘体验与神秘主义，如陈来先生比较早就关注到此问题，他在《神秘主义与儒学传统》一文中就对儒家传统中的"神秘主义"进行了探讨，他认为"以孟学标榜的宋明心学的发展，容纳了一个神秘主义传统"①，并对宋明两代心学中的神秘体验进行了粗略的梳理和简要的阐发，但止步于此，未对儒学中的这

---

① 陈来：《神秘主义与儒学传统》，《文化：中国与世界》第五辑，北京：生活·读书·新知三联书店，1988年，第53页。

一传统进行深入挖掘。之后,学界对此领域的研究虽有所推进,但总体上并未取得实质性的突破,成果多整体性概述或个案式研究,内容零散不成系统,且集中于宋明时代,尤其是陆王心学以及后学弟子身上。

中国哲学要建立自身主体性,必须要对自己传统固有的思想资源进行深度挖掘研究,而功夫论是中国哲学中最具特色的组成部分,但也是当前中国哲学研究领域,尤其是儒学中较为薄弱的环节。儒学是中国传统文化的主流思想,一直以来学界对儒学的研究集中在典章制度、礼乐教化、哲学思想等显性维度,尽管也有不少学者关注儒学道德修养功夫论,但也多局限在从知识论层面对此领域进行学术探讨。儒学作为"生命的学问",极为强调践履躬行,其实践的体证甚至远超理论体系的建构,如何通过道德修养功夫达到对道德本体的体认,从而实现安身立命、成圣成贤、化成天下?儒者何以能够在极端险恶的环境中介如石坚,浩然正气塞天地,特别是在国家民族危亡之际,超越生死、杀身成仁、以身殉道?剔除神秘的外衣,中国儒学修养功夫中的静坐体知究竟为何,其中是否具备普遍性的规律?儒道释三家都有缄默维度,都以"主静"作为修养功夫,其间有何异同?……这些与儒学缄默维度相关的问题,学界对此似乎有一种集体沉默之感。当前儒学研究要继续往前推进,则对这些问题必须给予高度重视并做出相应的阐发。

中国儒学缄默维度体认、感知的内容十分丰富,语言文字难以将进入缄默维度时的体证经验完全地表达出来,但是作为研究者又只能从前人留下的文献资料中去了解,而且,研究者若未对中国儒学缄默维度有过相关的体认、感知经验,则几乎难以仅凭借前人留存的文献资料就对中国儒学缄默维度有确切的认知,儒学缄默维度的丰富性也将大大减少,甚至牵强附会,各种"怪力乱神"裹挟其中,这给后世研究者带来诸多困难和挑战,也是为何当前儒学研究成果虽然硕果累累,但在这一领域却依然人迹罕至的原因所在。对此,张昭炜不惧挑战、迎难而上,他在前人研究基础上继续探索前行,对浩如烟海的历史文献资料进行细致的爬梳,深入儒学"密境",系统而又有深度地对中国儒学缄默维度传统进行了阐发,对儒学传统中有关静的深度体知以及功夫之后呈现的境界进行了全方位、立体式的揭示,并以此为视角对中国儒学的发展历程进行了重新审视和检讨,成果汇聚为《中国儒学缄默维度》一书,于2020年7月由中国社会科学出版社出版。

《中国儒学缄默维度》以孔颜默会精神为核心,以功夫论为导向建构了中国儒学缄默维度的道统谱系,此以功夫论为导向建构的道统谱系,不同于韩愈、二程、朱熹"轲之死,不得其传焉"与王阳明、王畿"颜子没而圣学亡"基于道体论建构的理学和心学道统谱系。此道统谱系具有开放性,传统意义上的非儒者也在道统之列,保持了儒学发展的整体连续性,将一直处于幽隐状态下的孔颜默会传统复活重现,填补"颜子没而圣学亡"这一条失落的儒学精神传统。此书对儒学的研究由显性维度转换到缄默维度,开创了中国儒学以缄默维度为中心的研究新范式,由于研究范式的转换,此书关注到许多传统儒学研究中被忽视的人物和问题,提出许多极富新意和极具启发性的观点,比如:一、该书将中国儒学缄默维度追溯至孔子,认为孔子是得道之全者,他综合运用罕言、雅言两种方式传道,孔门弟子于是分化成以颜回默会躬行为代表的罕言传统和以言偃礼乐教化为代表的雅言传统;中国儒学缄默维度发端于孔颜默会传统,孔颜之后,先秦缄默维度展开为孟子、《易传》、屈原、庄子四个流派。二、缄默维度体知的生命是气化的生命,在元气的层次上儒道同根同源,在缄默维度层面相似相通,当儒学缄默传统中断之后,借助道家思想资源能够将此传统重现复活。三、该书极为关注在传统儒学研究中被忽视的扬雄、杨简、文天祥等人物的思想,将非儒家的庄子、屈原引进儒学缄默维度道统谱系之中。四、该书对儒者的主静功夫、体道经验、证道气象、破生死关的人生历程进行了细致入微的描述。五、该书将宋明理学的先驱追至扬雄而非韩愈,凸显阳明后学在儒学缄默维度中的重要地位,并在阳明学背景下研究二程的思想。

二

　　韩愈、二程、朱熹建立的理学道统谱系为大家广为熟悉,阳明、王畿建立的心学道统谱系大家也并不陌生,而以缄默维度传统建立的儒学道统则前所未闻,可谓开创了一个崭新的道统谱系。基于此道统谱系,书中提出诸多与之前迥然不同的观点,但这并非作者标新立异之举,其实,这看似完全陌生的道统谱系,前人对此已有不少相关的论述,只是由于受传统研究范式的局限以及他们的著作未能在后代流传,文字内容又晦涩难懂等原因,以致中国儒学缄默维度道统谱系一直被历史掩盖,处于幽暗之中,无人揭示。

何为中国儒学的缄默维度?该书认为,"缄默维度"包括"缄默"和"默会"两个层面,"缄默"是手段、方法,"默会"是目的,在缄默中体知深静,在深静中默会道体,以"主静"的功夫实现"透关",从而实现对超越道体的体证。其有三个最为根本的特征:一、儒学道体并非现成,有待功夫才能呈现;二、随着功夫的深入,道体呈现出由动而趋静、静极而真动、真动而生生的形态;三、生生春意是缄默维度的显性表达。张昭炜将中国儒学缄默维度的三个根本特征命名为"三法印",他认为此"三法印"是中国儒学缄默维度的核心内容和判教标准,两千多年来,中国儒学的发展过程中这一缄默维度的传统从未中断,"三法印"作为其核心内容贯穿中国儒学缄默维度传统的始终,也是中国儒学缄默维度区别于其他传统缄默维度的根本特征。基于这样一种中国儒学缄默维度的特征和标准,该书建构了一个孔颜开创,为孟子、《易传》、庄子、屈原所展开,扬雄为枢纽,周敦颐继承之,江右王门光大之,方以智集其大成的中国儒学缄默维度传统的道统谱系。

对于一个如此崭新而又陌生的中国儒学缄默维度道统谱系,张昭炜在书中宣称:"本书道统谱系的建构基于中国儒学缄默维度的道体论与功夫论,并吸收了扬雄、万廷言等儒者建构的谱系。"① 可见,张昭炜在发现和梳理中国儒学缄默维度道统谱系的过程中深受中国儒学缄默维度道体论和功夫论的启发,同时也有扬雄和万廷言所建构的道统谱系的影响。具体而言,张昭炜多年来一直从事江右阳明后学的研究,他不仅点校和整理了《胡直集》《万廷言集》《邹元标集》,而且对胡直、万廷言、邹元标这些江右王门重要学者的思想有过极为系统和深入的研究。人所共知,收摄保聚、主静以"退藏于密"是江右王门道体论和功夫论最根本的特征,是江右阳明学者所认可和实践的共法,此江右王门的共法由罗洪先开启和践行之,其高弟胡直和万廷言在继承此法的基础上又有着进一步的推进,江右王门中的集大成者邹元标作为胡直弟子更是将其发扬光大。以万廷言为例,他穷究易学、功力深厚,深得其师罗洪先收摄保聚之旨,后又受到浙中王龙溪之点化,他力图通过《易》将罗洪先"止为良知"与王畿"《易》即良知"之间的隔阂打通,于是,在万廷言那里,坤复之际、亥子中间成为了"止为良知"与"《易》即良知"二者之间的连接枢纽。

---

① 张昭炜:《中国儒学缄默维度》,北京:中国社会科学出版社,2020年,第459页。

因此，万廷言之学融摄了江右收摄保聚、主静和浙中王门先天正心、神化的思想，且将江右王门"静极"与浙中王门"生生"两个对立面统一起来了。正因为在万廷言那里，"主静"与"神化"、"静极"与"生生"打并归一，从而静极而真动、真动而生生。张昭炜之所以认定"静极"与"生生"为中国儒学缄默维度中两个最为核心的方面，这无疑与万廷言对"静极"与"生生"之间那种对立统一融为一体的淋漓尽致的揭示有内在的关联。并且，万廷言频繁使用"初春""春怀""春光""春风"等意象性的语言来表达通过主静、退藏等功夫之后所达到的那种丰富体验和恬愉境界，"心到能虚春自生""春怀不借春光有，却为春风吹更长"，张昭炜认为这种以春为意象的体验和境界正是中国儒学缄默维度的显性表达，是中国儒学缄默维度的又一根本特征，故他将"氤氲一气似初春"作为中国儒学缄默维度根本特征的诗意表达，并在该书中不厌其烦地加以反复引述和强调。此外，万廷言还从生生春意的角度诠释文王、孔子、颜子、孟子的精神境界，建构道统谱系，这些为本书建立以孔颜默会为核心的中国儒学缄默维度道统谱系提供了极为重要的思想资源。

扬雄以其性善恶混的人性论著称，道学家认为扬雄之学学不见道、其学无本，无论是理学和心学的道统谱系都不将他纳入其中，故扬雄在传统儒学中的地位不甚重要。但在《中国儒学缄默维度》中，作者认为扬雄是中国儒学缄默维度传统道统谱系中极为关键的一环，其学处于承前启后的枢纽地位。一方面，他将先秦孔颜默会传统复活，使儒学缄默维度在秦始皇"焚书坑儒"之后"灵根再植"；另一方面，他的思想对后儒影响很深，开启周敦颐重视孔颜之学，使得中国儒学缄默维度传统在扬雄之后再次复活，且深刻影响到之后的二程、道南学派、朱熹、杨简、文天祥、江右王门、刘宗周以及方以智等人物。张昭炜这种别出新意、迥异于传统的看法又可以说与江右阳明学者对扬雄的看法与评价有关。张昭炜在长年累月对江右王门阳明学者文集的整理与思想的研究过程中，发现胡直、万廷言、邹元标等江右阳明学者对扬雄之学都有相关的论述，其中，胡直认为"取《法言》读之，其绅六经，翼孔、颜，义甚深"[1]。邹元标说"魏敬吾大理常提'潜心于渊，美厥灵根'等语向予勉"[2]。万廷言称

---

[1] 《胡直集》，上海：上海古籍出版社，2015年，第331页。
[2] 邹元标：《南皋邹先生语义合编》，明刻本，第40页。

"渊寂者,天地之灵根"①,"古云'藏心于渊,美厥灵根'又云'饭疏食饮水,乐在其中'。只是胸次清凉则美而乐。味凉意则渊,可识渊道体"②。扬雄的"藏心于渊,美厥灵根",在江右阳明学者看来,最能表达他们那种收摄保聚、主静以退藏于密的道体论和功夫论,故他们对扬雄此语高度重视和反复阐扬,此外,江右阳明学者似乎也认为扬雄"翼孔颜"之学,毫无疑问,江右阳明学者的这一看法深深启迪了张昭炜。因此,张昭炜认为扬雄的"藏心于渊,美厥灵根"是宋明理学主静功夫论的纲领,最能体现中国儒学缄默维度的本质内涵,也是对于中国儒学缄默维度本质内涵最集约、最经典的表达。并且,张昭炜认定扬雄承接孔颜之学,再次复现了孔颜授受传统。基于此,张昭炜将宋明理学的先驱追溯至扬雄,而非学界普遍认为的韩愈,原因在于韩愈没有建立系统的功夫论体系。

张昭炜将中国儒学缄默维度传统的源头追溯至孔子,认为孔子思想中蕴涵罕言与雅言传统,在传道过程中分化为孔颜罕言传统,孔言雅言传统,孔颜之后先秦儒学缄默维度展开为孟子、《易传》、庄子、屈原四个流派。这些令人耳目一新的观点无疑是受到方以智的启发和影响,实际上,《中国儒学缄默维度》中,张昭炜的许多看法和论断都与方以智直接相关。方以智的著作文字极为晦涩,内容又充满着大量隐喻,这使得学界对方以智思想的研究呈现出多维度的诠释和莫衷一是的局面。张昭炜深耕阳明学和方以智之学多年,主编了"阳明后学文献丛书"(第三编)、"阳明学要籍选刊"、《阳明学文献整理与研究的新进展》《阳明学文献与思想》等著作,点校整理了方以智的重要著作《易余(外一种)》《性故注释》,及其外祖父吴应宾的著作《宗一圣论 古本大学释论》。有鉴于方以智阳明学的家学渊源以及他与阳明后学学者的学术交往和思想传承,张昭炜开创性地将方以智纳入阳明学之中,他认为方以智在晚明阳明后学遭遇前所未有的困境中保存了阳明学的火种,是阳明学的真孤,是儒学的集大成者。

方以智《易余》开篇即是《知言发凡》,他对当时由"言"造成的种种儒学乱象进行了深入反思,提出寓罕言于雅言的主张:"言即无言,此櫽栝其用即体耳。……微言大义,本一贯而不碍互相显藏者也。尽变知化,深造自得,何

---

① 《万廷言集》,北京:中华书局,2015年,第472页。
② 同上书,第296页。

义不大,何言不微？精义即绝义事,雅言俱是罕言。"①认为"圣人罕雅藏用,弥纶道器,悠悠乎洋哉"②,其哲学体系中的"正""余""三冒""三眼"概念也与此密切相关,"正""显冒""肉眼"相当于显性维度、雅言；"余""密冒""醯眼"相当于缄默维度、罕言。《论语》中确实也有其相对应的思想资源,"罕言"可谓取意于"子罕言利与命与仁","雅言"可谓取意于"子所雅言,《诗》《书》、执礼,皆雅言也"。正因为如此,张昭炜从罕言、雅言的角度对孔子及其弟子的思想进行了再诠释,以之作为中国儒学缄默维度传统的经典依据。此外,方以智有三子一堂论,将孟子、庄子、屈原一同论述,"杖人尝欲建鼎新堂,祀孟、庄、屈,以三子同时不相识,特置一堂"③,杖人即指觉浪道盛,方以智的这一思想来源于其老师觉浪道盛。觉浪道盛对方以智影响极大,其"怨怒以致中和""庄子托孤说"等思想被方以智继承并往前推进,"谓屈以怨致中和,惟危尽人者也。庄以怒致中和,惟微得天者也。孟子以惧致中和,合天人者也"④,"孟、庄、屈同时,屈砺人之危,庄砺天之惟微,孟合天人危微而以一惧万世"⑤。张昭炜接受和借用了方以智的这一观点,并将这一观点扩展到中国儒学缄默维度领域,使其成中国儒学缄默维度传统中的重要内容,他认为三子在缄默维度层面会通,均是"致中和","中和"即中国儒学缄默维度中的"生生春意"。结合觉浪道盛的论述："予以庄生善'怒'字,屈原善'怨'字,孟子尤善'惧'、'怒'二字","凡皆以怨怒成此浩然之气。如《大易》地雷《复》为见天地之心","摩荡八八六十四卦,皆从《震》发怒机,此《大易》又为一怨怒之府"⑥。张昭炜进一步认为三子会归于《易传》,"三子之学可各归一字,孟子'惧'、庄子'怒'、屈子'怨',三字归宗于《易传》'生',亦可称之为'生生'"⑦。此即该书第二章孔颜之后先秦缄默维度的展开为何是孟子、《易传》、庄子、屈原四个流派的缘由所在。

当然,此书对孔子思想中罕言、雅言传统的阐发,将孟子、《易传》、庄子、

---

① 方以智:《易余(外一种)》,上海:上海古籍出版社,2018年,第16页。
② 方以智:《方以智全书》第1册,上海:上海古籍出版社,1988年,第65页。
③ 笑峰大然:《青原志略》卷十三,南昌:江西人民出版社,1998年,第356页。
④ 同上。
⑤ 方以智:《药地炮庄校注》,台北:台大出版中心,2017年,第127页。
⑥ 觉浪道盛:《杖门随集》(上),《天界觉浪盛禅师全录》附录,《嘉兴大藏经》(径山藏版)第34册,台北:新文丰出版公司,1987年,第795页。
⑦ 张昭炜:《中国儒学缄默维度》,第441页。

屈原作为先秦缄默维度展开的四个流派的想法虽然源于方以智,但是作者与方以智有着完全不同的问题意识。方以智处于明清易代之际,当时儒学发展遭遇前所未有之困境,其中最主要的问题是浙中王门末流迷体而无用,最终走向死寂顽空、虚无缥缈;泰州王门末流离体而求用,最终走向恣肆放荡,无视礼法。方以智通过对言的反思,提出寓罕言于雅言,罕言雅言相互为用,以此来疗治、振兴儒学,而将庄子、屈原引进儒门,其主要目的一方面是在乱世之中、大厦将倾之际从屈、庄思想中寻找精神寄托。另一方面是通过屈、庄的怨怒精神来激活流于形式、虚伪的儒学,使儒学重新焕发生机活力。张昭炜则从中国儒学缄默维度角度对此进行诠释,他通过借用方以智罕言雅言的提法,将中国儒学缄默维度传统追溯至孔子,为此传统寻找到经典文本上的依据。张昭炜受方以智三子同堂论述的启发,认为孟子的知言养气、庄子的无欲主静、屈原的练气化神三者都是为了进入元的层次,打开心性无尽藏,这三子在缄默维度层面有共通之处,当儒学缄默维度中断之后,将庄子、屈原引进儒门,并借助道家无欲主静、内丹学理论等思想资源可以将儒学缄默维度传统复活再现。并且,张昭炜认为屈原的《远游》练气化神的功夫对大儒朱熹、王夫之深具影响,因此将屈原纳入儒学缄默维度传统道德谱系为题中应有之义。

三

《中国儒学缄默维度》对儒学的研究由显性维度转换到缄默维度,是第一部对儒家功夫论的发展历程进行系统论述的开创性学术著作,其主题之独特、内容之罕见、诠释之新颖,发人之所未发,见人之所未见,岂一个新字了得。书中作者借助道教内丹学与中医以及西方宗教学、心理学、哲学、美学等领域的研究成果,对先秦至明清这一历史发展过程中儒者体道的心路历程和实践经验进行了全面的考察,尤其是对儒学修养功夫中少有人触碰的"主静"功夫传统进行了深度挖掘。书中作者认为从道体论而言,即道体即是功夫,道体在发展中卷裹了缄默维度与显性维度两种可能,而由道体之密显形成缄默维度的"主静"与显性维度的"持敬"两种功夫路径;从功夫论而言,缄默维度的道体不是现成的,需要通过道德修养功夫才能呈现,即功夫即是道体。中国儒学缄默维度重在"深静",与之相对应的功夫则是"主静",通过"主静"功夫可以洞悉本原、体证道体。缄默维度是体,显性维度是用,二者是明体达用的关系,"主静"功夫涵养道体,侧重于内,由内渗透至外,以体达用;"持敬"功夫庄严道体,侧重于外,由外收敛至内,以用即体。"主静""持敬"二者互摄,相互补充,亦相互助发。书中作者对儒家"主静"与"持敬"两种修养功夫的相互更迭、动态平衡作了细致的梳理和阐发,他认为"主静"与"持敬"功夫在先秦儒学中已有雏形,孔门弟子中的颜回和言偃之学便昭示了"主静"与"持敬"功夫的分化。之后,由扬雄、周敦颐奠基,发展成熟于宋明理学。宋代周敦颐倾向"主静",伊洛传其学转向"持敬",程门弟子杨时到罗从彦、李侗转向道南指诀的"主静",朱子则由道南指诀转向"持敬",再到回望"主静",寻求二者之间的平衡。明代吴与弼倾向"持敬",其弟子陈献章倾向"主静",陈献章弟子湛若水倾向"持敬",湛若水弟子唐枢倾向"主静",唐枢弟子许孚远倾向"持敬",许孚远弟子刘宗周深度融合"主静"与"持敬"功夫。

此外,中国儒学缄默维度的最终指向是成就内圣,亦即"精神"的涵育和开掘,缄默维度功夫论的重点则在于引出和培养"第一意",同时也需要消除"第二意",意欲的干扰,亦即"不起意",由"不起意"可进一步延伸至"主静"与"持敬"功夫。杨简提出的"心之精神是谓圣"与"不起意"等心学宗旨在宋代呈现衰微的趋势,到明代,伴随着阳明学的兴盛,慈湖学迎来发展高峰,且分化出两种不同的发展路径。阳明学的江右王门、浙中王门、泰州学派肯定杨简的"心之精神是谓圣",从正面推动其发展。书中作者认为阳明"心之良知是谓圣""以其妙用而言谓神""以其凝聚而言谓之静",显示出良知学中"精"与"神"的分化,并由此发展出不同的功夫路径,江右王门发扬心之"精"的面向,发展出万廷言的"贵精";浙中王门发扬心之"神"的面向,以王畿为代表"贵神";泰州学派发扬心之"精神"的面向,以颜均、罗汝芳为代表,重"精神"。这一脉发展路向可追溯至先秦颜渊以来的"主静"功夫。止修学派李材与甘泉学派湛甘泉则批评、抵制杨简的"心之精神是谓圣",全面否定慈湖学的宗旨,湛甘泉对杨简"不起意"的批评,有利于分疏出"第一意"和"第二意",刘宗周在此基础上颠覆杨简的"不起意","摄知归意",归显于密,"意"成为道德至善的指南,进而从反面推动慈湖学的发展。这一脉发展路向可追溯至先秦言偃以来的"持敬"功夫。

"主静"与"持敬"两种功夫在师徒授受中相互更迭,保持着动态的平衡,北宋主要展开为程颢与程颐模式,明代学者胡直与万廷言类似于北宋的程颢与程颐,阳明后学主要呈现为胡直与万廷言模式。胡直致良知功夫融合周敦颐的"无欲主静"与程颢的"觉一体",同时也以"持敬"来防范江右王门收摄保聚的流弊。万廷言深度融聚江右王门与浙中王门,同时遥契二程,他虽偏重程颐,但也认同程颢之学,将二程思想熔于一身,"静""敬"兼综。明末刘宗周在深刻体证并总结前人功夫论成果的基础上,以"慎独"贯穿"主静"与"持敬",实现二者的融合与平衡,体现出中国儒学缄默维度修养功夫论的一贯性。

通过此番梳理,作者力图将儒学道德修养功夫论中有关超越生死、体证终极本体等精微、隐秘、玄奥、难以言说,但又是儒学中独具特色和极具吸引力的层面,运用学术研究的方式将其内涵呈现出来,这一步工作使得儒学中这个秘而不宣,一直处于幽暗之中的传统得以十字打开。此书既有宏观勾勒,对中国儒学缄默维度传统的发展脉络进行整体性的梳理,又有微观考察,聚焦文天祥、刘宗周、方以智等典型案例,对他们如何体证缄默维度、突破生死大关以及证道之后的气象境界进行细致入微的论述。作者认为缄默维度的体证内容极为丰富,超越了日常言语表达的应用范围,但仍然可以描述,通过意象的指引仍然可以实现言说。从身体层面来说,缄默维度可表现在身体的各个部位上,如方以智的容寂颡頯、乌喙赤足,王夫之的深静彻乎踵;从物象层面来说,春是缄默维度的总体物象特征,陈献章的"氤氲一气似初春"是中国儒学缄默维度的诗意表达,朱熹的"木晦于根,春容晔敷"、王阳明的"油然其春生焉"、万廷言的"春怀不借春光有,却为春风吹更长"、刘宗周的"若于此际窥消息,宇宙全收一体春"、方以智的"太极丸春"等均通过春的意象来表达其所体证到的缄默维度。具体而言,儒者多喜欢运用月、山等物象特征来表现,如周敦颐的"光风霁月"、杨简的"云间月澄"、王阳明的"吾心自有光明月"、万廷言的"一泓青玉涵秋月"、刘宗周的"静气如山"等。书中作者从特殊个案中归纳出一般普遍规律,将儒者体证经验、方法系统化,形成显性知识,并结合威廉·詹姆斯归纳的神秘主义四个特点,归纳出中国儒学缄默维度的四个典型特点,分别是:不可言说性与意象性、可知性与不可知性、暂时性与持久性、被动性与主动性。在此基础上,作者总结出中国儒学缄默的二十五个基本特征,并提炼出判断中国儒学缄默维度的"三法印",此"三法印"贯穿全书具体个案的论述过程之中,作者将此"三法印"与不同时代儒者体道的心路历程、实践经验相印证,摆脱儒学缄默维度与宗教神秘体验之间一直界限模糊、纠葛不清的局面,清理了儒学中夹杂着的愚昧、迷信、神秘等成分,使儒学的真精神更加显露无遗。此书弥补了学术界长期以来在儒学研究领域中缺失的部分,开创了中国儒学新的研究范式,丰富了当前中国儒学研究的内容,拓展了中国儒学的研究视域,推动中国儒学研究继续深入发展,为中国儒学缄默维度成为一门独立学科奠定了基础。

四

《中国儒学缄默维度》聚焦缄默维度,重新梳理了中国儒学的发展脉络,尝试以客观学术化的方式对中国儒学"密境"中的"主静"传统进行研究和阐发,梳理了孔颜默会传统在中国儒学发展中的整体脉络,初步建构起以孔颜默会精神为核心,以功夫论为导向的中国儒学缄默维度道统谱系,开创中国儒学新的研究范式。当然,由于对此领域的研究才刚刚起步,此书内容在不少地方还有待进一步完善。

作为一部缄默维度视域下的中国儒学史,此书选取的胡直、万廷言、方以智在传统儒学中并不被重视,而一些公认的张载、程颢、程颐等大儒在书中却反而被忽视,且历史上大多数儒者的思想著作中几乎未有这一作为儒学之本的缄默维度的内容,故作者不得不从一些大儒偏僻、不甚重要的文献资料中去找寻挖掘他们缄默维度的内容,由此很难论证中国儒学中存在这样一个系统而又完整的缄默维度传统。作者认为儒道二家思想均是周代思想的延续,二者同根同源,在缄默维度层面相似相通,其最终目的都是为了进入元的层次,打开心性无尽藏,使元气生发,但是为何道家进入缄默维度所引发的元气只是"养自然",追求一己之安身与逍遥,而儒家进入缄默维度所引发的元气却是具有道德意涵的生生仁体,并且儒者能够将一己之独得推扩至家国天下,人文化成世界?进入缄默维度所体证到的元气是一种什么样的气?它能否作为形上超越的道德本体?这些问题在该书中未有详细的论述,有待作者做出更进一步的解释和说明。

书中有些关键的地方,作者并未提供充分有力的论据来论证其提出的观点,如对庄子、《远游》的相关诠释。作者认为庄子为孔颜嫡髓、儒学真孤,其论据主要是基于觉浪道盛和方以智的观点。对于为何将屈原引进儒门,书中则说"如同庄子视为儒学真孤,屈原亦可仿此"①,但庄子是否为儒学真孤这一前提本身就存在很大的问题。书中对屈原缄默维度的阐发集中在《远游》中,但《远游》是否为屈原的著作,学术界一直也还存在着争论。对于此类尚存在较大争议的观点和文献,作者的处理方式是悬搁争议,选择符合自己所需的观点和文献直接以之作为论证的前提或依据,这不免有武断和过度诠释之嫌。书中也存在一些较为牵强的解释,如作者为了将缄默维度传统的源头追溯至孔子,认为"子罕言利与命与仁"(《论语·子罕》)中的"罕言"即指缄默维度,"'罕言'指凭借言语难以进入的精微命理、仁之大道,应默会以证之,具体至本书所论,罕言主要指向'仁'与'命':仁是生生之仁,氤氲一气似初春之气;命要解决终极的生死问题,即如何实现蜉蝣的精神"②。这句话有多重理解,暂且搁置学界对此的争论,单从字面上看,作者此解也无法成立,作者选择性地将"利"字忽视,直接认定"罕言"指向的内容是"仁"与"命",这显然是取己所需、断章取义之举。此外,书中作者还频繁使用诗歌等诠释空间极大的语句来阐发中国儒学的缄默维度,如引言部分从陈献章《夜坐》二首诗中引出本书所论述的缄默维度基本问题,将庄子"渊默而雷声"、朱熹"木晦于根,春容晔敷;人晦于身,神明内腴"、陈献章"氤氲一气似初春"、胡直"圣关渊诣,心印独握"、万廷言"一泓青玉涵秋月"等诗句单独抽离出来进行诠释,认为这些话语集中表达出他们思想中的缄默维度,也许中国儒学缄默维度的内核只可默会不可言传,但是中国儒学缄默维度的体系如果完全建立在那些充满诗意、诠释空间极大、内涵难以确定的话语之上的话,中国儒学缄默维度的内容将难以成为一个概念确定、逻辑严谨的学术议题。

(范根生,武汉大学哲学学院中国哲学专业博士研究生,
文碧方,武汉大学哲学学院教授)

---

① 张昭炜:《中国儒学缄默维度》,第64页。
② 同上书,第39页。

张新刚:《友爱共同体: 古希腊政治思想研究》

霍布斯认为,国家的唯一目的在于遵从人的自我保存的欲望,阻止"一切人对一切人的战争",从而消除自然状态下个体对于暴死的恐惧。与此相应,国家在道德和价值上完全中立,更不对个体的德性与幸福负责。① 毫无疑问,霍布斯的这一论断直接针对的是当时仍具有权威性的亚里士多德的政治哲学,而他的观点则决定性地为现代政治的逻辑奠定了基础。由此,古代哲学家所关切的诸多议题从现代政治哲学的视野中淡出了。那么,我们今天应当如何审视古希腊政治思想的遗产?更进一步,我们应当如何以希腊人的方式去看待和理解希腊人的政治哲学思考?张新刚的著作《友爱共同体:古希腊政治思想研究》为我们提供了一个独特而有力的回应,一条能够反映古希腊人构建自身政治秩序的思想线索:如何将城邦构造成为友爱的政治共同体,以克服与城邦政治共生的内乱问题。这部著作自古风时代晚期政治共同体创立之前的希腊社会谈起,下至亚里士多德的政治哲学著作,交织着讨论了古希腊,尤其是雅典城邦的政治演进与古代悲剧、历史、哲学文本对此的反思与探讨,共分为四个部分凡四十万言。本书视野宏阔,讨论细密翔实,又不失现实关怀,无论在整体思路还是细节论证上都每每富有创见。下面我们将从三个角度出发,对本书的主要内容进行梳理和评述。

一 内乱与友爱

该书以"友爱"为题,以"内乱"为核心问题意识,自然我们首先应当从这两个问题入手考察希腊的政治思想。事实上,张新刚认为无论是在历史语境

---

① 吴增定:《利维坦的道德困境》,北京:生活·读书·新知三联书店,2012年,第98页。

还是在哲学反思中,古希腊城邦真正意义上的政治共同体都源于对内乱压力的反应。内乱与城邦相伴而生,从古风到希腊化时期贯穿始终。为了对抗内乱的压力,古典政治思想与实践都试图构建友爱的城邦共同体以克服内乱的持续威胁。①

在历史上,古风时期的希腊虽然存在着宗族(genos)、族亲(phratry)等带有浓厚亲缘色彩或是承担着重要的宗教职能的共同体,但是它们仍然不是具有典范意义的政治共同体。②严格意义上的政治共同体是公元前6世纪希腊城邦内部秩序危机的产物。张新刚根据历史文献和考古材料指出,至公元前6世纪初,阿提卡地区人口的增加使得单位劳动力的相对价值降低,原有的被护民、佃农与贵族基于劳动依附的义务关系开始松动。加之贵族间的财富竞争也随着土地开垦和贸易发展而不断强化,对于财富的追求取代了荷马社会崇尚勇敢、重视家庭的价值观。于是,贵族对于平民的盘剥变本加厉,许多人由此因债务失去了人身自由,造成城邦秩序濒临崩溃,产生了系统性的社会危机,亚里士多德描述称此时"多数人被少数人奴役,人民起来反抗贵族。内乱非常激烈"③。

梭伦改革正是针对这一现状应运而生。他的措施是一方面减缓债务、免除奴役,平息贵族和平民之间的直接内乱,另一方面重塑了城邦的权力分享机制,按照财产来划分阶层,并规定不同阶层所能担任的官职,以此抑制由精英的竞争导致的城邦内乱。然而梭伦改革没有完全消除贵族的权力竞争,雅典很快陷入了派系斗争的内乱中,随后进入了庇西特拉图的僭政时期。公元前6世纪末庇西特拉图家族的统治被推翻后,雅典再次发生了内部的权力斗争与内乱。克里斯提尼将全体公民都动员起来,压过了对立派系。张新刚说,"平民开始在城邦中扮演着越来越重要的角色,城邦统治权也开始在更大范围内分享。"④克里斯提尼改革正是在这一基础上重塑了雅典的政治秩序。他以地缘性的十部落取代之前亲缘性的四部落成为雅典城邦的基础单位,并将城邦的议事会、军事组织都建立在新的部落安排之上。张新刚认为,克里斯提尼改革使得城邦的新秩序建立在更为同质化的公民群体之上,也把城邦

---

① 张新刚:《友爱共同体:古希腊政治思想研究》,北京:北京大学出版社,2020年,第16—18页。
② 同上书,第34页。
③ 同上书,第42—46页。
④ 同上书,第54页。

空间重组、塑造得更为同质化,使得城邦各政治单位平等并重,都与城邦发生紧密的关联,城邦由此得以成为一个共同体,最终克服了古风时代以来的内乱。这也意味着,公民广泛而平等的政治参与机制也逐步成形,他的改革形成了城邦的"平等秩序",塑造了普遍参与性的政治共同体,雅典乃至其他希腊城邦自此进入了真正的政治共同体时代,也开启了古希腊学者对于政治的思考。①

张新刚认为,悲剧作品,尤其是埃斯库罗斯之后的悲剧反映了当时的希腊人对这一历史进程的思考,因此他对埃斯库罗斯和索福克勒斯等人的悲剧作品展开了精彩而细致的剖析。在他看来,最能展现这一时期历史和思想的是埃斯库罗斯的《奥瑞斯提亚》三部曲(《阿伽门农》《奠酒人》《复仇女神》),在悲剧文本中,阿伽门农家族的内部斗争和复仇最终推动了以战神山议事会为代表的雅典政治秩序的创生,影射着雅典僭主统治向政治共同体过渡的历史过程,而这些文本本身也宣告着古希腊政治思想的诞生。

在《阿伽门农》中,作为城邦的统治者,阿伽门农家族成员彼此谋杀与复仇,他们对于城邦权力的争夺导致内乱随之而来,这一情形正如庇西特拉图家族统治时期前后的雅典。张新刚认为这表明在埃斯库罗斯看来,君主统治自身蕴含着结构性困难。由于缺乏一个家亲关系之外的公共独立的裁判机制,在诸如阿伽门农家族的统治中,统治者家族内部的纷争必然导致家亲关系的崩塌以及与之相伴的城邦权力的争夺与内乱。② 而在《复仇女神》中,埃斯库罗斯给出了药方:对于阿伽门农家族的困境,雅典娜试图设立战神山法庭来解决这一家亲矛盾。学界主流认为《复仇女神》创生了家族之上的新城邦秩序逻辑,但是张新刚指出这一过程其实是远比想象艰难,并伴随着分歧与内乱。靠战神山法庭的投票来解决阿伽门农家族的内部纷争,虽然暂时消弭了原先由统治者家族内部纷争带来的内乱,但同时正如在剧中议事会成员一半对一半的投票结果,这一做法实际上将城邦以及更广范围的公民群体引入争端之中,反而可能造成城邦内部的根本性分歧,导致城邦内乱。③ 鉴于这一点,埃斯库罗斯着重描写了雅典娜对于复仇女神的劝说,让后者不要鼓动

---

① 张新刚:《友爱共同体:古希腊政治思想研究》,第59页。
② 同上书,第82页。
③ 同上书,第89页。

城邦的内乱。最终二者达成了一致，城邦的公民应当互相友爱，远离内乱而对外同仇敌忾。① 这一文本影射了雅典的政治共同体艰难创生的过程："面对庇西特拉图家族统治之后贵族间的权力争斗，雅典最终找到了一种将城邦的公民或邦民吸纳进来的争端解决机制"，经由广泛参与的政治活动来克服内乱，将自身转化为政治共同体。② 那么可以想见，剧中神祇关于城邦友爱的教导，也是埃斯库罗斯对于新生的雅典城邦共同体的告诫和期许。

当然，这种新的城邦友爱具体是什么样的，埃斯库罗斯对此语焉不详，也没有展现它和依靠血缘的家亲友爱之间的关系是什么。张新刚认为，这些问题在索福克勒斯的《安提戈涅》中得到了展示。③ 根据他的分析，《安提戈涅》表明政治友爱和家亲友爱之间深植着差异甚至冲突，我们将在后文对此进行详细的介绍。

在结束对于悲剧文本的讨论之后，张新刚将视线转回到了历史上。战争不仅如修昔底德所说的那样是暴戾的老师，也是希腊人思考内乱和政治的老师。希波战争迫使雅典大规模发展海军，从而使得大量低收入的公民也可以从军，扩大了原有的由重装步兵为基础的统治阶层，使得公民共同体的秩序调整成为可能。随之，公元前462—前461年的厄费阿尔特斯改革削弱了贵族的战神山议事会的权力，进一步推动了雅典民主制政体的确立与完善。④ 由此，雅典乃至其他希腊城邦步入了政体时代。张新刚通过分析希罗多德在《历史》中写作的波斯宫廷政变后对于各种统治类型的讨论指出，公元前5世纪下半叶希腊世界已经出现了对于政体问题的反思，而希罗多德实则认为，诸种政体中掌权者都难以避免为一己之私而剥夺他者利益的魔咒，从而使得内乱深深地根植在各种政体之中。⑤

内乱贯穿着伯罗奔尼撒战争始终，也推动着这场大战的发展。在修昔底德的记述中，伯罗奔尼撒战争就始于埃庇达姆努斯的内乱。而随着战争的推进，特别是自伯里克利后期始，在雅典帝国难以维系的情况下，雅典逐步开始有意识地通过输出民主政体来控制和笼络盟邦，将雅典和属邦的外部冲突转

---

① 张新刚：《友爱共同体：古希腊政治思想研究》，第90—91页。
② 同上书，第91—93页。
③ 同上书，第94页。
④ 同上书，第141—143页。
⑤ 同上书，第149页。

化为城邦内部寡头派和民主派的内乱。① 随之,在雅典和斯巴达两大阵营的对立之下,各邦内部始于政体之争的内乱和两大阵营间的战争紧密地结合在了一起。张新刚通过缜密的梳理指出,这种内乱中争斗的双方并不是稳定的寡头派和民主派群体。事实上,它们彼此都没有固定的意识形态,而只是大差不离的派系团体,以政体为幌子行执政权争夺之实。因此,寡头派和民主派引发的内乱背后的根本原则仍是对城邦权力的争夺。②

内乱和战争的酷烈在希腊人的思想世界中留下了深深的痕迹,其摧毁了传统城邦的纽带和原有的社会价值观,父子相残、亵渎神圣的骇人行为比比皆是。战争使得人性的自私残酷一面得以暴露,个体被从原先的家庭、城邦的亲情友爱束缚中剥离出来,赤裸地按照个人的贪欲和野心行事。张新刚指出,"人们不再将家亲血缘或共同体中既有的关系视为自然的或自己必须维护的伦理关系。新的关系都以党派为基础进行重新划分,这种新的纽带甚至压倒了家亲友爱"③。因此,内乱衍生了友爱的危机,人们看到了礼法和人伦秩序背后其实并没有自然的根基,反而将及时行乐和夺取权力成了唯一合理的、自然的生活方式。

于是,许多之后的哲学家都力图挽救礼法的价值,并寻求解决内乱威胁的方案。张新刚认为,苏格拉底将个体灵魂之完善的视野带入了政治的讨论之中,从而决定性地塑造了之后的古代政治哲学思考倾向。④ 从前文的概述中我们可以看到,从悲剧作家到希罗多德、修昔底德都将内乱的原因归结为对力量的崇奉和私利的追逐,柏拉图也同样如此,然而柏拉图的洞见在于揭示了这一点背后的灵魂论与形而上学的根源。张新刚指出,在柏拉图看来,内乱是城邦最大的恶和最根本的威胁,其根源在于许多人的灵魂缺乏德性和秩序,使得欲望部分无限膨胀,总是试图胜过别人、争权逐利,一如《高尔吉亚》中以弱肉强食为自然正义的卡里克勒斯和《理想国》中将正义定义为强者利益的色拉叙马霍斯。这一原因导致现实中的统治者往往按照自身的利益行事,从而政治力量的角力必将造成城邦的分裂。在《法律篇》中,柏拉

---

① 张新刚:《友爱共同体:古希腊政治思想研究》,第160页。
② 同上书,第176页。
③ 同上书,第241页。
④ 同上书,第260页。

图进一步指出,这一错误的背后是将人伦秩序与自然宇宙秩序相分离。他们将自然宇宙视为完全依赖机械法则和运气生成,而认为人类秩序则完全是属人的技艺的产物,从而人类的礼法作为属人的政治技艺,全然是非自然性的。这样一来,人的强力便是政治行为的唯一准则,不受任何自然因素的约束。①

面对这一挑战,柏拉图试图将政治权力奠定在善的基础之上,构造友爱的城邦共同体以应对内乱的威胁。在《理想国》中,柏拉图在构造言语中的城邦的过程中,设想了一整套制度以净化肿胀发炎的个体灵魂与城邦,以此实现城邦紧密的苦乐共同体。张新刚认为,其中最为重要的是对护卫者阶层的制度安排。②柏拉图通过财产公有和共妻共子的浪潮消除了护卫者阶层的小家庭,避免了因私利而导致城邦分裂的可能。同时他又将城邦构造成一个大家庭,依靠礼法塑造护卫者之间家人般的友爱关系,以此形成公民共同情感联系的纽带,最终将城邦打造为友爱的统一体。《法律篇》一方面更加注重具体的政制和礼法的描述,另一方面重新将人类的政治秩序奠定在了自然的根基之上。在第十卷的讨论中,灵魂被论证为一切运动的起因,而努斯则为宇宙秩序和政治世界的善恶提供了标准。张新刚就此认为,神对人类事物的安排遵从努斯的原则,由此城邦与个体灵魂的层面上都得以具有善的生活,从而彻底克服内乱问题。③

相比之下,亚里士多德更为侧重现实中的(或者能够实现的)政体。他对内乱根源的判断是不同群体对于不正义或不平等的感知。亚里士多德将正义区分为比例的正义(几何平等)与数量的正义(算数平等),民主派更青睐于数量正义,而寡头派或许更侧重比例的正义。然而,各方都认为自己所持的平等原则是绝对的、普遍的,认为自己受到了不公正的待遇,甚至被排除在统治集团之外,从而滋生了不满,造成了内乱危机。④那么,如何应对现存的诸政体中的内乱问题?亚里士多德的政体讨论错综复杂,是学界公认的难题。张新刚通过精湛的分析为我们指出,亚里士多德一以贯之地认为,在各种政体中解决内乱之道也在于平等。在最佳政体中,尽力促进公民的财富平

---

① 张新刚:《友爱共同体:古希腊政治思想研究》,第 285 页。
② 同上书,第 308 页。
③ 同上书,第 347 页。
④ 同上书,第 408 页。

等,以此抹平贫富差距。① 进而,所有公民的身份都是平等的,也受到共同的教育,他们年少时担任重装步兵和海军军官,年长时从事审判和裁判事务,实现了代际的轮流而治,最大程度地结合了比例的正义与数量的正义。② 与之接近的是中道政体,其中大部分公民属于平等而相似的中产阶级,他们构成了城邦的统治集团。从而在这种政体中,统治阶层人数最多,使得城邦最为稳定,更容易遏制内乱。③ 此外,在六种现存的政体中,共和政体作为多数人统治的政体最接近前两种政体,也相对容易避免内乱。共和政体是重装步兵统治的政体,是寡头制和民主制的混合。张新刚认为,这种政体也能保证公民集团中尽可能多的人轮流参政,很大程度上实现公民的平等。其他的各种政体包含的平等与正义较少,也就更容易发生政体颠覆和内乱。

与此同时,平等而相似的个体之间容易发生友爱,而友爱又是政治共同体维系的纽带。什么是政治性的友爱?这又是亚里士多德研究中的一大谜题。张新刚通过详细的梳理和论证指出,政治性的友爱超出了用益的友爱与德性的友爱,因为政治性的友爱建立在公民同心一致的基础之上。所谓同心一致,是指公民从小共同体中超脱出来,通过慎思选择与他人共同生活,结成政治关系,并对政治共同体的组织和安排达成一致。④ 同心一致,就会自然地追求由好人来进行统治,从而使得政治共同体获得了德性的维度,能够实现城邦使人"活得好"的目的。⑤

二 家与城的关系

除此之外,家与城的关系也是该书的贯穿始终的线索之一。更确切地说,张新刚始终关切着自城邦诞生以来,家庭与城邦的冲突和某种意义上的互动。一方面,在现实层面上,公民的血缘性的家亲友爱是否与城邦共同体的政治友爱和紧密关系产生矛盾或冲突?甚至,是否会成为城邦内乱的隐

---

① 张新刚:《友爱共同体:古希腊政治思想研究》,第 394 页。
② 关于学界对最佳政体的讨论和争议,参见刘玮:《论亚里士多德的"最佳政体"》,《天府新论》2014 年第 3 期,第 7—20 页。
③ 张新刚:《友爱共同体:古希腊政治思想研究》,第 396—399 页。
④ 同上书,第 438 页。
⑤ 同上书,第 441 页。

忧? 另一方面,更为重要的是,家亲友爱与城邦的友爱是否有本质的不同? 家庭和城邦本身是否又是本质上相类的共同体? 如若不是,应当如何在城邦共同体中安顿家庭和家亲友爱?

  对于这一问题,最重要也最系统的反思莫过于亚里士多德在《政治学》第一卷中对于城邦与家庭共同体差异的讨论。亚里士多德开宗明义地阐明自己的立场:城邦并不是扩大的家,政治的统治也不同于大王、家长与奴隶主的统治(*Pol.* 1252b)。在亚里士多德看来,家庭和其他共同体虽然也包含着某种意义上的统治关系,但并不是政治性的统治关系。家庭的根本目的在于自足,而城邦则超出了自足的范围,旨在追求"活得好"。① 在这个意义上,亚里士多德并非不承认,在城邦诞生之前,或者在希腊世界以外,存在各式各样的政治实体,然而他认为,这些社会学意义上的国家无异于独眼巨人的统治,只是扩大化的家庭,而只有希腊自古风时代末期以来形成的城邦,才是超出家庭、超出自足需求的共同体。②

  张新刚将政治共同体创立断定在古风时代末期,也至少部分地源于亚里士多德给出的这一原因:作为政治共同体的城邦与同时期其他的亲缘和宗教共同体有着本质的不同。③ 他通过仔细的辨析得出,在克里斯提尼改革之前,古风时代的希腊城邦中存在着各种亲缘和宗教共同体,而邦民主要是生活在这些共同体之中。城邦的政治性事物并没有将普通邦民吸纳进来,因此普通希腊人的公共生活在这个时期只是"一起聚在广场上,庆祝比赛的胜利者,打水,彼此闲聊,哀悼死者"④。可以说,从亚里士多德的眼光看来,这一时期的希腊城邦只是家庭、村社的松散联合体,而邦民的公共生活也无非是他们家庭生活的外部衍生。直到古风末期,希腊城邦世界的内乱以及随之而来的梭伦改革和克里斯提尼改革后,这样的状况才得以改变。在张新刚看来,梭伦改革虽然有着很大的保守性,城邦政权仍被富有的精英阶层所把持,但这场改革依然让合法邦民在客观上有了参与城邦行政和司法事务的可

---

① 张新刚:《友爱共同体:古希腊政治思想研究》,第 380 页。
② 参见李猛:《自然社会:自然法与现代道德世界的形成》,北京:生活·读书·新知三联书店,2015 年,第 45—60 页。
③ 同上书,第 27 页。
④ 同上书,第 42 页。

能。① 这开启了将城邦的政治生活引入普通民众的世界的道路,从而让普通邦民开始超出家族、宗教的生活,参与到城邦政治活动之中。这种家庭、亲缘组织与城邦政治共同体之间的张力关系,在克里斯提尼改革中更是得到了淋漓尽致的体现,因为克里斯提尼改革的基础正是将传统上带有浓厚亲缘色彩的四部落改为地缘性的、政治性的十部落,并在此之上设立政治、军事机构,赋予公民以平等、普遍的政治参与机制。由此,政治生活深深地楔入了雅典乃至希腊民众的日常生活之中②,城邦这个政治共同体得以真正诞生,从家族、宗教共同体中脱胎而出。

然而张新刚指出,埃斯库罗斯以降的悲剧作家在他们的写作中折射出这一过程并非一帆风顺,在政治共同体的创生中原有的统治者家族矛盾可能埋下城邦内乱的隐患,而家亲友爱又与城邦的政治性友爱产生了复杂纠葛的关系。我们在前文的梳理中已经看到,埃斯库罗斯的《奥瑞斯提亚》三部曲讲述了雅典娜创立战神山法庭,以一种公共讨论的城邦政治方式来解决原先阿伽门农家族内部的纷争和复仇,而投票决事的方法本身也将分歧和内乱的隐忧带入城邦之中。无论如何,战神山法庭的设立影射着新兴的、公民普遍参与的政治实践,取代了原先庇西特拉图家族甚至更早时期的统治者家国不分的情形,将城邦的逻辑从扩大化的家庭,真正转变为政治性的共同体。至于家亲友爱如何能被整合进城邦的共同体生活之中,张新刚指出,这一问题的困难性在索福克勒斯的《安提戈涅》中得到了生动的展现。黑格尔将《安提戈涅》的悲剧解释为家庭伦理与城邦之间的冲突,影响深远,而张新刚则指出,实际情况要复杂得多。根据他的阐释,从安提戈涅对埋葬兄长的偏执与对亲人的冷漠来看,家亲友爱关系对安提戈涅来说并非是爱,而更像是家庭义务。克瑞翁一开始似乎是以城邦为核心去界定友爱关系的,他在处理波吕涅克斯的叛乱时强调,家亲友爱不能妨碍政治和政治友爱。至此为止,二人之间的冲突确实揭示了家庭伦理与城邦安全之间的冲突。然而张新刚精彩地指出,克瑞翁把自己的意志强行等同于城邦的法律,实际上是将权威性的父子关系和处理家政的逻辑移植到了城邦统治之上,而没能"区分家庭和城

---

① 张新刚:《友爱共同体:古希腊政治思想研究》,第49—50页。
② 同上书,第59页。

邦治理的不同逻辑"①。这正是后来一系列悲剧冲突的起因。进一步，海蒙与克瑞翁的争辩又表明，克瑞翁对于家庭的理解也是偏颇的，他过于强调权力而忽视了理智，以及家庭中的公正、友爱。② 同时，安提戈涅对家庭友爱的理解也是僵化的，她看重的是对死者的义务和与之相伴的荣誉，却缺乏对在世亲人的情感联系的体会，从而她也没有真正的家庭友爱。因此，无论安提戈涅还是克瑞翁，都没能整全地理解家亲友爱与城邦的逻辑，他们对自身片面理解的固守，最终导致了悲剧的发生。③

悲剧的作者是谨慎的，埃斯库罗斯和索福克勒斯没有给出关于城邦友爱是什么的明确答案。张新刚认为，《复仇女神》表明，形成友爱的政治共同体才能克服内乱，但这种政治友爱关系不能从原有的亲缘友爱关系中移植而来。《安提戈涅》体现出了两者之间交融和冲突的复杂态势。④

柏拉图在《政治家篇》中敏锐地把捉到了家亲的私爱和城邦的共同体友爱之间的冲突，但是在某种程度上来说，与亚里士多德的洞见相反，柏拉图恰恰认为，矛盾的根源在于二者在本质上是相同的，甚至城邦政治与家政管理之间也没有真正的差别（Plt. 258e）——这一点遭受到了亚里士多德的严厉批评（Pol. 1252a；1255b）。在柏拉图的思想中，个体对家私的欲望与对城邦的友爱仿佛拔河一般，私人欲望的膨胀势必造成城邦的虚弱和分裂。因此在《理想国》中，柏拉图的努力就在于设计一整套制度以消除和抑制护卫者阶层的家私关系和欲望。张新刚指出，通过摒弃护卫者阶层财产的私有制、安排集体生活、取消家庭并共妻共子，柏拉图在最大程度上取消了护卫者对家庭和私人的欲望，使得这一阶层内部无从区分"你的"和"我的"，从而最大程度上实现了城邦的统一性。⑤ 经过这些浪潮，城邦成为护卫者阶层的大家庭，他们彼此成为兄弟姐妹。通过礼法的教育，这些护卫者之间形成了拟制亲缘的友爱关系，也就是柏拉图设计的理想城邦中的政治友爱。⑥ 因此，正如张新刚所说的，柏拉图的方案实则是对传统生活方式的彻底否定，家亲友爱在他的

---

① 张新刚：《友爱共同体：古希腊政治思想研究》，第112页。
② 同上书，第113—114页。
③ 同上书，第122页。
④ 同上书，第130页。
⑤ 同上书，第311页。
⑥ 同上书，第312页。

理想蓝图中并没有扮演一个重要的角色。

亚里士多德认为,柏拉图的这个思路有着根本的缺陷。在《理想国》中,言语中的理想城邦的联系纽带由家庭亲缘关系派生而来,但是为了实现这个城邦,就必须取消私人家庭,这使得此种基于家庭亲缘关系的友爱一开始便不会产生,遑论与之类似的政治友爱了。我们已经看到,柏拉图试图依靠礼法和教育的安排来促成护卫者阶层的这种近似亲缘的友爱。亚里士多德认为,人只有在家庭中才能感受到家庭的友爱,柏拉图的方案先是取消了私人家庭,又给每个护卫者安排大量的"家人",必然会稀释亲缘友爱,从而使其不足以作为维系城邦的纽带。① 亚里士多德虽然反对柏拉图的具体方案,但却认同友爱是城邦的基石。从亚里士多德对于友爱的分类讨论来看,张新刚指出用益的友爱不足以支撑城邦稳定持续的共同生活,而好人之间彼此尊重钦慕的德性友爱又过于拔高和稀缺,也不足以为现实中的城邦所用。张新刚指出,政治友爱应当是同心一致,是公民就他们共同的政治生活与组织达成一致(EN. 1167a-b)。因此在最佳政体中,由于立法者设立了统一的教育制度,公民能从小就将对于家里兄弟的友爱情感推移到年龄相近而平等的其他公民身上,共餐、军事活动又巩固了这一兄弟般的情感。他们对于年长的代际公民群体的友爱,也生发自在家庭中对父亲的爱。这样就能从家庭友爱出发,形成牢固的政治友爱。②

就家庭友爱和城邦的政治友爱之间的关系而言,张新刚认为,亚里士多德将家庭视为培养政治友爱的辅助,家亲友爱在最佳政体中能够实现与政治友爱之间的和谐。当然,这两种友爱仍然有本质的不同,同心关切的是政治共同体生活的思虑和选择,这一点和家庭中的友爱迥异。因此,如同家庭管理和政治统治有着本质的不同一样,亚里士多德也不认为家亲友爱和政治友爱共享着相同的基础。③ 家庭和家亲的友爱指向"活着"的目的,而城邦的要义则在于追求"活得好"。

---

① 张新刚:《友爱共同体:古希腊政治思想研究》,第422页。
② 同上书,第443—444页。
③ 这一点承蒙张新刚在与笔者的交流中指正,在此感谢。

三　平等的政治

无论是希腊政治共同体的创生与沿革，抑或是城邦的政治友爱，张新刚的根本着眼点都在于，把平等作为希腊政治的核心。在本书的导言中，他对古希腊语境中的"政治"进行了严格的界定。他引用卡特里奇的论断：希腊的政治是"经过投票人或者说在投票人面前经过实质性的讨论后，对关涉公共的事务做出集体决议。这些投票人是平等的，所讨论的问题既有原则性问题，也有纯粹技术性和操作性的"①。因此，专制的大王统治被严格地排除在希腊政治之外。

然而仔细揣摩之后我们会发现，张新刚实际的思考与他所引用的这一界定有着细微的差异。卡特里奇以及作为这一观点渊源的芬利、迈耶等学者更为强调的是"政治"的公开讨论、集体决议的面向。② 但是张新刚从始至终都更为关心希腊政治的平等含义，在这一点上他更直接地继承了亚里士多德的论断，即政治是平等而相似的公民的轮流统治（*Pol.* 1279a）。在古希腊的历史和思想中，以及在张新刚的行文中，我们可以看到"平等"的两个关键含义：一方面是形式上的平等，即有统治资格的公民能够参与到行政和司法的政治活动之中；另一方面是实质的平等，即在政治活动中公民团体和个体都被高度同质化了，抽去了与政治无关的差异性，从而使得公民是平等而相似的。

从张新刚的视角来看，政治共同体的诞生就在于经过梭伦改革和克里斯提尼改革，城邦政治实体的平等性大大增强。反过来说，出于对政治的平等含义的理解，他再次确认了政治的这一起源时刻。一方面，合法的邦民逐步获得越来越多的机会以参与到公民大会和法庭审判之中，获得了政治身份和统治权力上一定程度的平等。张新刚指出，梭伦改革以财产标准这一可量化的、普适性的方式划分阶层和权力归属，最终使得所有合法邦民原则上都有

---

① 张新刚：《友爱共同体：古希腊政治思想研究》，第 2 页。
② M. I. 芬利：《古代世界的政治》，晏绍祥、黄洋译，北京：商务印书馆，2013 年，第 67 页。Christian Meier, *The Greek Discovery of Politics*, trans. by D. McLintock, Cambridge & London: Harvard University Press, 1990, pp. 16-17. 他们实际上更关注古希腊政治思想中蕴含的民主制因素，而张新刚则认为民主并不是一个理想的考察古代思想的线索，见张新刚：《友爱共同体：古希腊政治思想研究》，第 4—5 页。

资格参与公民大会和陪审法庭,在客观上为共同体成员的普遍政治参与奠定了基础。① 另一方面,克里斯提尼改革实际上也将城邦政治共同体奠定在同质化的公民群体和同质化的城邦空间之上。② 经过克里斯提尼改革,城邦的基本划分不再基于亲缘性的四部落,而是基于混合着各种自然地形的、更为均质化的十部落。他对公元前5世纪开始兴起的"土生神话"的解读也是如此。所谓土生神话是说,雅典人的先祖乃至雅典人民都是从大地中生出来,柏拉图在《美涅克赛努斯》中对这一神话做出了最精致的表达。张新刚认为,这个神话的意涵在于,它暗示着所有人都拥有平等的出身,以此可要求平等的政治地位。平等的政治地位是政治共同体的基石,也符合克里斯提尼奠定的"平等秩序"。进而,这意味着所有同胞公民都如同兄弟,使得雅典的政治共同体能够衍生出紧密的友爱关系,以此维系城邦共同体的认同。③

这表明,平等的政治秩序是古希腊人克服内乱、建立稳定政治秩序的努力方向。作为这一思潮的反动,寡头派也逐步发展出了自己的意识形态。虽然寡头派的政治实践往往堕入追逐私利的僭政之中,但他们的理论实际上推动了古希腊政治思想中对于民主制和平等的反思。欧里庇得斯在《请愿妇女》中借忒修斯之口指出,富人和穷人都追求满足自己的利益,枉顾城邦的利益,真正合理的政体秩序要依靠财富适中的中间阶层。张新刚认为,这一对民主制的批评和分析延续到了亚里士多德的《政治学》。④ 类似地,老寡头也认为民主制的基础在于城邦中最有力量的群体,即穷人,这使得民主制建立在权力之上,而依赖于富人阶层的寡头制则建基于德性的优秀,从而更有资格统治。⑤ 这一德性—力量的对立实际上深化了对平等的讨论视野。

柏拉图在一定程度上也延续了平等的进程。在《理想国》中,柏拉图最大程度地抽去了护卫者阶层的个体差异,他们不仅在身份上是平等的,在生活和教育上也是同质化的,以此尽可能实现城邦的"一"。张新刚似乎还认为,在言语中的理想城邦中,年长的、富有智慧的护卫者(哲学家)进行统治,然后年轻的护卫者经过学习在年长后接替统治权,形成了不同代际护卫

---

① 张新刚:《友爱共同体:古希腊政治思想研究》,第49页。
② 同上书,第58—59页。
③ 同上书,第136页。
④ 同上书,第206页。
⑤ 同上书,第210页。

者群体的平等的轮流而治。① 张新刚也认为,在《法律篇》中,柏拉图要求最佳政体尽可能除去私人性的友爱共同体和苦乐共同体。② 在次佳政体中,平等而相似的成员通过彼此对于德性的敬畏和尊重产生友爱,凝聚了城邦。③ 然而我们认为,柏拉图在很大程度上偏离于亚里士多德式以平等为核心的政治理解。柏拉图的理想政治架构恰恰建基于对人性中自然不平等的深刻洞察。护卫者阶层内部的平等生活的前提是,从城邦公民中筛选出一小部分天性适合做护卫者的人。而作为统治者的哲学家王,更是在理智德性和实践智慧上远胜于一般的护卫者。在柏拉图看来,现存的城邦和政体——无论是寡头制的还是民主制的——都缺乏完整的德性和秩序,在本质上都无法避免色拉叙马霍斯体现出来的"正义就是强者的利益"式的力量逻辑。

亚里士多德则将多数人平等而轮流的统治视为最典型意义上的政体,也是最符合政治含义的政体。在他划分的六种政体中,大部分都没有做到这一点,甚至于,一人统治和少数人统治的政体将大部分的公民都排除在统治之外。张新刚特别指出,亚里士多德认为,哪怕是少数好人和贤人的统治也有问题,因为这样会将大部分公民排斥在统治集团之外,长此以往后者会滋生不满的情绪,从而危及城邦的秩序。因而张新刚认为,亚里士多德要求政治统治必须让所有公民参与进来,这样全体公民也才能过上完整意义的政治生活,进而实现更好的生活和幸福。那些非多数人统治的政体虽然是政体,但是并不是政治。④

张新刚认为,在亚里士多德的政体讨论中,三种比较好的、更能克服内乱的政体,也多少体现出了公民尽可能轮流而治的平等之意:最佳政体是不同代际之间的全体公民群体的轮流而治;中道政体是由尽可能多的中等财产阶层构成的城邦,其中的公民人数最多,相对比较理性而不会觊觎他人的财产,也较为平等相似,从而容易形成友爱的纽带、克服城邦的内乱⑤;共和政体则是重装步兵统治的政体,是寡头制和民主制的混合体,也能一定程度上让公民群体轮流而治。这些政体,因其包含着平等、轮流而治的特点,因此是亚

---

① 张新刚:《友爱共同体:古希腊政治思想研究》,第451—452页。
② 同上书,第356页。
③ 同上书,第359页。
④ 同上书,第390页。
⑤ 同上书,第396—399页。

里士多德心目中"政治"意涵的连贯翔实的展示。①

我们认为,从张新刚的分析来看,亚里士多德的确要远比柏拉图更为强调"平等"。在克服内乱的层面上,柏拉图认为,在现实中的诸种城邦之中,对欲望的贪得使得城邦与人无限度地追求私利、遵从强力的逻辑,由此,不同派系和人群的力量必然将城邦撕裂,导致内乱和纷争。而在亚里士多德看来,遵从力量逻辑的城邦和政体也能实现相当的稳定性,只要城邦中拥有一个较为温和、庞大的统治群体,即只要城邦的统治群体尽可能是广泛、平等、相似的公民群体,这个城邦就能凭借统治群体的力量来实现稳定性,哪怕是属于变态政体中的民主政体(平民政体)也是相对稳定的。在理想政体的讨论中,柏拉图认为护卫者阶层本身就是少数具有优良品质的人,而哲学家更是优中选优、极为稀缺,他们的德性远超普通公民。但是在张新刚的论述中,亚里士多德的最佳政体中,公民的德性是平等而相似的。所有的公民都是相似的好人,具备类似的德性,唯一值得一提的区别仅仅是年龄以及其对于个体德性成全的程度差异。相比柏拉图,亚里士多德所理解的人性要更为"平等"。在亚里士多德看来,与自然奴隶等群体相对,大量拥有完整理性能力的人天然就具备参与城邦统治的公民资格,而多数人统治的城邦遵从了这一人性和政治的自然。只要拥有这样的理性能力,他们就是彼此相似的,在良好的自然环境和合适的城邦制度下,他们能够成为相似的好人、好公民。

在张新刚看来,平等是希腊政治思想的针眼,现代政治世界也是沿着平等的路向继续推进。当然,从我们前文的梳理来看,更贴切的说法或许是,平等是亚里士多德政治思想的针眼。亚里士多德的政治思想不仅是古代哲学发展的巅峰,也在某种程度上影响着现代人的思考。

(岳圣豪,莱顿大学博士候选人)

---

① 张新刚:《友爱共同体:古希腊政治思想研究》,第402页。

编辑部联系方式：
电子信箱：pkuphilosophy@outlook.com
通信地址：100871　北京大学哲学系《哲学门》编辑部
传真：010-62757598

《哲学门》稿约

为了不断提高我国哲学研究的水准、完善我国的哲学学科建设、促进海内外哲学同行的交流，北京大学哲学系创办立足全国、面向世界的哲学学术刊物《哲学门》，每年出版一卷二册，即6月和12月各一册，版权页日期或有不同。收稿截止日期：鉴于集刊的收稿、审稿和编辑流程，4月30日以后投稿者一般列入当年第二册，10月31日以后投稿者一般列入下一年第一册。（每册约30万字）。自2000年以来，本刊深受国内外哲学界瞩目，颇受读者好评。

《哲学门》的宗旨，是倡导对哲学问题的原创性研究，注重对当代中国哲学的"批评性"评论。发表范围包括哲学的各个门类，马克思主义哲学、中国哲学、西方哲学、东方哲学、宗教哲学、美学、伦理学、科学哲学、逻辑学等领域，追求学科之间的交叉整合，还原论文写作务求创见的本意。目前，《哲学门》下设三个主要栏目：论文，字数不限，通常为1—2万字；评论，主要就某一思潮、哲学问题或观点、某类著作展开深入的批评与探讨，允许有较长的篇幅；书评，主要是介绍某部重要的哲学著作，并有相当分量的扼要评价（决不允许有过度的溢美之词）。

为保证学术水平，《哲学门》实行国际通行的双盲审稿制度。在您惠赐大作之时，务必了解以下有关技术规定：

1. 本刊原则上只接受电子投稿，投稿者请通过电子信箱发来稿件的电子版。个别无法电子化的汉字、符号、图表，请同时投寄纸本。
2. 电子版请采用 Word 格式，正文5号字，注释引文一律脚注。如有特殊字符，请另附 PDF 文档以供参考。

3. 正文之前务请附上文章的英文标题、关键词、摘要、英文摘要和作者简介。
4. 通过电邮的投稿，收到后即回电邮确认，3 个月内通报初审情况。其他形式的投稿，3 个月内未接回信者可自行处理。

在您的大作发表以后，我们即付稿酬；同时，版权归属北京大学出版社所有。我们欢迎其他出版物转载，但是必须得到我们的书面授权，否则视为侵权。

《哲学门》参考文献的格式规范

第 1 条 正文中引用参考文献，一律用页脚注。对正文的注释性文字说明，也一律用页脚注，但请尽量简短，过长的注文会给排版带来麻烦。为了查考的需要，外文文献不要译成中文。

第 2 条 参考文献的书写格式分**完全格式**和**简略格式**两种。

第 3 条 **完全格式**的构成，举例如下（方括号[ ]中的项为可替换项）：

著作：作者、著作名、出版地、出版者及出版年、页码

吴国盛：《科学的历程》，长沙：湖南科学技术出版社，1995 年，第 100 页[第 1—10 页]。

R. Poidevin, *The Philosophy of Time*, Oxford University Press, 1985, p. 100[pp. 1-10]。

译作：作者、著作名、译者、出版地、出版者及出版年、页码

柯林武德：《自然的观念》，吴国盛等译，北京：华夏出版社，1990 年，第 100 页。

Martin Heidegger, *Being and Time*, trans. John Macquarrie & Edward Robinson, Harper & Row, 1962, p. 100[pp. 1-10]。

载于期刊的论文（译文参照译作格式在译文题目后加译者）：

吴国盛：《希腊人的空间概念》，《哲学研究》，1992 年第 11 期。

A. H. Maslow, The Fusion of Facts and Value, *American Journal of Psychoanalysis*, 23(1963)。

载于书籍的论文（译文参照译作格式在译文题目后加译者）：

吴国盛:《自然哲学的复兴》,载《自然哲学》(第 1 辑),吴国盛主编,北京:中国社会科学出版社,1994 年。

T. Kuhn, The History of Science, in *International Encyclopedia of the Social Sciences*, ed. D. L. Sills, Macmillan, 1968.

说明与注意事项:

1. 无论中外文注释,结尾必须有句号。中文是圆圈,西文是圆点。

2. 外文页码标符用小写 p. ,页码起止用小写 pp. 。

3. 外文的句点有两种用途:一种用作句号,一种用做单词或人名等的简写(如 tr. 和 ed.),在后一种用途时,句点后可以接任何其他必需的标点符号。

4. 书名和期刊名,中文用书名号,外文则用斜体(手写时用加底线表示);论文名,中文用书名号,外文无需标点。

5. 引文出自著(译)作的必须标页码,出自论(译)文的则不标页码。

6. 中文文献作者名后用冒号(:),外文文献作者名后用逗号(,)。

7. 中文文献的版本或期号的写法从中文习惯,与外文略有不同。

第 4 条 简略格式有如下三种:

第一种 只写作者、书(文)名、页码(文章无此项),这几项的写法同完全格式,如:

吴国盛:《科学的历程》,第 100 页。

Martin Heidegger, *Being and Time*, p. 100.

吴国盛:《自然哲学的复兴》。

T. Kuhn, The History of Science.

第二种 用"前引文献"(英文用 op. cit.)字样代替第一种简略格式中的书名或文章名(此时中文作者名后不再用冒号而改用逗号),如:

吴国盛,前引文献,第 100 页。

吴国盛,前引文献。

Martin Heidegger, op. cit. , p. 100.

T. Kuhn, op. cit. .

第三种 中文只写"同上。"字样,西文只写"ibid."字样。

第 5 条 完全格式与简略格式的使用规定:

说明与注意事项：

1. 参考文献在文章中第一次出现时必须用完全格式。

2. 只有在同一页紧挨着两次完全一样的征引的情况下，其中的第二次可以用第三种简略格式，这意味着第三种简略格式不可能出现在每页的第一个注中。

3. 在同一页对同一作者同一文献（同一版本）的多次引用（不必是紧挨着）的情况下，第一次出现时用第一种简略格式，以后出现时用第二种简略格式。下面是假想的某一页的脚注：

① 吴国盛:《科学的历程》，第 100 页。

② M. Heidegger, *Being and Time*, p. 100.

③ 吴国盛，前引文献，第 200 页。

④ 同上。

⑤ M. Heidegger, op. cit. , p. 200.

⑥ T. Kuhn, The History of Science.

⑦ Ibid.

4. 在同一页出现对同一作者不同文献（或同一文献的不同版本）的多次引用时，禁止对该文献使用第二种简略格式。

北京大学哲学系
北京大学出版社